Abel Truchet,
Scène de rue, XIXe siècle

PARIS ET SES CAFÉS

Collection
Paris et son patrimoine

dirigée par
Béatrice de Andia
Déléguée générale de l'Action artistique de la Ville de Paris

© ACTION ARTISTIQUE DE LA VILLE DE PARIS
Association subventionnée par la Mairie de Paris
25, rue Saint-Louis-en-l'Ile, 75004 Paris
Tous droits de reproductions, de traductions et d'adaptations réservés pour tous les pays, y compris la C.E.I.
ISBN 2-913246-50-8

ACTION ARTISTIQUE DE LA VILLE DE PARIS

PARIS ET SES CAFÉS

Préface de Jean LECLANT
Secrétaire perpétuel de l'Académie des Inscriptions et Belles-Lettres

textes réunis par
Delphine CHRISTOPHE et Georgina LETOURMY

avec la collaboration de

Béatrice de ANDIA, Yves-Marie BERCÉ, Pascal BOISSEL, Chantal BOUCHON, Agnès BOS, Sylvie BUISSON, Thierry CAZAUX, Bruno CENTORAME, Delphine CHRISTOPHE, Emmanuelle CORCELLET-PRÉVOST, Xavier DECTOT, André-Marc DELOCQUE-FOURCAUD, Claude DUBOIS, Jean-Philippe DUMAS, Jean DURRY, Raphaël GÉRARD, Caroline GIRARD, Cédric GIRAUD, Pauline HOROVITZ, Henry-Melchior de LANGLE, Raphaël LEBLANC, Michèle LEFRANÇOIS, Gérard-Georges LEMAIRE, Georgina LETOURMY, Philippe MACHET, Sabine MELCHIOR-BONNET, Monique MOULÈNE, Jacqueline MUNCK, Olivier MUTH, Benoît NOËL, Christian PARISOT, Daniel RABREAU, Bertrand RONDOT, Isabelle ROUGE-DUCOS, Maryse DE STEFANO ANDRYS, Marc TARDIEU, Georges VIAUD, Jean-Pierre WILLESME.

Sommaire

Préface, *Jean Leclant* 6
Temple du délassement et de la sociabilité, *Béatrice de Andia* 10

De cafés en quartiers

Naissance du café, *Yves-Marie Bercé* 31
   La foire Saint-Germain, *Yves-Marie Bercé* 37
   Le Procope, *Yves-Marie Bercé* 39
Au Palais-Royal, *Jacqueline Munck* 41
   Le Café mécanique, *Georgina Letourmy* 44
   Le Café militaire, *Daniel Rabreau* 46
Le bel air des boulevards, *Georges Viaud* 50
   Tortoni, temple de l'absinthe, *Benoît Noël* 60
   Le Café de la Paix, *Pascal Boissel* 63
Montmartre, *Raphaël Gérard* 65
   Le Lapin Agile et la Butte, *Raphaël Gérard* 79
   La Nouvelle Athènes, *Raphaël Gérard* 81
Pellorier et l'Académie française, *Benoît Noël* 82
La Belle Epoque du Zimmer, *Jean-Philippe Dumas* 85
Le boulevard Montparnasse, *Sylvie Buisson* 88
   La Closerie des Lilas, *Sylvie Buisson* 94
   Les Années folles à La Coupole, *Emmanuelle Corcellet-Prévost* 97
Sur les Champs-Elysées, *Isabelle Rouge-Ducos* 100
Saint-Germain des Prés, *Gérard-Georges Lemaire* 104
   Les Deux Magots, *Gérard-Georges Lemaire* 107
   Le Café de Flore, *Gérard-Georges Lemaire* 108
Bastille, Oberkampf…, *Cédric Giraud* 110
Atmosphère, atmosphère…, *Delphine Christophe* 112

Décors et architecture

Enseignes et publicité, *Jean-Pierre Willesme* 115
Les devantures, *Caroline Girard* 117
Le mobilier sous l'Ancien Régime, *Bertrand Rondot* 122
Les cafés et leur équipement, *Henry-Melchior de Langle* 128
Le mobilier du Café Riche, *Bruno Centorame* 130
La chaise Thonet n° 14, *Georgina Letourmy* 134

Salons de glaces, *Sabine Melchior-Bonnet* 135
Transparences, *Chantal Bouchon* 142
Les mosaïques du Café Riche, *Maryse de Stefano Andrys* 148
Les cafés protégés, *Delphine Christophe* 150
Cafés des années 1930, *Michèle Lefrançois* 158
1950 : Le Pigalle, *Delphine Christophe* 162
Qu'importe l'ivresse…, *Agnès Bos et Xavier Dectot* 163
Encore un café, monsieur Garcia ?, *Agnès Bos et Xavier Dectot* 167
Les cafés de musées, *Agnès Bos et Xavier Dectot* 168

Des cafés et des hommes

Les Auvergnats de Paris, *Marc Tardieu* 171
Auvergnats ? Non, Aveyronnais !, *Marc Tardieu* 177
Fursy, cabaretier de la Butte, *Thierry Cazaux* 178
Coups durs dans les bars, *Claude Dubois* 181
Les femmes au café, *Henry-Melchior de Langle* 184
Nostalgie rue de Lappe, *Claude Dubois* 186
Les cafés des sports, *Jean Durry* 189
Les cafés étudiants, *Pauline Horovitz* 196
Les cafés gays et lesbiens, *Olivier Muth* 199
Les cyber-cafés, *Raphaël Leblanc* 204
Les jeux de bistrots, *Philippe Machet* 206
Pinceaux et palettes, *Gérard-Georges Lemaire* 210
Modigliani et Jeanne Hébuterne, *Christian Parisot* 218
Pierre Sicard au Pigall's, *Georgina Letourmy* 223
Comptoirs et petites bulles, *André-Marc Delocque-Fourcaud* 225
Impression en noir et blanc, *Monique Moulène* 227
L'encre et la plume, *Gérard-Georges Lemaire* 230

Bibliographie sélective, Glossaire, Table des illustrations, Index 234
Remerciements 243

Vuë du Caffé du Caveau du Palais Royal.

Préface

Les « cafés de Paris », c'est tout à la fois de l'histoire et de la légende. Pourrait-on imaginer la capitale sans le charme des terrasses de ses cafés, le « zinc » du bar et les arrières-salles trop longtemps enfumées. A l'image de la Tour Eiffel ou du Sacré-Cœur, nos « bistrots » font figure de symbole ; ils constituent l'un des éléments majeurs du paysage parisien. Loin d'être anecdotique, la geste des cafés parisiens permet de saisir sur le vif tant de moments forts de la vie politique, littéraire et artistique, parfois même de la grande histoire de notre pays.

Tout débute lors de la seconde moitié du XVIIe siècle, dans le quartier de la foire Saint-Germain. Finis les sombres tavernes et « l'éclat des trognes rougies ». Aux cabarets et au vin (« la purée septembrale ») vont succéder les cafés et le « noir breuvage », où, selon Michelet, « les prophètes assemblés dans l'antre du *Procope* virent le futur rayon de 89 ».

Après quelques tâtonnements, l'ouverture en 1686 de l'établissement rénové de Francesco Procopio dei Coltelli, le fameux café *Procope*, marque l'envol d'une rapide floraison ; environ un siècle plus tard, Paris compte six à sept cents cafés – comme l'indique Louis-Sébastien Mercier dans son *Tableau de Paris* paru en 1781. Sicilien à l'esprit vif, l'habile Procope donna un second souffle à la mode du café lancée en 1669 à l'occasion de la visite de l'ambassadeur de la Sublime Porte auprès de Louis XIV, Soliman Aga Mustapha Raca. Ayant su créer, par le biais d'un décor recherché, une ambiance propre à séduire un public raffiné, *Procope* bénéficiera tout particulièrement du voisinage de la Comédie française, installée en 1689 dans un immeuble sis face à son commerce. Avec le jeu de ses miroirs, ses lustres de cristal, ses petites tables de marbre avenantes, la gamme très séduisante de ses eaux de gelées, de ses glaces de fruits et de fleurs aux multiples parfums, le café apparaît dès l'origine comme un lieu de rencontre et d'échanges, intellectuels et galants ; sa relation avec le monde du spectacle peut être tenue pour fondatrice. Des circonstances de cet « acte de naissance », le café, la boisson comme le lieu, conservera la marque et la saveur : à travers les siècles, il demeure attaché à l'univers des lettres. Ce premier véritable café fut le premier café littéraire ; si l'on dressait la liste des habitués du *Procope*, tant de noms d'écrivains et de dramaturges, de philosophes et de critiques seraient à citer : Rousseau, Voltaire, d'Alembert, Fontenelle, Beaumarchais, Marmontel, Crébillon le fréquentèrent au siècle des Lumières, plus tard Balzac, Verlaine ou encore Anatole France.

A l'engouement pour les cafés où les idées s'agitent autour d'une tasse du breuvage « turc » ou d'un sorbet, contribue la rareté, sous l'Ancien Régime, de la presse. Les cafés, que fréquentent assidûment les nouvellistes, mais aussi les espions, pourront devenir des foyers d'opposition. Montesquieu les tient ainsi dans ses *Lettres persanes* pour « des endroits dangereux pour l'avenir du pays ». Beaucoup d'entre eux en gagnèrent une mauvaise réputation ; Mercier les considère comme des refuges ordinaires d'oisifs et des asiles d'indigents. Un siècle plus tard, Huysmans dans *Les habitués de café* (1889) brossera lui aussi un tableau peu reluisant de leur clientèle. Le monde des cafés parisiens est placé sous le sceau de l'ambivalence qui est celle de l'âme humaine ; lieux de création et d'agitation, ils sont aussi lieux de rêverie et de paresse.

Tout au long du Siècle des Lumières, les cafés se multiplièrent, quittant la foire Saint-Germain pour se répandre rive droite autour du Palais-Royal, dont les arcades accueillirent plusieurs d'entre eux. Citons seulement le *Café des Arts*, le *Café des Aveugles* dit aussi du *Sauvage*, un cabaret réputé pour son orchestre de non-voyants et ses « nymphes », le *Café de la Régence*, rendez-vous incontournable des joueurs d'échecs, le *Café de Foy* d'où, le 12 juillet 1789, Camille

Desmoulins harangua la foule et constitua avec les feuilles d'un marronnier du jardin les premières cocardes arborées par les Parisiens. Au *Café du Caveau* se réunirent les Fédérés, tandis que les principaux chefs de la Montagne fréquentaient le *Café Corazza*.

Avec le Directoire, le boulevard du Temple devint l'un des lieux favoris de promenade des Parisiens : ce furent alors les heures fastes du *Café Godet* et du *Café turc*, renouant avec les origines. Puis, après 1815, c'est au café *Lemblin* que se réunirent les demi-soldes, clientèle d'outragés prompts à engager des duels. Entre-temps s'étaient répandus aux Champs-Elysées les « bistrots » fréquentés par les Cosaques qui y campaient.

A partir de la Restauration et durant tout le XIXe siècle, les Grands Boulevards donnèrent le ton : le café *Tortoni*, célébré pour ses glaces, le *Café de Paris*, le *Café Riche* immortalisé dans *Bel-Ami* de Maupassant, le *Café du Divan* fréquenté par Théophile Gautier, Balzac, Nerval ou Berlioz, en furent les endroits les plus réputés. Puis on escalade la Butte Montmartre : aux guinguettes succédèrent le *Café Guerbois*, où des débats entre Auguste Renoir, Claude Monet ou Camille Pissaro dessinèrent les grands axes de l'impressionnisme, le café de *La Nouvelle Athènes*, qui accueillit aussi Cézanne, Van Gogh ou Toulouse-Lautrec et vit éclore le mouvement cubiste, et tant d'autres encore. Naissent alors « cabarets » et « chansonniers » : le *Lapin Agile* du Père Frédé, avec son enseigne peinte par l'humoriste André Gill (un lapin s'échappant d'une casserole), le *Chat noir* (1881-1896) d'Aristide Bruant avec son décor de style pseudo-historique réalisé par Caran d'Ache.

Après la Grande Guerre, une partie du monde bohême devait s'installer dans le quartier Montparnasse, devenu alors à la mode : à *La Coupole*, fondée en 1927, l'on pourra rencontrer Picasso, De Chirico, Foujita, Man Ray et nombre d'artistes russes. Quant à l'Entre-deux-guerres, il voit l'apogée des cafés littéraires, avec le *Flore*, les *Deux Magots* et la *Brasserie Lipp*, « véritables institutions aussi célèbres que des institutions d'Etat » (Léon-Paul Fargue, *Le Piéton de Paris*, 1932) ; en 1933 est fondé le prix de Saint-Germain des Prés, dont le premier lauréat sera Raymond Queneau pour *Le Chiendent*.

Impossible ainsi de tenter une histoire des mentalités et des sensibilités sans solliciter le témoignage des cafés parisiens, espaces par excellence de sociabilité. Une sorte de spectacle permanent s'y tient d'une société que lient le plaisir de la rencontre et de la conversation ainsi que le désir, sous une forme ou l'autre, de paraître : consommateurs de tous types, à la fois spectateurs et figurants d'une extraordinaire foire aux vanités, un décor multiple et changeant. Que de formes diverses et variées s'offrent à une approche sociologique : cafés de discussions philosophiques ou littéraires du Siècle des Lumières ; bistrots successeurs des tavernes d'antan ; cafés-brasseries des années 30 tels *La Coupole* ou *Le Dôme* alliant élégance et confort ; cabarets des Années folles tel le *Bœuf sur le Toit* ; bars de luxe ou cafés populaires – très vaste kaléidoscope où se mêlent (ou se distinguent) toutes les couches sociales. N'oublions pas non plus que les cafés sont aussi des lieux d'expérimentation pour de jeunes architectes et des décorateurs : *Café militaire* de Claude-Nicolas Ledoux (1762), *Café des Mille Colonnes*, célèbre pour sa fameuse caissière.

Lieux de création par excellence – et de multiples façons –, les cafés de Paris ajoutent un chapitre de choix – et combien chatoyant – à l'éclat et à la gloire de notre capitale, témoignages des plus vivants de notre patrimoine culturel.

Jean Leclant
Secrétaire perpétuel de l'Académie des Inscriptions et Belles-Lettres

Le Café du Caveau
« *est le rendez-vous des politiques, des beaux esprits, des conteurs de nouvelles, des gens à projet, des agents de change, des spéculateurs et des oisifs à prétention* »

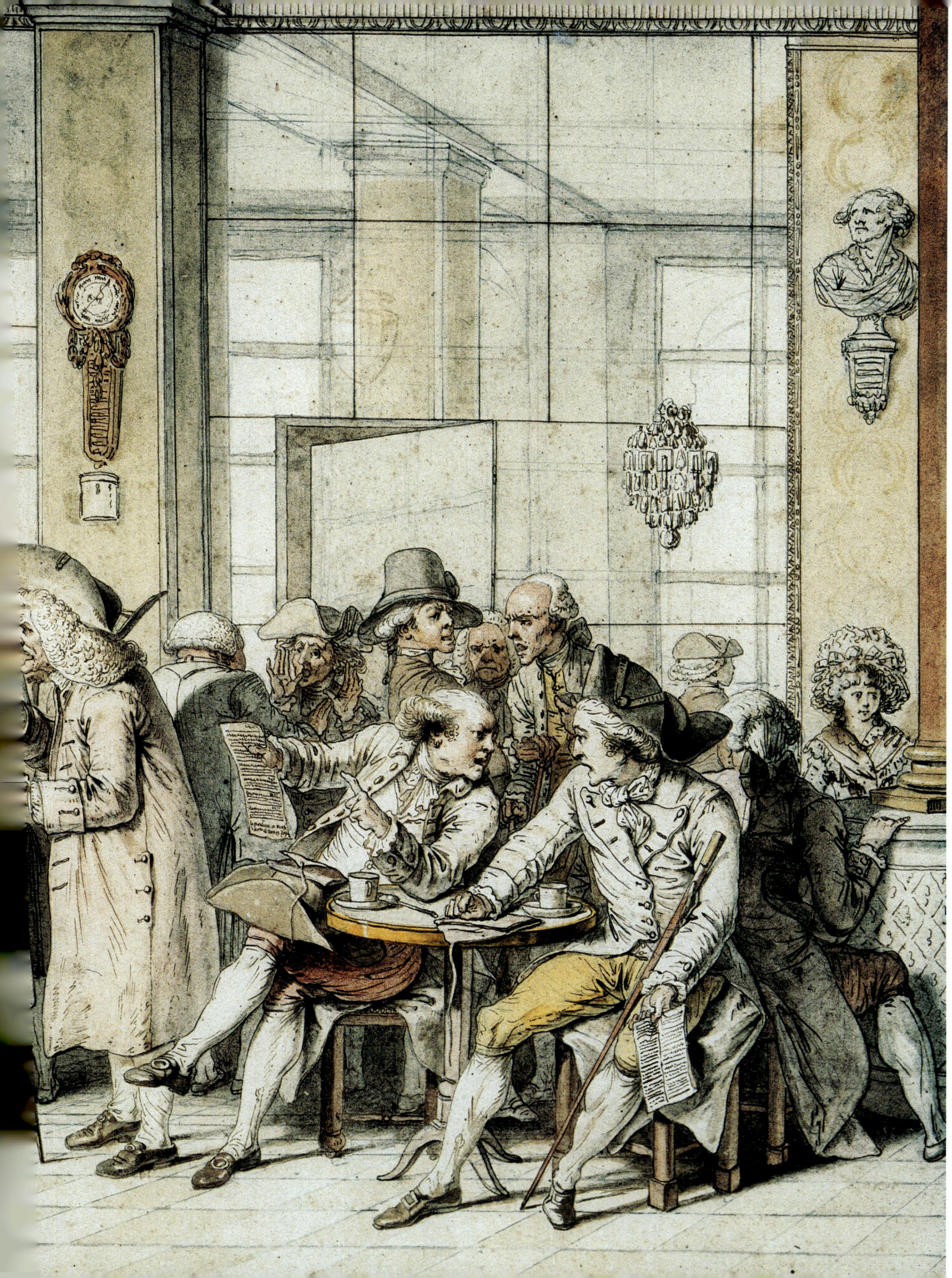

Temple du délassement et de la sociabilité

Béatrice de Andia

Déléguée générale de l'Action artistique de la Ville de Paris

En quelques années, la vogue du café et des établissements offrant du café s'impose en Occident. Cette boisson chaude, parfumée et bienfaisante venue d'Orient, apparaît presque simultanément à Londres, Anvers, Stockholm et Paris. C'est à la foire Saint-Germain que les promeneurs hument pour la première fois l'odeur de torréfaction. En février 1672, les quatre portes de l'enceinte crénelée du bourg de l'abbaye de Saint-Germain des Prés ouvrent solennellement. Les trompettes et les crieurs laissent entrevoir, entourés de riches marchandises et de spectacles alléchants, la nouveauté de l'année. Entre 16 pavillons carrés longés de dix arcades d'échoppes de chaque côté, apparaît, enserré entre les commerces regroupés par spécialités – lingerie, mercerie, orfèvrerie, faïence – l'humble taverne d'un arménien. Tenu par Pascall, l'estaminet transféré, la foire finie, quai de l'Ecole, ne laisse pas prévoir l'engouement qui va s'emparer du café et des cafés quelques années plus tard.

Venues d'Ethiopie ou du Yémen, les premières maisons de café acquièrent dès l'origine une certaine prestance. En passant par la Mecque, au commencement du IXe siècle de l'hégire, celles-ci se répandent dans les villes d'Arabie et d'Egypte. Par le Caire et Alep, elles arrivent à Constantinople vers 1554. Hekem et Schems les transforment en rendez-vous de poètes et de lettrés. La tasse coûte 2 aspres, coût accessible à tous. Cadis et seigneurs de l'Empire, étendus sur des sofas, discutent de toute chose. Dans un salon voisin, on joue au tric-trac. Après les chants et les danses, un lecteur lit un manuscrit enluminé. Puis la conversation reprend. Un siècle plus tard, craignant que ces lieux où brille l'esprit ne deviennent des foyers de sédition, le pacha de Candie Kupruli les fait fermer de crainte de mettre en cause son administration.

Evidemment, les cafés ne restent pas l'apanage de l'Orient. Par des goélettes, les sacs de grains précieux se répandent autour de la Méditerranée. Ils parviennent à Marseille, en 1654, et à Londres, en 1672. De retour d'un voyage dans le Levant, un marchand anglais, nommé Edouard, ouvre une maison de café à **Saint-Michell's Abbey** dénommée la *Virginia Coffee House*. Encore célèbre au milieu du XIXe siècle, cette dernière accueille des poètes qui discutent des derniers sonnets. A la même époque, des cafés sont inaugurés à Amsterdam où Ainswort les fait connaître. A Vienne, c'est de façon singulière et presque légendaire que s'établit le premier café. Nous sommes en 1683, après une bataille au cours de laquelle le vizir Kara Moustapha est vaincu par Sobieski. Kulczychi, un de ses soldats, trouve dans le camp ennemi une grande quantité de grains de café. S'étant bravement comporté lors du siège de Vienne, Sobieski l'autorise, par privilège spécial, à ouvrir une maison de café. Ici comme ailleurs, après les contes anciens, les nouvelles du jour finissent par accaparer l'attention. Inquiets par le tour politique que prennent ces réunions, les différents gouvernements d'Europe ferment sporadiquement ces établissements. Ainsi, sous le règne de Charles II d'Angleterre, alors que Londres maintient ses 3 000 cabarets, pas un seul café ne subsiste.

A Paris, sous Louis XIII, les cafés sont étroitement surveillés par la police. Le café est, dit-on, vendu chez les limonadiers près du petit Châtelet, sous le nom de *cahovet*. Mais il demeure ignoré de l'*intelligentsia* jusqu'à l'arrivée du fastueux Soliman-Aga, ambassadeur extraordinaire de la Sublime Porte. Le diplomate accrédité auprès de Louis XIV, l'offre alors à ses hôtes. La cour découvre le précieux breuvage. Les médecins le conseillent. En quelques semaines, le branle est donné. On se l'arrache. La marquise de Sévigné commente, dans une lettre à sa fille, les délices du café. Des établissements élégants se créent. Ils deviennent des lieux d'esprit et de conversation. Forts de cet engouement, un Arménien, Grégoire d'Alep, et un Sicilien, Procopio dei Cotelli, dit Procope, transforment les tavernes existantes en salons avenants. Ils attirent la meilleure compagnie. « Rien n'est plus commode, plus satisfaisant pour un étranger que ces salons proprement décorés, où il peut, sans être tenu à la reconnaissance, se délasser de ses courses, lire les nouvelles politiques et littéraires, s'amuser à des jeux honnêtes, se chauffer gratis en hiver et se rafraîchir en été à peu de frais, entendre la conversation quelquefois curieuse des nouvellistes, y participer et dire librement son avis sans crainte de blesser le maître de la maison » (Curiosités de Paris, Dulaure, 1785).

Le premier café littéraire de Paris est donc fondé par Procope, 13, rue des Fossés-Saint-Germain. Le nouvel établissement se présente comme un salon privé. Il s'inspire des maisons particulières et obéit aux lois du bon ton. En 1688, la Comédie-Française s'établit en face. Ce voisinage est à la source d'une vogue qui dure encore de nos jours. Les gens de lettres accourent et, évidemment, les gens de théâtre : Belloy, d'une enjambée, repart surveiller les répétitions du Siège de Calais. Lemierre veille au jeu d'Artaxercès. Crébillon vérifie la diction des comédiens de Catilina. Jean-Baptiste Rousseau prépare Jason. Piron dirige la mise en scène de Fernand Cortès. Diderot contrôle les acteurs du « Fils naturel ». La Chaussée, Fontenelle, Sainte Foix, Voisenon et bien d'autres se rendent au **Procope**, non seulement pour prendre du café, mais pour demander ou apporter des nouvelles, rire, causer et médire de son prochain. Il y a enfin Voltaire. Tous parlent littérature, politique, philosophie, religion. Pour exprimer plus librement leurs pensées, ils créent un argot particulier. Ainsi entend-on Marmontel dire à Boindin : « Si l'on en croit Javotte, M. de L'Etre est un personnage bien terrible qui se plaît à torturer Margot ». Ce qui signifie « Si l'on en croit la religion, Dieu est un personnage bien terrible qui se plaît à torturer l'âme ». A côté de ces conversations où les idées les plus audacieuses se font jour à travers les pétillements de l'esprit, certains lettrés restent rêveurs. Jean-Jacques Rousseau est de ceux-là !

Le **Café de la Veuve Laurent,** situé rue Dauphine, a pour habitué La Motte, Saurin, La Faye, Jean-Baptiste Rousseau. On y discute les événements littéraires. On critique les nouvelles pièces. On émet des idées politiques et religieuses. C'est là que se lancent les premiers couplets qui entraînent l'exil de Jean-Baptiste Rousseau. Ce poète vient de faire jouer sans succès le *Capricieux*. Son tempérament vif, facile à exciter, est aigri par le succès de l'opéra Hesione. Aussi s'emporte-il contre les habitués du café qu'il accuse d'organiser une cabale pour faire tomber sa pièce. Dans des vers pleins de fiel, il les attaque. Puis il jette ses vers sur les tables. La main de Jean-Baptiste Rousseau décelée, l'essayiste cesse de venir au café. Ses couplets ne s'arrêtent pas pour autant ! Pire, ils deviennent si satiriques et si diffamatoires, que la justice en est saisie : coupable ou non, Rousseau est perdu !

Tandis que le **Procope** conquiert les auteurs dramatiques et les gazetiers, d'autres cafés voient le jour. On en compte 150 à la fin du XVIIe siècle, 380 en 1720 et 900 à la veille de la Révolution. Les plus animés se regroupent au Palais-Royal tels le **Café Valois** et le **Café de la Régence,** dont l'appellation vient de l'époque où il s'établit sur la place. Sa salle, petite, étroite et malsaine ne l'empêche pas d'être le havre des beaux esprits et surtout des joueurs d'échecs. On y voit Diderot, Voltaire, d'Alembert, Marmontel, Chamfort, Bernardin de Saint-Pierre. Le neveu de Rameau y côtoie l'empereur Joseph II. Robespierre, assez mauvais joueur d'échecs, y fait de rares apparitions.

Depuis l'aube du XVIIIe siècle, la mode est aux miroirs. Ils agrémentent la décoration intérieure des hôtels parisiens. La Galerie des glaces du château de Versailles, achevée fin 1684, est leur référence. La jeune Manufacture des Glaces

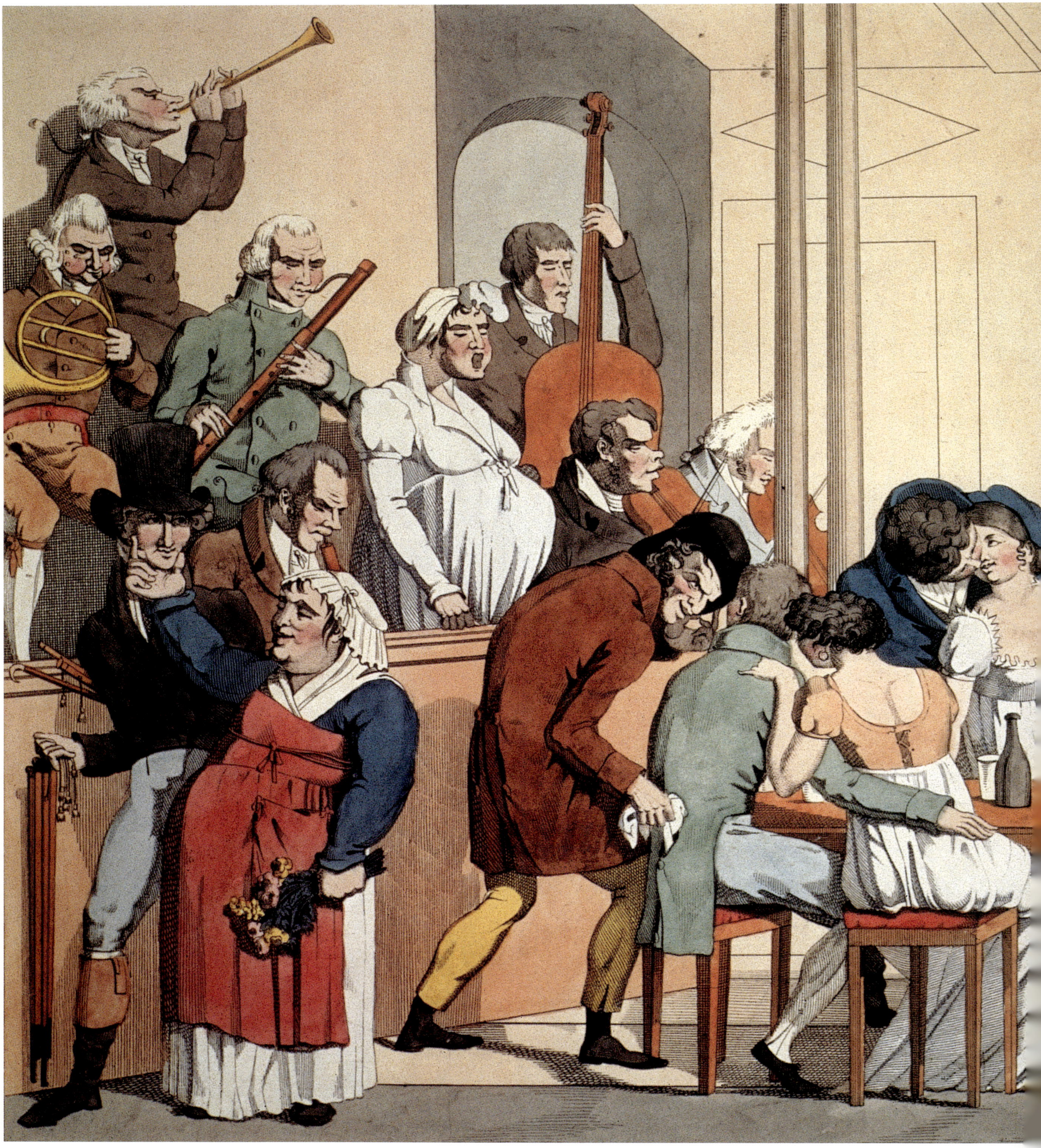

Cette gravure présente un café du Palais-Royal au début du XIXe siècle animé par un groupe de musiciens aveugles, particularité qui lui a donné son nom

et Miroirs offre des produits toujours plus séduisants. Aux cafés qui les adoptent avec enthousiasme, ils donnent à la fois quiétude et animation, lumière pour lire les gazettes et confort pour converser. Mieux, ils renvoient l'éclat des bras de lumière et, par un jeu d'optique, multiplient les dimensions des salles en leur conférant l'air accueillant d'un salon privé. Bref, on les retrouve partout et surtout au **Café militaire**, rendez-vous des officiers préoccupés par la crise que traverse la France en 1763 et par les préparatifs de paix qui vont clore la guerre de Sept ans. Cet étonnant décor, œuvre de Claude-Nicolas Ledoux, illustre la pensée épique d'un architecte hors pair. De plan rectangulaire, ses riches boiseries sculptées et ses jeux de glaces sont, aujourd'hui, remontés au musée Carnavalet. Sa façade, détruite par l'urbanisme haussmannien, s'élève rue Saint-Honoré, à l'emplacement actuel du Louvre des Antiquaires. Décorée d'ornements et de balcons en ferronnerie « à la grecque », sa belle simplicité reflète l'art des dernières décennies du règne de Louis XV. A quelques pas, le **Café mécanique** est l'objet, dès son ouverture, d'une curiosité sans précédent. Une gazette le décrit : « Dans la partie du Palais-Royal déjà bâtie, il vient de s'établir un café où l'on court à cause du mécanisme, qui, à l'exemple de la fameuse table de Choisy, apporte sur chaque guéridon ce que le consommateur a demandé sans l'assistance d'aucun agent visible ». Guides et almanachs précisent : « Les pieds des tables sont deux cylindres creux, dont le prolongement communique avec le laboratoire qui est sous la salle. Il suffit pour avoir ce que l'on désire, de tirer sur un anneau adapté au-devant de chaque cylindre. Cet anneau répond à une sonnette qui avertit dans le laboratoire ; alors s'ouvre sur la table une soupape pour recevoir la demande. Cette soupape se referme aussitôt et ne s'ouvre plus que pour laisser passer une servante à double-étage ».

A la fin du Siècle des Lumières, apparaissent, dans les galeries à colonnes du Palais Royal, d'autres lieux en vogue. Le **Café de Foy** est connu non seulement pour la belle limonadière dont s'amourache le duc d'Orléans, pour l'hirondelle peinte à son plafond par Carle Vernet mais surtout pour les libéraux qui s'y rendent, plus attachés à la liberté qu'à la gloire militaire. On y rencontre surtout des parlementaires qui défendent la Constitution et surtout Camille Desmoulins. C'est là que, le 12 juillet 1789, dans l'après-midi, ce jeune homme, âgé de 27 ans, les coudes sur la table, le front dans les mains, songe à l'acte qu'il va accomplir pour cette Révolution qu'il appelle de ses vœux. Au **Café des Aveugles** des musiciens malvoyants – plus ou moins authentiques –, jouent de la clarinette, de la flûte, du violon et de la basse.

Au rythme des orages qui traversent le XIXe siècle, les cafés littéraires se transforment en réunions politiques. Sous l'Empire, en de fraternelles agapes, autour des cafés du Théâtre Français, de la porte Saint-Martin, du Gymnase, on discute politique. Témoins de nombreux duels, le **café Lemblin** reçoit les débris de l'état-major impérial, protestant contre les humiliations de la France et les faiblesses du gouvernement de la Restauration. Le **Café Sainte-Agnès,** rue Jean-Jacques Rousseau, réunit des républicains dont Ferdinand Flocon et Caussidière, Ribeyrolles et Auguste Luchet. Au **Café de Valois** se retrouvent les chevaliers de Saint-Louis, les défenseurs nés et assermentés du trône et de l'autel, tandis qu'au **Café de la Régence,** autour des parties d'échecs qui se prolongent depuis l'Ancien régime, les Romantiques discutent passionnément. Au **Café du Vaudeville,** les auteurs dramatiques et les chansonniers tiennent le haut du pavé. Le **Café Dagnaux** reçoit Chaudesaignes, Ribeyrolles, Préault, Claudon, Beaudelaire, Banville, Ricourt. Cette amicale réunion se transporte, vers 1842, au **Café Tabourey** et s'élargit à Auguste Lireux, Charles Reynaud, Emile Augier et Henri Murger. A la même époque s'ouvre **Le Pelletier,** cher à Alfred de Musset, Théophile Gautier, Gérard de Nerval, Mery, Diaz, aux rédactions du *National* et du *Charivari* ainsi qu'à la plupart des hommes qui ont marqué le règne de Louis Philippe. Quelques grands esprits se retrouvent au **Café de Bade** ou au **Café de Madrid**.

Du Palais-Royal, les cafés en vogue passent aux Grands Boulevards, centre de la vie mondaine et équestre, des spectacles et des manifestations politiques et sociales du XIXe siècle. Sur les 4 km de ce croissant ombragé, théâtres, magasins de luxe, cercles, restaurants et cafés se pressent à touche-touche, tant au nord qu'au sud des allées cavalières et piétonnes. L'histoire du **Tortoni** est l'une des plus symptomatiques. En 1798, le Napolitain Velloni (que les Parisiens appellent Tortoni) ouvre boutique. Il est glacier, boulevard Cerutti, à quelques pas du théâtre des Italiens, inauguré en 1783, place de la Comédie-Italienne. Dix ans plus tard, ce théâtre devient l'Opéra Comique National, puis l'année suivante, le théâtre Favart. Après l'Empire et sa censure drastique, en 1815, la Restauration rebaptise le boulevard Cerutti, boulevard de Gand. Arrive 1816 et le triomphe, au théâtre des Italiens, du *Barbier de Séville* puis du *Guillaume Tell* de Rossini. Le **café Tortoni** voisin en est bouleversé. Il refuse du monde à chaque spectacle. Le succès se renouvelle lors des concerts de Frédéric Chopin ou de Franz Liszt. Tortoni meurt en 1822. Fromont lui succède. Bientôt le **Tortoni** voit avec satisfaction l'Académie Royale de Musique – plus connue sous le nom d'Opéra – ouvrir ses portes rue Le Peletier. Le célèbre Rossini dirige l'orchestre. Puis il cède sa place à Meyerbeer, Fromental, Halévy et Auber. Sous Charles X, Adolphe Thiers abandonne de temps en temps l'arène politique pour déguster une glace sur la terrasse, tandis que Talleyrand préfère le demi-jour de la salle où il observe les va-et-vient du boulevard des Italiens (1828). Lord Henry Seymour (1805-59) puis le Prince Anatole Demidoff (1812-70), fils de famille résidant boulevard des Italiens, membres du Jockey-Club et noceurs inséparables, deviennent des habitués. Ils attirent le propriétaire de *la Presse,* M. de Girardin qui accueille (en 1836) le roi Léopold et le prince Louis-Napoléon Bonaparte, venus en simple équipage.

Sur les Grands Boulevards brillent le **café Frascati**. Le **café Cardinal** est situé à l'endroit où Regnard demeurait au coin de la rue de Richelieu près du boulevard. Le **Café des Variétés** attire, près du passage des Panoramas, sur le boulevard Montmartre, une clientèle éprise de spectacle. Sa réputation est lancée par Brunet, Potier, Tiercelin, Vernet et Odry. Elle s'impose avec les vaudevillistes, les feuilletonistes, les courriéristes, les barons et les princes du petit et du grand format. Non loin, le **Café Riche,** situé sur le boulevard des Italiens, au cœur de la vie nocturne, jouit d'une renommée croissante. Fréquenté par d'opulents hommes politiques, des artistes et des gens de lettres, sa transformation en café-brasserie (qui date de 1894), donne lieu à d'importants travaux de rénovation confiés à Albert Ballu. Fervent partisan de l'architecture polychrome et des arts décoratifs, ce dernier conçoit, pour les façades sur rue, un décor audacieux. Les murs sont revêtus de briques émaillées blanches, de terres cuites rehaussées d'émaux, de cabochons de verre et de faïences, de fers forgés dans des tons de vieil or et de panneaux ou frises en mosaïque. Le **Café de la Paix,** d'abord lieu de rendez-vous des nostalgiques de l'Empire, devient à partir de 1876, date de l'ouverture de l'Opéra, le restaurant en vogue. Poste idéal d'observation des boulevards, il attire artistes, écrivains, journalistes, riches étrangers et gens de théâtre, d'opéra et de finance. En 1896, Eugène Pirou organise à l'entresol des projections du tout nouveau cinématographe. Benjamin Rabier et Maurice Leloir dessinent menus, cartes et éventails, comme le feront plus tard Jean Dignimont et Albert Brenet. En 1914, les taxis de la Marne, en route pour le front, défilent devant l'établissement. Lors des célébrations de la victoire, Georges Clemenceau s'installe à l'étage pour admirer le défilé des troupes devant l'Opéra. *L'Illustration* publie un dessin de la terrasse constellée d'uniformes alliés.

Créés sous la Monarchie de Juillet, les cafés chantants ou café-concerts sont le plus souvent des estaminets transformés en salles de concert. Leur public prend un café ou un alcool afin d'entendre en même temps des romances, des chansonnettes voire des morceaux d'opéra. Heureux d'échapper pendant la saison à la chaleur des salles de spectacle, la foule se laisse volontiers attirer par le désir d'aller entendre, en plein air, de la musique plus ou moins bien exécutée mais toujours variée. Les premiers cafés-concerts s'installent aux Champs-Elysées puis la vogue les conduit vers les Grands Boulevards où le bruit des tasses se mêle aux flonflons à la mode. D'abord fort humbles d'apparence, les cafés-concerts ne tardent pas à s'agrandir. En 1867, **L'Alcazar,** rue du faubourg Poissonnière, **L'Eldorado,** boulevard de Strasbourg et surtout le **Ba-ta-clan,** boulevard Voltaire rivalisent de luxe et de publicité. Ils se disputent des chanteuses populaires, si ce n'est populacières, inventant, chaque jour, mille moyens de piquer la curiosité du public.

Café du Bosquet, rue St Honoré

Aux Amateurs du beau Sexe.

La dame de comptoir attire les regards des badauds qui se pressent aux fenêtres

Après dîner, le galant espère quelques faveurs… une autre réalité du

j'ai dîné

Après un plébiscite et un coup d'Etat victorieux, Napoléon III règne sur Paris. Avec les grands travaux d'Haussmann, la capitale se métamorphose et les cafés changent d'épicentre. **Le Zimmer**, un des principaux établissements de la place du Châtelet, est lié aux changements que subissent l'île de la Cité et les abords de l'Hôtel de Ville. L'aménagement du Châtelet suppose la transformation du pont, de la place et la création de deux théâtres. L'un d'eux, le Châtelet, inclut une « boutique à usage de café », affectée aux brasseries **Zimmer**. A la suite de l'exposition universelle de 1867, liée au goût nouveau des Parisiens pour la bière, ce café obtient tous les succès. Il s'agrandit sur quatre niveaux. À l'entresol, une salle de restaurant accueille cent cinquante convives ; au premier étage, un grand salon, et, au second, un salon et trois cabinets privés offrent des conditions de restauration privilégiées. La cuisine est au sous-sol. Le passage du rez-de-chaussée permet aux spectateurs, à l'entracte, de déambuler librement entre le café et le théâtre. À la Belle Epoque, on croise au **Zimmer** le compositeur Gustav Malher, Richard Strauss qui crée au théâtre voisin *Salomé* (1907), l'imprésario Gabriel Astruc – à l'origine de la tournée, en 1909, des Ballets russes du chorégraphe Diaghilev et du danseur Nijinsky – ; Claude Debussy et Gabriel d'Annunzio qui y créent, en 1911, le *Martyre de saint Sébastien*.

Au milieu du XIXe siècle, la littérature change de cap. Jeune et remuante, elle se retourne vers les versants méridionaux de Montmartre, émaillés jusqu'alors de guinguettes et de tavernes dépourvues d'originalité. En une décennie, elles deviennent le rendez-vous apprécié des artistes. Au bas de la rue des Martyrs, deux cafés se font concurrence : le **Cabaret de la Belle Poule** et, en face, la **Brasserie des Martyrs** « *Taverne et caverne de tous les grands hommes sans nom* », selon les frères Goncourt. Les peintres impressionnistes se retrouvent au 9 de la Grande rue des Batignolles (actuelle avenue de Clichy), au fameux **Café Guerbois**. Dans un décor classique de murs blancs et de grandes glaces ceignant les banquettes, Manet réunit ses amis. A l'entrée, deux tables lui sont réservées. C'est là que, de 1865 à 1874, s'élabore la nouvelle théorie de l'art qui débouche par une première exposition chez Nadar. Dès 1873-1875, cette clientèle volatile se déplace au **café de La Nouvelle-Athènes**. Place Pigalle, à deux pas des ateliers de Degas et de Renoir, ce café est, selon l'écrivain irlandais George Moore (qui découvre, ébloui, les débats passionnés qui s'y déroulent) *la véritable Académie Française*. Par la suite, le même groupe conquiert, également place Pigalle, le **Café de la Place Pigalle,** que remplace, en 1867, le **café du Rat mort**.

Le tournant du XIXe est la grande époque de la Butte. Entre 1880 et 1910, fleurissent une multitude de cafés, de restaurants, de cabarets et de bals plus ou moins fameux et rarement durables. Le plus célèbre, le **cabaret du Chat noir,** ouvert, en 1881, par Rodolphe Salis sur le boulevard de Rochechouart, est devenu un lieu mythique. Lorsque Salis s'installe au coin de la rue Lallier et de l'avenue Trudaine, il trouve dans les boiseries et les vitraux un décor inédit. Dans cette taverne moyenâgeuse qu'inspirent Rabelais, Panurge et les sujets évocateurs d'agapes prometteuses, il multiplie les objets disparates : céramiques, cuivres et assiettes ornent une cheminée rustique qui va devenir un élément caractéristique du décor des cabarets montmartrois. Un grand soleil aux rayons dorés, pourvu en son centre d'une tête de chat sculptée par Frémiet, est suspendu derrière le comptoir. Peu à peu, les murs vont se couvrir des œuvres dessinées ou peintes par les habitués du lieu : La Gandara, Willette, Steinlen, Léandre…Salis préside, déguisé en académicien et assisté d'un garde suisse. Emile Goudeau et ses Hydropathes (groupe transfuge de la Rive gauche) apportent le contenu artistique et assurent le succès de ces soirées. Le succès du **Chat noir** oblige Salis à un premier agrandissement. Insuffisant, il se réfugie dans l'atelier du peintre Stevens, 12, rue de Laval, actuelle rue Victor-Massé. L'ouverture du **Mirliton** confirme l'éclosion d'un nouveau genre. Les établissements désormais chassent sur les terres de Salis. Dans l'espoir de lui ravir sa clientèle, ils accueillent chansonniers, poètes et musiciens. Outre **Le Tambourin** ouvert, en 1885, au 62, boulevard de Clichy, par Agostina Segatori, se succèdent des établissements aussi divers et éphémères. Les toiles de Chéret, de Toulouse-Lautrec ou de Willette évoquent cette ambiance de fête perpétuelle qui contraste avec le **Lapin Agile** et les établissements autour de la **Place du Tertre** et de l'église Saint-Pierre qui protègent leur aspect rural.

Tandis que Montmartre étincelle de tous ses feux sous les ailes de ses moulins, le quartier Latin préserve son éclat séculaire. Si l'atmosphère louche du Cabaret du **Lapin Blanc** de la rue aux Fèves (qui reçut en son temps, Molière et La Fontaine) disparaît sur l'ordre d'Haussmann (qui ordonne la destruction systématique des rues étroites et sinueuses de l'île de la Cité), il n'en est pas de même de la rive gauche voisine. A côté de caboulots, temples de la débauche, taxés de « vacheries » ou encore de « lapins », on trouve, boulevard Saint-Michel, l'antithèse des Grands Boulevards. Là, au centre de la vie étudiante et intellectuelle, les cafés sont livrés à la poésie, aux revues littéraires, aux excentricités et parfois au guilledou. L'**Académie** de Prosper Pellorier est révélatrice à cet égard. Fondée en 1819, 175, rue Saint-Jacques, elle incarne l'esprit « potache » du quartier Latin encore à l'orée de la campagne et toujours marqué au fer rouge par les plaisanteries de Marguerite de Bourgogne, à la Tour de Nesle, et du bon Henri IV, à l'Hôtel d'Estrée. Son arrière-salle, ironiquement nommée « l'Institut », réunit les mauvais esprits. On y ressasse à l'infini que la couleur verte, propre à l'habit vert et à la langue verte, est la même que l'absinthe émeraudine qui y coule à flot. Non loin de la Sorbonne et de ce café où s'intronisent les académiciens du rire, au coin de la rue Racine, se dresse le **Café Racine**. Pagès (du Tarn) y lit pour la première fois sa *Nouvelle Phèdre*. Après sa présentation à l'Odéon, il y fête son succès littéraire. Le carrefour voisin est dominé par le **Café Molière,** longtemps illustré par la dame du comptoir dont la resplendissante beauté attire tout Paris. Le **Café d'Orsay** accueille, à l'angle de la rue du Bac, Alfred de Musset qui y déjeune parfois. Le **café Manouri**, sur la place de l'Ecole, est célèbre pour ses joueurs de dames. Le **café Vachette,** fief de Jean Moréas, l'auteur adulé et courtisé des *Stances* et d'*Un voyage en Grèce,* et le **Café d'Harcourt** opèrent l'étrange symbiose de la galanterie et de la littérature. Pierre Louÿs et le dramaturge allemand, Frank Wedekind, sont des habitués. Le quartier Latin compte également un café-concert bien connu des étudiants qui n'étudient pas : **Le Beuglant** dit aussi le **Café des Folies-Dauphine,** rue Contrescarpe-Dauphine. Toujours plein, toujours remuant, toujours bruyant ou beuglant, ce boui-boui unique est le royaume d'une « bouquetière », réel trésor pour les petites dames de l'endroit. Pour finir, nous citerons un café-concert qui n'a pas acquis la célébrité des précédents mais dont la situation charmante, au milieu de la Seine, attire les regards de tous ceux qui passent par le Pont-Neuf. Il se nomme le **Vert-Galant**. Les habitués peuvent voir, sur le même terre-plein du pont, la statue du roi gascon qui lui tourne le dos.

Dès 1863, Claude Monet, Frédéric Bazille, Auguste Renoir et Alfred Sisley, alors inscrits aux Beaux-Arts de Paris dans le cours de Charles Gleyre, prennent l'habitude de se retrouver en dehors des sentiers battus, au 171, boulevard du Montparnasse, à l'angle de l'avenue de l'Observatoire, au lieu dit **La Closerie des Lilas**. Une tasse de café à la main, ils contestent et organisent la relève d'un académisme dont ils ne veulent plus. Les mardis, Paul Fort organise des lectures de poésie. Ecrivains, musiciens et artistes de toutes provenances prennent la relève. Les soirées très arrosées sont assourdissantes. Max Jacob, transfuge du **Lapin Agile,** arrivé tout droit de Montmartre, monte sur une table et danse la gigue en récitant un poème satirique. A l'automne 1903, Paul Fort rencontre André Salmon et Apollinaire qui, au **café Le Soleil d'Or**, présentent la revue littéraire *La Plume* présidée par Alfred Jarry. Aussitôt, il les invite à **La Closerie** où, en 1905, Picasso et Fernande Olivier prennent l'habitude de les accompagner.

Non loin de la gare, sur le boulevard Montparnasse, entre la rue Vavin et le boulevard Raspail, dans un quadrilatère à peine urbanisé, s'imposent, de la Belle Epoque au krach de Wall Street, trois cafés qui vont jouer un rôle décisif dans la constitution de *l'Ecole de Paris*. Reflet du quartier à ses débuts, **Le Dôme** est d'abord un humble bistrot de planches mal jointoyées. Cette apparence misérable ne l'empêche pas d'être choisi, dès 1905, par les premières hordes d'émi-

Le café Frascati, à l'angle du boulevard Montmartre et de la rue de Richelieu, était particulièrement remarquable par la qualité et la monumentalité de son décor créé par le glacier Garchi

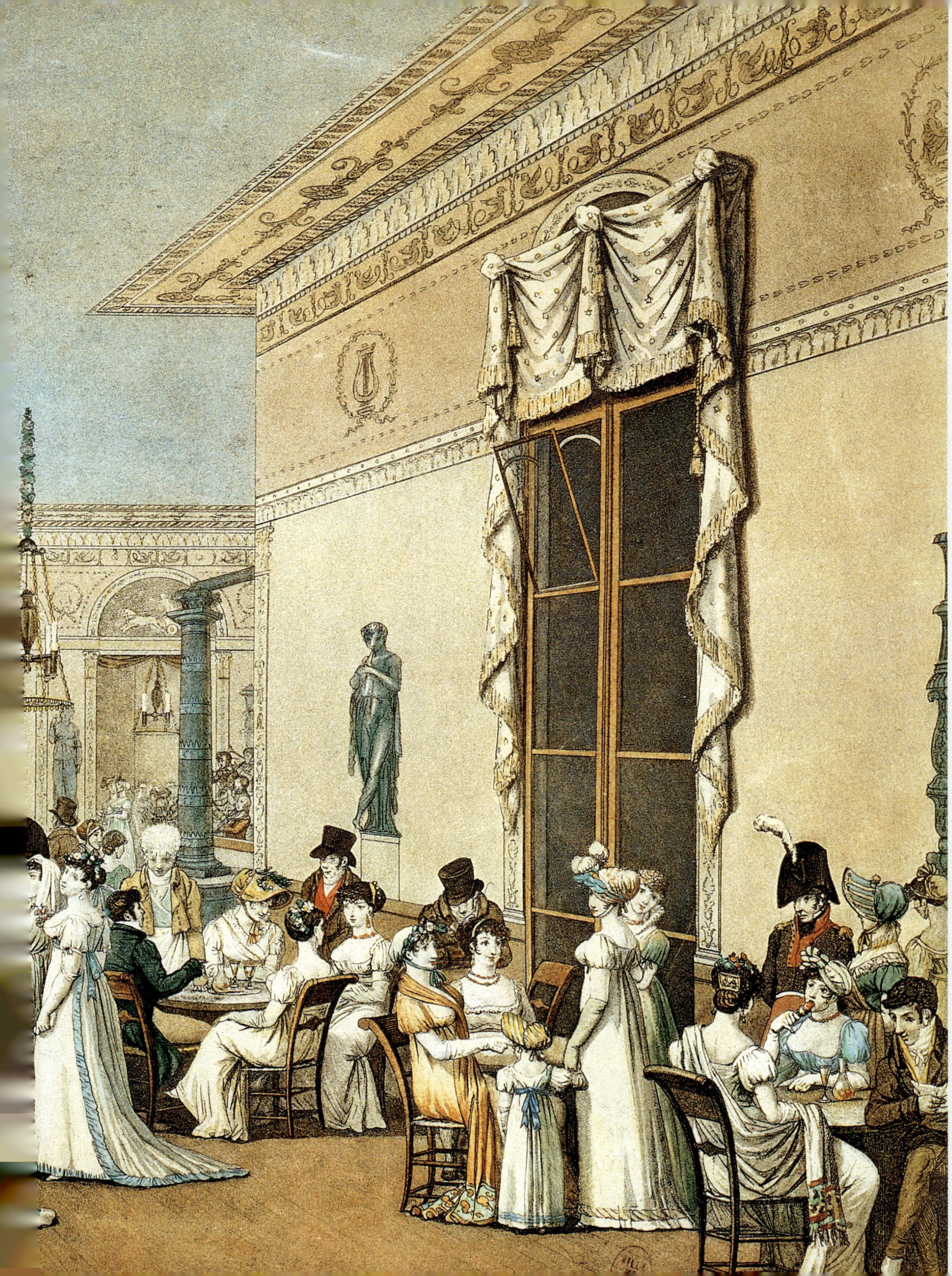

grés castillans, russes ou balkaniques. Les artistes s'installent depuis le petit matin jusqu'au grand soir, autour d'un café crème. Outre les tables aménagées sur le trottoir, ils affectionnent, au-delà d'un bar ouvert à tous, une arrière-salle réservée aux habitués. En permanence, assis sur des banquettes, entre des prostituées, des Louftingues et des joueurs d'échecs, Ehrenbourg, Trotsky et Lénine lisent de précieux journaux venus directement de Saint-Petersbourg. Tandis que la bohème slave chante en chœur et entraîne l'assemblée, les cigarettes circulent et parfois la drogue. Constamment des nuages de fumée obscurcissent cet étroit réduit. Ils chassent les non-initiés. Peu importe l'hygiène ! Tout ce que l'art moderne connaît de célébrité y élit domicile : Diego Rivera, copain de Trotsky, Derain et Vlaminck, grand et massif, Modigliani, beau comme un Dieu, Soutine et Krémègne, Pascin, si élégant à ses débuts, Othon Friesz et, bien entendu, les troubadours du Fauvisme, du Cubisme et du Surréalisme. Apollinaire, Max Jacob et André Salmon discutent. Picasso qui n'apprécie ni l'alcool, ni le bavardage inutile, observe. Aux artistes se mêlent des amis et d'étranges personnages, tels l'Irlandais, peintre et boxeur, Arthur Cravan, cousin d'Oscar Wilde ou l'inénarrable chilien, Ortiz de Zarate.

La renommée du **Dôme** entraîne la création de **La Rotonde,** en 1911. La gentillesse de son propriétaire, un oriental du nom de Libion, et le soleil qui baigne sa terrasse facilitent son succès. Bientôt s'opère entre les bistrots, une répartition ethnologique : les Allemands et les Scandinaves se concentrent au Dôme tandis que les Slaves et les Méditerranéens passent à **La Rotonde**. Seuls les Français ayant leurs entrées dans les deux groupes, vont indifféremment de l'un à l'autre. Au cours du premier conflit mondial, une véritable transhumance s'opère vers ces cafés. Les bribes de vie artistique subsistantes y refluent. Ils deviennent des centres d'informations, de véritables bourses aux nouvelles où les permissionnaires s'inquiètent de leurs amis sous les drapeaux et de ceux qui sont rentrés au pays, que ce soit l'Amérique du Nord ou du Sud.

La Coupole apparaît en 1927. Ce troisième café de la trilogie des Montparnos devient rapidement la centrale régulatrice de la vie nocturne des Années folles. Ce café-restaurant doit son essor fulgurant, moins à son propriétaire, Chambon, qu'à ses gestionnaires : Lafon et Fraux. Situé à 50 m du Dôme, il s'élève sur un terrain qui abrita un pressoir sous Louis XVI. Aménagé par l'architecte Le Bouc, cet établissement fameux pour sa voûte soutenue par une forêt de colonnes, doit son succès aux artistes qui le fréquentent. Nombre d'entre eux l'ont décoré. Souvent payés en consommations à venir, Fernand Léger, Moïse Kisling et Grünewald participent à la réalisation des fresques intérieures. Marie Vassilieff représente Georges Duhamel sur une colonne. Succès sans précédent, la soirée inaugurale du 20 décembre 1927 marque l'apogée des fastes de Montparnasse. Toutes les célébrités parisiennes y sont réunies : Kisling, Vlaminck, Foujita, Cocteau, Pierre Benoît, Henry Béraud et Blaise Cendrars. Au lendemain de ce lancement extravagant, **La Coupole** devient le nouveau symbole de Montparnasse, un Montparnasse aux bars étincelants, aux restaurants chics, aux boîtes de nuit insensées. Qui plus est, à l'égale de Versailles ou du Louvre, les cafés de Montparnasse deviennent une étape obligée des autobus de l'agence Cook. Les attractions n'y manquent pas : Joséphine Baker y promène une couleuvre en laisse, Kisling y prend un bain dans le bassin central. Adolphe Monjou, Mistinguett, Royas, James Joyce, Eugène Frot, Monzie ont leurs places réservées que désignent respectueusement, de nos jours, les garçons de café.

Les trois bistrots des Montparnos sont en réalité quatre. Proche de la Rotonde, **Le Select** est, après la Première Guerre mondiale, un établissement confortable et discret où les Américains établissent leur quartier général. On y parle anglais. Des personnalités s'y retrouvent constamment et côtoient des êtres étranges, farfelus : des mystiques et des gnostiques, des Roses Croix et des occultistes. Car Montparnasse vit pendant l'Entre-deux-guerres dans un climat de fête perpétuelle.

Au cours des XVIIIe et XIXe siècles, sur les **Champs-Elysées,** entre le Rond-Point et la place de la Révolution, laiteries, traiteurs, vendeurs de bières, guinguettes démontables et cafés émaillent les sous-bois. Au sud de la perspective est-ouest, on repère **Le Doyen** et, au nord, **L'Aurore, La Réunion** et **Les Ambassadeurs,** très à la mode car fréquentés par les diplomates demeurant dans les hôtels du faubourg Saint-Honoré. Au fils des ans, ces guinguettes évoluent. A l'origine débit de vins, **le Café du Rond-Point** se transforme en café puis en restaurant. Lorsque défilent les équipages, les cafés quittent les ombrages et bordent pour la première fois l'avenue. Après la Grande Guerre, le succès de la voiture automobile, des films et des dancings fait disparaître les cafés-concerts, les music-halls et les salles de cinéma. L'avenue des Champs-Elysées est en pleine mutation. Si les Grands Boulevards restent le domaine du théâtre, les Champs-Elysées sont le royaume du cinéma, des voitures et de leurs vitrines, des badauds et des touristes, des midinettes et des hommes d'affaires du Triangle d'Or. De jour et de nuit, ce public élégant et pressé, nombreux et multiple, en perpétuel mouvement, est en quête d'un « café-bar-restaurant ». Le **Fouquet's** témoigne de la vogue anglo-américaine des bars et « cafés-bars ». qui se multiplient pendant l'Entre-deux-guerres. Admirés des élites étrangères, ces lieux cossus témoignent du style Art Déco. Ils sont plus d'une vingtaine à fleurir sur la plus belle avenue du monde. Charles Siclis, « l'homme des Champs-Elysées » y aménage d'abord, au n°44, **Le Colisée,** vaste café aux lignes sobres puis, un peu plus haut, en 1934, **Le Triomphe** qui devient fameux pour son architecture fantaisiste débordante d'ornements.

La Coupole et les cafés des Champs-Elysées, remarquables par la cohérence de leur décor, lancent un concept nouveau : le café-brasserie, originalité que partagent la plupart des « cafés années 30 ». Ce style où le confort le dispute au fonctionnel, le luxe à la nudité, le bois au métal, le cuir aux matières synthétiques, a, entre autres, pour maître, L.H. Boileau, architecte du nouveau Palais de Chaillot. Il se répand dans tout Paris. Parmi les plus beaux établissement des années 1930, mentionnons **Le Lutétia, le Grand café de Madrid, le Café du Bon Marché,** spécialisé dans le travail des matières riches, le **Bœuf sur le toit, La Maison du café,** située à l'angle de la place de l'Opéra et la rue du Quatre-Septembre, le **Dupont-Latin** et le **Dupont-Barbès** ainsi que **Prunier,** bar-restaurant. Tous cherchent à éviter les excès du rationalisme du Modern Art et à proposer une ambiance de bien-être.

Puis la roue tourne. Le centre des cafés de Paris glisse. Il se cristallise autour de Saint-Germain des Prés. Fuyant les folies de Montparnasse, il se rapproche des éditeurs. Edifiés sur l'emplacement de l'ancienne abbaye, le **Café de Flore** et les **Deux Magots** ouvrent leurs portes en 1885 et 1891. Le quartier Saint-Germain acquiert sa réputation après l'achèvement du boulevard éponyme et les convulsions de l'affaire Dreyfus. Rassemblés autour de Charles Maurras, leur chef de file, les jeunes monarchistes y fondent, au premier étage, l'*Action Française*. Du **Flore** ils lancent le fameux appel à Henri, duc d'Orléans. Bientôt Maurice Barrès et Paul Bourget se joignent à eux. Peu à peu, la littérature s'installe. Guillaume Apollinaire adopte le café et y rencontre ses amis, André Salmon et André Rouveyre qui collaborent à la revue *Les Soirées de Paris*. Tous les mardis jusqu'à la guerre, l'auteur d'*Alcools* règne en maître à la terrasse du **Flore**. En 1917, sous son égide, Philippe Soupault fait la connaissance d'André Breton, favorise des rencontres avec Louis Aragon et, en cette même année, invente le mot *surréalisme*. La Grande Guerre terminée, Apollinaire tué par la grippe espagnole, la réputation du **Café de Flore** est solidement établie. Tristan Tzara y convoque les assises de *dada*. A l'écart de ce clan turbulent, l'érudit Henri Martineau, directeur de la revue *Le Divan*, s'entretient avec les amoureux de Stendhal. Un peu plus tard, André Malraux y sirote son Pernod glacé, alors que des Américaines émoustillées se laissent bercer par les mélodies que distille un orchestre à la mode. Léon-Paul Fargue y passe deux heures par jour, avec une ponctualité sans faille. Dans un coin, Michel Leiris converse avec Raymond Queneau. Les surréalistes, qui détestent Montparnasse, y organisent à leur tour des réunions. Même les victimes des excommunications de Breton y conservent leurs habitudes. Georges Bataille, Georges Ribemont-Dessaignes, Robert

Emblématique des ravages de la fée verte, L'Absinthe (v. 1875) met en scène des amis de Degas, Ellen Andrée et le graveur Marcellin Desboutin

Pour Au café, Caillebotte utilise les effets de miroir, élément fondamental du café au XIXᵉ siècle, comme le marbre des tables et le rouge des banquettes

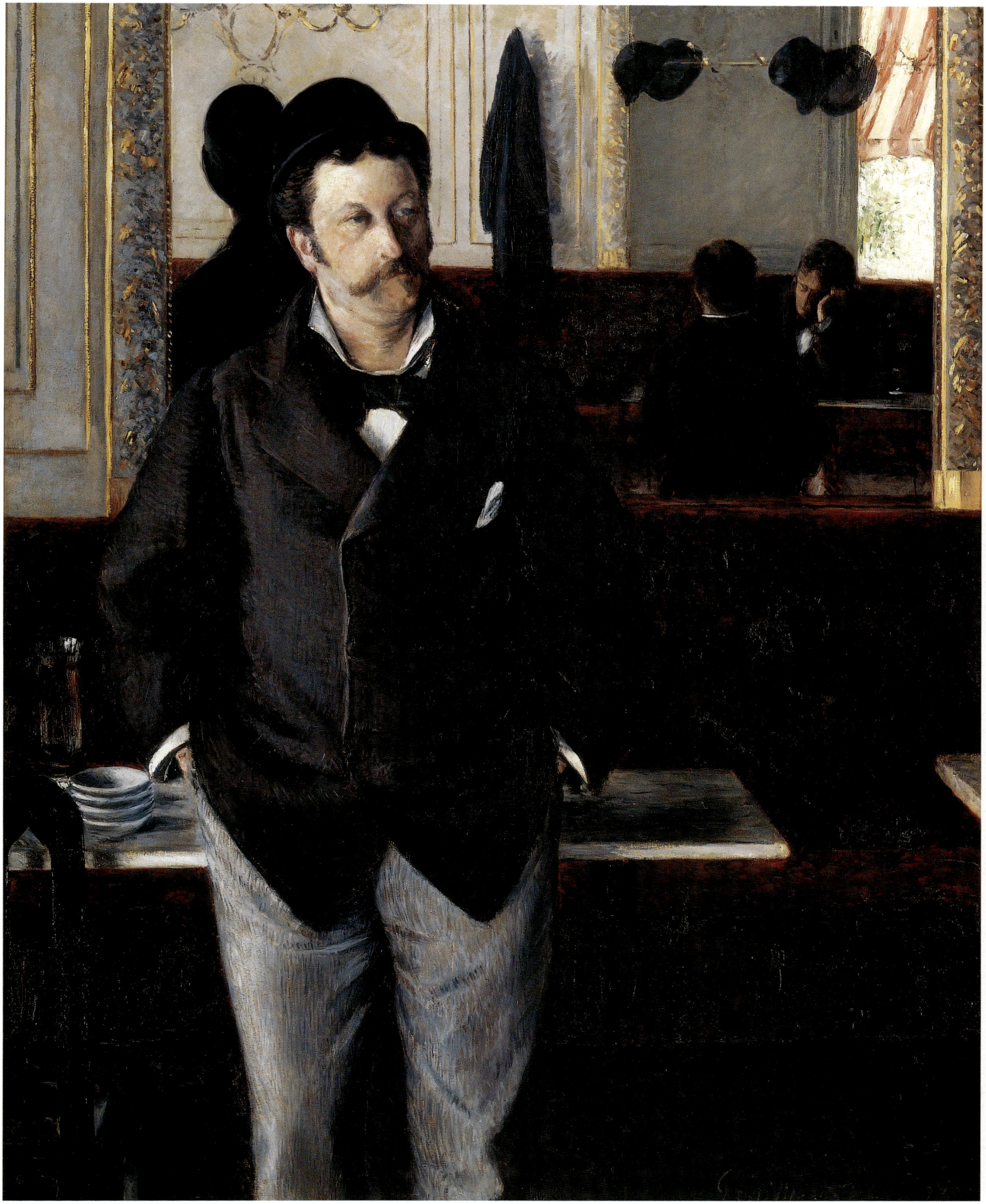

Desnos, Roger Vitrac s'y assoient avec ostentation. Il n'est pas rare d'y voir les représentants de l'*intelligentsia* de droite : Thierry Maulnier, André Chamson ou Robert Brasillac. Le poète anglais Stephen Spender scrute avec humour les manies de ses homologues français. Les éditeurs font régulièrement un détour au **Flore** devenu, en 1939, le meilleur observatoire de l'activité littéraire. Au début de 1942, un vieil habitué, Jean-Paul Sartre s'y réfugie pour écrire *L'Etre et le Néant*. Petit à petit, tous ceux que la guerre a éloigné reviennent. De nouvelles têtes apparaissent dont Simone Signoret. Le **Flore** est devenu un mythe que décrit Yves Allégret dans son film, *La Boîte aux rêves*. Après la Libération, le **Flore** reste le rendez-vous des écrivains anglo-saxons, tels Truman Capote, Lawrence Durrell, Ernest Hemingway, et des fins lettrés, tels Francis Carco, Raymond Carco, Marcel Achard, Pierre Mac Orlan.

Café voisin, les **Deux Magots,** est également fréquenté par des comédiens et une poignée de financiers. Oscar Wilde y traîne sa vieillesse et l'amertume de son exil. Léon Daudet, Rosny Aisné l'adoptent pour sa tranquillité. Quelques transfuges de Montparnasse constituent le premier cercle d'habitués. Sur la terrasse, André Derain explique à André Salmon sa théorie des cubes. On raconte qu'Alfred Jarry y entre pour déclarer sa flamme à une jeune dame. Il tire un coup de revolver dans la vitre, histoire de rompre la glace. Immédiatement après la Grande Guerre, André Breton, qui ne peut plus souffrir le charivari de Montparnasse, y réunit des poètes. Ils constituent le mouvement surréaliste. Autour de la revue *Littérature*, Louis Aragon, René Crevel, Paul Eluard, Robert Desnos s'y retrouvent. A la Libération, Sartre et Simone de Beauvoir quittent le **Café de Flore** pour ce havre voisin. Mais bientôt les anciens habitués reviennent. La joyeuse bande des frères Prévert revivifie les **Deux Magots**. Les surréalistes se réapproprient jalousement les lieux après leur exil à New York. Boris Vian, Albert Camus et Violette Leduc comptent parmi les figures familières de l'Après-guerre qui forge le mythe de Saint-Germain des Prés, dont Juliette Greco est la prêtresse.

Face au **Flore** et aux **Deux Magots**, la **Brasserie Lipp,** sur le boulevard Saint-Germain accueille également le Paris littéraire et mondain, la politique et les écrivains. Depuis 50 ans, elle est un phare, un ancrage, un symbole. Une réussite totale pour un Auvergnat qui monte à Paris avec trois sous en poche et qui avait fait ses débuts comme livreur de bains. Avant la guerre de 1914-1918, Marcelin Cazes va d'immeuble en immeuble, au gré des commandes. Sa baignoire en cuivre est accrochée à son dos par deux courroies solides. Une fois livrés le seau d'eau tiède et le seau d'eau froide, il attend sur le palier que Monsieur ou Madame termine avec leurs bulles de savon. Ayant repris à l'Alsacien Lippman sa petite brasserie de Saint-Germain des Prés, Cazes devient gérant d'un bistrot. Il travaille tant et si bien qu'il double sa mise initiale. Le billard à l'étage une fois supprimé, il ajoute de nouvelles tables, agrandit son établissement sur l'immeuble voisin et obtient le droit d'ouvrir une terrasse. La **Brasserie Lipp** devient dans l'Entre-deux-guerres le lieu de rendez-vous du Tout-Paris. Selon la formule de Léon-Paul Fargue, on peut y obtenir, le temps d'un demi, toutes les informations désirées sur la vie de la capitale. Depuis 1945, **Lipp** demeure le café incontournable des députés et des ministres, des écrivains et des artistes.

L'inauguration du **Café Costes** en 1984, consacre le talent de Philippe Starck. Elle marque le début de l'expansion d'une famille aveyronnaise et la renaissance des cafés. Les nouveaux établissements s'ouvrent dans un Paris socialement transformé. S'adressant à un public rajeuni, ils donnent priorité au plaisir des yeux sur celui du goût, à l'âme des murs et du mobilier autant ou plus qu'aux consommateurs et aux serveurs. Cent fois plagiés, ils s'imposent comme des lieux privilégiés d'expérimentation et de création en matière de *design* et d'architecture intérieure. Dans la foulée du **Café Costes**, la création française s'oriente vers le dépouillement, l'épure et atteint un certain minimalisme. Les terrasses multiplient les mobiliers Starck. Plus que les chaises Costes et autres variantes du tripode, les fauteuils Lord Yo et Dr. No, facilement empilables, s'imposent. Le **Café Beaubourg** se veut un manifeste de contemporanéité. Son aménagement, confié à Christian de Portzamparc, laisse une marque prestigieuse. Dorénavant les créateurs cherchent à associer leur image à celle d'un café. Le **Café Bleu** de Lanvin est confié à Hilton McConnico. Le **Water Bar** de Colette est signé par Arnaud Montigny. Dans les dernières années du XXe siècle, deux courants s'amorcent où, une fois encore, les frères Costes font figure de pionniers. Ils choisissent pour deux de leurs cafés, Jacques Garcia, jeune décorateur, qui va devenir au début du XXIe siècle, ce que Philippe Starck fut à la fin du siècle précédent. Son style est un véritable retour, actualisé, au décor Napoléon III. Des couleurs chaudes et profondes répondent à un décor de lourds tissus et de chaises dodues. Figure emblématique des années 1990, il marque de son empreinte nombre d'établissements parisiens. Puis un autre courant s'impose. Il s'épanouit dans **Les Etages** et **Le Fumoir,** mélange les styles qui font l'éloge de la décadence et reflètent un monde en perdition. La référence principale n'est plus le XIXe siècle, mais le tournant des années 1960-1970. Comme chez Philippe Starck, 20 ans plus tôt, le plastique domine, exclut le bois et les tissus chers à Jacques Garcia. Mais ce plastique, matériau de travail chez Starck, devient, pour le collectif de **L'Etienne Marcel**, objet de travail et de réflexion sur la réutilisation des formes et des matériaux.

A l'aube du XXIe siècle, les cafés se regroupent non seulement par style, mais surtout par quartiers. Le 4e arrondissement réunit la majorité des **cafés « homos »** de la capitale. Sur les 130 recensés à Paris, tous, sauf six, sont situés sur la rive droite. Après Montmartre et Pigalle dans les années 20, le quartier Latin et les Champs-Elysées dans les années 40, Saint-Germain des Prés et la rue Sainte-Anne dans les années 60, le quartier du Marais, entre les Halles, Bastille et République, devient le haut lieu de la vie homosexuelle parisienne. La plupart des établissements se situent dans un quadrilatère formé par les rues des Archives, de Rivoli, Vieille-du-Temple et Sainte-Croix-de-la-Bretonnerie. On en trouve ensuite 18 dans le quartier des Halles (1er), principalement rues de la Ferronnerie et des Lombards, et quinze dans le 3e arrondissement, rues Charlot et Michel-le-Comte notamment. La très grande concentration des établissements homos dans le centre de Paris finit par donner l'impression de ghetto : il devient de bon ton, au sein de la « communauté », de fustiger le Marais, trop commercial, trop mode, trop « milieu ». Rappelons toutefois que plus de la moitié des bars homos et lesbiens sont disséminés dans les autres quartiers de la capitale !

Parlons enfin de l'Est parisien revivifié depuis 1975. A partir des années 1990, dans les 11e et 12e arrondissements rénovés, fleurit une nouvelle variété de cafés : les **cafés branchés**. Les premiers s'implantent à la Bastille autour des ateliers et des galeries des jeunes artistes. Entre des boutiques de vêtements de plus en plus nombreuses, les cafés du 11e arrondissement cumulent les activités de la restauration et du divertissement. Leur succès est particulièrement visible, rues de la Roquette, de Charonne et de Lappe. Il s'observe de manière plus diffuse dans le reste du quartier. A Ménilmontant et dans les 19e et 20e arrondissements, ils sont d'une étonnante diversité. L'avant-garde se presse autour de la rue Oberkampf. Les « néo-bistrots » se caractérisent par des aménagements qui les distinguent et qui justifient leur succès. Ils sont mode, ce qui permet de les reconnaître. Certains adoptent une décoration rétro – dont les modèles sont les **Cafés Charbon, de l'Industrie** et **Divan**. D'autres revêtent une patine, plus ou moins ancienne, et arborent des décors ludiques pour initiés qui connaissent les codes. Avec humour, ils mettent en scène, un retour à l'enfance dont les « bobos » seraient atteints. Tous cherchent à séduire une clientèle jeune que fascinent la vie nocturne et la musique techno.

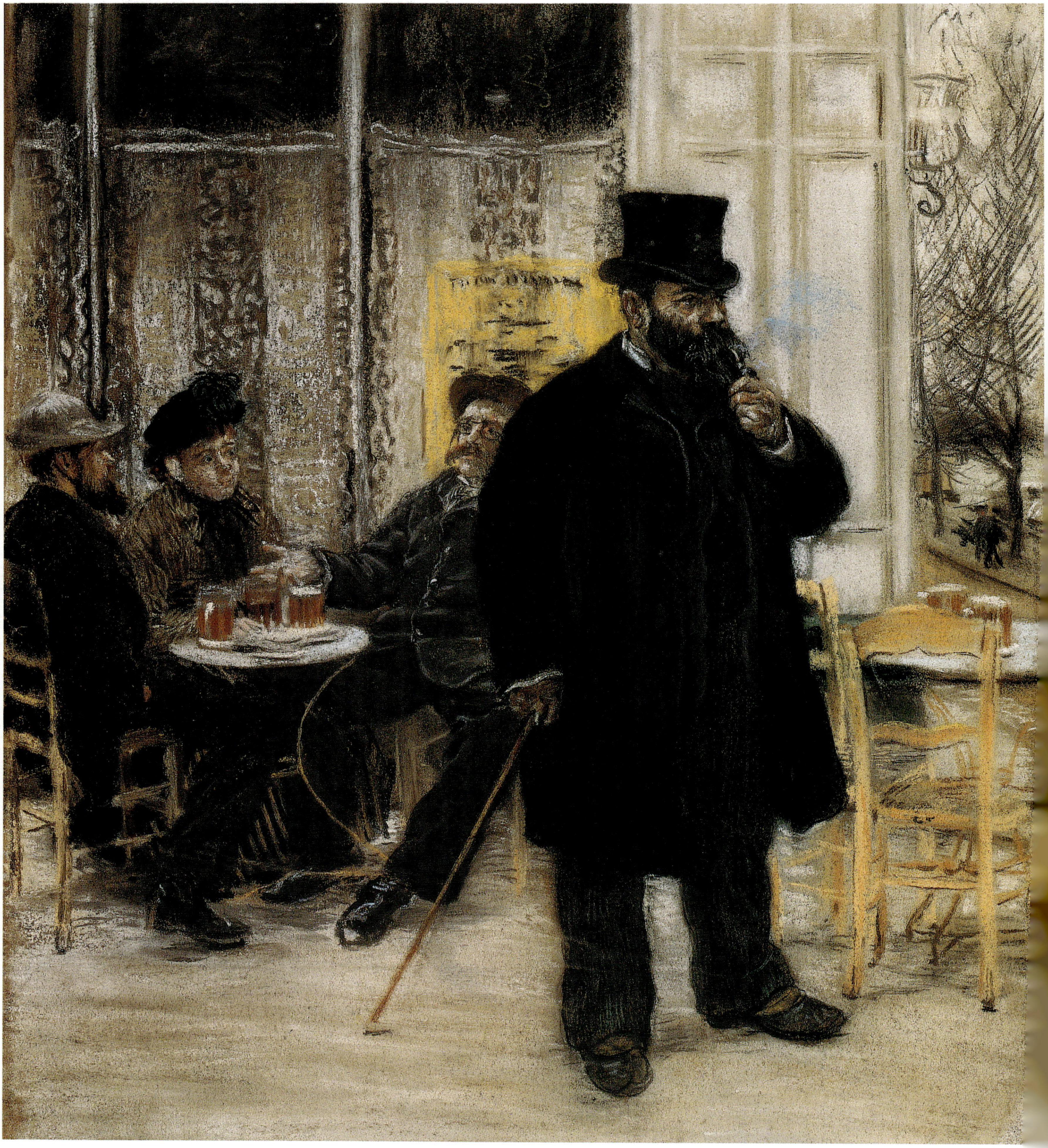

Le café de La Nouvelle Athènes *et quelques-uns de ses habitués*

La Bohème trouva dans les cafés un lieu d'échanges et d'inspiration

De cafés en quartiers

Naissance du café
Yves-Marie Bercé
Professeur à la Sorbonne

C'est au cours des années 1670 qu'apparut à Londres, Paris ou Venise la mode d'une boisson chaude plaisante et, disait-on, bienfaisante : le café. Les annales de la découverte et de la diffusion d'une telle marchandise doivent commencer avec les premières citations de ce produit par des voyageurs européens à la fin du XVIe siècle ; la toute première se situe très exactement en 1582 lors de la parution à Francfort de l'itinéraire d'un médecin d'Augsbourg, Leonhard Rauwolf, qui racontait avoir découvert cette boisson dans les bazars d'Alep. L'historien doit mentionner ensuite l'apport de café dans une ville occidentale, puis les dates de l'apparition de débits publics et enfin la généralisation de boutiques vendant du café à tout venant[1]. Entre ces étapes, il pouvait s'écouler plusieurs décennies, tant que la valeur et l'approvisionnement demeuraient incertains, ou seulement quelques années, si les impératifs d'une mode s'en emparaient.

Au moment où les élites des grandes villes européennes prenaient l'habitude de consommer des infusions de café, les cheminements étranges de ce produit intriguaient les savants. Bientôt, des récits de voyage, des traités médicaux, des articles de gazettes répétèrent et accréditèrent quelques faits et légendes sur ses origines et ses vertus. Une historiette malicieuse racontait qu'un abbé maronite avait un jour reçu le témoignage d'un gardien de chèvres ou de chameaux. Cet homme simple avait observé que ses bêtes veillaient et sautaient toute la nuit quand elles avaient grignoté les baies d'un certain arbrisseau. Ce serait ainsi que l'abbé aurait eu l'idée d'en faire consommer à ses moines pour les empêcher de s'endormir pendant les heures nocturnes de la liturgie[2]. En tout cas, les voyageurs et les marchands s'entendaient pour faire venir le café d'une région bien précise du Moyen-Orient, le royaume du Yémen, dans les montagnes de l'Arabie heureuse. Depuis les ports de Moka et Bait-al-Faqih au Yémen, par le relais de Djedda dans l'Etat du Chérif de La Mecque, des barques portaient le café à Suez d'où des caravanes de chameaux l'emmenaient au Caire. Au XVIe siècle, le café était passé du Caire à Istanbul. Bien plus tard, dans les années 1640, des bateaux hollandais et anglais commencèrent à aller directement faire leurs chargements sur les côtes du Yémen.

En France, ce furent des négociants marseillais, habitués des Echelles du Levant, qui apportèrent les premiers sacs de café. Un marchand, nommé Jean de La Roque, revenant de Turquie, aurait dès 1644 fait goûter du café autour de lui. De même, dix ans plus tard, des marchands lyonnais auraient pris les mêmes habitudes de dégustation. La tradition veut que la mode à Paris ait été lancée par la venue auprès de Louis XIV d'une ambassade turque. Dans ces années, les Ottomans, ayant conquis toute la Crête, avaient assiégé Candie, la dernière garnison vénitienne, et l'avait contrainte à capituler en septembre 1669. Des volontaires français s'étaient enrôlés sous la bannière de Saint-Marc et c'était cette apparente rupture dans l'alliance franco-turque que l'ambassadeur Soliman Aga venait contester. Séjournant à la cour de France de l'été 1669 jusqu'en mai 1670, cet illustre personnage avait apporté de grandes quantités de café et offert à ses nombreux invités parisiens ce breuvage inconnu. Deux ans plus tard, lors de l'ouverture de la foire Saint-Germain en février 1672, les Parisiens y découvrirent une ou plusieurs échoppes vendant aux chalands des tasses de café[3].

La diffusion en Europe
Ces événements marquent la création d'un commerce et les débuts d'une consommation publique, mais ils ne sont que les causes immédiates du phénomène. Des périodes et des circonstances analogues se retrouvent en Angleterre, dans les Provinces Unies, en Allemagne ou en Italie. On sait ainsi qu'à Oxford, en 1637, un grec, pensionnaire du Balliol College, en offrait à ses amis. A Londres, ce fut en 1652 que s'ouvrit la première maison de café ; elle était tenue par un certain Pasqua Rosée, grec d'origine, venant de Raguse (Dubrovnik) ; il avait planté une tente dans une allée de l'enclos de l'église Saint-Michael, à Cornhill, c'est-à-dire au cœur de la Cité, tout près du Royal Exchange. A Venise, sur la place Saint-Marc, sous les arcades des *Procuratie Nuove*, on vendait du café dès les années 1640 et on y trouvait dans les années 1680, plusieurs boutiques permanentes. A Amsterdam, les premières ventes publiques de café commencent en 1664, à Hambourg en 1679, à Leipzig en 1694, etc. A Vienne, la légende veut que le premier cafetier ait été un héroïque polonais qui avait passé plusieurs fois les lignes ennemies pendant le siège de 1683 et aurait été récompensé par les sacs de café pris en butin sur les Turcs. Chaque fois, l'initiative marchande revenait à des levantins qui tentaient de faire fortune avec cette nouvelle boisson.

Tous les ports, toutes les capitales qui avaient des liens commerciaux avec le Moyen-Orient connaissaient la même évolution ; il faut donc au-delà des anecdotes locales, envisager de plus amples changements culturels et économiques. En effet, des aventures comme celles du café concernaient à la même époque le chocolat, le thé ou le tabac. Ces quatre produits étaient des excitants faciles et séduisants ; ils avaient

Céramique, vers 1710 : la scène illustre le luxe et l'exotisme qui accompagnent les premières dégustations de café en Europe

été rares jusqu'alors, connus seulement de quelques savants et apothicaires et voilà qu'ils se trouvaient désormais à portée des consommateurs urbains, plus ou moins riches, plus ou moins nombreux. C'est qu'en cette fin du XVIIe siècle, à la généralisation des transferts commerciaux à travers les mers et les océans, correspondait une hausse générale des niveaux de vie européens. Des denrées exotiques, découvertes au siècle précédent, pouvaient désormais arriver par cargaisons entières ; ces innovations alimentaires satisfaisaient, chez les notables des capitales, un nouveau désir de luxe, éveillaient les curiosités, offraient des modes d'évasion inédits. De la sorte, les très anciennes sociabilités du cabaret et les ivresses des flacons de vin cédaient le pas à des modes supposées plus raffinées, susceptibles de distinction sociale[4].

Le goût du café

Bien vite, on s'inquiéta également des effets de ce produit sur la santé. Des études médicales, très diffusées et rééditées en France, Angleterre et Hollande, lui reconnurent des vertus. Le café était, enseignait-on, souverain contre les migraines et l'endormissement, les vapeurs, la phtisie, les fièvres, les calculs, l'épaisseur du sang, etc. Il donnait au buveur lucidité, aisance de parole, agilité intellectuelle, facilité de digestion et même force d'âme. Les médecins amateurs de café, le lyonnais Philippe Sylvestre Dufour (1671 et 1683) et le hollandais Cornelius Bontekoe (1688) expliquaient qu'il avait les mérites du vin ou de la bière, sans en avoir les inconvénients. Ils réfutaient l'assertion embarrassante d'un ambassadeur danois qui avait dénoncé jadis l'excès de café comme rendant « impropre à la génération »[5]. Dufour citait deux anecdotes concernant des Parisiennes de qualité. Une dame à qui l'on annonçait la mort de son fils tué au siège de Candie, s'écriait : « Quoi, mon fils est mort, ah du café, du café ! On peut juger par là que cette mère infortunée [...] pénétrée de son affliction ne l'était pas moins de l'estime qu'elle faisait du café ». Une autre dame souffrait de migraines si violentes que les chirurgiens avaient résolu en désespoir de cause d'entreprendre de la trépaner. Au dernier moment, après l'extrême onction, un savant ecclésiastique de ses amis intervint : « Madame, je prétends vous guérir par le plus innocent des remèdes. Prenez tous les jours quelques tasses de café [...], je vais vous en accommoder tout à l'heure et vous apprendre à le préparer [...]. Il n'eut pas continué trois jours que la malade sentit diminuer sa douleur et retrouva le sommeil qu'elle avait perdu depuis plusieurs mois ». A telles enseignes, les médecins ne conseillaient aucune modération dans la dégustation ; en commençant dès le matin, plusieurs dizaines de tasses ne pouvaient faire que du bien. Pour corriger l'amertume, ils suggéraient d'y joindre du sucre en abondance, d'y ajouter peut être un peu de lait. Le café au lait, écrivait Madame de Sévigné en 1690, est « la plus jolie chose du monde ». Les Parisiens avaient la réputation de mettre trop de sucre de sorte « qu'au lieu d'un breuvage du café, ils en font un sirop d'eau noircie » (P.-S. Dufour). Enfin, dans les tasses prises après le dîner, il était permis de mêler selon les goûts un soupçon de clou de girofle ou une pincée de cannelle.

La différence entre cafetier et cabaretier est sensible au XVIIIe siècle : le premier vend café mais aussi chocolat, liqueurs et tabac, le deuxième du vin

Les premières échoppes

Après les ventes dans les foires ou dans les hasards des rues, l'engouement public amena bientôt l'ouverture de boutiques fixes et bien placées dans des quartiers de passage et de commerce. A Paris, ce fut un arménien nommé Pascal Harouthioun qui établit la première boutique stable, quai de l'Ecole (aujourd'hui quai du Louvre). Une date est significative, celle de l'édit instaurant à Paris une communauté des limonadiers. En mars 1676, leur métier se vit imposer l'achat de charges de maîtres ; le fisc pensait possible d'en vendre 250. Le terme officiel de « distillateur limonadier » suggérait les diversités du métier. Un marchand de café devait offrir dans sa salle non seulement des tasses de café, mais aussi une variété de boissons sucrées, toutes les liqueurs possibles, des vins muscats, des fruits confits et, à la belle saison, des sorbets. En somme, on attendait de ce marchand qu'il présente toutes sortes de douceurs, qu'il sache pour le moins brûler, moudre et infuser ses cafés, mais aussi qu'il soit distillateur, confiseur et glacier. Il se distinguait du tavernier qui ne donnait à boire que du vin, des aubergistes ou traiteurs qui n'offraient qu'à manger. Le limonadier ou cafetier exerçait un négoce supposé plus technique, plus onéreux, plus distingué. Sa clientèle avait des exigences et l'élevait dans la hiérarchie des métiers[6].

La consommation de café devait se faire dans un environnement prétendu oriental, avec des serveurs en pantalons bouffants et sur la tête des bonnets fourrés, de hautes chopes de faïence et des gestes compliqués pour préparer et verser le breuvage. Les noms des tenanciers et les images de leurs enseignes évoquaient volontiers l'Orient : Têtes de Turc, Sultan, Pacha, etc. En se multipliant, les salles de café oublièrent un peu les références exotiques de leur décor ; elles se voulurent plus luxueuses, plus confortables, se séparant au premier coup d'œil de la simplicité et de la vulgarité des cabarets. Il y avait des fauteuils, des tables de marbre, des miroirs et des tapisseries sur les murs. On connaît des scènes de café grâce à quelques gravures, médiocres à vrai dire ; on y voit des hommes, avec ou sans chapeau, les jambes étendues nonchalamment sous la table, fumant souvent la pipe, discutant, jouant aux cartes. A chaque époque, les espaces de loisirs des hommes et des femmes ne se confondent pas exactement. Si dans les jardins, les salons, au théâtre ou à l'église, hommes et femmes avaient ensemble leur place, il était entendu qu'au café les hommes étaient entre eux. En tout temps, il n'avait pas été bienséant pour les dames de trop paraître dans les cabarets et, bien sûr, d'entrer seules dans ces cercles d'oisivetés masculines ; il en allait de même dans les cafés. Longtemps, les dames de qualité en promenade choisissaient de faire arrêter leur carrosse devant un café et de se faire servir une tasse à la portière. Dans la salle, la gravure montre rarement une silhouette féminine ; les serveurs eux-mêmes étaient le plus souvent des hommes, ce fut seulement vers la fin du XVIIIe siècle qu'on vit, au comptoir ou à la caisse des visages plus avenants et que s'affirmèrent le savoir-faire commerçant et le charme de « belles limonadières ».

Vers 1700, on disait qu'il y avait 300 cafés à Paris, autant à Londres, et le double vers 1750. Ces données répétées de livre en livre ne sont que des approximations. Pour fixer les idées, il faut savoir qu'au même moment Paris, selon Savary, pouvait compter jusqu'à 1 500 cabarets. Les boutiques de café donnaient à leurs chalands des jeux d'échecs, de dames, de cartes. Les ordonnances de police y interdisaient les jeux d'argent, mais on tolérait des parties de pair ou impair avec des enjeux modestes que l'on prétendait limités au prix des consommations. Les procès-verbaux des inspecteurs du Châtelet, survenant par surprise dans un café, montraient chaque fois des dizaines de clients se bousculant embarrassés, enfonçant leur argent et leurs cartes dans leurs poches ou sous leur chapeau. De même, il était interdit aux patrons de garder leur boutique ouverte pendant la messe du dimanche et au-delà de 7 h en hiver, 10 h en été. Les infractions étaient menacées de lourdes amendes, 1 000 livres pour une maison de jeu clandestine, 50 livres pour l'ouverture pendant les offices ; c'était un tarif parisien, l'ouverture à des heures indues ne coûtait que 20 livres dans un cabaret de village[7]. En fait, les poursuites étaient rares ; le tenancier s'excusait souvent sur la qualité des clients qu'il lui était bien difficile de pousser vers la porte ; en effet, beaucoup d'hommes de négoce ou de banque aimaient à traiter leurs affaires tard, dans la quiétude d'un café élégant. Pendant la journée, le café appartenait aux bavards et aux désœuvrés, mais il gardait toujours un air de distinction, on n'y criait pas, on ne s'y battait pas comme dans un quelconque cabaret. Il y avait en général une image flatteuse de respectabilité et de sobriété attachée à ces établissements. Le temps passé au café était certes propice à la paresse mais aussi bien aux affaires. Jadis, au cabaret, on avait eu coutume de conclure des baux et des marchés, de préparer des actes notariés, de dresser des rôles de tailles ou de rédiger les factums d'un procès. C'était au café, désormais, que des marchands, des traitants trouvaient le temps et la discrétion nécessaires à leurs longues et précieuses discussions. Il est significatif qu'à Londres, les cafés se soient multipliés dans les rues avoisinant la Bourse et qu'à New York, les deux premiers cafés furent ouverts près du port, l'*Exchange coffee house* (1732) et le *Merchants' coffee house*, à l'angle de Wall Street (1737).

La consommation du café n'était pas limitée à des débits publics où les femmes n'étaient pas à leur aise. Il était possible, pour une dépense modeste, de l'introduire dans l'intimité des foyers. Deux scénarios de vie quotidienne se développèrent assez tôt : l'habitude de boire un café après les dîners en famille et, selon un cérémonial plus mondain, l'usage féminin d'accueillir des amies dans l'après-midi et de bavarder autour d'une tasse de café. Les conversations prenaient un nouveau charme avec la sympathique excitation du café. Grâce aux inventaires après décès, on découvre que vers 1770 environ 35 % des foyers dans les paroisses notables de la rive droite (33 % à Saint-Eustache, 37,5% à Saint-Germain-l'Auxerrois) avaient des ustensiles à café (pots à café, poêles à brûler, moulins, services de tasses) et des cafetières en fer blanc, sinon en faïence ou en argent. Même dans un environnement populaire comme le faubourg Saint-Antoine, cet effectif montait déjà à 15 %[8]. En Allemagne,

1730, Le Café du Parnasse *et son enseigne au décor exotique*

dans les bonnes familles, la réception autour du café était une mode sociale reconnue dès 1715 ; un petit cercle d'amies se retrouvant pour une dégustation dans l'après-midi est un *kaffeekränzchen.* Les dames de qualité avaient ainsi leur jour dans la semaine, où elles recevaient, proposant des tasses de café et une table d'ombre, jeu de cartes innocent comparable au roi de cœur[9]. C'est ce modèle de cérémonie que les Anglais adoptèrent à leur tour avec l'heure du thé, ritualisée à la fin du XVIIIe siècle. Un petit plaisir annexe invitait à deviner l'avenir au fond de la tasse ou du coquemar. Il paraît que le dépôt de marc n'est pas l'effet du hasard et qu'il dévoile le destin. Un premier traité de « cafédomancie », *La voyante au bol de café*, parut à Leipzig dès 1742. Comme d'autres modes de divination, d'après les lignes de la main, les taches des ongles ou les contours des nuages, la voyance au marc de café se fonde sur un imaginaire de formes ; un trait demeuré blanc dans le dépôt de marc indique un voyage, un rond suggère l'amour, une croix est signe de mort, etc.

Les connaisseurs savaient distinguer les qualités des cafés ; ils tenaient à s'enquérir de la provenance. En effet, les trois-quarts des cafetiers avaient leurs stocks particuliers et leurs manières personnelles de préparer le produit. Si l'excellence appartenait toujours aux cafés de Moka, plus savoureux, plus aromatiques, d'autres origines s'imposaient sur le marché au cours du XVIIIe siècle. La dissémination mondiale de la culture du café est un phénomène relativement récent. A travers les cinq continents, des régions, où aujourd'hui les plantations de café semblent immémoriales, n'ont en fait reçu leurs premiers plants que très tard, apportés par des marchands européens. Le café a été mondialisé par la navigation occidentale et ces introductions, chaque fois ponctuelles et aventureuses, ont modifié pour des siècles les paysages, les genres de vie et les équilibres économiques. Les Hollandais, les premiers, eurent l'idée de transporter des plants de café dans leurs domaines en Indonésie, à Java. La culture y commença avec des plants importés de Ceylan ; les premières cargaisons d'un café cultivé à Batavia (Djakarta) arrivèrent à Amsterdam en 1712. Vers l'ouest, les Hollandais envoyèrent des boutures dans leur colonie de Surinam et les premiers sacs arrivèrent à Amsterdam en 1718. En 1715, la Compagnie française des Indes, imitant l'exemple hollandais, transféra le café à l'île Bourbon (La Réunion). On avait fait grand cas à Paris du don, fait à Louis XIV en 1714 par les échevins d'Amsterdam, d'un caféier planté avec succès dans le Jardin du roi (Jardin des plantes). Des plants de cet arbre ou d'un autre furent aussi transportés en Guyane puis à Saint-Domingue vers 1715. Le passage en Martinique en 1723 fut l'œuvre d'un officier d'infanterie, dieppois d'origine, nommé Clieu. Son entreprise réussit parfaitement et trois ans plus tard, Clieu était en mesure de vendre les produits de ses plantations. Son succès attira une attention enthousiaste ; des nouvellistes racontèrent, comme une épopée, sa traversée de Nantes à Saint-Pierre, protégeant jalousement ses trois pieds de caféier et se privant de sa ration d'eau pour les abreuver[10]. De fait, le café de la Martinique eut très vite du succès à Paris, bien qu'il fut jugé plus amer que celui d'Arabie. Les transferts continuèrent en Amérique. Des plants de Martinique ou de Guyane furent à l'origine de la culture au Brésil, où il apparut en 1723 dans la province de Para ; des plants venus de Goa furent acclimatés à Rio en 1761. Un peu plus tard, les Antilles anglaises suivirent ce modèle ; la Jamaïque eut ses premiers plants en 1770. De Saint-Domingue, le café passa à Cuba en 1748, de Cuba au Costa Rica en 1779, de Martinique au Venezuela en 1784 et enfin au

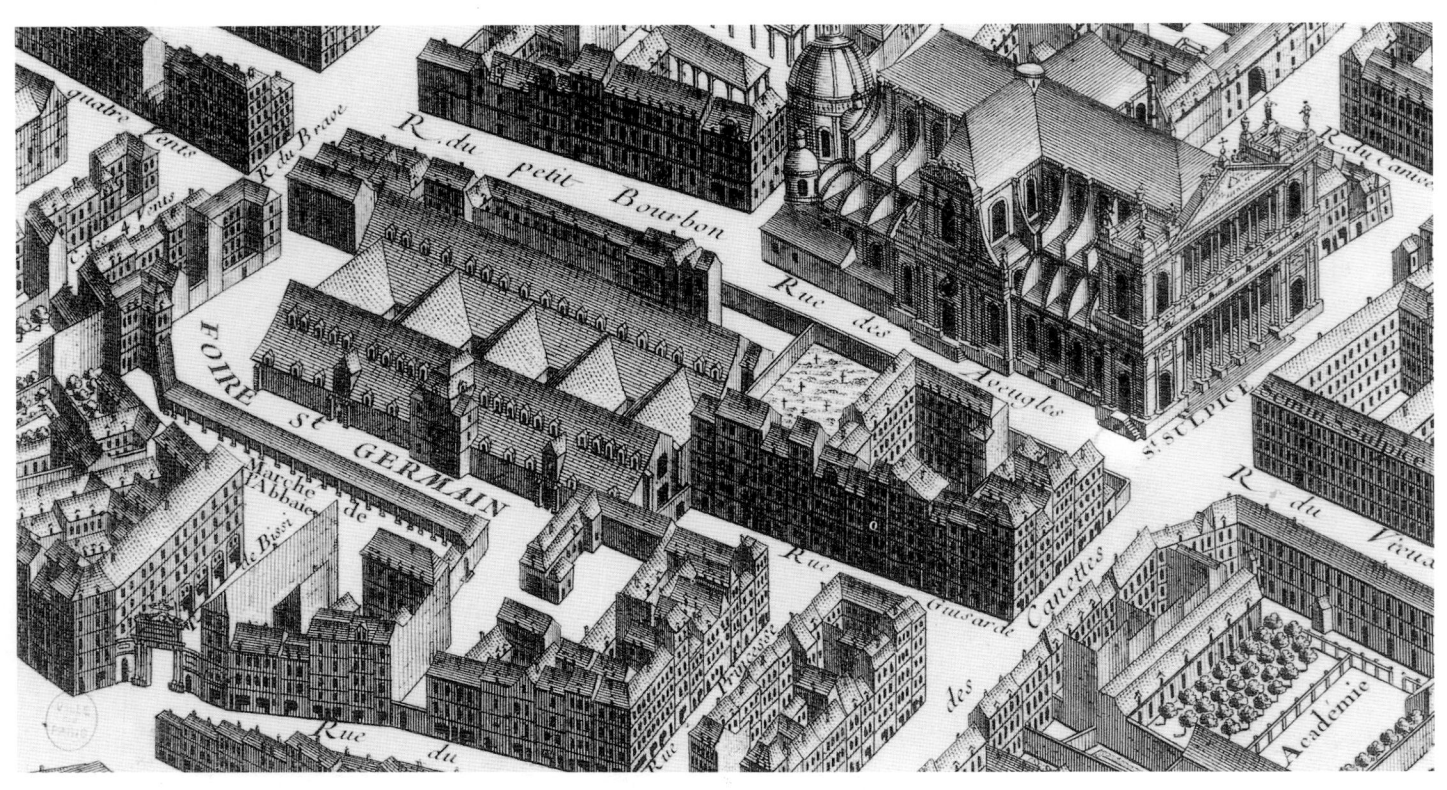

La foire Saint-Germain comprenait deux halles en pierre, surmontées d'une charpente dotée de deux grands combles à pignon reliés par cinq petits combles transversaux

Mexique en 1790. Le développement en Afrique enfin résulta de l'expansion coloniale au cours du XIXe siècle[11].

L'Europe au XVIIIe siècle s'engageait dans une consommation de masse des épices, excitants et drogues. L'évasion n'avait, pendant très longtemps, été possible que dans l'ivresse au vin ou à la bière. Or de nouveaux produits venus d'au-delà des mers s'offraient désormais à un public de plus en plus étendu. Des estimations très globales, très approximatives proposent pour le cours de ce siècle une consommation annuelle de tabac passant de 50 millions à 125 millions de livres de poids. Pour le chocolat la croissance serait de 2 millions à 13 millions et pour le thé, de 1 million à 40 millions. C'est dans le cas du café que la croissance est la plus spectaculaire passant de 2 millions à 120 millions de livres[12]. Si l'on considère que la population dans le même temps n'a augmenté que de moitié, il faut bien attribuer l'explosion de ces consommations à un puissant changement des styles de vie. Ainsi le nombre sans cesse croissant des cafés parisiens, leur place dans les comportements quotidiens, dans les relations sociales, dans la petite histoire politique, durant les décennies de la Révolution et de l'Empire, sont des reflets de ces évolutions ; ils traduisent des formes émergentes de loisirs ; ils révèlent les recherches nouvelles et populaires du luxe et du confort.

NOTES

1. Un publiciste américain, William Harrison Ukers (1873-1954), curieux d'histoire aussi bien que de sciences naturelles, ayant voyagé à travers le monde, notamment en Chine et au Brésil, a compilé des sortes d'encyclopédies sur le thé et sur le café. Nombre de travaux de vulgarisation parus par la suite reposent sur les données des livres de Ukers. Voir *All about coffee*, New York, 1924.
2. L'anecdote apparaît en 1671 dans un traité latin écrit par Fausto Nairone, professeur de langue chaldéenne au Collège romain.
3. J. Leclant, « Le café et les cafés à Paris, 1644-1693 », *Annales E.S.C.*, 1951, p. 1-14. Le savant égyptologue avait été amené à s'intéresser au café oriental par des voyageurs pionniers au Moyen Orient : Tavernier, La Roque, Thévenot, Bernier, Galland, etc.
Voir aussi B. Lecoq, « Le café », P. Nora, *Les lieux de mémoire*, vol. III Les France, chap. 2 Traditions, Paris, 1992, p. 855-883.
4. *Consuming habits. Drugs in History and anthropology*, éd. Jordan Goodman, Londres, 1995. Voir J. Goodman, « Excitantia, or how Enlightenment Europe took to soft drugs », p. 126-147 et Woodruff D. Smith, « From coffee house to parlour », p. 148-163.
5. Il s'agit d'Olearius (Oelschläger), envoyé du duc de Holstein en Moscovie et en Perse en 1633.
6. A. Franklin, *Dictionnaire historique des arts, métiers et professions exercées dans Paris*, Paris, 1906.
7. BnF, Ms., fr.2170, f°s.46,48,375 et 416 (fonds Delamare).
8. A. Pardailhé-Galabrun. *La naissance de l'intime*. Paris, 1988, voir p. 79 et 301.
9. P. Albrecht, « Coffee drink as a symbol of social change… », *Studies in Eighteenth Century Culture*, 1988, p. 91-103.
H.-E. Bödecker, « Le café allemand au XVIIIe siècle : une forme de sociabilité éclairée », *Revue d'histoire moderne et contemporaine*, 1990, pp.571-588.
10. C'est l'abbé Raynal, dans son célèbre livre polémique l'*Histoire des Deux Indes* (1770), qui popularisa l'anecdote.
11. F. Mauro, *Histoire du café*, Paris, 1991.
12. J. Goodman, *Tobacco in History. The cultures of dependence*, Londres, 1993.

La foire Saint-Germain

Yves-Marie Bercé
Professeur à la Sorbonne

C'est à la foire Saint-Germain que le commun des promeneurs parisiens put pour la première fois se laisser tenter par l'étrange et plaisante odeur de la torréfaction du café. On était en février 1672. L'ouverture de la foire franche qui se tenait chaque hiver dans une enceinte du bourg de l'abbaye Saint-Germain des Prés était annoncée par des trompettes et des crieurs. Les officiers de la justice temporelle de l'abbaye et les syndics des marchands faisaient ouvrir les quatre portes de l'enclos de la foire et prononçaient la formule traditionnelle adressée aux forains : « Messieurs, ouvrez vos loges ». A ce signal commençait l'afflux des chalands capables de s'offrir les riches marchandises exposées ou plus simplement avides des spectacles et curieux de découvrir les nouveautés de l'année. La durée de la foire, fixée par les autorités de justice, variait selon les circonstances, allant de deux semaines jusqu'à deux mois, s'achevant souvent le dimanche de Rameaux.

Il faut savoir que le bourg soumis à la juridiction de l'abbé de Saint-Germain des Prés ne faisait pas partie de Paris et était juridiquement distinct de la capitale. Ce fut seulement en 1674 que la justice ordinaire de Paris, le Châtelet, y eut autorité. Le faubourg était en dehors de l'enceinte de la ville ; il fallait sortir par la porte de Bucy pour y accéder. Jusqu'à la fin de la monarchie, le faubourg conserva ses considérables privilèges commerciaux qui permettaient aux forains de ne payer absolument aucun droit et aux marchands et artisans à boutique fixe d'échapper aux règlements, aux restrictions des métiers jurés parisiens. De la sorte, des métiers innovants, des boutiques improvisées pouvaient s'y ouvrir très vite et sans formalités. Depuis longtemps, les rues alentour des bâtiments de l'abbaye comptaient des commerces nombreux, des artisans réputés, des auberges coûteuses. Beaucoup de voyageurs étrangers, allemands, flamands, anglais, séjournaient là, notamment des jeunes gens fortunés envoyés par leurs parents faire des études à Paris ; ils fréquentaient des académies où ils apprenaient l'escrime, l'équitation et autres talents de société. Le dimanche après-midi, les bourgeois parisiens venaient se promener sur les bords de la Seine ou faire halte dans les tavernes de ce faubourg élégant[1]. Dans les années suivant la crise de la Fronde, l'expansion urbaine vers l'ouest avait recommencé, et dans le territoire de la nouvelle paroisse Saint-Sulpice, en dehors des remparts, les prés et jardins maraîchers disparaissaient sous les chantiers de construction. Dans cet environnement, la foire Saint-Germain n'accueillait pas une affluence populacière mais des foules de gens plutôt aisés, amateurs de luxe et de modernité. Il ne faut pas l'imaginer comme une foire vulgaire et encanaillée mais comme une rencontre d'élégance et de

Cette vue permet d'observer l'organisation intérieure de la foire Saint-Germain : cinq allées parallèles, les traverses, coupaient perpendiculairement les rues de Normandie, de Paris, de Picardie, Chaudronnière, Mercière et Lingère

> Qui ordonne que les Propriétaires & Locataires des Privileges de Limonadiers, & tous ceux qui tiennent des Caffez, & qui debitent en détail de la Biere, de l'Eau-de-vie, ou d'autres Liqueurs, seront tenus de remettre leurs titres pardevers M. d'Argenson Conseiller d'Etat Ordinaire.
>
> Du vingtiéme Septembre 1712.
>
> LE Roy estant informé que des cinq cent Privileges de Limonadiers creez pour la Ville & fauxbourgs de Paris, par Edit du mois de Septembre 1706. il n'en a esté vendu qu'un fort petit nombre, quoique celuy des Caffez & des Particuliers qui vendent en détail, & à place arrestée dans leurs Boutiques, de la Biere, de l'Eau de

Arrêt du conseil du roi de 1712 relatif à l'établissement des cafetiers

fortune. Les personnes distinguées venaient s'y distraire et s'y faire voir ; le bon ton était de n'y aller que le soir. Pendant leurs jeunes années, Louis XIII puis Louis XIV ne manquaient pas ce rendez-vous annuel.

Le terrain de la foire était entouré de hauts murs. Les bâtiments avaient été réaménagés en 1510 et constamment reconstruits. L'enclos de la foire comprenait quatre allées encadrant symétriquement 20 pavillons carrés. Dans la nuit du 16 mai 1762, un grand incendie détruisit cet ensemble qui ne retrouva plus son extension originelle. L'actuel marché construit en 1806 n'occupe qu'une partie de l'ancien espace. D'après une gravure du XVIIe siècle, chaque pavillon pouvait avoir sur chacun de ses côtés jusqu'à dix arcades d'échoppes ; elles avaient un petit étage et un débouché sur une cour intérieure ; il y avait ainsi plusieurs centaines de loges, plus des étals sous des tentes et aussi des marchands ambulants dans les allées. Les commerces étaient regroupés selon leurs spécialités ; il y avait ainsi des allées de la lingerie, de la mercerie, de l'orfèvrerie, de la faïence, etc. L'enclos de la foire fermait à 10 h du soir. En dehors de la saison foraine, les lieux étaient loués à des selliers qui l'utilisaient alors comme un parc couvert pour les carrosses et voitures. Les boutiques de modes, de bijoux et de parfums, de livres et d'objets d'art, d'outillages et d'alimentation étaient la raison d'être de la foire ; certains marchands exposaient des pièces de très grande valeur, transformant l'enclos de la foire en une sorte de « palais enchanté », selon l'expression de Sauval. En outre, le visiteur pouvait trouver des spectacles de montreurs d'animaux, jongleurs, danseurs de corde, des jeux de théâtre présentant des marionnettes, des farces et même des comédies en forme[2]. On pouvait donc y dépenser des sommes considérables ou bien seulement y faire ses emplettes de l'année, ou encore se tenir au courant des modes, voir du monde et se donner du bon temps. On pouvait également se désaltérer grâce aux étaux de boissons sucrées et liqueurs. C'est là qu'en 1672, vint s'installer un débitant de café.

L'introducteur du commerce de café était un arménien nommé Pascal Harouthioun. Il serait arrivé à Paris dans l'escorte de l'ambassadeur turc en 1669. On dit qu'après un certain succès à la foire, il aurait établi une boutique fixe, sur la rive droite au quai de l'Ecole, c'est-à-dire non loin de l'église Saint-Germain-l'Auxerrois. Ne faisant pas assez d'affaires, il serait parti pour Londres où des cafés s'ouvraient dans la Cité, aux abords de la Bourse. Dans les loges de la foire, un de ses commis, prénommé Procopio, lui succéda bientôt, avant de s'établir à son tour dans un commerce stable[3]. L'habitude était prise pour les tenanciers des buvettes foraines d'ajouter à leur marchandise un débit de café. Les badauds ne finissaient plus leur tour de foire sans une halte dans une « boutique de café ». Dans les allées circulaient des garçons présentant des plateaux aux clients des diverses loges ; une vignette montre des dames coiffées à la fontange prenant des tasses de café devant un arrière-plan d'échoppes de libraires.

Une attraction supplémentaire intervint vers 1740 ; dans les loges de café on imagina de présenter de petits spectacles. On donnait des saynètes, on jouait des morceaux de musique à la mode, on chantait des airs d'opéra comique ou des ariettes burlesques. Les passages de chanteuses plus ou moins réputées dans les salles de café étaient très attendus. Entre une gorgée de café et un verre de liqueur, un garçon tailleur ne refusait pas de laisser sa menue monnaie dans la tasse de la quêteuse[4]. Ce genre de divertissement se mettait en scène à Saint-Germain, mais aussi à la foire Saint-Laurent qui se tenait en septembre sur un terrain du prieuré Saint-Lazare ou à la foire Saint-Ovide, foire dite au pain d'épices tenue en août d'abord sur la place Vendôme puis sur la place Louis XV. Le café des foires faisait désormais partie des distractions obligées des Parisiens.

NOTES

1. Y.-M. Bercé, « Le sentiment de privilège dans le bourg Saint-Germain », p. 17-26, *Les Mauristes à Saint-Germain-des-Prés*, éd. J.-Cl. Fredouille, Inst. d'Etudes Augustiniennes, Paris, 2001.
2. A. Pradines, « La foire Saint-Germain », *La chronique musicale*, 1875, re-éd. Béziers, 1996.
3. J. Leclant, « Le café et les cafés à Paris, 1644-93 », *Annales E.S.C.*, 1951, p. 1-14.
4. L.-S. Mercier, *Tableau de Paris*, vol.6, 1783, chap. 458.

Le Procope

Yves-Marie Bercé
Professeur à la Sorbonne

Francesco Procopio dei Coltelli, soit en francisant son nom Procope Couteaux ou Descouteaux, serait né en 1650, de parents florentins ou bien palermitains ; il serait passé par Venise avant d'arriver à Paris. Il semble qu'il ait dès 1672 travaillé comme commis ou serveur au débit de café qui se tenait à la foire Saint-Germain. Il se maria à l'église Saint-Sulpice en février 1675 avec une certaine Marguerite Crouin, mariage heureux, imaginons-le, car ils eurent huit enfants[1]. En 1676, lors de la création d'un métier juré de distillateur limonadier, il était déjà capable d'acquérir une charge de maître. Il tenait alors une boutique de café, rue de Tournon, quartier élégant, en pleine expansion immobilière. En 1684, fidèle au même quartier, il transférait son commerce dans une maison proche de la contrescarpe du rempart entre les portes de Saint-Germain et de Bucy. On dit que le précédent locataire avait été un baigneur étuveur. Ce tenancier avait voulu donner à son commerce une apparence orientale, selon le style de certains de ces établissements qui parfois tenaient lieu d'hôtels pour voyageurs fortunés et de maisons de rendez-vous ; chacun savait que la justice du faubourg Saint-Germain fermait les yeux sur ce genre de pratiques. Procope eut la bonne idée de garder ce décor original qui convenait à l'image de turquerie attachée au café. En octobre 1695, Procope put acheter cette maison, puis en août 1699 acquérir une maison mitoyenne lui permettant d'agrandir son café[2]. Le faste du décor – miroirs aux murs, lustres de cristal, plantes vertes en pot, tables de marbre – faisait la réputation de sa boutique. Il n'avait pas choisi par hasard les abords du faubourg Saint-Germain ; c'était un lieu de bonnes auberges et de boutiques de luxe. Dans la rue des Fossés-Saint-Germain, où s'ouvrait son négoce, il avait pour vis-à-vis un jeu de paume dit de l'Etoile. Sur l'arrière, le café communiquait avec un jeu de boules, occupant un espace libre aux abords du rempart. Les jeunes gens qui jouaient à la paume ou aux boules venaient tout naturellement se reposer dans sa salle de café. Par chance, il se trouva que le jeu de paume vint à céder la place aux Comédiens-Français. Après quelques transformations internes et l'implantation d'une scène, ils y donnèrent leurs premières représentations en avril 1689. La fortune du café *Procope* fut dès lors extraordinaire. Les gens de théâtre lui apportèrent leur achalandage. La charmante présence des comédiennes attirait des curieux, des protecteurs et des soupirants de sorte qu'on rencontrait là une clientèle toujours nombreuse et riche. Pendant près d'un siècle le sort du café *Procope* fut lié au voisinage du théâtre. La salle des Comédiens-Français resta rue des Fossés-Saint-Germain jusqu'en 1770, et, du fait du délabrement des locaux, la troupe dut être transférée au théâtre du château des Tuileries[3]. Procope était mort en 1716. Son fils Alexandre lui succéda jusqu'en 1753. C'est lui qui fit l'acquisition d'une troisième maison mitoyenne, en décembre 1740, permettant un agrandissement supplémentaire.

Au début du XVIIIe siècle, chez *Procope*, les bonnes manières s'imposaient, il n'était pas d'usage de jouer de l'argent ni de fumer la pipe et on n'y trouvait que les gazettes qu'on apportait soi-même en les achetant quai des Augustins. Du moins y jouait-on aux échecs, aux dames ou aux cartes, et surtout on y parlait beaucoup. Les clients étaient souvent des amateurs de théâtre, des gens de lettres ; on y débattait donc de la qualité des spectacles, des talents des acteurs, des succès et des cabales, du courant des idées et des modes. Selon les rues et les quartiers, il y avait une sorte de spécialisation sociale des cafés. Le lieutenant de police connaissait bien le rôle des cafés dans

« La nouvelle philosophie » : remarquer le jeune garçon faisant le service et derrière le comptoir, « la belle limonadière »

Le café Procope *au XVIII*e *siècle : la réunion des beaux esprits ou plutôt l'image qu'on s'en faisait environ 100 ans après*

la dissémination des rumeurs ; il en tenait compte et adressait expressément aux maîtres de café des consignes sur les nouvelles à confirmer ou à démentir. Des commissaires étaient chargés de remettre ces avis aux tenanciers. Le « journal » de Barbier donne deux exemples où la police comptait sur les cafetiers pour réfuter des rumeurs provocatrices : en février 1723, lors d'une maladie du petit Louis XV, et en mai 1732 alors que le bruit courait que le parlement serait privé de l'examen des affaires ecclésiastiques[4].

A peu près 20 ans plus tard, la circulation des nouvelles, les échos de la petite ou grande politique prenaient de plus en plus de place dans les discussions des clients. A vrai dire, ce n'est pas l'existence d'une salle de café qui provoque la discussion des affaires du temps et du royaume, c'est l'évolution générale des idées et des comportements qui trouve ses échos dans les réunions de café. L'évolution du *Procope* reflétait les changements du goût et des opinions à la mode à Paris. La contestation des faits du jour devenait un usage de société dans beaucoup de cafés, à Paris ou ailleurs. Montesquieu dans les *Lettres persanes* dénonçait plaisamment l'esprit que donne le café (lettre 36). La crainte de troubles dans ces lieux avait pu amener des interdictions de courte durée à Londres en 1675, à Stockholm en 1756. On sait qu'à Londres les *whigs* et les *tories* avaient chacun leurs *coffee houses* de prédilection et que les habitudes de discussion autour d'une tasse les faisaient appeler ironiquement des « penny universities ». De même, au *Procope*, le niveau social et les prétentions littéraires des clients étaient supposés donner une acuité particulière aux propos qui s'y tenaient. Voltaire, Diderot, Jean-Jacques Rousseau y eurent, paraît-il, leurs coins et leurs fauteuils attitrés, du moins, au XIXe siècle, les serveurs se plaisaient-ils à les indiquer[5]. La lucidité apportée par le café devait, croyait-on, incliner à la critique et à l'audace intellectuelle. Ainsi, de jeunes notables lombards, amateurs de réformes « éclairées », les frères Verri et Beccaria avaient-ils coutume de débattre à Milan, dans le café d'un grec nommé Demetrio. Fondant une revue ambitieuse et éphémère, ils lui donnaient un titre plaisant et significatif *Il Caffè* (publié à Brescia de juin 1764 à mai 1766).

Louis-Sébastien Mercier, connaisseur amusé des mœurs du Paris de Louis XVI, se moquait des réformateurs de tables de café : « Dans le plus grand nombre des cafés, le bavardage est encore plus ennuyeux, il roule incessamment sur la gazette. La crédulité parisienne n'a point de bornes en ce genre ; elle gobe tout ce qu'on lui présente et, mille fois abusée, elle retourne au pamphlet ministériel […]. Chaque café a son orateur en chef ; tel dans les faubourgs est présidé par un garçon tailleur ou par un garçon cordonnier, et pourquoi pas ? »[6]. Il notait que les cafetiers s'accommodaient des bavards et même des gens sans grands moyens qui restaient assis au chaud, toute la journée, sans consommer, du matin jusqu'à la fermeture. « L'on voit distinctement en parcourant les cafés combien il y a d'hommes qui ont le travail en horreur et pour qui les jours sont d'une longueur assommante […]. Quand ils expirent ces gens là ne semblent pas mourir mais cesser seulement d'aller au café ».

D'après les inventaires notariés, on constate que la plupart des cafés (55 %) se trouvait dans six paroisses de la rive droite, la partie la plus active de la ville, entre l'Hôtel de Ville, les Halles et le Louvre. La seule autre concentration notable, où l'on rencontrait le *Procope*, était dans la paroisse Saint-Sulpice, aux abords du faubourg Saint-Germain des Prés. C'est là et aussi au Palais-Royal aménagé en 1781, que pendant les années révolutionnaires, les débats d'opinions et les tumultes politiques eurent leurs échos passionnés, en discours, querelles, tractations et complots.

NOTES

1. J. Leclant, « Le café et les cafés à Paris, 1644-93 », *Annales E.S.C.*, 1951, p. 1-14.
J. Moura et P. Louvet « Le café Procope », *Revue hebdomadaire*, 1929, p. 316-348.
2. *Topographie historique du vieux Paris*, vol.3, 1876, voir p. 76.
3. P. Boussel, « café », *Dictionnaire de Paris*, Paris, 1964.
4. H. Monin, *L'état de Paris en 1789*, Paris, 1889, voir p. 418.
5. A. Delvau, *Plaisirs de Paris*, Paris, 1867, re-éd. 1991.
6. L-S. Mercier, *Tableau de Paris*, vol. 1, 1782, chap. 71 ; vol. 6, 1783, chap. 458.

Au Palais-Royal

Jacqueline Munck*
Conservateur du Patrimoine au musée d'Art Moderne de la Ville de Paris

Le restaurant naît avec l'Ancien Régime au Palais-Royal et, pendant la Révolution, cafés et restaurants se multiplient dans les nouvelles galeries de Victor Louis. Beauvilliers, ex-officier de bouche du comte de Provence, le plus fameux d'entre eux, se déplace de la rue de Richelieu où en 1782 il tenait un établissement pour acquérir les arcades n° 140-142, pour la somme de 187 500 livres, par contrat daté du 12 juin 1788. Méot, puis Véry en 1789, Labarrière, les frères Provençaux (Maneille, Barthélémy et Simon) et Véfour en font autant. Là, la clientèle inaugure le choix d'une table individuelle dans un décor souvent raffiné, le repas à la carte, le menu à prix fixe et une nouveauté, le repas pris vers midi et dit « à la fourchette ».

Au nombre des cafés les plus renommés se distinguent le *Café de Foy*, le *Café du Caveau*, le café *Corrazza*, le *Café de Chartres*, le *Café des Mille Colonnes*, et le café *Lemblin*. Ici se donnent rendez-vous les politiques, les plus curieux s'assoient là, au *Café mécanique*, chez *Borel* ou au *Caveau des Aveugles*.

La concurrence s'accroît avec la loi d'Allarde qui met fin en 1791 aux corporations ; la distinction entre cafés, restaurants, traiteur s'estompe alors. De plus, la crise économique et le déclin des commerces de luxe conduisent nombre de passementiers, brodeurs, orfèvres à se reconvertir en traiteurs, limonadiers, restaurateurs. Chevet, fondateur de la plus grande dynastie de traiteurs du Palais-Royal était lui, un ancien horticulteur.

Le Café du Caveau, *comme ses voisins, fut l'un des lieux de débats privilégiés des révolutionnaires*

La Révolution consacre un nouveau patriciat qui conjugue le verbe aller au présent : je vais au spectacle, tu vas au théâtre, allons au restaurant. Ensemble, la fête. Le théâtre s'affranchit du caractère privé qu'il revêtait jusqu'alors, les spectacles tels le cabinet de cires de Curtius, le ventriloque du café *Borel*, le « sauvage » du *Café des Aveugles* et la prolifération des salles de restaurant, traduisent, par le succès qu'ils rencontrent, une convivialité neuve, un caractère festif collectif. Les dîneurs désertent, pour un temps, leurs hôtels particuliers, prenant collectivement leurs repas dans des lieux publics, créés à leur goût. Plus que de simples clubs à l'anglaise pour gentlemen, ces lieux sont, à la mode française, fréquentés par les deux sexes et favorisent ainsi un mélange des groupes sociaux et des nationalités : l'élite de l'Ancien Régime cède la place, ou retrouve, celle de la Révolution, les Mirabeau, Barnave, Desmoulins puis, les Bonaparte, Barras, Cambacérès etc. La Révolution a bouleversé les mentalités, le langage parlé, le costume et le bourgeois, grâce à elle, conquiert aussi la Table. Pourtant, les cafés et surtout les restaurants ont été, pour une part, les premiers conservatoires de l'Ancien Régime ; c'est là que s'est pérennisé puis démocratisé l'art culinaire par l'intermédiaire des anciens officiers de bouche des princes ; Douix, élève de Beauvilliers et ex-maître d'hôtel de Charles X, transformera à son tour, en 1837, le café *Corrazza* en restaurant.

Comme il convient de conceptualiser ce qui flatte l'œil et le palais, la gastronomie se développe et avec elle, la codification du service de la table, des menus et une pratique nouvelle de distinction sociale, symbole d'un style de vie. Brillat-Savarin, Grimot de la Reynière fondent, en même temps que la physiologie du goût, une nouvelle caste, celle des « gastrolâtres » et une nouvelle religion : la Table. Les grands prêtres en sont les maîtres-queues des restaurants qui ne tardent pas à s'affirmer comme de sublimes alchimistes s'entourant de fastes et de mystères. Le restaurateur devient alors maître d'une cérémonie qui adoube le dîneur, l'intronisant seigneur des lieux. Il s'entoure d'officiants : maîtres d'hôtel, serveurs, sommelier sous l'autorité d'un chef de rang. Il se pare de lettres de noblesse, marque son chiffre sur sa vaisselle, ses couverts, ses nappes, ses serviettes, ses menus et plus tard sur les crus qu'il a su distinguer.

Magie ou religion païenne ? Le décor même est ambigu : salles étincelantes d'or, de cristaux et de glaces, paysages bucoliques, colonnades théâtrales. Tous les luxes s'y côtoient. Le spectacle est dans la salle. On s'y rend en habit, pour voir et être vu. Le client incarne à la fois l'acteur et le spectateur. Le décor du lieu s'apparente à celui du théâtre : au *Café des Mille Colonnes*, d'immenses glaces sont placées entre les colonnes et les dorures, non pas tant pour réfléchir la lumière et démultiplier l'espace que

Boilly offre un aperçu des différentes activités possibles au café : consommation bien sûr, mais aussi lecture de la gazette et jeux

pour délivrer à loisir, à la clientèle qui s'y presse, le spectacle du monde auquel chacun se targue d'appartenir. Le café de *La Rotonde*, s'ouvrant de plain-pied sur le jardin Egalité, présente une architecture directement inspirée des décors éphémères et des folies des jardins. Cette rotonde-vitrine n'est-elle pas là pour le seul regard des nouveaux acteurs-spectateurs ?

Intentionnellement, sans doute, Lemblin fait appel en 1805, pour la conception du décor de son café, à l'architecte Alavoine, celui qui imaginera l'éléphant de la Bastille ; de même, emploie-t-on Charles Percier, un spécialiste de l'architecture éphémère et du décor scénique, pour l'agencement intérieur d'un café du Palais-Royal. Chez *Véfour*, l'ancien *Café de Chartres*, le plafond se pare d'une « architecture » de fleurs et de rinceaux soutenue par d'élégantes figures féminines qui s'identifie autant aux décors des palais vénitiens, eux-mêmes dérivés des motifs pompéiens, qu'à ceux du théâtre. Quant aux grandes figures peintes habillant les murs des salles, *la Chasse*, le *Flore*, la *Sorbetière*, *la Pomologie*, *la Vendange*, elles sont à la fois des allégories de la Table, science du boire et du manger, et des invitations à la fête laïque des saisons.

La surenchère continuelle dans la nouveauté, dans le faste inouï des décors contribua à donner au palais et aux galeries un caractère totalement artificiel. Architectures éphémères, décors en trompe-l'œil, maquillages de fête perpétuelle sont offerts à la clientèle où l'œil, le palais, les jeux et les femmes se mêlent en une vision kaléidoscopique. Ils trahissent avant tout le malaise d'un monde ajustant une marche tour à tour incertaine ou exaltée dans un espace scénique créé pour lui, hors du temps. Les grands cafés et restaurants, concurrencés dès 1815 par ceux du boulevard, ont vu s'affirmer en 1837, date fatidique de l'interdiction des jeux à Paris, le déclin de l'« enceinte magique » du Palais-Royal. Théâtres et spectacles s'installant dans les nouvelles artères, bien rares furent les établissements qui résistèrent à cette désertion.

Le *Café de Foy*

Le *Café de Foy* avait été ouvert en 1749, rue de Richelieu, par un ancien officier, Monsieur de Foy Josserand. Son épouse, « la belle limonadière », eut la permission vers 1774-1775 de vendre des rafraîchissements dans l'allée des Marronniers au Palais-Royal, grâce à la séduction, dit-on, qu'elle exerça auprès de Louis-Philippe-Joseph, duc d'Orléans.

Le café se déplaça dès la construction des nouvelles galeries et, c'est devant les sept arcades du *Café de Foy* que Camille Desmoulins lança sa fameuse motion « aux armes ». L'établissement était fréquenté par les peintres David et Vernet père et fils (qui peint au plafond une hirondelle devenue le symbole du café), par Talleyrand, Dumouriez, Rayneval et le duc de Biron. Ici s'assemblait la Société dite du Palais-Royal[1].

Le café de *La Rotonde*

Il fut ouvert par Dubuisson en 1783, s'intitulant tout d'abord le *Café du Caveau*. Le café fut repris par J.P. Cuisinier, « limonadier au Palais-Royal, n° 92 ». Sous le Consulat, grâce à Cambacérès, il obtint la permission d'établir une rotonde à la place des tentes sous lesquelles s'abritait la clientèle dans le jardin. *La Rotonde* fut édifiée en l'an V de la République sous les ordres de M. Robert Thibierge, architecte. A cette occasion, de coûteux travaux furent entrepris : le peintre Retou refit le plafond de la salle pour 800 f, Rianier fut payé 16 500 f pour les décors de la salle et 5 700 f furent réglés au peintre Léonard pour un ouvrage du pavillon. Les frères Moreau, gérants du café, commandèrent à Dubois, ébéniste, des guéridons et firent l'acquisition de deux tableaux de Swebach, deux de Boilly et de Valin, deux de Valenciennes etc[2].

Mais, au Palais, la concurrence était rude et le café n'eut pas le succès escompté. Le 25 mars 1802, date de la signature du Traité d'Amiens, le café pris pour nom le Pavillon de la paix et fut par la suite transformé par Gouvet.

Le café de La Rotonde *proposait un décor particulièrement soigné comme en témoigne son plafond réalisé par Retou*

NOTES

*Cet article a été publié sous le titre *Cafés et restaurants du Palais-Royal* dans le catalogue d'exposition du musée Carnavalet *Le Palais-Royal*, Paris, éd. Paris-Musées, 1988, p. 199-210.

1. La plus ancienne représentation du *Café de Foy* apparaît dans un ouvrage très rare, *Les amusements de Paris, Almanach lyrique et galant*. A Paris, chez Jubert, doreur rue Saint-Jacques, in 24, MDCCLXXXVI, sous le titre *Les Rafraîchissements utiles*, n 3, gravure Dorgez. Ce sont les tentes de coutils rayé et les kiosques que Josserand avait fait installer et sous-louer à des marchands d'estampes ou à des libraires que l'on aperçoit sur le dessin de Desrais et l'aquatinte de Le Cœur, *La Promenade du jardin du Palais-Royal*, en 1786.

2. Bilan et état des dettes de L.-P. et J.-A. Moreau, AP, faillite RY 2098, BHVP, Farge, ms 1651, f 22 et sq.

Le Café mécanique

Georgina Letourmy
Doctorante en Histoire de l'Art, Université de Paris-I

Parmi les multiples cafés ouverts sous les arcades du Palais-Royal à la fin du XVIIIe siècle, il en est un hors du commun, non par son décor ou les boissons proposées mais par son mode de service. Connu sous le nom de *Café mécanique*, situé au n° 99, il est le sujet dès son ouverture d'une grande curiosité : « dans la partie du Palais-Royal déjà bâtie, il vient de s'établir un café où l'on court à cause du mécanisme, qui, à l'exemple de la fameuse table de Choisy[1], apporte sur chaque guéridon ce que le consommateur a demandé sans l'assistance d'aucun agent visible »[2].

Les guides destinés aux voyageurs, les almanachs n'oublient pas de mentionner ce qui fait de ce café un cas unique : son mode de fonctionnement. *L'almanach du Palais-Royal* pour l'année 1786 nous renseigne à ce sujet : « Les pieds des tables sont deux cylindres creux, dont le prolongement communique avec le laboratoire qui est sous la salle. Il suffit pour avoir ce que l'on désire de tirer sur un anneau adapté au-devant de chaque cylindre. Cet anneau répond à une sonnette qui avertit dans le laboratoire, alors s'ouvre sur la table une soupape pour recevoir la demande. Cette soupape se referme aussitôt et ne s'ouvre plus que pour laisser passer une servante à double-étage »[3]. Une autre description complète ces renseignements : « Ce café mérite d'être visité, par la singularité du mécanisme qui fait monter de dessous la table la boisson qu'on demande. Il s'agit de dire les paroles par un trou pratiqué à chaque table, un instant après, et comme par enchantement, s'élève ce que vous avez demandé. Et cela s'engloutit de la même façon »[4]. L'auteur du *Tableau du nouveau Palais-Royal* varie un peu dans sa description en indiquant que la « limonadière a dans son comptoir un porte-voix dont elle se sert pour avertir les garçons qui sont dans les caves »[5].

En dehors des publications, il n'existe pas de représentation du mécanisme ou de l'intérieur du café, à l'exception d'une feuille d'éventail : la vue intérieure donnée est très succincte[6]. Un simple cartel surmonté de l'inscription « Caffé Méchanique » (sic) montre quelques consommateurs attablés. Au centre de la composition, on reconnaît la « dame de comptoir » derrière sa caisse. Le décor est des plus simples, les murs ne sont décorés que de quelques boiseries : « il n'est pas richement décoré, mais il est propre, sans élégance »[7]. Le graveur s'est attaché à faire apparaître le mécanisme. Ainsi, deux cylindres transparents, allant du sol au plateau des tables, sont tout à fait reconnaissables.

La représentation de ce café sur un accessoire de mode s'explique simplement parce qu'il est dès sa naissance un des plus fréquentés du jardin. Il fait partie des curiosités incontournables à connaître. Il est d'ailleurs associé à deux autres activités offertes au Palais-Royal à la fin du XVIIIe siècle : le spectacle des Beaujolais[8] et une vue principale des parterres et des pavillons de treillage. L'éventail résume ainsi trois des passe-temps favoris du moment : la promenade, le théâtre, le café. Les six strophes sur « L'air de Figaro » qui sont inscrites au dos corroborent cette aura dont jouissent alors le jardin et ses attractions :

Cette feuille d'éventail offre une représentation extrêmement rare du Café mécanique, *situé au Palais-Royal*

Le théâtre des Beaujolais

Les jardins du Palais-Royal

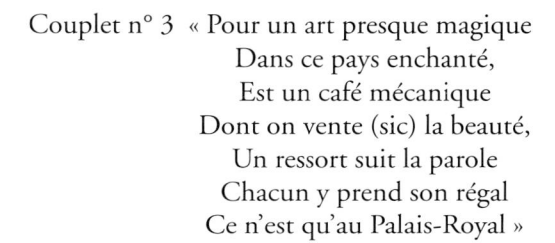

Couplet n° 3 « Pour un art presque magique
  Dans ce pays enchanté,
  Est un café mécanique
  Dont on vente (sic) la beauté,
  Un ressort suit la parole
  Chacun y prend son régal
  Ce n'est qu'au Palais-Royal »

Conséquence de l'exception que constitue ce service mécanique, la fréquentation du café est importante. On apprend ainsi que : « Les femmes vont à ce café, et très souvent on y voit des élégantes aux têtes emplumées. La curiosité attire la plupart des gens qui y viennent. Rien n'est si plaisant que de voir l'homme qui ne s'attend pas [au mécanisme], rester muet et interdit, et quelques fois même reculer d'effroi en voyant arriver du dessous ce qu'il a demandé à la maîtresse. On reçoit à ce café toutes sortes de monde indifféremment ; ce mélange le rend amusant »[9]. « Ceux qui ne peuvent ou n'osent entrer, restent dehors à regarder, à travers les vitres, les services qui montent et qui descendent, et la curiosité les y retient des heures entières »[10]. Malgré son succès, G. Touchard-Lafosse conclut ainsi l'évocation qu'il fait du lieu : « le café mécanique est un joujou qui amusera quinze jours le caprice parisien »[11]. Ouvert en 1785, le café est en effet fermé dès les premiers événements révolutionnaires. Son emplacement n'est cependant pas laissé à l'abandon : un autre café y naît, le *Café du Berceau lyrique*.

*Le mécanisme est ici représenté avec précision :
deux cylindres transparents, allant du sol au plateau des tables, permettent
au client de recevoir sa commande*

NOTES

1. Il s'agit de « tables volantes » en usage à Versailles dans les appartements de Louis XV, fonctionnant grâce à un système de poulies. Elles furent également envisagées pour équiper le Petit Trianon de Versailles. Cf. J.F. Solnon, *Histoire de Versailles*, Paris, éd. Perrin, 2003 (1ère éd. 1997), p. 249.
2. G. Touchard-Lafosse, *Chroniques de l'œil-de-bœuf. Des petits appartements. De la cour et des salons de Paris sous le règne de Louis XVI*, Paris, éd Le livre club du libraire, 1964, chap. 1784-1785-1786, p. 183.
3. *Almanach du Palais-Royal pour l'année 1786 utile aux voyageurs à Paris*, chez Royez et Morin, libraires au Palais-Royal, Paris, 1786.
4. *Etrennes aux amateurs de café*, p. 62
5. *Tableau du Nouveau Palais-Royal*, 1ère partie, chapitre XII « Café mécanique », Londres et Paris, chez Maradan Libraire, 1788, p. 55.
6. L'éventail reproduit est aujourd'hui conservé dans une collection particulière. Il est composé d'une monture en bois comprenant 20 brins (+2). Sa feuille, en papier orné de gravures anonymes coloriées, mesure 20 cm. La hauteur totale de l'éventail est de 40,2 cm.
7. *Tableau du nouveau Palais-Royal*, op. cit. supra, p. 55.
8. Le théâtre des Beaujolais est également une curiosité puisqu'il s'agissait d'un spectacle de marionnettes animé par les voix d'acteurs placés en coulisses.
9. *Tableau du nouveau Palais-Royal*, op. cit. supra, p. 58.
10. *Ibid*.
11. G. Touchard-Lafosse, op. cit. supra, p. 163.

Le Café militaire

Daniel Rabreau

Professeur à l'Université de Paris I Panthéon-Sorbonne

Sur un plan rectangulaire de six mètres sur dix, le riche décor du *Café militaire* a été remonté au musée Carnavalet. Détruit lors des travaux d'urbanisme d'Haussmann, l'immeuble où il se trouvait s'élevait sur la rue Saint-Honoré (au n° 201, sous la Monarchie de Juillet) à l'emplacement de l'actuel bâtiment du Louvre des Antiquaires. Sa façade, dont on ignore l'architecte, est connue par des dessins de relevés exécutés en 1854 sous la direction de Gabriel Davioud : décorée d'ornements et de balcons en ferronnerie « à la grecque », elle montrait cette belle simplicité devenue à la mode durant les dernières décennies du règne de Louis XV. Michel Gallet[1], qui a reconstitué l'histoire de ce café grâce aux archives, a retrouvé le bail par lequel, le 12 octobre 1762, la jouissance des locaux fut donnée à Henry-Alexandre Godeau, distillateur, et à Charlotte Bauland, son épouse. « Hormis la salle du café [au rez-de-chaussée], les lieux loués consistaient en un laboratoire et un magasin dans la cour, trois chambres à l'entresol, une autre au quatrième étage, un grenier et quatre caves : savoir une grande cave au-dessous de la boutique, deux petits caveaux à mettre la bière et une autre cave pour le bois nécessaire aux alambics »[2].

Les ornements en bas-relief simulent des trophées suspendus

Claude-Nicolas Ledoux (1736-1806)[3] est l'auteur du décor de cette salle de café, mais on ne connaît pas les circonstances de la commande. Agé de 26 ans, le jeune architecte avait achevé sa formation dans la célèbre Ecole des Arts de Jacques-François Blondel. Dessinateur chez un maître graveur à sa sortie du Collège de Beauvais, où il avait été boursier, à Paris, Ledoux pouvait avoir connu des fils de famille bien nés durant sa scolarité et avoir côtoyé ensuite des milieux militaires amateurs où, avant les années 1770, il trouva sa première et abondante clientèle aristocratique. La commande du *Café militaire* et la très forte inspiration qu'il y déploya militent pour l'hypothèse d'une fréquentation de ces milieux, avant 1762. Passé par l'agence de Contant d'Ivry, puis par celle de Louis-François Trouard, Ledoux n'a semble-t-il rien construit de personnel avant l'ouverture du *Café militaire* : deux ans plus tard, en 1764, il était nommé architecte des Eaux et Forêts de la maîtrise de Paris. Ainsi débutait l'immense carrière que l'on sait du futur architecte de Mme du Barry et des Fermiers généraux. C'est à un fidèle du professeur-architecte Jacques-François Blondel, Elie Fréron, l'écrivain-journaliste de renom dont Voltaire avait fait sa bête noire, que l'on doit la première mention publique d'une œuvre de Ledoux, précisément cette grande salle du *Café militaire*[4] dont la chronique artistique de *L'Année littéraire*, à l'automne de 1762, loue le décor en ces termes : « Vous apprenez toujours avec plaisir, Monsieur, que le bon goût des Arts se fait remarquer parmi nous dans les choses qui en paraissent les moins susceptibles. Il y a dans cette Capitale un café dont les ornements nobles et nouveaux font beaucoup de bruit. C'est *le Café militaire* rue Saint-Honoré. Tout le monde s'y porte et l'admire. Attiré par la curiosité, j'ai voulu le voir à mon tour. L'*idée* [je souligne] de la décoration m'a paru ingénieuse [...] »[5]. « Tout y est riche, grand, simple et respire la belle et saine antiquité. M. Ledoux qui a imaginé et fait exécuter cette décoration annonce les plus rares talents. C'est un jeune architecte qui me paraît joindre la sagesse à l'invention, accord si rare à son âge, et même dans un âge plus avancé. Il est singulier qu'un café moderne porte l'empreinte du vrai goût et nous en offre le modèle, tandis que plusieurs de nos palais, de nos hôtels, de nos maisons, de nos temples mêmes ne nous présentent que des ornements malheureusement trop analogiques au caractère et à l'esprit du siècle »[6].

L'admiration suscitée par ce décor et le succès du lieu sont attestés durant toute la carrière de Ledoux, et même bien plus loin dans le XIXe siècle ; témoin, parmi d'autres, cet almanach qui, dans une veine publicitaire, dix ans après son ouverture, le signale dans la rubrique *limonadiers* : « Godeau (veuve), rue Saint-Honoré, au *Café militaire* – un des plus beaux de cette Capitale est, pour ainsi dire, le rendez-vous de tous les officiers » ; sur le plat-fond [sic] est cette jolie épigraphe : « *Hic virtus bellica gaudet* » [*c'est ici que la valeur guerrière se réjouit*][7]. Cet *opus* n° 1 de Ledoux classe d'emblée l'artiste parmi les créateurs non-conformistes. Bénéficiant d'une publicité dans la presse, l'artiste peut *toucher* un public nombreux, autre que celui formé des seuls habitués du café. L'avantage est double : il attire l'attention sur lui et permet d'espérer des commandes, mais également il milite en faveur de nouvelles voies de création. L'article, qui décrit avec précision le thème iconologique du décor, insiste sur la nouveauté du « genre ». C'est sans aucun doute le premier café « noblement architecturé » de Paris. Et la description explicative de l'article de *L'Année littéraire* montre que Ledoux en était l'inspirateur direct. A 26 ans, avoir su intéresser un journaliste aussi prestigieux que l'était Fréron relève du coup d'éclat. Moins journaliste par la suite que certains de ses confrères célèbres qui, comme De Wailly, Lenoir ou Bélanger, signent fréquemment dans les gazettes, Ledoux sera cependant bien servi par la presse de son temps. Toutefois, au fur et à mesure d'une production sans cesse plus éclatante et originale, la chronique à scandale prendra volontiers le pas sur les descriptions élogieuses, évocatrices ou publicitaires. Enracinées dans le climat politique de leur temps, les œuvres de Ledoux, notamment le théâtre de Besançon, la saline royale d'Arc-et-Senans (Doubs) et, encore plus, les fameux pavillons d'octroi du mur des Fermiers généraux de Paris illustrent une esthétique hors normes pour l'époque !

La presse demeure pour l'historien cette sorte de « baromètre » qui permet d'apprécier le climat socio-culturel, ou socio-politique, sous lequel naît l'architecture. L'éloge du *Café militaire*, par exemple, nous montre un architecte débutant participer par une œuvre originale aux préoccupations graves du moment : les préparatifs de la Paix de 1763 qui doivent incessamment clore la guerre de Sept ans. L'étonnant décor épique de ce café est l'illustration d'une pensée artistique tout au service d'un idéal civique. *Hic virtus bellica gaudet* ? Certes, puisqu'il s'agit réellement du café de la Paix ! « L'idée de la décoration m'a paru très ingénieuse, écrit Fréron. L'auteur suppose que des militaires, sortant du combat, arrivent dans un endroit de délassement, assemblent leurs piques, les lient avec les lauriers de la victoire et les coiffent pittoresquement avec leurs casques ; il en résulte, dans toute l'étendue de la salle, l'effet de douze colonnes triomphales qui se répètent à l'infini par la magie des glaces. Les casques sont d'un très beau choix et bien contrastés ; ils caractérisent, sous des emblèmes différents, les héros et les dieux de l'Antiquité. Des trophées chargés d'étendards, de dépouilles, de couronnes, etc., lient cette ordonnance que les repos artistiquement ménagés contribuent beaucoup à faire valoir »[8].

Détail des casques celtiques

Inspirée à la fois de la fiction et de l'actualité, l'œuvre de Ledoux s'impose par l'adéquation poétique de l'iconographie au sujet moral et politique traité, dans les trois dimensions, avec réalisme. Les objets sculptés, qui structurent l'espace du café, encadrent les miroirs et s'y multiplient comme une ordonnance pittoresque, elle-même animée par le reflet de l'assemblée des officiers. Pareils aux héros, sur la scène du théâtre ou sur la toile d'une peinture, les acteurs en uniforme s'intègrent aux emblèmes et aux symboles de la victoire et de la paix : l'architecte, tel un scénographe ou un peintre d'histoire, lie l'action dramatique (historique) à l'allégorie intemporelle – par exemple, J.-J. Dumont le Romain exposait au Salon de 1761 une toile intitulée *Publication de la Paix de 1749* (musée Carnavalet), où Louis XV apparaît aux échevins, vêtu en héros de l'Antiquité et encadré de figures mythiques. Admiré chez Rubens ou Le Brun, ce grand genre « mêlé » deviendra dans la seconde moitié du XVIIIe siècle la cible des réformateurs de la peinture d'histoire et, notamment, de David. Il est important de constater que Ledoux trouve dans ce genre, comme dans la tragédie ou l'opéra, l'inspiration nécessaire au traitement architectonique, concret, des formes parlantes qu'il invente, un peu comme les pictogrammes d'un langage figuratif.

A l'analyse, l'iconographie du *Café militaire* confirme la qualité, la variété et la richesse du message artistique que Ledoux souhaite voir partager. Le thème de la « tente du repos du guerrier », fréquent en peinture ou sur la scène, mais également abordé dans le décor de fête (par exemple, en 1745, à l'occasion de la victoire d'Ostende, le décor du feu d'artifice de la place de Grève représentait l'entrée d'une tente militaire) ou dans certaines fabriques de jardin (au désert de Retz, par exemple), trouve sa source dans la littérature épique, de l'*Iliade* aux *Aventures de Télémaque*. C'est avec un soin extrême que Ledoux choisit les images qui évoqueront la paix comme la conséquence d'une guerre bien conduite (ici, les dieux protègent et dirigent les héros) et la vaillance des combattants (officiers, nobles descendants de la race des chevaliers). Les symboles de la fable et de l'histoire s'exposent donc, ensemble, en bas-relief sur les lambris, en ronde-bosse avec les faisceaux et les casques. Ce dernier motif, les faisceaux ornés de torsades de guirlandes et sommés de casques, structure l'ensemble de l'espace : comme de fines colonnes pittoresques, elles épaulent les lambris ou se reflètent à l'infini dans les miroirs qui recouvrent, de bas en haut, certaines parois des murs. Les ornements en bas-relief, exclusivement à l'antique, simulent des trophées suspendus conformément à l'usage accrédité. La victoire y est évoquée par des étendards, des boucliers et des objets mythiques sculptés dans le bois doré : l'égide de Minerve avec la Gorgone, la massue d'Hercule et la dépouille du lion de Némée, le foudre de Jupiter associé au faisceau, représentent, respectivement, la protection divine et l'invincibilité, la force et la générosité, la valeur et la rapidité. Les lauriers de la victoire sont communs aux casques et aux faisceaux-colonnes ; mais ici les emblèmes antiques – aigle de Jupiter, plumes de paon de Junon, chouette d'Athéna, sphinx (La Prudence), harpie (la Valeur), serpent (la Vérité) – qui ornent le sommet empanaché des casques, sont doublés par des signes issus de l'héraldique chevaleresque. Comme sur des blasons, au-dessus de la civière, apparaissent des mufles d'ours (la Prudence), de sanglier (le Courage et l'Intrépidité) et de Dauphin (la Valeur). Le dragon, traité dans sa forme « rocaille » moderne, rappelle que le défenseur du jardin des Hespérides est le gardien des trésors, ce qui, en terme de blason « veut dire métaphoriquement que les hommes sont vigilants et clairvoyants »[9]. Deux autres symboles se réfèrent encore plus explicitement à l'histoire moderne (ou l'histoire nationale comme on nommait alors les périodes postérieures à la chute de l'Empire romain) : d'une part, les piques et les hallebardes, formant des faisceaux, que portaient au XVIIIe siècle respectivement les officiers et les sergents du Corps des Dragons (infanterie portée à cheval), d'autre part, les « ailes de pigeon » qui, à la manière franque, signalent deux casques de preux chevaliers. De tous ces symboles, à l'époque où le sculpteur J.-B. Lemoyne projetait pour Rouen une statue de Louis XV dressée sur le pavois (maquette au Louvre), le casque ailé – abondamment décrit et commenté dans l'*Encyclopédie* sous l'aspect du heaume d'Olivier de Clisson – avait fait l'objet d'une gravure dans le volume d'illustration édité précisément en 1762. Deux ans plus tard, Grimm informait le Gotha que les mœurs parisiennes étaient imprégnées d'un imaginaire grec et franc dont l'harmonie reflétait l'aspiration à l'Age d'or[10] !

On regrette de ne pas connaître l'auteur du décor « à la grecque », fort modeste, de la façade de l'immeuble qui renfermait le *Café militaire*, dont les boiseries sont aujourd'hui conservées au musée Carnavalet. Son style fait songer pour le moins à un émule de Trouard. Mais le bail, cité plus haut, permet d'évoquer l'activité pittoresque d'un établissement de loisirs haussé au rang de chef-d'œuvre de l'art par le génie précoce de Ledoux. « Au loyer annuel, écrit M. Gallet, s'ajoutait une prestation en nature : huit livres de moka, deux pains de sucre, six bouteilles de ratafia dont deux de vin de cerise, deux de vanille, deux de fleur d'oranger [...]. Telles étaient les spécialités des distillateurs et sans doute les consommations préférées des vétérans nobles de Fontenoy et de Clostercamp qui fréquentaient son établissement »[11].

On imagine ces officiers à la retraite, ou au repos, devisant du théâtre des batailles en ce lieu évocateur du génie militaire, pure émanation de l'ordre de la noblesse. Les préliminaires de la paix, qui datent de novembre 1762, furent confirmés par le Traité de Paris, signé le 15 février 1763 ; quatre mois plus tard se déroulaient les fêtes de l'inauguration de la statue équestre du « pacificateur » Bien-Aimé dressée sur la place Louis XV[12]. S'il est utile d'insister sur ces faits, c'est parce qu'ils ont été vécus alors comme l'amorce d'une nouvelle époque de grande prospérité et, qu'effectivement, ils sont à l'origine d'une expansion considérable de la production artistique et architecturale, en particulier, de la fin de l'Ancien Régime. La carrière de Ledoux, comme celle de bon nombre de ses jeunes confrères dans les années 1760, témoigne de cet essor que les théoriciens et les encyclopédistes avaient espéré, au nom du « progrès des arts » bienfaiteur. Que ce progrès se soit exprimé dans un café, premier chef-d'œuvre d'un artiste débutant voué à une carrière fulgurante, rappelle le rôle assigné au Public dans la prise de conscience d'une régénération de l'architecture et de la vie urbaine à l'époque des Lumières.

NOTES

1. M. Gallet, « Un ensemble décoratif de Ledoux, les lambris du Café militaire », *Bulletin du musée Carnavalet*, 1973.
2. M. Gallet, *Claude-Nicolas Ledoux (1736-1806)*, Paris, Picard, 1980, p. 47.
3. D. Rabreau, *Claude-Nicolas Ledoux (1736-1806). L'Architecture et les Fastes du Temps*, Paris/Bordeaux, Paris-I Annales du Centre Ledoux/William Blake & Co/Art et Arts, 2000.
4. Fréron suivait les cours de J.-F. Blondel (cf. F. Cornou, *Elie Fréron*, Paris, 1922).
5. Le passage descriptif est reproduit *in extenso* ci-dessous.
6. *L'Année littéraire*, 1762, t. 6, p. 282.
7. *Almanach Dauphin*, 1773, s. p. (*ibid.*, 1774, 1777 et *Almanach du Commerce de Paris*, an XII à 1835). G. Poullain de Saint-Foix, dans *ses Essais historiques sur Paris*, t. VII, 1777, p. 85-87, reproduit l'article de Fréron.
8. *L'Année littéraire*, 1762, t. 6, p. 282.
9. *Encyclopédie*, article « Symbole », rédigé par le Chevalier de Jaucourt.
10. Cf. D. Rabreau, « Les nouveaux châteaux de la réaction nobiliaire et seigneuriale [...] », *Châteaux et révolutions*, actes du colloque de castellologie (Flarans, Gers, 1989), Flarans, 1991.
11. M. Gallet, *op. cit.* [1980], p. 47.
12. Cf. D. Rabreau, « Le cheval de la Paix ou la monture du Bien-Aimé. Propos sur le chef-d'œuvre animalier de Bouchardon », *Les écuries royales (XVIe-XVIIIe siècles)*, D. Roche (dir.), actes du colloque international de Versailles (26-27 septembre 1996), Paris, 1998.

Les faisceaux ornés de torsades de guirlandes et sommés de casques structurent l'ensemble du décor du Café militaire et se reflètent dans les miroirs

Le bel air des boulevards

Georges Viaud
Chargé du Patrimoine historique du Groupe Flo, Président de la Société d'Histoire et Archéologie du 14e arrondissement, Conseiller d'Histoire et Vies du 10e arrondissement

Maxime de Camp, dans l'introduction de sa grande enquête, évoque la singularité de Paris : « … je n'ai vu aucune ville produire une impression aussi énorme que Paris et donner aussi nettement l'idée d'un peuple infatigable, nerveux, vivant avec une égale activité sous la lumière du soleil, sous la clarté du gaz, haletant pour ses plaisirs, pour ses affaires, et doué du mouvement perpétuel »[1].

Les lieux à la mode

Il est vrai que les Grands Boulevards expriment cette effervescence détenant une belle quintessence de l'esprit de la Ville Lumière. On a coutume de dire que le « Grand Canal » a eu sa période de gloire du Directoire à la Belle Epoque. D'autres lieux parisiens partagent à travers les siècles cette noble charge. Aujourd'hui, des quartiers qui ont participé à la geste des boulevards sont en train de s'affirmer comme des lieux à la mode : Bastille, Belleville, le canal Saint-Martin, la Goutte d'Or, le faubourg Poissonnière, la Nouvelle Athènes, Pigalle, Plaisance…

Le mot boulevard était à l'origine un terme militaire. Le *Dictionnaire étymologique et historique de la langue française* nous apprend son origine : « boulevard (XIVe siècle sous la forme *boulevert*), du moyen néerlandais *bolwerc*, terme de fortification, d'abord 'ouvrage de madriers, rempart de terre et de madriers'. Le mot a signifié au XVIe siècle 'bastion, courtine, ouvrage de défense'. Il a changé de sens au début du XIXe siècle … »[2]. Nous verrons l'agréable glissement sémantique, historique et sociologique qui va nous conduire de la Seine à la construction militaire et ensuite au plaisir de la flânerie. La protohistoire des boulevards trouve sa source dans l'hydrographie parisienne. A la préhistoire, il y eut une île qui allait de l'actuel pont d'Austerlitz au pont de l'Alma. Elle s'appelait l'île Saint-Martin au Moyen Age. Le cours d'eau, représenté dans le plan de Bâle, était navigable sous les Carolingiens. Il est devenu par la suite le bras mort de la Seine et le Grand Egout couvert par Turgot. Une partie des boulevards se trouve sur le lit du fleuve mythique de la capitale[3].

Les enceintes de Paris

Notre histoire est liée à la dynamique et à l'étonnante liberté de la ville de Paris. Les enceintes successives ont voulu la limiter, celle de Philippe-Auguste (1190-1220), de Charles V (1358-1383), de Charles IX et Louis XIII (1566-1635), des Fermiers généraux (1784-1787), et celle de Thiers (1841-1844). « C'est en vain qu'on a voulu arrêter ce développement, le fixer, lui ôter la possibilité de se manifester de nouveau : on invente des murailles, des murs d'octroi, des fortifications, rien n'y fait ; Paris saute par-dessus, se répand dans la campagne, construit des faubourgs, les relie à la ville et s'agrandit. Du reste tout obstacle l'irrite : le mur murant Paris rend Paris murmurant »[4]. Ville de toutes les métamorphoses, elle rêve aujourd'hui avec ses édiles et ses habitants de couvrir le périphérique. Au début de la guerre de Cent Ans, l'enceinte de Philippe Auguste était devenue obsolète en raison des nouvelles techniques militaires. Celle de Charles V, élevée essentiellement rive droite, à environ 800 m au nord de la précédente, occupera le lit du bras mort de la Seine[5]. Elle va camper ainsi le futur décor des Grands Boulevards.

Le Cours

Marcel Poëte, dans *La Promenade à Paris au XVIIe siècle,* au chapitre IV, raconte la théorie du cours ainsi que le cours de la porte de Saint-Antoine : qu'est-ce le Cours ? Si vous consultez les dictionnaires du XVIIe siècle, celui de Furetière par exemple, vous apprenez que le « Cours est un lieu agréable où est le rendez-vous du beau monde, pour se promener à certaines heures, et se dit tant du lieu comme de l'assemblée qui s'y trouve ». Le Cours, écrit Sauval, « est un nouveau mot et une nouvelle chose, de l'invention de Marie de Médicis. Jusqu'à sa régence, on ne savait point en France d'autre moyen d'user de la promenade à pied et dans les jardins, mais alors elle fit passer de Florence à Paris la mode de se promener en carrosse, aux heures les plus fraîches de l'après-dîner : ce qui se pratique maintenant en tant de lieux ». Pour cela, continue Sauval, cette reine « donna le nom de Cours qu'elle forma sur le Corso de Florence et de Rome », nom qui depuis lui est

Le boulevard planté d'arbres avec ses théâtres et ses cafés dans les contre-allées

Le Café Turc, *sur le boulevard du Temple, avec son architecture orientalisante qui contribuait à en faire un lieu dépaysant (v. 1780)*

demeuré ». A partir de 1617, le Cours Saint-Antoine est réalisé par la municipalité, côté ville et côté faubourg. Il était si vaste qu'on pouvait loger une armée et si délectable qu'il est devenu un des lieux à la mode du XVIIe siècle[6].

Le Roi-Soleil et Paris
En 1670, Louis XIV, en faisant abattre les remparts de l'enceinte de Charles V, de Charles IX et de Louis XIII, a voulu que Paris devienne une ville ouverte. Les raisons politiques sont connues. Avait-il senti l'âme de Paris et savait-il qu'il était en train de bâtir le Paris du XIXe siècle ? Les Cours du Roi-Soleil furent plantés à partir de 1705, ainsi l'actuel boulevard du Temple était paré de cinq rangées d'arbres au XVIIIe et devint une promenade à la mode[7].
Dès la plantation, la promenade des remparts séduit les badauds. « Vers 1740, elle est le rendez-vous de tous les promeneurs et attire, autour du boulevard du Temple notamment, cafés et lieux de divertissement »[8]. Cet attrait va créer une dynamique commerciale : « Aussi des pâtissiers et des cabaretiers y installèrent leurs tréteaux, exemple suivi par des bateleurs et qui attirèrent le monde par leur parade, leurs bouffonneries, leurs tours d'escamotage, de force ou d'adresse. Le succès vint très vite. Au siècle suivant, les baraques de toiles, puis de bois, furent remplacées par des théâtres où l'on joua des comédies et des pièces dramatiques d'une nature telle que le boulevard du Temple fut surnommé le *boulevard du crime* ». Curiosité de l'histoire, les cafés et les cabarets étaient, dans un premier temps, du côté impair de la voie, du *Café Turc* à la Rotonde de Paphos. A partir de 1762, les lieux de spectacle s'élevèrent du côté impair, du théâtre de Madame Saqui au théâtre Historique d'Alexandre Dumas[9].

Le Petit Coblentz et le boulevard du Gand
Il faut attendre le retour des émigrés, pendant le Directoire, pour que les boulevards deviennent un lieu à la mode. Les Incroyables et les Merveilleuses aimaient se promener sur l'actuel boulevard des Italiens qu'ils appelèrent le Petit-

Le Grand café Alexandre s'ouvre largement sur le boulevard planté d'arbres. Il était particulièrement fréquenté vers 1750.

AU
CAFFE ROYAL
D'ALEXANDRE

La promenade des boulevards au XIXe siècle : voir et être vu

Coblentz, en hommage au lieu où Louis XVIII résidait en exil. Dans l'article du *Grand dictionnaire universel*, de 1873 aux Editions Larousse, l'incroyable est présenté ainsi : « ce nom équivalait à peu près à ceux des dandys, lions, fashionables, etc., tous modernes ; il désigna sous le Directoire la jeunesse dorée de l'époque, et spécialement la jeunesse royaliste. La mode devint chose singulière, une arme d'opposition. Quant au mot d'incroyable, pris en lui-même, il fut choisi par le public parce que le suprême bon ton d'alors consistait à répéter, dans une exagération grotesque, et à propos de rien : C'est incroyable ! ma parole d'honneur » ou plutôt, pour être plus exact : « *C'est incoyable ! ma parole d'honneu* ». Les incroyables bannirent en effet de leur langue, la lettre *r* de leur vocabulaire. Au sujet des merveilleuses, « les élégants et les élégantes ont presque toujours porté en France un nom ironique. On leur donna par plaisanterie, dès 1797, le nom de merveilleux, de merveilleuses, qu'ils acceptèrent comme un éloge… Le peuple appelait plus volontiers les merveilleux du nom plus ancien de muscadins. Le monde leur donna de préférence celui d'incroyables »[10]. Ce monde était aussi en opposition avec les révolutionnaires, le journal *L'Orateur du Peuple* en fit l'apologie, ils furent dénommés par la suite comme la jeunesse dorée de Fréron. Louis-Stanislas (1754-1802) était le fils d'Elie-Catherine (1718-1776), celui même que Voltaire (1694-1778) détestait : « L'autre jour, au fond d'un vallon, un serpent mordit Jean Fréron : Que pensez-vous qu'il arriva ? Ce fut le serpent qui creva ». Il fut élevé dans l'opposition au Parti philosophique, mais, pendant la Terreur, il est devenu un proche de Robespierre. Lors de la réaction thermidorienne, il s'est rapproché du voluptueux Barras (1755-1829) lançant ses jeunesses à l'assaut des Jacobins[11].

Au retour du Roi de France, après les Cent-Jours, le Petit-Coblentz fut appelé le boulevard de Gand, par ses excentriques. Ce nom ne fut à la mode que sous le Second Empire, il est toujours synonyme d'élégance et de préciosité. L'article Gandin de notre *Grand dictionnaire* rappelle les successions sémantiques de cette histoire de mœurs : « Le marquis du temps de Louis XIV engendra le roué de la régence, qui engendra le talon rouge, qui engendra le petit-maître de la fin du règne de Louis XV ; jusque-là, les traditions d'élégance ont été un privilège des races nobles et anoblies ; mais le petit-maître engendra le muscadin, qui était un fils de bourgeois ou d'agioteur, et le muscadin engendra l'incroyable du Directoire, si imposant dans son immense cravate et armé de son gourdin, mais qui pouvait être le premier venu ; l'incroyable à son tour engendra le beau, qui florissait sous l'Empire, le dandy et le fashionable de la Restauration, le lion du temps de Louis-Philippe ; enfin le gandin apparaît sous le Second Empire et engendre lui-même le cocodé, qui à son tour engendre le petit-crevé, dernière expression du genre, champignon poussé, un tout petit chapeau rond sur la tête comme un véritable cryptogramme, sur le fumier d'une civilisation avancée »[12]. Imaginons-les, ces marquis, ces roués, ces petits-maîtres, ces talons rouges, ces muscadins, ces incroyables et ces merveilleuses, ces dandys et ces fashionables, ces lions, ces gandins, ces cocodés, ces petits-crevés, etc. sur les grands boulevards.

L'étude de mœurs

Les termes « fashion » et « fashionable » sont encore employés aujourd'hui dans les milieux de la mode. Au temps de la Restauration, ils avaient la même valeur, étant : « ...d'origine anglaise et ayant à peu près la même signification que dandysme et dandys… Fashion est un mot que nous avons emprunté à nos voisins d'outre-Manche, pour désigner la mode, l'extrême bon goût, dans les vêtements, les équipages, etc »[13].

La tribu des fashionables était apparentée à celle des dandys. « On désigna, pendant le premier tiers du XIXe, sous le nom de dandys, un groupe de jeunes gens appartenant tous à la plus haute société anglaise, formant ensemble une sorte d'association tacite, qui s'attribua le droit et le pouvoir exclusif de donner le ton et de régler la mode dans le langage, dans les manières et dans le costume… Le dandysme a eu pour chef un homme dont le nom restera éternellement lié à cette science singulière et à ce mot bizarre : sir George Brummel, dont toute la vie ne fut que la mise en scène de cette science futile.

Le lion du temps de Louis-Philippe rappelle cette chaîne humaine des mondains, faisant et défaisant les modes. « Le lion florissait vers 1830 ; il est empaillé dans les vitrines du musée Gavarni ; […] tel qu'on peut le voir encore dans les romans et les pièces de théâtre de 1830 à 1848, il avait quelque chose de plus noble que ses enfants dégénérés ; Balzac en a fait de superbes ; ses De Marsan, ses Rastignac, ses Maxime de Trailles sont de terribles roués qu'il serait impossible de classer parmi les petits crevés de nos jours. Sans doute Balzac a idéalisé les lions de son temps, mais il ne les a pas trop surfaits »[14].

Je poursuivrai cette étude de mœurs, en évoquant le destin de Nestor Roqueplan : « Si les jardins de Frascati […], avaient déjà disparu au beau temps de Nestor Roqueplan, et si le *Café Turc*, avec ses jardins, boulevard du Temple, était dédaigné des véritables élégants, il était de bon ton, pour un dandy de se montrer au Concert Musard, à Mabille, ou bien encore au *Jardin d'Hiver*, sinon au *Château des Fleurs* (aux Champs-Elysées) »[15]. Les concerts et les bals ont créé, avec les théâtres, les cafés et les jardins, un de ces lieux parisiens qui attirent le monde et le peuple.

Nestor Roqueplan était « le plus Parisien de tous les Parisiens de son temps, on était certain, entre 1830 et 1870, de le rencontrer chaque soir sur le boulevard, c'est-à-dire entre la rue Drouot et la chaussée d'Antin. Ce Parisien-type, ce boulevardier impénitent n'était autre que Nestor Roqueplan. Il n'y eut guère de jour où il n'y fit son apparition. Admirablement habillé, il ne se contentait pas de suivre la mode, il l'imposait… Le boulevard était son fief ; il y vivait et ne comprenait pas qu'on pû se plaire ailleurs »[16].

Si le boulevard était l'apanage du monde, nous verrons que l'engouement des grands boulevards va s'affirmer, comme une contrée à la mode, avec la décadence du Palais-Royal, vers 1830.

L'esprit des dénominations des boulevards

De la Bastille à la Madeleine, nous traversons quatre places et onze boulevards. Curiosité de l'histoire, les dénominations rappellent essentiellement le souvenir d'établissements religieux ou des noms de saints. Nous rencontrons ainsi d'est en ouest : la place de la Bastille, forteresse de l'enceinte de Charles V, à l'origine de nos cours. Le boulevard Beaumarchais, en l'honneur de l'auteur dramatique qui y possédait une maison, du n° 2 au 20 de la voie. Le boulevard des Filles-du-Calvaire bordait le couvent fondé par le Père Joseph, l'éminence grise du Cardinal Richelieu. Le boulevard du Temple évoque le souvenir de cet ordre qui veilla sur les pèlerins de la Terre Sainte. La place de la République était avant 1879, celle du Château d'Eau, ainsi un régime politique a-t-il remplacé une fontaine. Les boulevards Saint-Martin et Saint-Denis célèbrent les saints patrons de la France. Le boulevard Bonne-Nouvelle solennise l'Annonciation. Le boulevard Montmartre honore le mont des martyrs, les saints Denis, Rustique et Eleuthère. Le boulevard Poissonnière nous ramène au chemin de la marée. Le boulevard des Italiens et la place de l'Opéra sont ceux qui se rapprochent le plus de notre histoire, entre théâtre, musique et chant. Le boulevard des Capucines ne remémore pas un champ de fleurs, mais un couvent de franciscaines. Et le boulevard et la place de la Madeleine distinguent la sainte amie de Jésus-Christ[17]. Nous rencontrons dans notre promenade sémantique un sujet militaire, un sujet d'habitation, neuf sujets religieux, un sujet politique, un sujet alimentaire et deux sujets liés aux arts du spectacle.

Le Boulevard Montmartre devant le Théâtre des Variétés, *réunit les principaux protagonistes rencontrés jour et nuit :
le garçon de café, le crieur de journaux et les élégantes*

Histoire des dénominations

La raison est que ces dénominations participent à l'histoire locale et à l'environnement et nous verrons aussi le glissement sémantique du Nouveau Cours, à la promenade des Remparts et aux boulevards. « Lorsque le roi décide, en 1670, la suppression des murailles de la ville, il ordonne la création à leur emplacement d'une promenade plantée d'arbres qu'il nomme le Nouveau Cours. Le terme « boulevard » désigne alors les fortifications disparues ainsi qu'en témoigne François Colletet dans l'édition de 1722 de *Les Rues de Paris* : « Le long des boullevards, par le moïen des cours qui sont dessus, l'on fait le tour de la ville, c'est même des lieux de promenade où l'on a plaisir de voir d'un coté de tres belles et magnifiques maisons basties, et de l'autre la campagne ».

« Au cours du XVIIIe siècle, comme l'observe Manfred Heid, un transfert sémantique s'effectue et le boulevard évince le cours, prenant progressivement le sens de la voie elle-même. Les histoires, guides et nomenclatures de la capitale ne mentionnent pas de noms pour les « boulevards et remparts ». Luc Vincent-Thierry dans *Le Guide des amateurs et des étrangers à Paris* (1787), fait état des boulevards de la Porte Saint-Martin, du Temple et d'un boulevard de Calonne, en cours d'aménagement près de Gentilly, l'actuel boulevard Auguste Blanqui. Sur les plans, le mot « boulvard » apparaît pour désigner globalement le Nouveau Cours sur la rive droite (le terme Nouveau Cours se maintenant sur la rive gauche) sur le *Nouveau plan de Paris* par Desnos en 1780. *Le Nouveau Plan de Paris routier de la ville et faubourgs de Paris* par Pichon, édité chez Esnauts et Rapilly en 1784, mentionne sur la rive droite le « cours ou le boulvard ». Il est appelé « Grand Boulvart » sur *le Plan général de Paris en quatre divisions* inséré dans le *Provincial à Paris* (1787-1788). C'est Verniquet, dans son plan détaillé de la capitale en 72 feuilles, relevé entre 1785 et 1791, qui donne le premier nom de quinze boulevards tirant leur nom de la rue aboutissant au boulevard ou le croisant (onze cas) ou de la proximité d'édifices importants (quatre cas) : boulevards de la Madeleine (église Sainte-Marie-Madeleine), de la Chaussée d'Antin (rue de la Chaussée-d'Antin), Montmartre (rue de Montmartre), Poissonnière (rue Poissonnière), Saint-Denis (rue et porte Saint-Denis), Saint-Martin (rue et porte Saint-Martin), du Temple, (rue du Temple), de la porte Saint-Antoine (rue et porte Saint-Antoine), et sur la rive gauche boulevards de l'Hôpital (hôpital général de la Salpêtrière), des Gobelins (manufacture royale des Gobelins), de la Glacière (rue et barrière de la Glacière), Saint-Jacques (rue et barrière Saint-Jacques), d'Enfer (rue et barrière d'Enfer), du Montparnasse (rue et barrière du Montparnasse), des Invalides (hôtel des Invalides) »[18].

Les Grands Boulevards et la polémique de Merruau

Il est intéressant de remarquer que le terme boulevard est attaché à un certain esprit et à un espace parisien. Au-delà débutaient les « Grandes Indes », ainsi parlait Alfred de Musset. Les Grands Boulevards sont ceux de la Rive Droite. « Ils sont devenus, à leur tour, le rendez-vous de l'univers, le point de ralliement de tous les peuples : forum cosmopolite ouvert à toutes les langues, centre merveilleux où aboutissent les chemins des cinq parties du monde »[19]. Nous notons là que ces deux termes expriment à la fois le monde et la vie parisienne dans toute sa splendeur et toute sa morgue. Il faut savoir que dans Paris il existe 124 boulevards. Charles Merruau, dans son *Rapport sur la nomenclature des rues et le numérotage des maisons de Paris* ... (1862), souhaite que le terme soit respecté. « Boulevard veut dire rempart et ne peut perdre ce sens ». Il s'insurge sur la manie de Napoléon III de faire appeler les nouvelles avenues du terme boulevard. L'empereur était fasciné par l'étymologie guerrière de ce mot. Alfred Fierro, dans *Histoire et mémoire des rues de Paris,* évoque cette polémique au sujet des boulevards : « Il s'empressa donc de baptiser boulevards les grandes artères qu'il faisait percer dans la capitale : boulevards d'Enfer (Raspail depuis 1987), Haussmann, de Magenta, Malesherbes, Mazas, (Diderot depuis 1879), Ornano, du Prince Eugène (Voltaire dès 1870), Saint-Michel, de Sébastopol, de Strasbourg »[20]. Nous avons pu voir que la géographie, l'hydrographie, l'art de la guerre, la volonté du Roi Soleil et l'esprit parisien ont créé le boulevard et les Grands Boulevards. André Delvau, dans *Les Plaisirs de Paris* exaltera « le cœur même de Paris, lançant la vie et la recevant tour à tour dans un éternel *circulus* qui épouvante autant qu'il émerveille. Supprimer les boulevards, ce serait décapiter Paris, ce serait faire le désert où il y a le soleil. Les boulevards ne sont pas seulement le cœur et la tête de Paris, ils sont encore l'âme du monde, Paris sans les boulevards, ce serait l'univers en deuil ». Nous allons nous rendre dans des lieux de plaisir, car il nous appartient de maintenir la flamme.

Les cafés et les brasseries

Nous cheminerons de la Bastille à la Madeleine, au fil des siècles. Notre promenade fera apparaître les métamorphoses et les renaissances des Grands Boulevards, du XVIIe siècle au commencement du troisième millénaire. Nous avons vu que le Cours Saint-Antoine fut l'un des premiers lieux de plaisir des boulevards. « Le Cours, c'est comme le salon roulant et en plein air de la société parisienne, en un temps où la femme la parait de toute sa grâce et où triomphait la conversation. Voulez-vous connaître quels sont les grands plaisirs de la vie pour une parisienne ? Mademoiselle de Montpensier nous l'avoue en ses *Mémoires* : c'est de se masquer, d'aller à la foire Saint-Germain et de se promener au cours »[21]. La promenade est devenue un salon parisien grâce aux cours.

Le café – la boisson – fut justement lancé à la foire Saint-Germain. Il devint un lieu de consommation, où l'on dégustait aussi des glaces et du chocolat, mais aussi des lieux de rencontre et de débats littéraires et philosophiques. Il était de bon ton de fréquenter ces nouveaux salons. Le premier de ces cafés fut le *Procope* qui « se trouve encore aujourd'hui à son emplacement primitif. Servant café, thé, chocolat, liqueurs, glaces, confitures, etc., dans un cadre luxueux, il fit fortune »[22]. Le gentilhomme Francesco Procopio dei Coltelli eut le génie de lancer cette mode. Il est aussi à l'origine du terme garçon, il faisait servir ses clients par de jeunes garçons, de 9 à 12 ans, comme c'était la coutume en Italie. « Ouverts tard le soir, les cafés se multiplièrent – il y en avait 385 environ en 1723 – … Passés de 1 800 à la veille de la Révolution à plus de 4 000 en 1807… Sur les Grands Boulevards, avec le célèbre *Tortoni*, le *Café de Paris*, le *Café Anglais*, le *Café Riche* ». Le premier café des boulevards fut installé à cette époque près de la porte Saint-Antoine[23]. Ensuite le boulevard du Temple se fit l'amphitryon de ces lieux de plaisir. La première réflexion est géographique, la deuxième sera sémantique. Nous constatons depuis quatre siècles que le luxe et la mode se sont déplacés, d'est en ouest, sur les boulevards : le Cours Saint-Antoine, au XVIIe siècle ; le boulevard du Temple et le faubourg Poissonnière, au XVIIIe siècle ; de la porte Saint-Martin au boulevard des Italiens, le boulevard dans la première moitié du XIXe siècle ; la place de l'Opéra, le boulevard des Capucines jusqu'à la place de la Madeleine, dans la seconde moitié du XIXe siècle. L'observation des glissements sémantiques des enseignes à la mode, nous apporte des lumières sur l'esprit de ces tendances. *Bofinger*, *Julien*, *Flo*, *Vaudeville* et le *Bœuf sur le Toit* participent à la geste des Grands Boulevards. La brasserie alsacienne *Flo*, cour des Petites-Ecuries fut à l'origine une taverne-restaurant. La brasserie *Bofinger* à la Bastille, datant de 1864, fut l'un des lieux parisiens où l'on servait de la bière ainsi que *Flo* plus tard, en 1887. *Julien*, monument historique Art nouveau, classé en 1997, le *Vaudeville* et le *Bœuf sur le Toit*, style Art déco, évoquent le glissement géographique mais aussi la modification sémantique du café au restaurant et enfin à la brasserie, salon des temps modernes.

L'esprit des lieux

L'esprit des lieux communie avec l'âme de la France et du monde. Ces quelques siècles d'histoire et de promenades révèlent la futilité et la profondeur des Parisiens. La Ville de Paris a inventé la flânerie. Le flâneur inspire à beaucoup de personnes des sentiments partagés, mais que celui qui n'a jamais péché lui jette la première pierre. Le *Grand dictionnaire* en fait l'inventaire, nous nous attacherons toutefois à celui des boulevards. « On naît flâneur, comme on naît rôtisseur – ou poète ; on ne le devient pas. Il y a plus : ce n'est pas partout qu'on peut être flâneur… Il y a d'abord les flâneurs du boulevard, dont l'existence entière se passe entre l'église de la Madeleine et le théâtre du Gymnase… Il y le flâneur intelligent… à le regarder, on jurerait qu'il n'y a pas de plus attentif aux facéties de ces saltimbanques, au luxe de ces boutiques ; son esprit est pourtant bien loin de là ; c'est un artiste, un poète, un philosophe… »[24]. N'oublions pas les foules attentives qui se promenaient de la Bastille à la Madeleine afin de voir, d'être vu et d'apercevoir une célébrité du moment. Tous sont demandeurs de cette renaissance qui donne des signes annonciateurs.

Aujourd'hui, « le paysage des Grands Boulevards est réputé, pour un temps, à l'abri des risques de 'crime de lèse patrimoine'. La conservation de ce décor suffira-t-elle à faire vivre le mythe. La force symbolique du mot 'Grands Boulevards' est réelle et ne demande qu'à être réactivée »[25]. Espérons en ce réveil, les temps prochains seront significatifs des mutations qui sont en train de s'opérer dans les quartiers bordant les Grands Boulevards.

NOTES

1. M. Du Camp, *Paris, ses organes, ses fonctions et sa vie jusqu'en 1870*, Monaco, édition G. Rondeau, 1993.
2. S. Cueille, « La promenade sur les boulevards », *Les Grands Boulevards*, B. Landeau, C. Monod et E. Lohr (dir.) Paris, AAVP, 2000, p. 122-127.
3. A. Fierro, *Histoire et Dictionnaire de Paris*, Paris, éditions Robert Laffont, 1996, p. 349, 350, 351, 355, 358, 840.
4. M. Du Camp, *op. cit.*, p. 7.
5. P. Prost, *Des boulevards d'artillerie*, p. 38-49.
6. M. Poëte, *La Promenade à Paris au XVIIe siècle*, Paris, Librairie Armand Colin, 1913.
7. Y. Brault, « Le plan de Pierre Bullet (1673-1675) », *Les Grands boulevards, op. cit.*, p. 29-37.
8. A.-M. Châtelet, M. Darin et C. Monod, « Formation et transformations », *Les Grands boulevards, op. cit.*, p. 42-51.
9. J. Hillairet, *Dictionnaire historique des rues de Paris*, Les Editions de Minuit, Paris, 1963, 2e volume, p. 541-543.
10. P. Larousse, *Grand dictionnaire universel du XIXe siècle*, Editions Larousse, Administration du Grand dictionnaire universel, Paris, 1870, 1872, 1873, 1874 ; 9e tome, article « Incroyable », p. 626-627; 11e tome, article « Merveilleux, euse », p. 97-98.
11. *Ibid*. 11e tome, article « Muscadin », p. 709-710.
12. *Ibid*. ; 8e tome, article « Gandin », p. 988-989.
13. *Ibid*. 8e tome, articles « Fashion » et « Fashionable », p. 117.
14. *Ibid.*, 10e tome, article « Lion », p. 546.
15. P. d'Ariste, *La vie et le monde du boulevard (1830-1870)*, Paris, éditions Jules Taillandier, 1930, p. 64-78.
16. P. d'Ariste, *op.cit.*, Paris, 1930, p. 1.
17. Ville de Paris, *Nomenclature des voies publiques et privées*, Paris, 8e Edition, 1972, p. 349.
18. *Ibid.* p. 355. A. Fierro, *Histoire et mémoire du nom des rues de Paris*, Parigramme, Paris, 1999, p. 349.
19. P. d'Ariste, *op. cit.*, p. 4-5 citant Edmond Texier dans son *Tableau de Paris* de 1852.
20. P. Moncan, *Les Grands Boulevards de Paris, de la Bastille à la Madeleine, op. cit.*, p. 63 citant A. Delvau dans *Les Plaisirs de Paris*, Faure, 1867.
21. M. Poëte, *op. cit.*, p. 93-108.
22. P. d'Ariste, *op. cit.*, p. 4-5.
23. P. Moncan, *Les Grands Boulevards de Paris, de la Bastille à la Madeleine, op. cit.*, 2e gravure, p.15. A. Fierro, *Histoire et Dictionnaire de Paris, op.cit.*, p. 742-746.
24. P. Larousse, *op. cit.*, 8e tome, article Flâneur, p. 436.
25. B. Landau Bernard et C. Monod, « L'esprit des lieux », *op. cit.*, (dir.) Paris, 2000, p. 219-227.

Le Café des Mauresques, *boulevard Saint-Denis, renouvelait par son décor la vogue des cafés à l'orientale*

Le boulevard Montmartre et l'affluence du soir

Tortoni, temple de l'absinthe

Benoît Noël

Enseignant à l'Académie Charpentier – Paris-Montparnasse

Si les cafés des champs d'autrefois étaient souvent des « crémeries », les grands cafés des villes étaient généralement des « glaciers ». Les « crémeries » proposaient, outre des boissons alcoolisées, une restauration rustique à base de lait et d'œufs, et les « glaciers », hors les boissons revigorantes des salons de thé, des sorbets multicolores.

En 1798, le Napolitain Velloni s'établit donc, tout naturellement, « glacier », boulevard Cerutti, à quelques pas du Théâtre des Italiens, inauguré en 1783, place de la Comédie italienne. En 1793, ce théâtre devient l'Opéra Comique national, puis l'année suivante, le théâtre Favart.

On sait peu de choses de la maison Velloni sous le Directoire et le Consulat, si ce n'est qu'en 1803, son propriétaire en remet les clefs à son premier commis, le bienheureux Tortoni. Theodore Child estimera, en 1889, dans *The Harper's New Monthly Magazine* que « sous le Premier Empire, les gens d'esprit s'y réunissent pour commenter les bulletins de la Grande Armée ou critiquer la dernière tragédie de Luce de Lancival (1764-1810) », dramaturge officiel à la plume empesée mais dont les lancinantes saillies guerrières comblent Napoléon.

En 1815, la Restauration rebaptise le boulevard Cerutti, boulevard de Gand. Giuseppe Cerutti (1738-92) était un jésuite, défenseur du Tiers-Etat, dont Mirabeau fit l'éloge funèbre et Gand, la ville de repli de Louis XVIII durant les Cent-Jours. Tortoni perd au change l'éloge d'un compatriote mais un autre vole à son secours. De fait, 1816 est l'année du triomphe au Théâtre des Italiens du *Barbier de Séville* de Gioacchino Rossini. Dès lors, le café *Tortoni* refuse du monde, notamment lors des concerts de Frédéric Chopin ou de Franz Liszt toujours aux Italiens, et Tortoni, lui-même, satisfait de l'œuvre accomplie, décède en 1822. Un certain Fromont lui succède, sûr de son affaire, puisque l'Académie royale de Musique, plus connue sous le nom d'Opéra, a ouvert ses portes l'année précédente, rue Le Peletier. L'inévitable G. Rossini y mène déjà l'orchestre, avant de céder sa place à Giacomo Meyerbeer, Fromental Halévy ou Auber…

Sous Charles X, et toujours selon T. Child, Adolphe Thiers lâche de temps en temps l'arène politique et la roue de la fortune pour déguster une glace, en terrasse de *Tortoni*, pendant que Talleyrand préfère le demi-jour de la salle où il observe, de biais, le boulevard de Gand devenu, à-propos, en 1828, le boulevard des Italiens. Il est vrai que G. Rossini, directeur du Théâtre des Italiens de 1824 à 1830, y répète ardemment *Guillaume Tell*. *Tortoni* occupe désormais le n° 22 du boulevard et dispose d'une seconde entrée au 2, rue Taibtout.

Les révolutions de 1830 et de 1848 verront bien quelques pétards exploser devant ce café ultra-mondain – Charles Baudelaire l'atteste pour la seconde – mais pas au point d'en détourner ses figures de proues que sont Lord Henry Seymour (1805-59) ou le Prince Anatole Demidoff (1812-70). Membres du Jockey-Club et noceurs inséparables, ces deux fils de famille résident d'ailleurs, un temps, au n° 24 du boulevard des Italiens, dans un hôtel particulier qui abrite aussi le millionnaire Richard Wallace et le sultan Khalil Bey. Enfin, depuis 1836, c'est M. Girardin qui veille à la destinée de *Tortoni* où il accueille le roi Léopold ou le prince Louis-Napoléon Bonaparte, venus en simple équipage.

La petite histoire retient également qu'Albéric Second (1816-87) fut au *Tortoni* de la génération romantique ce que fut Aurélien Scholl (1833-1902) à la naturaliste. Cependant, si A. Second fut le prototype des boulevardiers, dont A. Scholl fut le parangon, Edouard Manet (1832-83) en fut la fine fleur !

Situé sur les boulevards, Tortoni *était l'un des établissements les plus fréquentés*

Les glaces et l'absinthe faisaient la renommée du café Tortoni

Homme de lettres oublié, Second fut un chroniqueur estimé et, épisodiquement, sous-préfet en 1848. Il officia parfois sous le pseudonyme de « Gérôme » dans moult journaux mais surtout, selon Pierre Véron, ce natif d'Angoulême, fut « instantanément intronisé à Tortoni » dès son arrivée dans la capitale et devint « un boulevardier avant la lettre »[1]. C'est-à-dire un flâneur d'occasion dissimulant ses longues dents sous une mise vestimentaire soignée, un dandy au langage fleuri corsé de répliques assassines et toujours prêt à refaire le monde ou à flatter les dames, mais avant tout, un amateur d'apéritifs à répétition !

Duelliste aguerri, Scholl brillait dans les cafés par son esprit de répartie aussi craint que celui d'Edgar Degas ou d'Alphonse Allais. Journaliste ou rédacteur en chef (*Le Nain jaune, Le Lorgnon*) il signait volontiers « Balthazar » et tenait la rubrique les *Coulisses du Figaro*.

Dans le *Gaulois*, Albert Wolff soutient en 1874[2] que Manet est « une des gloires de *Tortoni*, « une des illustrations » des trois marches de son *perron* et que le nouveau propriétaire du lieu depuis 1847, un certain Percheron, redoute chaque jour que ce gentilhomme distingué ne lui préfère un de ses proches concurrents. Wolff ajoute, raillant la bohème qui se vêt alors à la manière des troupes de Giuseppe Garibaldi : « Le monsieur qui passe avec sa femme s'arrête, lui montre le consommateur blond de Tortoni et lui dit : -Tiens, Euphrasie, voilà monsieur Manet. Ce à quoi la femme répond : -Pas possible, je me l'étais figuré avec une vareuse rouge, un béret et une pipe culottée ».

A dire vrai, Percheron avait bien de la chance et, mis à part les épisodes tragiques de la guerre franco-prussienne et de la Commune, les événements servirent au mieux ses intérêts financiers. Que l'on en juge. Au fil du XIXe siècle, le boulevard des Italiens devint un des foyers de la vie intellectuelle parisienne. En 1849, la Librairie Nouvelle (Jacottet et Bourdillat) ouvre au n° 15 puis, en 1869, la Librairie Alphonse Lemerre au 28. Sous le Second Empire, le journal *L'Evénement* est au n° 11; le *Temps* s'installe au 5 en 1861, le *Gil-Blas* sera au 26, et *L'Echo de Paris* a son siège au-dessus de *Tortoni* ! Nadar occupe un vaste atelier boulevard des Capucines ; Eugène Disdéri vend, dès 1874, des portraits de petit-format au n° 8. Enfin, le théâtre des Nouveautés qui succède, en 1878, aux Fantaisies Oller du n° 28, draine bientôt les foules avec les grands succès de Georges Feydeau dont *Champignol malgré lui* dans lequel Polin se taille la part du lion ou *La Dame de chez Maxim's* et *L'Hôtel du Libre Echange*…

D'après T. Child, la Commune obligea chaque boulevardier à se déclarer en faveur de la royauté ou de la république, et le drapeau blanc rallia d'abord le plus grand nombre de suffrages. Toutefois, le gouvernement de Léon Gambetta réussit, à la longue, à renverser cette opinion moutonnière en concédant nombre de postes enviés aux plus éminents boulevardiers. C'est pourquoi *Tortoni* devint aussi représentatif de la vie « high-life » que Trouville, par exemple. Guy de Maupassant et Emile Zola citent d'ailleurs les deux dans la *Curée* (1872) ou *Bel-Ami* (1885). Toutefois, dans deux de ses nouvelles du *Gil-Blas* déjà, Maupassant avait évoqué le glacier. Le *Protecteur*[2] met en scène un Conseiller d'Etat qui se veut, subitement, utile à ses compatriotes : « Et il en écrivait des lettres de recommandation, dix, vingt, cinquante par jour. Il en écrivait au *Café Américain*, chez *Bignon*, chez *Tortoni*, à la *Maison-Dorée*, au *Café Riche*, au *Helder*, au *Café Anglais*, au *Napolitain*, partout, partout. Il en écrivait à tous les fonctionnaires de la République, depuis les juges de paix jusqu'aux ministres. Et il était heureux, tout à fait heureux ». *L'Epingle*[4] est plus désenchantée : « Qui voit-on chez Tortoni aujourd'hui ? Toujours les mêmes, sauf les morts ».

Jules Vallès et Louis Ulbach sont plus sévères encore pour ce temple des éternels viveurs et de l'absinthe, alors suspectée d'être épileptisante. Vallès s'époumone dans le *Gil-Blas*[5] : « [...] Il ne reste aujourd'hui qu'à rire de ces lions[6] dont on voit le portrait chevelu dans les gravures du temps, qui lèvent la jambe en l'air et la flûte à champagne, qui ont des cravates comme des écharpes et des pantalons comme des jupes, et s'appuient tendrement sur l'épaule de lorettes[7] à ondoyantes et à manches à gigots [...]. J'y ai vu Laurier[8] jadis, j'y ai rencontré Sholl hier, j'y trouverai Siraudin[9] ce soir – peut-être Clemenceau le puritain. [...] Si j'y heurte des sangs bleus, c'est qu'ils seront au bras de quelque mécréant, ingénieur, banquier ou journaliste, qui payera le souper et prêtera peut-être quelques louis... ». Ulbach enfonce le clou dans les *Buveurs de poison*[10]. Nous sommes au *Café Tourneur* des Grands Boulevards : « Au premier étage, on servait la mort aux vivants sous les espèces de l'absinthe, et de toutes les variétés d'excitants... ».

Le débat est ouvert et dure encore ! Au poète Léo Trézenick soutenant dans le *Courrier Français*[11] que l'absinthe est meilleure consolatrice que l'étreinte d'une femme, Albert Morias réplique vertement peu après : même l'absinthe de *Tortoni* n'a pas l'ardeur sainte d'une vierge de 20 ans[12] !

Pour un Edmond de Goncourt revendiquant plusieurs fois dans son *Journal*[13] son goût pour les absinthes tassées, combien d'Henri Beauclair[14] persifleurs ? : « Il est six heures. Je passe devant Tortoni, je suis hélé par Charpentier[15] attablé en face d'une absinthe » et : « Mais croyez-vous qu'on eût pris au sérieux l'auteur de la *Vie de Jésus*[16] s'il avait pris l'absinthe, tous les jours, sur le perron de *Tortoni* et passé la moitié de ses nuits autour de la table de baccarat du Cercle de la Presse ? ».

Le même Goncourt devient, en 1892, le confident d'un Percheron défait[17] : rien ne va plus, les cercles lui font une concurrence déloyale, seules les brasseries et les bouillons ont le vent en poupe, et il ne trouve pas d'acquéreur pour 80 000 f ! Tortoni a-t-il fait son temps ? Voyez comme on l'étrille : « Tortoni maison historique. Presqu'un salon ; on y cause. Vingt personnes, quinze monocles, donc quinze grimaces »[18], ou : « On y vit des gens qui croyaient qu'on y était vu »[19].

Jules Renard lui porte l'ultime estocade dans son propre *Journal*[20], le 19 mai 1893 : « Comme Jules Huret faisait signe à Maeterlinck de venir s'asseoir à la terrasse de Tortoni, Scholl se leva et dit : -Je ne pourrais pas lui faire de compliments. Il rentra dans l'intérieur du café. L'esprit français reculait devant l'esprit belge ». Le 30 juin, Huret annonce la fermeture de *Tortoni* dans un article du *Figaro* intitulé la *Dernière absinthe*. Il y affirme que Scholl a emporté chez lui son guéridon attitré !

La Fée verte est prohibée en France en 1915, suite aux pressions des lobbies vinicoles et des militaires qui ne l'estiment pas un fiable monte-en-ligne[21]. Puis, entre les deux guerres, la vie intellectuelle se réfugie à Montparnasse, et durant les Années folles, Max Jacob glisse dans une lettre à Jean Cocteau le 29 août 1922 : « Moi j'ai lu du Balzac, c'est fou, les gens aiment ça à cause de Tortoni et des révélations sensationnelles sur les dessous de la duchesse, etc. ... Fantômas est mieux ».

Rançon de la gloire, *Tortoni* fut copié en province, à Bordeaux, Nantes (Voir *Pierre et Jean* de Guy de Maupassant), à Toulouse ou à Nîmes (Guillaume Apollinaire y rédigea une lettre à Louise de Coligny-Châtillon). Mieux, son clone le plus célèbre existe toujours à Buenos-Aires. Celui-là est le temple du tango !

NOTES

1. *Le Monde Illustré* du 11 juin 1887.
2. 15 avril 1874.
3. 5 février 1884.
4. 13 août 1885.
5. 16 février 1882.
6. « Lion » ou « lionne » désignent les « arrivistes » du Second Empire.
7. Une « lorette » est une jeune fille entretenue.
8. Clément Laurier, avocat.
9. Paul Siraudin, vaudevilliste.
10. Deux tomes, Paris, Calmann Lévy, 1878 et 1879.
11. 1er mars 1885.
12. 29 mars 1885.
13. Charpentier et Fasquelle, Paris, 1887-1896.
14. *Une Heure chez M. Barrès par un faux Renan*, Tresse et Stock, Paris, 1890.
15. Georges Charpentier, l'éditeur des Goncourt ou Zola.
16. Ernest Renan.
17. Voir note 13.
18. A. Scholl, *Verre-Vert* La Revue Illustrée, n° 6, mai 1886.
19. *Le Figaro* du 30 juin 1893.
20. *Journal (1887-1910)*, Bernouard, Paris, 1925 à 1927.
21. B. Noël, *Nouvelles confidences sur l'absinthe*, Cabédita, Yens-sur-Morges (Suisse), 2003 et le site www.herbaut.de/bnoel/.

Le Café de la Paix

Pascal Boissel
Directeur des relations publiques Hôtel intercontinental Paris

Le *Café de la Paix* commença sa carrière comme café-restaurant du *Grand Hôtel* et de l'*Hôtel intercontinental* à Paris, pièce maîtresse du quartier du « Nouvel Opéra » aménagé par le Préfet Haussmann. Destiné initialement à héberger et éblouir les visiteurs attendus du monde entier pour l'Exposition universelle de 1867, l'hôtel fut construit en 18 mois par Alfred Armand, architecte favori d'Emile et Isaac Pereire qui financèrent l'opération. Le 5 mai 1862, l'impératrice Eugénie tint à inaugurer elle-même le nouvel établissement, qui ouvrit ses portes à la clientèle le 30 juin suivant.

En raison d'une antériorité, l'hôtel ne put conserver son nom initial, évoquant la « Paix du Second Empire », que l'empereur souhaitait éternelle. Ce fut son café-restaurant qui garda le nom, aujourd'hui universellement célèbre, de *Café de la Paix*. L'emplacement retenu était stratégique, au cœur du « Nouveau Paris », face au Théâtre impérial de l'Opéra, haut-lieu de représentation sociale et de mondanité, à proximité immédiate des centres de pouvoir politique, financier, économique, culturel, et des quartiers de la presse et des spectacles.

Avec ses plafonds peints et ses peintures murales à thème végétal, le décor du *Café de la Paix*, inscrit à l'Inventaire supplémentaire des Monuments historiques, constitue l'un des seuls témoignages intacts de café-restaurant élégant du Second Empire. Les travées divisant les plafonds sont cantonnées de colonnes de fonte surplombées de chapiteaux corinthiens. Chaque plafond s'orne d'un ciel peint, encadré de panneaux décorés d'entrelacs, de figures mythologiques et de cartouches à fond doré habités d'angelots épicuriens amateurs de cigares, de champagne, de bière ou de café. Sur l'ensemble des plafonds est fixé un vaste réseau de tuyaux, difficiles à distinguer car incorporés au décor, qui alimentaient en gaz l'éclairage d'origine.

D'abord lieu de rendez-vous des nostalgiques de l'Empire, le *Café de la Paix* devient, à partir de l'ouverture de l'Opéra le restaurant en vogue du quartier. Poste idéal d'observation des boulevards, il attire bientôt artistes, écrivains, journalistes, riches étrangers, et gens de théâtre, d'opéra et de finance.

En 1896, Eugène Pirou organise à l'entresol des projections du tout nouveau cinématographe. Benjamin Rabier et Maurice Leloir dessinent menus, cartes et éventails, comme le feront plus tard Jean Dignimont et Albert Brenet.

En 1914, les taxis de la Marne, en route pour le front, défilent devant l'établissement. Lors des célébrations de la victoire, Georges Clemenceau s'installe à l'étage pour admirer le défilé des troupes devant l'Opéra. *L'Illustration* publie peu après un dessin de la terrasse constellée d'uniformes alliés.

Avec les Années folles apparaît une nouvelle clientèle venue d'Outre-Atlantique. Un orchestre tsigane et une carte russe marquent la période du Front Populaire.

En 1939, pour la première fois de son histoire, le *Café de la Paix* ferme ses portes le jour de la déclaration de guerre. Le 25 août 1944, lors des combats de la Libération, une grenade incendiaire allemande provoque un début d'incendie, vite éteint par les maîtres d'hôtel armés de leurs siphons. Le soir même, le *Café de la Paix* prépare le premier dîner du général de Gaulle dans Paris libéré.

En novembre 1949, le restaurant prête son cadre au tournage de *This is Paris*, première émission télévisée transmise en direct de France aux Etats-Unis, avec Yves Montand, Maurice Chevalier et Henri Salvador. En septembre 1948,

Un chasseur et un limonadier devant la terrasse du Café de la Paix *en 1907*

Une salle dans les années 1950

Paix, en relation avec les Bâtiments de France pour les parties inscrites et avec le soutien de la Mairie de Paris. L'ancien décor de jardin et ses cloisonnements ont fait place à des perspectives plus aérées, plus claires, qui ont restitué l'ambiance, la clarté et les volumes d'origine. Une luxueuse zone d'accueil occupe l'angle de la place de l'Opéra. Un spectaculaire banc d'huîtres agrémente la terrasse extérieure, couverte du côté du boulevard par une nouvelle structure vitrée. Les salles du restaurant, au mobilier de style Premier et Second Empire, présentent plusieurs innovations, qui sont parfois de lointaines réminiscences, telles un bar d'accueil en acajou, un « mange-debout » idéal pour les repas rapides, une conviviale table d'hôte, un magnifique buffet-présentoir, et une fenêtre ouvrant sur les cuisines. Un jeune couturier a réinterprété la tenue des serveurs. Les nouvelles cartes mettent en valeur les grands classiques du *Café de la Paix* pimentés de quelques touches d'exotisme.

Ainsi, après plus de 140 ans d'existence, le *Café de la Paix*, institution célèbre dans le monde entier, commence aujourd'hui une nouvelle étape de sa longue « vie parisienne ».

alertés par une rumeur selon laquelle le *Café de la Paix* deviendrait une banque, des conseillers de Paris exigent du Préfet de Paris « de prendre toutes les mesures pour que cet établissement de réputation mondiale puisse continuer son exploitation car il contribue au prestige et à la renommée de Paris ». Une importante rénovation menée en 1976 permet la création d'un restaurant gastronomique et d'une brasserie dont le décor évoque un jardin.

La période suivante est riche d'événements : semaine gastronomique, *Café de la Paix* à l'étranger, manifestations à thème pictural, organisation avec la Mairie de Paris des courses de garçons de café, célébrations du Bicentenaire de la Révolution et du Tricentenaire de la Comédie-Française, nombreux tournages… Le *Café de la Paix* remporte en 2000 le premier Prix du Patrimoine organisé par la Mairie de Paris pour l'ensemble des cafés, restaurants et cabarets de la capitale. Le groupe britannique Intercontinental, actuel propriétaire, a tout récemment réalisé la rénovation intégrale du *Café de la*

Depuis son ouverture, le succès du café ne s'est jamais démenti

Montmartre

Raphaël Gérard
Conservateur du Musée de Montmartre

Si certains des établissements montmartrois, comme le *Chat noir* ou les *Quat'z arts* sont bien connus, il existe une multitude d'autres cafés, guinguettes, cabarets et restaurants dont nous ne retrouvons parfois que le nom. La difficulté d'une histoire exhaustive des cafés montmartrois, histoire qui reste à écrire, tient à la nature des sources. Souvent, les informations ont été maintes fois reprises, de génération en génération, au point que ces sources sont aujourd'hui impossibles à vérifier. Quelle est en ce cas la part de vérité et la part de mythe, enjolivé au fil du temps, pour coïncider avec l'image que l'on se fait d'un quartier populaire tout entier voué à la fête et au plaisir ? Pour dresser ce rapide mais incomplet panorama des cafés montmartrois, nous avons cherché, aussi souvent que possible, à remonter aux sources les plus anciennes se trouvant à notre disposition. Les fonds documentaires du musée de Montmartre recèlent de nombreux documents de la fin du XIXe ou du début du XXe siècles permettant d'étudier la question. Malheureusement, ces sources considérables sont souvent très imprécises et de nombreux documents, aussi précieux soient-ils, sont dépourvus de toute mention d'origine. Il reste un corpus d'informations brutes et des listes impressionnantes de cafés et d'auberges.

La grande époque des cafés sur laquelle s'est édifiée cette mythologie montmartroise coïncide avec la Belle Epoque. En effet, c'est entre 1880 et 1910 que vont fleurir sur la Butte et ses flancs une multitude de cafés, de restaurants, de cabarets et de bals plus ou moins fameux et plus ou moins pérennes. Le plus mondialement célèbre et le mieux étudié, le Cabaret *du Chat noir* ouvert en 1881 par Rodolphe Salis sur le boulevard de Rochechouart, fait aujourd'hui figure de prototype largement imité, avec plus ou moins de bonheur, dans les années qui suivirent.

Dans les faits pourtant, l'histoire des cafés montmartrois commence bien plus tôt et bien avant le rattachement de Montmartre à la capitale en 1860. En ce temps, les établissements débitant du vin ou plus rarement de la bière y sont déjà fort nombreux. Leur nombre va croissant, tout au long du XVIIe siècle en dépit d'une législation parfois contraignante. Sous le règne de Louis XIII, il est par exemple interdit de donner à boire sur toute la juridiction de Montmartre les dimanches et jours de fête religieuse. En 1669, cette interdiction est assouplie et limitée aux seuls horaires des offices divins. Les tenanciers de ces établissements sont soumis à

L'intérieur du cabaret du Chat noir, *ouvert en 1881 par Rodolphe Salis, est très simple : tables en bois, chaises, bancs, cheminée avec pots et objets en étain*

l'autorité du prévôt de Montmartre et le personnel y est souvent assez nombreux : outre le cabaretier et la cabaretière, une ou plusieurs servantes et souvent des danseuses dont la fonction n'est pas toujours très claire, complètent les effectifs. Si nous ne disposons pas de description précise de ces établissements, nous pouvons légitimement penser qu'ils comportent, à l'image des autres cabarets des environs de la capitale, une vaste salle meublée de tables et de bancs assez grossiers. Leurs enseignes en revanche sont mieux connues : l'*Image Sainte-Anne* à la Nouvelle France (1666), l'*Image Saint-Martin*, place des Abbesses (1686), l'*Image Saint-Louis*, chaussée des Martyrs (1687)… Au XVIIIe siècle apparaissent des noms plus profanes : *La Pie*, rue des Martyrs (1735), *Le Cheval rouge* (1714) et *La Grande Pinte*, (1733) ancien *Cabaret Magny*, repris par le fils du célèbre Ramponneau aux Porcherons, *Les Rats* (1735) rue Lamartine. Alors que le quartier devient un lieu de promenade en vogue, les noms s'adaptent à l'esprit galant du siècle : l'*Ile d'Amour* (1733), rue Saint-Lazare, *La Fontaine d'Amour* (1775), *Au Caprice des Dames*, *Au Berger Galant* (1790) tous situés dans la rue Rochechouart. En 1729, à Montmartre qui ne compte guère plus de 2 500 habitants, 134 cabarets sont recensés, pour la plupart situés dans le bas

L'enseigne du Lapin Agile, *peinte par André Gill, rappelle les talents de cuisinière de la patronne, Madame Sals, et en particulier sa célèbre gibelotte de lapin*

Pierre Prins propose une vue hivernale du Lapin Agile, *anciennement* Cabaret des Assassins

Une guinguette montmartroise, Le billard en bois *devenu* La bonne franquette, *vue par Vincent Van Gogh à son arrivée à Paris (en 1886)*

Montmartre. La qualité de ces débits de boissons dans lesquels on sert un vin local très médiocre, est encore fort éloignée de celle qui fit la réputation de la Butte. Un rapport du procureur fiscal chargé de contrôler la bonne tenue de ces établissements s'inquiète de constater qu'ils sont des lieux de « prostitution et de débauche publique et scandaleuse »[1]. Manœuvres et ouvriers des carrières de gypse, soldats et même prêtres composent le gros de la clientèle hétéroclite de ces cabarets.

L'explication la plus communément admise à un tel développement des cabarets dans le quartier Montmartre est l'octroi perçu sur les vins entrant dans Paris au passage des barrières. Le mur des Fermiers généraux favorise ainsi le développement des estaminets et autres gargotes, comme ce fut le cas en d'autres points de l'enceinte. Pour boire à bon marché, il faut franchir la barrière et venir vers Montmartre où l'on sert des vins de basse Bourgogne, du Gâtinais, de l'Orléanais... Peu à peu, une mode naît. Le paysage champêtre, les bals et les guinguettes attirent à eux, le dimanche après-midi, une foule grandissante de gens de toutes conditions : artisans, petits bourgeois, ouvriers... En semaine, la population est moins choisie : laquais, soldats, femmes légères et individus peu recommandables constituent l'essentiel d'une clientèle parmi laquelle rixes et incidents plus ou moins violents restent monnaie courante.

Le *Cabaret de la Cuve renversée*, situé rue Ramey, au bois des Illettes, jusqu'aux environs de 1848, illustre assez bien la modestie de ces établissements. L'entrée était marquée par deux sureaux formant une voûte, fermée par une simple grille de bois. Dans la cour, sur la droite, se trouvait un bâtiment lépreux, sorte de cahute faite de plâtras et couverte moitié d'ardoise, moitié de tuile. A l'intérieur, on buvait sur des tables faites de simples pieux enfoncés en terre et recouverts de planches brutes. Les bancs étaient assemblés de cette même manière rudimentaire. Aux beaux jours, les dimanches, une clientèle familiale et populaire aimait s'égayer dans les sous-bois frais et sombres du bois des Illettes. D'autres cabarets étaient moins bien fréquentés, comme le cabaret du *Rendez-vous des Toucheurs*,

Le décor des Quat'z'Arts est composé de boiseries sculptées, de cuivres et de faïences

installé au 42, boulevard de Clichy. Les toucheurs étaient employés par les abattoirs pour y conduire les bœufs, les veaux, les moutons achetés aux marchés de Sceaux ou de Poissy. Ils s'acquittaient de cette besogne avec beaucoup de cruauté, ce qui ne manqua pas de donner la plus terrible réputation à ce cabaret dans lequel ils se retrouvaient. Les querelles entre clients y étaient souvent meurtrières et ne cessèrent qu'avec la disparition du mur d'octroi et des abattoirs. En poursuivant un peu plus loin sur le boulevard, jusqu'à la place de Clichy, à l'emplacement de la *Brasserie Wepler,* se tenait un autre établissement, le seul qui dura un temps après l'annexion : le *Cabaret des Tonnelles,* bordé d'un rideau d'arbres duquel il tirait son nom. Il accueillait, comme les établissements voisins, les forains se produisant sur la place et les boulevards : saltimbanques, arracheurs de dents, femmes phénomènes et autres bonimenteurs. Enfin, parmi les lieux les plus en vogue avant l'annexion, sans doute l'un des premiers à attirer une clientèle plus choisie, le *Petit Ramponneau,* logé au coin de la rue de Clignancourt et de la rue d'Orsel était connu pour ses prix très modestes. A l'étage, des cabinets particuliers inspirés de ceux disponibles dans les meilleures maisons de la capitale, permettaient de consommer à l'écart de la populace fréquentant le rez-de-chaussée.

Cabarets, cafés, bals, brasseries…

La distinction entre les différents types d'établissements est parfois malaisée. Ils se répartissent globalement en trois catégories qui, parfois, s'interpénètrent : les cafés et les brasseries sont les lieux dans lesquels on se contente de servir à boire et quelquefois une restauration traditionnelle (choucroute, tripes…). Les cabarets dits « artistiques » vont peu à peu constituer une seconde génération d'établissements : cafés dans lesquels la clientèle peut profiter d'un spectacle assez sommaire au début, mais prenant de plus en plus d'importance avec le temps. Ces spectacles consistent généralement en une suite plus ou moins improvisée de poésies, de chansons, de monologues souvent dits par les clients eux-mêmes. Enfin, les bals constituent une dernière frange d'établissements dans lesquels on se rend essentiellement pour danser. La distinction entre ces deux dernières catégories est d'ailleurs d'autant plus difficile à saisir à mesure que l'on avance vers le XXᵉ siècle ; cabaret et bal ayant tous deux tendance à évoluer vers une forme de spectacle de music-hall dans lequel le spectateur devient passif. L'appartenance à l'une ou l'autre des catégories est donc très fluctuante en fonction des modes et des époques.

Cafés et brasseries des boulevards

Dès le milieu du XIXᵉ siècle, certains de ces cafés, bien que dépourvus d'originalité, vont devenir des rendez-vous appréciés des artistes. Deux lieux de cette catégorie se font un temps concurrence dans le bas de la rue des Martyrs : le *Cabaret de la Belle Poule* et, en face, la *Brasserie des Martyrs.* Le premier, assez modeste à l'origine, est transformé en 1862 en un véritable café pourvu de banquettes, de glaces et de dorures. Courbet, Catulle Mendès, Poulet-Malassis figurent parmi les nombreux invités de l'inauguration et y garderont leurs habitudes ; le succès ne fut cependant jamais réellement au rendez-vous. A peu près en face, à la *Brasserie des Martyrs,* décrite par les frères Goncourt comme « une taverne et une caverne de tous les grands hommes sans nom » se retrouvent pourtant la génération d'artistes qui précèdent les impressionnistes. Autour du même Courbet, les peintres Stevens, Bonnat, Yvon, Carolus-Duran, Cabanel font partie des habitués. Ils y côtoient compositeurs et littérateurs. Un temps, la *Brasserie des Martyrs* est considérée comme la brasserie la plus populaire et la plus artistique de Paris, avant que sa clientèle ne migre vers les établissements de la place Pigalle.

Parmi les plus fameux de ces cafés artistiques, le *Café Guerbois,* ouvert au 9 de la Grande rue des Batignolles (actuelle avenue de Clichy) occupe une place particulière. Dans un décor classique de café parisien : murs blancs et grandes glaces au-dessus de banquettes, Manet prend l'habitude de réunir ses amis autour de deux tables qui leurs sont réservées à l'entrée. Là, de 1865 à 1874, s'élabore une nouvelle théorie de l'art qui débouchera sur la première

Sur les murs des salles du cabaret des Quat'z'Arts *étaient exposées les œuvres des habitués comme Willette ou Truchet*

La propriétaire du Tambourin, Agostina Segatori, est représentée par Van Gogh dans le costume folklorique italien qu'elle portait au quotidien dans son cabaret

Les propriétaires des établissements étaient souvent à l'origine de la renommée de leurs cafés comme Guerbois, le charismatique patron du café éponyme

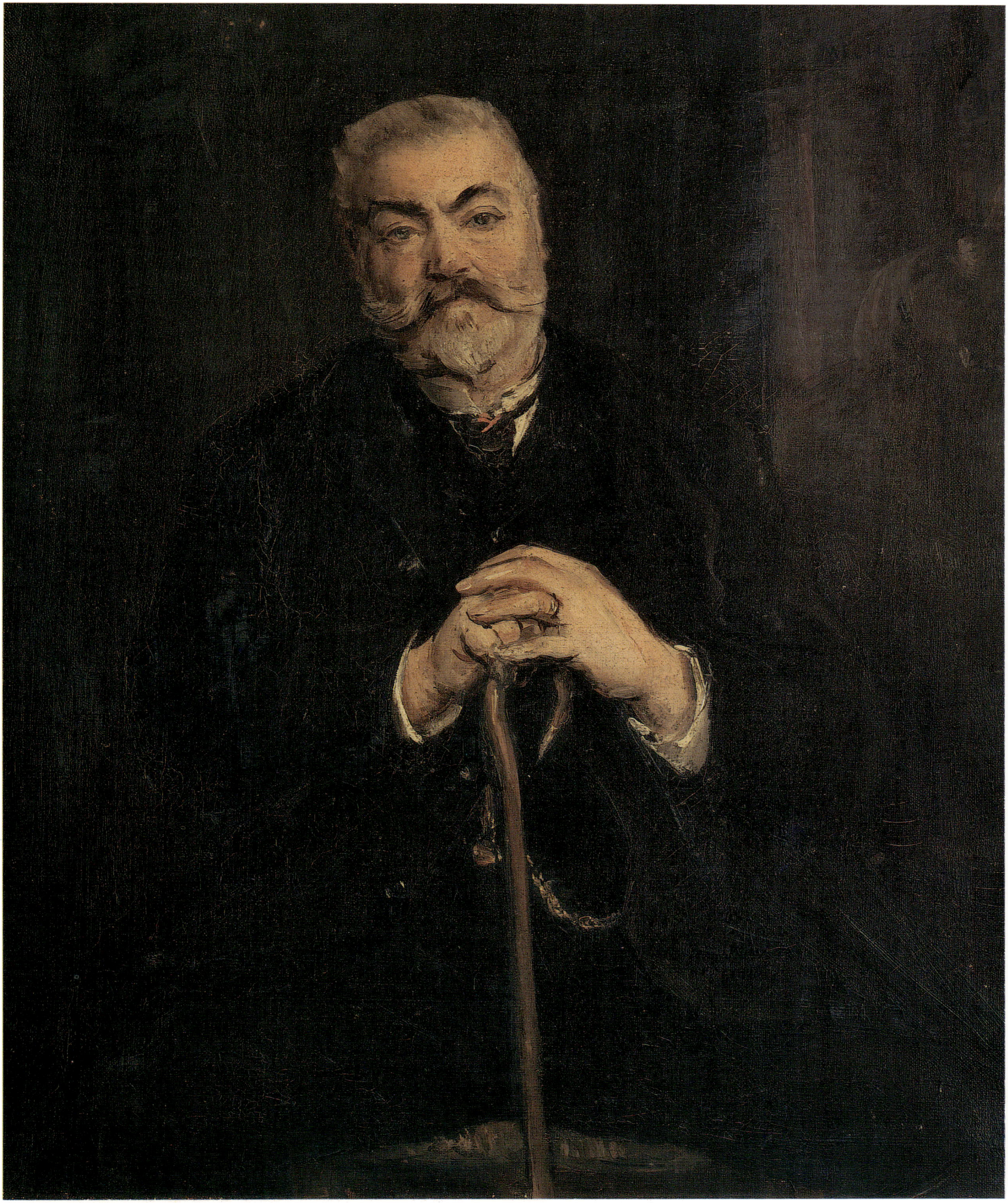

exposition impressionniste chez Nadar, en 1874. Pourtant, dès 1873-1875, cette clientèle se déplace vers le café de *La Nouvelle Athènes*, ouvert place Pigalle, à deux pas des ateliers de Degas et de Renoir. Jusqu'en 1885, celui-ci offre le même type de décor : grandes glaces et banquettes de moleskine représentées dans la peinture de Degas : *L'absinthe*. Après cette désertion des impressionnistes, le *Café Guerbois* reste toutefois un établissement de qualité, fort sans doute de sa réputation. Il offre à sa nouvelle clientèle de médecins, d'ingénieurs et d'architectes une salle de sept ou huit billards.

Dans la même catégorie d'établissements figure également le *Café Jean Goujon* transformé en *Brasserie Fontaine*. Ouvert à l'intersection des rues Fontaine, de Douai et Fromentin il se compose d'une vaste salle ouvrant dans le fond sur d'autres salles baptisées *Odéon*, donnant directement sur la rue Pigalle et dans lesquelles se réunissaient les artistes. Ce détail est important car il démontre que l'habitude de réserver une salle ou quelques tables, comme *au Café Guerbois*, aux artistes habitués est courante bien avant le fameux *Institut* de Rodolphe Salis. La *Brasserie La Rochefoucauld*, au 49 de la rue du même nom, accueillait la même clientèle de peintres, de journalistes et d'auteurs.

Ces établissements, somme toute très classiques, valent surtout d'être signalés pour la clientèle qui les fréquente et démontrent l'attrait croissant exercé par le quartier Montmartre sur les artistes à partir du milieu du XIXe siècle. Partageant la clientèle du café de *La Nouvelle Athènes*, le café du *Rat mort*, également sur la place Pigalle, n'est, à ses débuts autour de 1867, guère plus qu'un café de quartier. Son nom, bien que tardivement substitué à celui de *Café de la Place Pigalle*, fut pourtant porté bien au-delà des frontières montmartroises. Il lui venait d'un rat trouvé mort dans les premiers temps de son ouverture. En fait, selon les sources et les auteurs, l'incident eu lieu le jour même de l'ouverture, ou quelque temps plus tard, et le cadavre fut découvert tantôt sous une banquette, tantôt dans la pompe à bière. A l'origine, le café du *Rat mort* se range dans cette catégorie des établissements de conception classique, mais le peintre Goupil, inspiré par l'aventure du rongeur, imagine de peindre le portrait du rat au plafond. A défaut d'être de bon goût, la représentation a le mérite de donner un caractère propre à ce café qui plus tard n'hésitera plus à en faire sa marque de reconnaissance figurant sur les menus et la vaisselle. Willette mentionne également quatre peintures de Faverot, spécialiste de la décoration de cabarets. Probablement ajoutées vers 1885, elles représentaient la vie du rat : *Le Baptême, La Noce, L'Orgie* et *La Mort*.

Dans un premier temps, la clientèle vient du *Cabaret de la*

*La place Pigalle avec à gauche l'*Abbaye de Thélème *et à droite* Le Rat mort

Le vendredi au Rat mort*, Raoul Ponchon lisant ses vers (1888)*

Belle Poule et de la *Brasserie des Martyrs*, et se partage entre le *Rat mort* et *La Nouvelle Athènes* voisine. Puis au fil du temps le modeste café de barrière des origines, porté par sa réputation de haut lieu artistique, va profiter de l'essor du quartier. En 1896, alors que la vogue des cabarets artistiques atteint déjà ses limites, *Le Rat mort* ouvre son propre cabaret au premier étage : *La Feuille de Vigne*[3]. Il entre ainsi dans une ère de développement touristique qui connaîtra son apogée avec l'Exposition universelle de 1900. Premier café montmartrois proposant des dîners à prix fixe, il devient progressivement un restaurant à part entière, très en vogue au début du XXe siècle, comme le café de *La Nouvelle Athènes*. Il ferme pendant la Première Guerre mondiale mais retrouve toute sa vitalité dans l'Entre-deux-guerres. Il est alors un établissement à la mode, dans lequel le Tout-Paris se retrouve pour souper et danser. Bien sûr, il n'y subsiste plus rien de la décoration du premier *Rat mort*.

Le Chat noir et les cabarets artistiques

C'est en 1881 que le peintre Rodolphe Salis, reconverti dans la limonade, ouvre dans un ancien local des postes, au n° 84 du boulevard de Rochechouart son premier cabaret du *Chat noir*. Si le cabaret devenu mythique est un modèle du genre, il n'est cependant pas le premier. En effet, trois ans plus tôt, Laplace, marchand de tableaux de peu d'envergure, avait décidé d'ouvrir un cabaret avec l'espoir d'y favoriser les rencontres entre artistes. Il installa donc son cabaret de *La Grande Pinte* au coin de la rue Lallier et de l'avenue Trudaine. Le souci de se démarquer de ses concurrents l'amena à choisir une décoration plus originale. Ainsi fit-il décorer la façade d'un vitrail, dessiné par Henri Pille et exécuté par le verrier Poncin, qui représentait l'histoire de Panurge. Cette thématique, évocatrice d'agapes prometteuses, fera d'ailleurs école et inspirera, nous le verrons, de nombreux décors montmartrois. L'intérieur était en rapport, évoquant une taverne moyenâgeuse, avec tables et chaises en bois et banquettes recouvertes de velours d'Utrecht. Les murs

L'Auberge du clou, ouverte en 1883, comprenait, outre deux salles situées au rez-de chaussée et au premier étage, une terrasse très fréquentée l'été

étaient ornés de panneaux, tous de même format, peints par les meilleurs artistes montmartrois, et de poteries. Dès l'inauguration l'établissement fut fréquenté par des artistes et des littérateurs de Montmartre : Gill, Monselet, Carjat, Ponchon et bien sûr Salis.

Ce dernier, lorsqu'il ouvre son cabaret, s'inspire très certainement de cette ambiance radicalement différente de celle commune aux grandes brasseries à la mode à Montmartre comme sur la Rive gauche. Dans cette salle étroite, il multiplie les objets disparates : céramiques, cuivres et assiettes ornent une cheminée rustique qui va devenir un élément caractéristique du décor des cabarets montmartrois. Un grand soleil aux rayons dorés, pourvu en son centre d'une tête de chat sculptée par Frémiet, est suspendu derrière le comptoir. Peu à peu, les murs vont se couvrir des œuvres dessinées ou peintes par les habitués du lieu : La Gandara, Willette, Steinlen, Léandre... Seuls ces habitués ont un accès privilégié à une salle exiguë au fond du cabaret : le célèbre *Institut*. Pour donner le change de la nouveauté et rompre avec les habitudes des établissements plus classiques, Salis se déguise en académicien et se fait assister d'un garde suisse. Le succès de l'établissement n'est pas seulement dû à la nouveauté du décor, il est pour une très large part le fruit de l'association de Salis avec Emile Goudeau et ses Hydropathes qui apportent le contenu artistique et littéraire devant consacrer la formule. C'est en effet autour de ce groupe, transfuge de la Rive gauche, que vont s'organiser les soirées. Les uns disent des vers, les autres chantent, accompagnés au piano par l'un des convives. Dans les premiers temps, cette ambiance reste assez informelle et permet de lancer puis d'asseoir un genre.

En effet, la formule mise en place par Salis est très vite imitée. Une alchimie, plus ou moins maîtrisée selon les lieux, est à l'œuvre. Partout, on s'emploie à combiner un décor d'inspiration essentiellement médiévale, une atmosphère artistique supposée faire venir des artistes ; eux-mêmes gages de succès public. L'un des premiers établissements à emboîter le pas au « gentilhomme cabaretier » est fondé par Paul Tomaschet, un garçon de café suisse enrichi au quartier latin. Avec son associé, l'ancien acteur Mousseau tenant une échoppe voisine de la *Grande Pinte*, avenue Trudaine, ils ouvrent en 1883 l'*Auberge du Clou*. Le nom est choisi en référence aux gros clous faisant office de portemanteaux chez Salis. Décorée comme les « auberges du temps du Courrier de Lyon » écrira Willette, l'*Auberge du Clou* comprend deux salles, l'une au rez-de-chaussée, avec fenêtres à petits carreaux aux rideaux en cotonnade rouge ; cheminées, tables et chaises sont de style rustique de même que l'escalier desservant la salle du premier étage. Les murs de la salle du bas sont décorés de peintures, de dessins et d'assiettes. Pour le restaurant, situé dans la salle du haut, Tomaschet fait appel à Adolphe Willette qui réalise une suite de neuf grands tableaux (*La mariée ; Le bon aubergiste ; Le souper ; Les cerises ; La veuve de Pierrot ; Le punch ; La bière ; L'eau ; Le vin*). *Le Clou*, va assez rapidement profiter de la clientèle mécontente du *Chat noir* et des manières de son patron, Rodolphe Salis. Satie, Debussy, Willette, Hyspa, Courteline s'y retrouvent. Forte de son succès, l'*Auberge du Clou* va, vers 1891, imaginer concurrencer Salis sur son propre terrain et installer au sous-sol, un caveau décoré de fresques par Willette et Steinlen. Les soirées artistiques sont menées par les chansonniers Hector Sombre, Paul Daubry, Léo Lelièvre, Marcel Legay... Un théâtre d'ombres y est même ajouté. Il ne proposera que deux représentations : *La styliste*, avec des décors du peintre espagnol Miguel Utrillo et *Noël* sur des décors d'Utrillo également et une musique de Satie. En 1896, Tomaschet cède l'*Auberge du Clou* et la clientèle change. Un temps, elle devient le point d'attache des journalistes de *La Vache enragée*.

Toujours dans la lignée de Salis et de son *Chat noir*, en 1884 s'ouvre au 16 bis de la rue Fontaine le *Café des Incohérents*, qui sera successivement rebaptisé : *Café des Décadents*, et *Concert des Décadents* lorsque Jules Jouy en prendra la direction. Le nom dit à lui seul la parenté avec Goudeau et ses Hydropathes. Les murs de la salle du cabaret sont décorés par Grün et le soir des *ombres incohérentes* y sont projetées. C'est là que Toulouse-Lautrec passe des heures à écouter May Belfort et que Jules Lévy organise ses expositions de peintures incohérentes.

L'année 1885 marque le début véritable de la vogue des cabarets artistiques de la Butte. Le succès du *Chat noir*, malgré un premier agrandissement un an plus tôt, oblige Salis à trouver refuge dans l'atelier du peintre Stevens, 12, rue de Laval, actuelle rue Victor-Massé. Le déménagement du cabaret a suscité tant de commentaires qu'il n'est pas nécessaire d'y revenir ici. Le rez-de-chaussée accueille la salle du café, le premier étage est réservé au local du journal tandis que la grande salle du haut succède à *L'Institut*. Elle reçoit une clientèle plus choisie et bientôt les fameux spectacles du théâtre d'ombres imaginé par Henri Rivière.

Dans le local du boulevard de Rochechouart, laissé vacant, c'est un habitué du *Chat noir* qui va tenter sa chance. Aristide Bruant, encore peu connu, y ouvre le *Cabaret du Mirliton*. Seul vestige du cabaret du *Chat noir*, une chaise de style Louis XIII oubliée par Salis que Bruant suspend au plafond. Le reste de la décoration composée de bibelots et de bas-reliefs achetés chez des brocanteurs est disposé au fil du temps par le maître des lieux. Deux de ses portraits, peints par Franck Bail et Marcellin Desboutin sont également accrochés aux murs du café. Les débuts sont difficiles pour Bruant qui peine à se trouver un public. Gouailleur et plus incisif encore que Salis, il prend l'habitude d'interpeler chacun des clients qui franchit le seuil. Curieusement, la formule fonctionne et assez vite Paris vient se faire chahuter chez Bruant. Chaque soir, il interprète ses propres chansons qu'il publie ensuite dans son journal, *Le Mirliton,* illustré par ses complices Steinlen et Toulouse-Lautrec. Finalement, le succès est tel que Bruant obtient, pour la première fois à Montmartre, l'autorisation d'ouvrir son cabaret chaque vendredi jusqu'à 2 h du matin. Seul établissement à musique à bénéficier de la mesure, *Le Mirliton* est alors un lieu très prisé entre le spectacle et le souper. En 1895, Bruant cède sa fructueuse affaire qui devient le *Cabaret Aristide Bruant*.

Les cabarets à décor

L'année de l'ouverture du *Mirliton* va également voir éclore un nouveau genre d'établissements. La mode du cabaret

Aristide Bruant règne en maître dans son cabaret

Les murs de la Taverne du Bagne *accueillaient les portraits des principaux acteurs de la Commune*

artistique étant lancée, la concurrence se fait de plus en plus rude entre les différentes maisons. Désormais, même les plus modestes chassent sur les terres de Salis et accueillent chansonniers, poètes et musiciens avec l'espoir de lui ravir une part de sa clientèle. La tendance est donc à la surenchère et à une recherche d'originalité absolue.

Parmi ces nouveaux lieux, quoique fort sage encore, figure *Le Tambourin* ouvert en 1885 au 62 boulevard de Clichy par Agostina Segatori. La maîtresse des lieux porte un costume folklorique italien, comme Salis porte le costume d'académicien, et le décor, à l'image de son enseigne, décline à l'infini le motif du tambourin : « les tables sont des tambourins, les plats des tambourins de porcelaine, la lanterne un tambourin de verre. Il y a des tambourins partout »[4]. Le café fut en fait créé l'année précédente rue Richelieu puis transféré à Montmartre. La clientèle est, là encore, composée de peintres nourris en échange de toiles. Vincent Van Gogh est le plus illustre d'entre eux. Pendant son séjour montmartrois, il s'éprend de la patronne et organise d'ailleurs chez elle une exposition de ses œuvres et de celles de ses camarades. D'autres comme Alphonse Allais, Maurice Rollinat, Georges Auriol, Forain, Steinlen s'y retrouvent également.

Quelques mois plus tard, en octobre 1885, Maxime Lisbonne, ancien Communard de retour de Nouvelle Calédonie, ouvre la *Taverne du Bagne*. Simple baraque de planches plantée à l'angle de la rue des Martyrs et du boulevard de Clichy, la taverne connaît immédiatement un large succès de curiosité. Sur le toit, Lisbonne a fait disposer une batterie de canons « destinés à donner l'alerte au cas où un client s'évaderait sans payer ». De part et d'autre de la porte on peut lire : « Voi che entrate lasciate ogni speranza. Dante » (« vous qui entrez, laissez toute espérance ») et « Et cependant on en revient. Lisbonne ». A l'intérieur, après un étroit couloir assez sinistre, le client débouche dans une vaste salle aux allures de réfectoire de prison. Aux murs sont accrochés des portraits, peints sans grand talent, des principaux acteurs de la Commune. Pour renforcer l'effet, la salle est éclairée aux quinquets et baigne dans une lumière brumeuse. Les serveurs portent le costume des bagnards et servent un *Boulet* (bock de bière) ou un *Nouméa* (verre d'eau de vie) à qui leur en passe la commande. Le succès est rapide mais éphémère et si l'effet dure le temps de la foire de Montmartre, après trois mois d'existence seulement, *La Taverne du Bagne* disparaît.

Au fil des mois, ces établissements aussi divers et éphémères qu'ils soient, attirent une clientèle croissante vers Montmartre où règne une ambiance de fête perpétuelle dont témoignent les œuvres de Chéret, de Toulouse-Lautrec ou de Willette. De cabarets somme toute assez modestes et confidentiels comme pouvait l'être le premier *Chat noir*, la tendance s'oriente vers des lieux plus nombreux et plus grands. Ainsi, en 1886, alors que la place Pigalle compte déjà deux établissements d'importance, *La Nouvelle Athènes* et le *Rat mort*, Alexis Bouvier ouvre au numéro un, dans l'hôtel où vécurent Picot, Diaz, Fromentin et Roybet, son *Abbaye de Thélème*. L'inauguration n'a lieu que le 22 mai mais est attendue par le Tout-Paris depuis plusieurs mois déjà. Les liens forts qui unissent le futur cabaret et la rédaction du *Courrier français* y sont certainement pour beaucoup. Dès février Emile Goudeau donne dans ce journal une description minutieuse de ce qui attend la clientèle. La décoration est conçue par Pille, Tanzi, Garnier, Quinsac sous la direction de Hoschédé. De très importants moyens sont engagés dans cette entreprise qui réalise une synthèse des grandes tendances des années précédentes. Moyen Age et Renaissance sont revisités pour faire naître une sorte de royaume sur lequel Epicure et Rabelais ont autorité. La visite est édifiante : on pénètre dans l'établissement par un vestibule de style « pompéiano-moyen âge » que Goudeau qualifie d'éminemment fantaisiste. Un second vestibule gothique flamboyant, orné de gargouilles à tête de joyeux cochons de lait, accueille un buste de Rabelais par Zacharie Astruc et ouvre sur la grande salle. Celle-ci, de style Henri II, est décorée de trois panneaux peints de Garnier : *Rabelais à Meudon, La kermesse* et *Les joyeux buveurs*. Une seconde salle est décorée par Tanzi d'une figure de Rabelais à cheval sur les tours de Notre-Dame auquel Alexis Bouvier a prêté ses traits. Suivent un cabinet Louis XV et une salle décorée par

Quinsac sur des dessins d'Henri Pille (*La bataille de Pichrocole et l'Abbaye de Thélème*). Un escalier large, tendu de tapisseries et éclairé par un vitrail, dessert le premier étage. Là, un vaste hall ouvre sur la place par six larges baies recevant les vitraux d'Henri Pille : *L'Amour, François I*^{er} *badinant avec des demoiselles* et *Le repas pantagruélique*. Ce salon est en fait destiné à l'exposition commerciale de tableaux et de poèmes illustrés par les artistes qui fréquentent le lieu. Deux cabinets, l'un oriental l'autre japonais, précèdent le balcon donnant sur la place. Le dernier étage est réservé aux cabinets particuliers. Le tout est complété par un jardin avec tonnelle et cascade en rocaille. Il est évident, à la lecture de pareille description, qu'une étape nouvelle est franchie et que seul l'attrait désormais exercé par le quartier permet l'ouverture d'établissements aussi fastueux. D'autant que sur cette même place Pigalle s'ouvre en 1886 toujours, le *Cabaret des Péchés capitaux* puisant aux mêmes sources d'inspiration.

Les cabarets à décors fleurissent alors le long des boulevards de Clichy et de Rochechouart, le rythme soutenu d'ouverture et de fermeture de ces maisons souvent très éphémères garantit à lui seul la nouveauté. En 1888, nous pouvons citer la *Taverne des Plaideurs* au 34, boulevard de Clichy qui, pour son inauguration, lance une invitation en forme d'assignation à comparaître. Le reste est à l'avenant : une salle aux allures de prétoire, avec un comptoir en forme de tribunal derrière lequel siègent trois caissières en robes rouges. Le service est assuré par des femmes habillées en avocats. Les murs sont tapissés de faux billets de banques, symboles du prix de la conscience des magistrats, et d'avis de saisie, de sommations ou d'arrêts en tous genres. Parmi les sentences humoristiques inscrites sur les murs : « Ici tout dépose… même le vin ». Le bilan aussi fut déposé, pour faire place au *Tonneau de Diogène*, tout aussi éphémère et dont la façade était ornée d'un gigantesque tonneau.

1888 marque également le retour de Lisbonne sur la Butte, avec ses *Frites révolutionnaires*, 54, boulevard de Clichy. Nouveau cabaret à décor dans lequel Napoléon III, Boulanger ou Louis-Philippe font le service. Il est également possible d'y commander des frites chaudes, livrées dans Paris en fourgon cellulaire. Guère plus durables que la précédente entreprise de l'ancien forçat, ces *Frites révolutionnaires* ne l'empêcheront pas de se lancer dans de nouvelles entreprises. Tout d'abord, il crée son *Casino des Concierges* situé rue Pigalle, puis il reprend le *Divan Japonais*, rue des Martyrs, qu'il transforme en *Concert Lisbonne*.

De l'autre côté du boulevard, rue de Laval, le caractère tempétueux et l'avarice de Rodolphe Salis l'amènent à se fâcher avec la plupart de ses amis et clients. Il parvient même à se brouiller avec son frère cadet qui, en 1890, à peine arrivé de sa province pour prêter main forte à Salis, rend son tablier pour s'établir cabaretier dans le local de *La Grande Pinte* laissé vacant. Il transforme ce doyen des cabarets montmartrois en un *Cabaret de l'Ane rouge*, allusion directe à Rodolphe Salis ainsi baptisé en raison de sa chevelure rousse. La clientèle de Salis aîné migre alors chez Salis junior dont le cabaret est décoré de peintures de Willette et de Feure. En 1898, André Joyeux reprend le cabaret au jeune Salis, pour une année seulement car il s'y suicidera en 1899. Les propriétaires s'y succèderont par la suite, sans parvenir à redonner à l'établissement le lustre et le succès de ses débuts.

Il serait impossible de dresser ici la liste de l'ensemble des cafés et cabarets montmartrois de ces années 1890-1900 tant ils ont été nombreux et souvent plus éphémères encore que ceux évoqués jusqu'ici. Retenons encore *La Truie qui File*, rue Notre-Dame de Lorette, pour ses décors de Davau, grand

Intérieur de la Taverne du Bagne *: les serveurs sont habillés en bagnard*

spécialiste du genre. Sur les murs, les différents épisodes, souvent équivoques, de la vie de la truie sont relatés, de sa jeunesse à sa vie de mère de famille qui file sa quenouille afin de subvenir aux besoins du ménage. Le *Cabaret des Quat'z arts* ouvert par François Trombert en 1893 au 62, boulevard de Clichy, compte parmi les lieux importants. Mi-cabaret artistique et mi-cabaret à décor, il offre une sorte de compromis entre les deux modèles. Le décor de la première salle, qui accueille le café, puise aux sources gothico-rabelaisiennes en vigueur. L'artisan en est, une fois encore Henri Pille. Autour des chaises et banquettes, les boiseries sculptées de la porte, de la rampe d'escalier et de la balustrade, des cuivres et des faïences, un groupe sculpté de Berthoud contribuent à rendre l'ambiance médiévale. La seconde salle, dite salle de spectacle accueille un théâtre d'ombres, à l'instar du *Chat noir*. Elle est moins originale, seule l'entrée est traitée à la manière de la façade d'une auberge normande. La dernière salle, située à l'entresol, est réservée à la restauration. Sur les murs des trois salles sont exposées les œuvres des habitués : Léandre, Willette, Roedel, Redon… Trois œuvres de grand format sont à mentionner : *Une Vachalcade* d'Abel Truchet, *L'entrée des clowns*, de Faverot et *L'Abel fanfare*, de Grün[5]. Assez vite, les *Quat'z arts* vont connaître le succès et s'orienter vers le café-concert où se produiront les principaux chansonniers montmartrois : Delmet, Sécot, Legay, Meuzy…

En 1893 toujours, un autre lieu ouvre ses portes au 43, de la rue de la Tour d'Auvergne, le *Cabaret du Carillon* dans lequel Fursy, figure importante de la scène montmartroise, fait ses débuts.

A l'aube du XXe siècle, le succès de Montmartre est durablement installé mais l'âme véritable de ces lieux déjà mythiques n'y est plus tout à fait. L'Exposition universelle de 1900 amène, vers Paris en général et vers la Butte en particulier, une multitude de curieux venus du monde entier. Montmartre entre dans l'ère du tourisme. Les établissements, toujours plus nombreux, proposent, au gré des modes, dîners dansants et spectacles. Ces cafés où autrefois se côtoyaient artistes, bourgeois et petit peuple se muent en restaurants mondains. Si la Première Guerre mondiale marque un temps d'arrêt à cette évolution, celui-ci n'est que provisoire car dès la fin du conflit, les violons tziganes et le tango argentin, en vogue avant guerre, cèdent la place aux rythmes afro-américains de l'Entre-deux-guerres. Les artistes ont quitté le quartier pour rejoindre la Rive gauche et Montparnasse, ceux qui sont restés sont âgés et n'ont pas toujours su négocier l'entrée dans le siècle nouveau. Ils répètent alors inlassablement, mais sans grand succès, les formules de leur jeunesse. Le cabaret est quant à lui devenu un genre à part entière, avec ses codes et ses vedettes et l'on s'y rend comme on se rend au théâtre. Seul le *Lapin Agile* conserve, au delà de la Seconde Guerre mondiale et aujourd'hui encore, la mémoire de ses origines.

Le mobilier de L'abbaye de Thélème, *reproduisant les formes du gothique flamboyant, fait référence au* Gargantua *de Rabelais*

NOTES
1. AN, Z 2397.
2. Ce cabaret tient son nom du vaisseau à bord duquel les cendres de l'Empereur furent rapatriées. Selon les sources, il aurait été baptisé ainsi parce que le bateau en ronde bosse ornant sa façade avait la prétention de rappeler le navire historique ou parce que son premier patron avait fait partie de l'équipage de La Belle Poule.
3. Il existe une incertitude quant à la localisation exacte de ce cabaret qui ne dura pas plus de trois mois. En effet, le *Journal du Chat noir* n° 74 de 1896 annonce l'ouverture du cabaret au premier étage du Rat mort, mais dans son compte rendu d'inauguration, publié dans le numéro suivant, il donne l'adresse de la Nouvelle Athènes, établissement voisin.
4. *Courrier de Bruxelles*, le 26 octobre 1885.
5. Cette dernière peinture est conservée au musée de Montmartre.

Le Lapin Agile et la Butte

Raphaël Gérard
Conservateur du Musée de Montmartre

Si les principaux cafés Montmartrois se concentrent aux abords des boulevards extérieurs, le sommet de la Butte compte néanmoins quelques établissements de renom qui, pour certains, ont su traverser le XXe siècle sans trop perdre de leur âme, même si certains ne sont plus aujourd'hui que des enseignes fameuses. Contrairement aux cafés des boulevards, les établissements des abords de la place du Tertre et de l'église Saint-Pierre sont plutôt caractérisés par leur aspect rural, plus proche des cafés de villages que des brasseries distinguées du centre ville et du Bas Montmartre.

Parmi les doyens de ceux-là, le restaurant *La Mère Catherine*, haut lieu de la place du Tertre, est sans doute le plus connu. Fondé au printemps 1793 par la citoyenne Catherine Lamotte, il n'est à l'origine qu'une modeste gargote qui accueille les paysans du sommet de la colline qui, en ce temps, est encore difficilement accessible. La salle principale de cette bâtisse assez ordinaire conserve assez tard son aspect rustique : une salle sombre au plafond très bas, soutenu par d'énormes poutres. Derrière le comptoir trône un portrait de Catherine, les bras chargés de verres. Réservé à une modeste clientèle autochtone, le cabaret va connaître une meilleure fortune à la faveur des événements de 1871. En effet, passés les premiers jours de la Commune, il devient le rendez-vous des révolutionnaires. Plus tard, alors que le Sacré-Cœur devient la principale attraction de la Butte, une seconde salle est ouverte dans le goût moderne : tables en marbre, fauteuils de velours et dorures sur les murs. Peu à peu, la modeste gargote des origines cède la place à un établissement spacieux fréquenté par les nombreux touristes qui envahissent la place dont il est sans doute le restaurant le plus célèbre.

C'est un peu à l'écart, sur le versant nord de la Butte que va naître un autre établissement majeur dans l'histoire montmartroise. Vers 1860, un dénommé Sals, employé de Mairie, tient un cabaret, *Ma Campagne,* au 4, rue des Saules. Cette étroite venelle descend tout droit du sommet de la colline vers la Plaine Saint-Denis et les champs qui s'étendent encore loin vers le nord à cette époque. Sans que l'on sache très bien pourquoi, à la clientèle de paysans et de voyageurs qui passe par là au début, va peu à peu succéder une clientèle plus choisie d'artistes et de rapins. La maison ne compte qu'une salle assez sombre à laquelle on accède par quelques marches depuis l'entrée qui ouvre également sur la cuisine. L'été, une petite terrasse ombragée que Sals agrémente, au fil des ans de

Le cabaret du Lapin Agile *conserve son aspect extérieur où arbre et barrière rustique rappellent que Montmartre était, à la fin du XIXe siècle, à la campagne*

bosquets et de jeux, accueille la clientèle. A l'ambiance bucolique du lieu, le patron, sans doute incité en cela par ses clients les plus fidèles, ajoute une décoration artistique qu'il vante dans les encarts publicitaires du journal du *Chat noir*. Parmi les peintures et les objets exposés sur les murs du café-restaurant figure une peinture à la fois naïve et terrifiante qui représente un abominable fait divers qui défraya la chronique judiciaire en 1869 : le meurtre de toute une famille par l'Alsacien Troppmann. Cette peinture, aujourd'hui dans les collections du musée de Montmartre, valut à l'établissement de Sals le surnom de *Cabaret des Assassins*. C'est sous cette appellation peu en rapport avec le calme de l'endroit que le cabaret est communément appelé dans les années 1880.

La patronne, madame Sals, est connue pour ses talents de cuisinière et notamment pour sa fameuse gibelotte de lapin. Le caricaturiste André Gill, habitué de la maison, peint donc, à la demande de Sals, une enseigne montrant un lapin, coiffé d'une casquette, bondissant hors d'une casserole. Il signe A. Gill. C'est de cette œuvre que le cabaret tirera finalement son nom. Le *lapin A. Gill* devient le *lapin à Gill* et finalement, en toute conformité avec l'esprit montmartrois le *Lapin Agile*. Sals cède ensuite, vers 1886, sa maison à la mère Adèle qui lui redonne son enseigne plus bucolique d'*A ma campagne*. La clientèle demeure la même et il n'est pas rare d'y retrouver les milieux politiques, artistiques et littéraires de Montmartre : Jouy, Clemenceau,

Frédéric Gérard, dit le Père Frédé, personnage charismatique à qui le Lapin Agile *doit
en grande partie sa renommée, est aisément identifiable grâce à sa longue barbe blanche*

Willette, Pelletan et tant d'autres. Dans les premières années du XXᵉ siècle, Adèle ouvre un restaurant plus haut sur la Butte, dans la rue Norvins et laisse l'affaire de la rue des Saules à Berthe. En 1905, Aristide Bruant, enrichi sur le boulevard, achète les murs qu'il sauve ainsi de la démolition. Il confie la gestion du *Lapin Agile* à Frédéric Gérard, patron du *Zut* et époux de Berthe. C'est lui, plus connu sous le nom de Père Frédé qui fera du *Lapin Agile*, un lieu mythique de la Butte. En effet, il accueille là, au cours de veillées qu'il anime de sa guitare, toute la jeune génération d'artistes et de poètes qui a trouvé refuge sur la Butte, autour du *Bateau Lavoir*. Dans la tradition des cabarets artistiques, les murs se couvrent peu à peu des productions des hôtes de la maison. Un grand Christ en plâtre de Wasley, un relief indien, une peinture de Picasso, des dessins et de nombreuses peintures autour de tables en bois et de simples bancs. Carco, Dorgelès, Mac Orlan, Jacob, Warnod, Utrillo, tous les Montmartrois se sont retrouvés là, cultivant l'esprit facétieux du quartier au travers de chansons et de canulars devenus fameux. Le plus célèbre restant celui du tableau peint avec la queue par Lolo, l'âne de Frédé.

Paulo, le fils de Frédé, reprend le cabaret et le dirige avec sa compagne, la chanteuse Yvonne Darle. Aujourd'hui encore, la décoration du lieu est restée à peu près inchangée depuis cette glorieuse époque.

Enfin, parallèlement à l'afflux de la clientèle touristique dans le quartier Pigalle et en dépit de la migration des artistes vers Montparnasse, certains établissements du sommet de la Butte restent, y compris après la Deuxième Guerre mondiale, des lieux importants de rencontres entre artistes. Le *Café Bouscarat* devenu plus tard *La Bohême*, *Le Clairon des Chasseurs,* en face, sur la place du Tertre, comptent parmi ceux-là. Dans la première moitié du siècle ils ont vu passé toute la bohème montmartroise : de Modigliani à Gen Paul et de Mac Orlan à Marcel Aymé, c'est autour de leur comptoir que s'est écrite une longue page de l'histoire artistique et littéraire du XXᵉ siècle.

La Nouvelle Athènes

Raphaël Gérard
Conservateur du Musée de Montmartre

Situé à l'angle de la rue Frochot et de la rue Pigalle, le Café de *La Nouvelle Athènes* compte parmi les lieux mythiques de la place Pigalle. Dans les années 1875-1880, il accueille la clientèle des habitués du *Café Guerbois* et de la *Brasserie des Martyrs*. Cénacle de l'impressionnisme et du naturalisme, il est alors une brasserie au décor assez classique représenté notamment dans une peinture de Zandomeneghi[1]. L'histoire de cet établissement, condamné à une démolition prochaine, est pourtant assez emblématique de l'évolution générale du quartier Montmartre.

En effet, de ces années 1870 à la fin des années 1990, le lieu a connu de multiples avatars. En 1904, le *Café historique* est fermé pour travaux et devient un café-concert, tenu par Eugénie Buffet, déjà maîtresse du *Cabaret de la purée*. Elle conserve l'enseigne et propose des revues musicales, en collaboration avec Jules Moy. A peine deux ans plus tard, en 1906-1907, le premier étage est transformé en restaurant, le *Monico*, et propose des soupers à une clientèle essentiellement noctambule et touristique qui commence à venir en masse dans ce quartier à la mode. L'entrée se fait par le n° 66 de la rue Pigalle. A une date imprécise, mais probablement dans l'Entre-deux-guerres, le toit-terrasse est surélevé et la façade est ornée d'un imposant vitrail représentant un orchestre de jazz américain, très en vogue à cette période. Le club s'appelle désormais *Le New Monico*, tandis qu'au rez-de-chaussée le café artistique des origines a cédé la place à une brasserie impersonnelle baptisée *Brasserie du Loup Garou*.

Après la Seconde Guerre mondiale, l'ambiance du quartier Montmartre est radicalement différente. La prostitution est tenue par les milieux mafieux et les clubs très selects de l'Avant-guerre deviennent peu à peu des cabarets de nus dont les seules activités artistiques sont des numéros de strip-tease plus ou moins aboutis. *La Nouvelle Athènes* qui retrouve son enseigne historique au cours des années 1950 n'échappe pas à cette vogue : le premier étage, qui a perdu son vitrail, accueille alors *Le Sphinx*.

Enfin, ultime métamorphose, à la faveur du retour en grâce du quartier qui, depuis le milieu des années 1990 accueille à nouveau des établissements à la mode, la maison est brièvement transformée en boîte de nuit. *Le Temple*, dont l'enseigne domine toujours la façade, est un club de musique *techno* et *hip-hop*. Aujourd'hui, le bâtiment qui ne conserve que la vague silhouette du passé fait l'objet d'un permis de démolir.

NOTE
1. *Autoportrait avec Suzanne Valadon,* collection particulière.

Le premier étage du café de La Nouvelle Athènes *fut transformé en 1906-1907 en restaurant, le* Monico, *dont on aperçoit ici l'enseigne*

Pellorier et l'Académie française

Benoît Noël
Enseignant à l'Académie Charpentier – Paris-Montparnasse

Au XIXe siècle, si les hommes d'argent fréquentent déjà des « cafés du commerce », les artistes leur préfèrent des parodies « d'académies ». L'Académie fondée par Prosper Pellorier dont le nom éclipsa celui de ses successeurs fut pionnière du genre bien avant le cabaret du *Chat noir* dont l'arrière-salle était ironiquement nommée « l'Institut ». « Le café est la véritable Académie-Française » observe l'écrivain irlandais George Moore[1] lorsqu'il découvre, ébloui, les débats passionnés du café de *La Nouvelle Athènes*, place Pigalle. De plus, les mauvais esprits ressassent à l'infini que la couleur verte est commune à l'absinthe émeraudine, à l'habit vert et à la langue verte ! D'ici à insinuer que les gérontes de l'Académie se noient dans des purées de pois pour lisser leur dictionnaire, dont ils écartent impitoyablement toute licence poétique, il n'y a qu'un pas !

En 1819, l'*Académie Pellorier* est née, 175, rue Saint-Jacques, de cet esprit « potache ». Dans un quartier Latin encore à l'orée de la campagne et toujours marqué au fer rouge par les plaisanteries de Marguerite de Bourgogne à la Tour de Nesle et celles du bon Henri IV à l'Hôtel d'Estrées. Dans un Paris, à l'image des intrigants mystères d'Eugène Süe. Dans l'atmosphère louche du *Cabaret du Lapin blanc* de la rue aux Fèves qui ne sera pas sans influence sur le cabaret montmartrois du *Lapin Agile*, dit auparavant « Cabaret des Assassins ». Dans un quartier dit encore « lapin » à la fin du siècle lorsque ses caboulots débauchés sont taxés de « vacheries ». On m'opposera que la rue Saint-Jacques doit son nom à un hospice pour pèlerins de Saint-Jacques de Compostelle et qu'elle borde tout ou partie de la Sorbonne, de l'Hôpital du Val-de-Grâce

L'Etablissement Pellorier *doit son surnom d'« Académie des Tonneaux » aux quarante tonneaux d'alcool qui symbolisaient les Immortels, se riant ainsi de l'Académie française*

ou de l'église Saint-Séverin. Il n'empêche que les plus remarquables clients de cette Académie eurent peu de considération pour ces vénérables institutions et réciproquement.

L'Académie Pellorier ou « Académie des Tonneaux » tire sa popularité d'une idée aussi simple que magistrale. Quarante tonneaux d'alcool y symbolisent les Immortels, et lorsque l'un d'entre eux vient à disparaître, le fût est respectueusement vidé puis mis en berne jusqu'à la nouvelle élection, tout aussi honorablement fêtée. Hélas, la première époque de l'Académie se perd dans les limbes et l'on ignore si les flamboyants bousingoth républicains menés par Théophile Gautier ou Alexandre Dumas y affrontèrent la réactionnaire basoche des étudiants en Droit. Néanmoins, la tradition invoque le passage d'Alfred de Musset, réputé « s'absenter » trop fréquemment des séances du dictionnaire de l'Académie française pour « s'absinther ». En revanche, Henri Murger (1822-61) et ses amis dont ceux de l'honorable *Cercle des buveurs d'eau* de la rue des Canettes (1841) – ancêtre des *Hydropathes* de la rue Cujas (1878) – sont identifiés comme les premiers hôtes de marque de l'*Académie*. Citons les peintres Antoine Chintreuil, Gustave Courbet échappé de la *Brasserie Andler*, François Bonvin, Léopold Desbrosses rescapé du *Café Momus* ; les hommes de lettres Charles Baudelaire, Adrien Lélioux, Théodore de Banville, Champfleury ou le photographe Félix Tournachon, dit « Photophore », alias Nadar…

La seconde génération d'élite a pour âme Raoul Rigault (1846-71) et pour ange Nina de Callias dont je doute, néanmoins, qu'elle ait jamais glissé un orteil dans ce cabaret à la réputation sulfureuse alors surnommé « L'Académie de Pontarlier »[2] tant l'absinthe franc-comtoise y coule à flot. Disciple d'Auguste Blanqui et rédacteur à la *Marseillaise* d'Henri Rochefort, Rigault est croqué sur le vif dans les souvenirs de Louise Michel[3], Alphonse Daudet[4], Pierre-Auguste Renoir[5] ou Jules Vallès[6]. Avec ce dernier précisément et André Gill, Elisée Reclus, Eugène Vermersch, Gustave Flourens, Auguste Vermorel ou Arthur Arnould, il rêve tout haut de réussir la révolution avortée en 1830 comme en 1848. Bateleur d'exception, il fascine peut-être jusqu'à l'impassible Paul Verlaine, l'impossible Arthur Rimbaud ou le circonspect Anatole France, et lorsqu'il n'est pas à l'Académie, il teste ses joutes au *Café de Madrid*, boulevard Montmartre où l'attend de pied ferme l'imposant Léon Gambetta, ou au *Café de la Renaissance*, boulevard Saint-Michel où il espère le soutien de Gustave Courbet !

Dans une célèbre lettre à Ernest Delahaye, Arthur Rimbaud nomme l'Académie, *l'académie d'Absomphe*[7], terme qui désigne évidemment l'absinthe, psychotrope léger, à condi-

*Buveurs d'absinthe à l'*Académie Pellorier

tion de ne pas en abuser. Il va également de soi que Paul Verlaine, auteur d'un dessin figurant ses amis Catulle Mendès, Leconte de Lisle, Etienne Carjat et Arthur Rimbaud à la porte de l'*Académie*, viendra y boire pour deux, après la disparition de ce dernier en Abyssinie. Le témoignage et les extraits du poème qui suivent, signés Jean Richepin (1849-1926), mentor des poètes Germain Nouveau ou Alfred Poussin, sont plus secrets.

« L'Académie Pellorier avec ses futailles rangées, ses parfums violents de distillateur, ses verres de n'importe quoi à trois sous son atmosphère de libre pensée et de politique, où des professeurs dégommés, des poètes sans nom, des savants sans chemise, des journalistes sans plumes, viennent parler de ce qu'ils promettent d'écrire »[8].

L'amour malsain : « Non, nous ne savons plus aimer comme nos pères. / Ils aimaient en lapins. Nous aimons en vipères. […] / La femme de nos vœux est courtisane et sainte, /Un mélange infernal d'eau bénite et d'absinthe. /Nous cherchons le poison subtil et l'art nouveau / Qui nous crispent les sens, les nerfs et le cerveau. /Nous sommes dégoûtés de l'épouse placide /Dont le baiser n'est pas rongeant comme un acide. […] / Notre espoir, dédaigneux des paradis antiques, /Est en route pour des pays transatlantiques. […] / Mais nous fuyons l'amour ancien comme une geôle, /Et notre âpre débauche a l'inconnu pour pôle[9] ».

Cependant à la fin du siècle, l'esprit de dérision quitta les rives de la Seine pour gagner les hauteurs de la Butte et, en 1881, Rodolphe Salis ouvrit le *Chat noir*, « cabaret Louis XIII, fondé en 1114 par un fumiste ». Il s'habilla en préfet, vêtit son chasseur Albert en garde suisse et acquit

SUPPRESSION DE L'ABSINTHE

Cette affiche de 1915 illustre la suppression de l'absinthe, ici représentée sous les traits d'une femme brûlée vive

Voltaire de la place de l'Odéon ou le *Café du Soleil d'Or* du boulevard Saint-Michel, certains de ses membres la fréquentèrent assurément comme Gustave Khan, Rachilde ou Stuart Merrill et j'aime à croire, Rémy de Gourmont comme Joris-Karl Huysmans. Las, on y vit surtout jusqu'à plus soif, P. Verlaine, ce *Neptune de l'absinthe*[10] entouré de sa cour mortifère de *malabars ou de malandrins*[11] dont Anatole Baju ou Bibi la Purée, parasites patentés du maître. Lucien Aressy a brodé à perte de vue sur ce thème dans la *Dernière bohème - Verlaine et son milieu*[12]. Nous en citerons des extraits décents : « Par-dessus tout, l'Académie de la rue Saint-Jacques, tel un flambeau, attirait les phalènes rêveuses, les artistes en mal d'idéalisme [...]. La clientèle se composait alors de jeunes poètes, de rapins chevelus, de camelots, de chanteurs de rues ou de dames, qui comme la République de Forain[13] avaient été belles sous l'Empire, enfin de quelques artisans du quartier, parmi lesquels le vénérable relieur Hippolyte Prouté, fournisseur habituel des symbolistes après avoir été celui des romantiques et des Parnassiens. [...] Et les absinthes à quatre sous s'alignaient sur les tonneaux et les fameux cafés à la vanille, au goût prononcé de punaises écrasées disparaissaient comme par enchantement... ».

En fait, la dernière figure d'envergure qui fréquenta l'*Académie Pellorier*, avant sa transformation en boucherie en 1911, est l'ami Alfred Jarry qui feignait de croire aux vertus de martingale de l'absinthe. A moins qu'il désirât nous en persuader pour nous rendre la vie plus légère ? Il décrit dans *Les Jours et les Nuits, journal d'un déserteur*[14] une improbable partie de dés contre Dieu, qui comme chacun sait n'y joue pas : « Sengle joua aux dés un jour, dans un bar, contre Severus Altmensch au premier quinze. Il amena trois fois cinq, cinq et cinq. Et il prit plaisir à annoncer à Severus les points invraisemblables qu'il percevait tournoyer, avant leur sortie de l'opacité du cornet. Et, le second coup, déjà un peu ivre d'absinthe et cocktails, il jeta cinq, quatre... Le bourgeoisisme idiot de Severus ricanait et six. Personne ne joua plus aux dés avec lui, car il dépouillait des sommes considérables »[15].

progressivement *aux enchères après décès* les habits d'Immortels de ses garçons de salle !
Pour autant, l'Académie de la rue Saint-Jacques ne s'avouait pas vaincue et si la génération symboliste lui préféra le *Café*

NOTES

1. *La Revue Indépendante*, 1888.
2. F. Guibelin, *Blanche Laverte, née Absinthe - Pontarlier 1805-1915*, Mémoire de l'Ecole Normale, Besançon, 1982.
3. Paris, Stock, 1898.
4. Nouvelle « Les petits pâtés » parue dans *Le Soir*, le 5 mars 1872.
5. J. Renoir, *Pierre-Auguste Renoir, mon Père*, Paris, Hachette, 1962.
6. « L'Insurgé » paru dans la *Nouvelle Revue Française de Juliette Adam* en 1882.
7. Paris, juin 1872.
8. *Les étapes d'un réfractaire : Jules Vallès*, Paris, Librairie Internationale Lacroix et Verboeckhoven, 1872.
9. M. Dreyfous, *Les Caresses*, Paris, 1877.
10. L.-P. Fargue, *Refuges*, Paris, Emile-Paul Frères, 1942.
11. Jehan Rictus dans la *Revue des Belles-Lettres*, n° 2, décembre 1936.
12. Paris, Jouve & Cie, 1944.
13. Jean-Louis Forain (1852-1931), peintre et dessinateur de presse.
14. Paris, *Mercure de France*, 1897.
15. Voir B. Noël, *Nouvelles confidences sur l'absinthe*, Yens-sur-Morges (Suisse), Cabédita, 2003 et le site www.herbaut.de/bnoel/.

La Belle Epoque du Zimmer

Jean-Philippe Dumas
Conservateur aux Archives de Paris

Le Zimmer est l'un des principaux établissements de la place du Châtelet. L'histoire de ce café centenaire est liée au théâtre du Châtelet, qui l'abrite, et à son quartier, entièrement transformé au XIXe siècle.

Sous le Second Empire, le préfet Haussmann fit construire deux théâtres sur la place du Châtelet, aménagée par Napoléon Ier autour de la fontaine du Palmier. Tandis qu'il fermait les vaudevilles des Grands Boulevards, Haussmann voulait réveiller le centre de la capitale[1]. Pour amortir l'opération, il demanda à l'architecte Gabriel Davioud de ménager, dans chacun des bâtiments, des boutiques et des commerces. L'artisanat devait être banni, tout comme les « activités de nature à troubler la tranquillité et notamment celles bruyantes, incommodes ou insalubres »[2]. L'opération ne fut au départ qu'un demi-succès. Dans son célèbre *Dictionnaire*, Pierre Larousse regrettait « que ce monument fût livré, dans ses côtés, à l'exploitation d'industriels ». On y trouvait, à la fin du siècle, des marchands de graines, d'oiseaux, d'articles de pêche et l'hôtel du Châtelet, quai de la Mégisserie[3].

Une « boutique à usage de café » fut réservée dans le lot de l'exploitant de la salle pour lui permettre d'installer un buffet, ou de l'« affecter à d'autres destinations, pourvu néanmoins que celles-ci se rattachent à l'exploitation théâtrale ». L'adjudicataire du bail le 24 janvier 1898, Rochard, renonça à exploiter lui-même le café et décida, le 1er octobre 1898, d'en confier la gestion à la société Prosper Rousseau et compagnie, propriétaire des brasseries *Zimmer*.

Les brasseries *Zimmer* tenaient leur nom de Philippe Zimmer, né à Brumath, près de Strasbourg, en Alsace, le 23 avril 1844. Celui-ci s'était installé à Paris après la défaite contre la Prusse, en 1870, et la perte de l'Alsace et de la Lorraine. Il avait ouvert au 4, rue Saint-Laurent, près de la gare de l'Est, dans le 10e arrondissement, un établissement spécialisé dans la bière de Strasbourg[4]. Il succéda ensuite à Jean Mœser, au 28 et 30 de la rue Blondel, dans le 2e arrondissement, près du boulevard Sébastopol. Son succès était lié au goût nouveau des Parisiens pour la bière, développé à la suite de l'Exposition universelle de 1867 et renforcé par la vogue pour tout ce qui venait d'Alsace, qu'illustrait la renommée de peintures comme l'*Alsacienne* de Jean-Jacques Henner, bien négligée aujourd'hui, pourtant l'un des tableaux les plus célèbres du début de la Troisième République.

Eventail publicitaire du café montrant ses façades donnant sur la place du Châtelet en 1911

L'intérêt pour les produits alsaciens s'alliait au solide sens des affaires de Philippe Zimmer pour assurer la prospérité de son commerce. Dès 1878, il avait créé une société, sous la raison sociale Zimmer et compagnie, lui permettant de réunir les capitaux nécessaires à l'acquisition de la taverne de la rue Blondel[5]. Dans *La Vie des boulevards*, publiée en 1896, G. Montorgueil faisait de Zimmer le principal responsable du déclin des cafés les plus réputés de Paris, notant que « les brasseurs Zimmer puis les Grüber étaient à la tête de ce mouvement. [Leur] action rayonnait de taverne en taverne, du boulevard Saint-Denis à la Bastille. La bière au boulevard avait tout submergé. Il ne restait pas un ancien café debout »[6].

A la fin du siècle, les brasseries Zimmer furent cédées à Henri Chailly et Prosper Rousseau, qui constituèrent, le 28 avril 1897, une société en nom collectif en vue de leur exploitation[7]. L'ouverture d'une succursale, place du Châtelet, portait la marque des nouveaux propriétaires. Bien davantage que les brasseries du 28 et 30, rue Blondel, et du 18, boulevard Montmartre, il s'agissait d'un établissement luxueux, dans un lieu à la mode. Son emplacement rappelait le quartier où s'était développée l'enseigne, mais la date de son ouverture et sa situation dans un bâtiment public prestigieux le rapprochaient plutôt des grands restaurants dont l'ouverture était prévue pour l'Exposition de 1900, et notamment du *Train bleu*, dans la nouvelle gare de Lyon. L'Exposition universelle s'annonçait comme un âge d'or pour les cafés parisiens. La venue de dizaine de millions de visiteurs et l'aménagement du régime fiscal des boissons, promis par la Chambre des députés, devaient étancher la soif de célébration d'une population enthousiaste, tout en abondant les bénéfices des débitants.

Le choix de l'exploitant du théâtre pour l'enseigne *Zimmer* pouvait s'expliquer par sa volonté de satisfaire un public varié. Le Châtelet accueillait aussi bien de grands spectacles que des représentations populaires, pour lesquelles des places étaient gratuitement mises à disposition des enfants des écoles, et les concerts de l'orchestre Colonne, tous les dimanches en matinée, entre la mi-octobre et la mi-avril.

L'Alsacienne de Henner symbolise l'engouement de la fin du XIXe siècle pour les brasseries venues de cette région

Le Zimmer du Châtelet était parfois qualifié de « café allemand »[8]. On y servait de la bière de Nuremberg, qu'importaient ses propriétaires, qui avaient acquis le monopole de la représentation de la brasserie Hein Henninger. La salle du rez-de-chaussée était décorée de pilastres ornés de guirlandes de fleurs et de plafonds peints de motifs végétaux. Un bar à l'étage accueillait les clients sur des poufs, des banquettes et des canapés. Le décor se démarquait des panneaux de céramique des brasseries, plus populaires. On connaît le détail du mobilier d'origine : des canapés et des chaises en paille, des caisses à fleurs, étaient disposés en terrasse ; des jeux de jacquet, de dames, d'échec étaient mis à la disposition des consommateurs.

Le succès de l'établissement était tel qu'il dut rapidement être agrandi. Rousseau et Chailly réunirent des fonds en 1899, créant une société anonyme, la Société des brasseries et tavernes Zimmer, au capital considérable de 2 200 000 francs-or[9]. La plupart des actions furent souscrites par des rentiers fortunés comme Salvador Cahen[10], 49 bis, avenue d'Antin, Charles Kahn, 103, boulevard Haussmann, David Falk, 95, boulevard Flandrin.

Une demande d'autorisation de bâtir déposée en juin 1912, pour diverses modifications de détail, permet de connaître les dispositions de l'établissement à la veille de la Grande Guerre[11]. Il se développait sur quatre niveaux. A l'entresol, une salle de restaurant pouvait accueillir 150 convives. Au premier étage, un grand salon, et, au second, un salon et trois cabinets privés offraient des conditions de restauration privilégiées[12]. La cuisine était au sous-sol. Un passage au rez-de-chaussée permettait aux spectateurs, à l'entracte, de déambuler librement entre le café et le théâtre.

A la Belle Epoque, on y croisait les personnalités qui firent la renommée du Châtelet : le compositeur Gustav Malher ; Richard Strauss, qui y créa *Salomé* en 1907 ; l'imprésario Gabriel Astruc à l'origine de la tournée, en 1909, des Ballets russes du chorégraphe Diaghilev et du danseur Nijinsky ; Claude Debussy et Gabriele d'Annunzio, qui y créèrent en 1911 le *Martyre de Saint Sébastien*. Comme aujourd'hui, la clientèle du *Zimmer* s'étendait aux notabilités du Palais de Justice, dont il n'est séparé que par le pont au Change, et de l'Hôtel de Ville, propriétaire des murs. Le livre d'or porte aussi la signature de personnalités des lettres. L'Académicien Marc Fumaloni raconte comment s'y tenaient, en mai 1968, dans un cadre plus serein que la Sorbonne, les réunions qui aboutirent à la création de l'université de Paris IV.

Dans les années 1970, *Le Zimmer* souffrit de la concurrence de nouveaux modes de restauration, comme de la dégradation du quartier des Halles, tout proche. Il a été depuis

Le décor mis en place en 2000 par Jacques Garcia au Zimmer est un hommage au Second Empire et, par la présence de miroirs, replace l'établissement dans la tradition des cafés

rénové par son propriétaire, M. Jean-Luc Gintrand. En l'an 2000, le décorateur Jacques Garcia a redécouvert, sous les couches successives, les teintes des peintures d'origine. Son travail se démarque de la Belle Epoque pour rendre un hommage appuyé au Second Empire et à l'ornementation conçue par Gabriel Davioud pour le foyer, bien connue par l'album que lui a consacré César Daly[13]. Les miroirs au fond de la salle évoquent la tradition du café. Les tables en bois noirci conjuguent la sobriété des tavernes de Philippe Zimmer et le style Napoléon III. Les abat-jour plissés et les toiles rayées de la terrasse sont la signature du décorateur. Ironie de l'histoire, un hommage est rendu au Second Empire dans un théâtre devenu, depuis une décennie, une vitrine art contemporain ![14]

NOTES

1. *Mémoires du baron Haussmann,* tome 3, rééd., Paris, Seuil, 2000, p. 1107.
2. AP, D.1P4 250. Disposition figurant dans le bail signé par Haussmann le 2 avril 1860.
3. Voir par exemple : AP, 10551/53/1 278. Tableau des locataires du théâtre du Châtelet. 1894.
4. *Annuaire-almanach du commerce* [...] *Didot-Bottin, Paris,* 1871-1872, p. 1480 et 1757 ; *idem,* 1873, p. 1098. L'établissement de la rue Saint-Laurent était à l'enseigne de la *Brasserie du Rhin.*
5. AP, D.31U3 409. Acte du 10 octobre 1878. Philippe Zimmer cède l'établissement de la rue Saint-Laurent pour acquérir celui de la rue Blondel.
6. Cité dans *Les Grands boulevards,* cat. d'exposition, musée Carnavalet, Paris, 1985, p. 157.
7. AP, D.31U3 793. D'après l'article 5, Henry Chailly, le principal associé, était chargé de la comptabilité et des liens avec la *Brasserie de Nuremberg* ; Prosper Rousseau de la direction des établissements et du personnel.
8. AP, D.1P4 250. L'expression figure sous la plume du contrôleur des contributions directes.
9. AP, D.31U3 878. Acte du 28 octobre 1899. La société possédait des boutiques aux 25 et 27 rue Sainte-Apolline et 26, rue Blondel. Elle disposait également de quatre chevaux, d'écuries, de remises et d'un dépôt de charrettes et voitures au 46, rue d'Aubervilliers, dans le 19e arrondissement.
10. Salvador Cahen est le père de Georges Cahen-Salvador (1875-1963), président de section au Conseil d'État, secrétaire général du Conseil national économique, commissaire général des dommages de guerre à la Libération.
11. AP, V.O 11 639. Permission du 21 septembre 1912.
12. L'entresol est aujourd'hui occupé par des bureaux. Le premier et le second ont été repris par le théâtre. Au plafond des toiles marouflées, encore en place, figurent des allégories du café, du thé, de la bière, du cidre, du vin et de l'absinthe.
13. C. Daly, G. Davioud, *Les théâtres de la place du Châtelet : théâtre du Châtelet, théâtre lyrique,* Ducher, s. d.
14. Les peintures d'Adami, dans la galerie qui ouvre sur la place, et le rideau de scène de Gérard Garouste ont été commandés par la ville de Paris à l'occasion du bicentenaire de la Révolution. Sur les décors réalisés pour les théâtres de la place du Châtelet, voir la récente mise au point de Christophe Leribault dans : *Lucien Jonas, 1880-1947, collections du musée Carnavalet,* cat. d'expo., musée Carnavalet, Paris, 2003, p. 91-95.

Le boulevard Montparnasse

Sylvie Buisson
Chargée des expositions au musée du Montparnasse

A Montmartre, puis à Montparnasse, ce sont les avant-gardes, courants de pensées artistiques révolutionnaires qui firent la fortune des cafés et bien souvent de leurs propriétaires, à la fois complices et surpris de leur réussite.
De la période dite Belle Epoque au lendemain du krach de Wall Street, le regroupement des intellectuels et de leur cohorte bariolée qui, pour de multiples raisons, se faisait dans ces deux quartiers diamétralement « disposés » de part et d'autre de la Seine, emplissait régulièrement les débits de boissons, les petits restaurants, les auberges et autres cabarets, attisés par une demande exceptionnelle, un véritable afflux de population. Ce n'étaient pas les artistes, souvent jeunes et démunis, qui contribuaient directement à l'enrichissement de ces établissements, mais ils favorisaient leur commerce, attirant une riche clientèle venue les observer et relever chez eux l'exemple du non-exemple, se divertissant de leurs comportements, expressions de la fantaisie sans cesse renouvelée de cette géniale « crème » d'artistes en herbe.
Les cafés constituaient des havres de paix, de chaleur ou de fraîcheur selon les saisons, pour ceux qui avaient rejoint Paris, capitale mondiale des arts, dans des conditions précaires en pensant y atteindre des sommets hypothétiques. La plupart, échappés des ghettos ou victimes des pogroms d'Europe Centrale, survivaient difficilement à une « dèche » légendaire, mais bien réelle, aggravée entre 1914 et 1918, tandis que les plus fortunés, issus de la classe bourgeoise française, tels Jean Cocteau, Max Jacob, André Salmon, Derain, Vlaminck ou les frères Villon transgressaient à leurs côtés les vieux tabous de la morale et de l'art officiel. Ils se tenaient à l'avant-garde de la poésie et de multiples expressions. Certains, comme Modigliani, Foujita, Pascin ou Picasso avaient quitté leur milieu bourgeois trop rassurant, pour atteindre l'Eldorado de leurs rêves, la terre et les paysages que Delacroix, Toulouse-Lautrec, Manet, Gauguin ou Monet, pour ne citer qu'eux, avaient foulés. L'Italie, le Japon, la Roumanie ou l'Espagne les reverront, mais en réalité leur cœur continua à battre pour Paris jusqu'à leur dernier jour.
La plupart rencontrèrent leurs compagnes au *Dôme*, à *La Rotonde* ou dans un autre café du carrefour Delambre. Une grande partie de leur existence est dédiée au café. Le 31 décembre 1916, son carton de dessin sous le bras, Modigliani entre à *La Rotonde* où Chana Orloff lui présente son amie Jeanne Hébuterne – date inscrite sur un portrait qu'il fait d'elle immédiatement. La future *Donna Angelo* a 18 ans, deux longues nattes auburn et un bandeau sur le front soulignent son regard profond[1]. En 1917, Fernande, la picarde, attire Foujita par son fort accent et le divertit tellement lorsqu'elle *roule* les « r » à *La Rotonde*... qu'il l'épouse sans attendre. En revanche, c'est Youki qui le remarque, lorsqu'il y entre en 1921, vêtu d'une chemise à carreaux rouges et blancs *fait main*. Des yeux de braise et un coup de foudre qui poussent Foujita à se séparer de Fernande. Outre les artistes, la plus grande partie des consommateurs se composait donc des représentants français et étrangers de toutes les classes de la société en mal de découvrir les attitudes nouvelles de ces acteurs de la vie artistique et intellectuelle parisienne aux nationalités et mœurs variées, dont les journalistes ne manquaient pas de rapporter les extravagances dans la grande presse.
Au XIXe siècle, lorsque la majorité des peintres dits *académiques* fréquentaient les cafés de Montparnasse, ceux-ci vivotaient le plus calmement du monde le long du boulevard qui, dès son ouverture en 1760 après 50 ans de travaux, constituait une formidable promenade de santé pour les Parisiens, hors des embarras du centre. Des hôtels particuliers, agrémentés de vastes jardins bordaient le long boulevard planté d'arbres ; l'église Notre-Dame des Champs n'était encore que le pavillon de chasse du duc de Laval et, alentour, les maisons et les échoppes – de misérables masures – voisinaient avec de petits cafés, préfiguration bien modeste de ce qu'ils allaient être un siècle plus tard : des établissements mondialement « réclamisés ». Jusqu'au début du XXe siècle, seuls animaient le quartier les étudiants venus en voisins du quartier Latin pour se perdre au *Diable Vauvert*, dans des bals spontanés et des *bistroquets* où se vendaient liqueurs, bois, charbon et vin. Milieu pour une clientèle mélangée à l'image d'un quartier encore rural, mais déjà en voie de transformation haussmannienne.
En 1836, un marché à fourrage se tenait en face du bal de la Grande Chaumière à Port-Royal, et, en 1878, un marché aux chevaux. Et c'est bien dans les dix dernières années du XIXe siècle que les deux premiers cafés de Montparnasse situés aux extrémités du boulevard du Montparnasse, *Le Versailles* et *La Closerie des Lilas*, commencèrent à faire parler d'eux ; les poètes et les peintres de Montmartre et de Montparnasse y eurent leurs *pratiques* en s'y donnant régulièrement rendez-vous.
A la veille de la Première Guerre mondiale, Montparnasse était devenu un vaste quartier d'artistes s'étendant de Vaugirard à l'Observatoire et du parc Montsouris à Plaisance,

Le boulevard du Montparnasse est jalonné de cafés : La Coupole, La Rotonde, Le Select, *et* Le Dôme *où se retrouvent les peintres, les écrivains et des modèles pour travailler ou passer quelques heures ensemble*

dont le centre était le carrefour Delambre, où se situaient la plupart des ateliers d'artistes et donc les cafés les plus actifs. *La Rotonde* change de cap en 1911 après son rachat par le « père Libion », Victor Libion, un auvergnat comme la plupart des gérants de « café, vins, bois et charbons ». Son ancienne clientèle de cochers et d'ouvriers du quartier ne le délaisse pas, mais se trouve peu à peu remplacée par les artistes de la future Ecole de Paris. On n'y parle plus que russe, espagnol, italien, polonais ou scandinave et Libion ferme les yeux comme s'ils étaient tous ses enfants lorsque l'un d'entre eux, ou l'une d'entre elles, notamment les pauvres modèles qui *crèvent la faim* comme Kiki, lui *chipent* un croissant et des pains entiers. André Salmon vouait une grande admiration à cet homme de haute taille, vêtu d'une « éternelle jaquette grise du gris de la redingote de l'Empereur et dont l'œil clair reluisait de gentillesse militante ». « Les clients de Libion, écrivit-il[2], devinrent tout de suite ses amis ». Son autorité débonnaire s'exerçait sur les plus difficiles. Seul, Libion pouvait dire à Modigliani qu'il n'était pas raisonnable, sans porter à la folie furieuse le délire du grand Livournais, lequel au contraire convenait et s'apaisait pour un moment. Lorsque Kisling, proposant alors une pittoresque silhouette de plombier esquimau, se sentait chez Libion en humeur de bagarre, il se gardait, par amitié vraie de rien entreprendre qui pût contrarier le bon patron, sachant attendre, loin dans la soirée, parfois, l'instant favorable, l'occasion bénéfique, la chance de précipiter du comptoir à la chaussée le barbare par trop étranger à ce qui fut si vite l'esprit de la maison ; le grossier imbécile dont l'expulsion ne pouvait que rendre le sourire à la bonne face de Libion. Là-dessus, Libion d'y aller de sa tournée ; Libion beau tout autant qu'une colonne en retraite[3]. Etaient en général aussi présents Picasso, Derain, Juan Gris, Lipchitz, André Lhote, Ramon Gomez de la Serna, Francis Carco, Léon-Paul Fargue, Ilya Ehrenbourg et la plupart des Russes et Lithuaniens comme Soutine, Krémègne, Kikoïne et Marevna et quelques musiciens, tels Satie ou Auric, entourés par une volée de vraies ou fausses poétesses, pour la plupart modèles dans les Académies, chez Colarossi, Vitti ou à la Grande-Chaumière.

« On tricotait avec sa langue », comme le dit Marevna, autour d'un café crème en terrasse, d'un petit blanc au zinc ou d'un « ballon » de rouge dans la salle enfumée du fond. Les consommations étaient en fait un « laisser-s'asseoir » pour un temps indéterminé consacré à refaire le monde, à repenser sans cesse le cubisme, les inventions et adaptations théâtrales et l'organisation des bals et autres fêtes de bienfaisance pour les artistes nécessiteux. Léon-Paul Fargue décrit Montparnasse comme « … un champ de courses de salon où les peintres, sculpteurs, décorateurs, pianistes, chroniqueurs, marchands de tableaux, acheteurs de tableaux, revendeurs, critiques, finisseurs en révolution, sinologues et agents secrets sirotent la vie à petites gorgées et se persuadent qu'il y a un marché noir des idées ». Il est vrai qu'il ne suffit pas de se rendre à Montparnasse pour être piqué du virus du génie, mais on y trouve toujours son compte. Quelques artistes pour alimenter leur cubisme débarquent à *La Rotonde* avec un petit Renoir sous le bras et pour quelques sous s'improvisent courtiers. De *La Rotonde* au *Dôme*, il n'y a que le boulevard à traverser. « *Le Dôme*, écrit Fargue, c'est le tabac du lieu, c'est le premier hall du quartier à tiroirs la salle des Pas Perdus où l'on court se réchauffer le matin, et faire sa caisse le soir. *Le Dôme* une sorte de square où la clientèle la plus sage et la plus bourgeoise de l'arrondissement savait tricoter ses rêves et digérer la poule au pot du bonheur ». Chambon, le patron du *Dôme*, auvergnat fort intelligent, se partage les artistes avec Libion : leurs terrasses sont ensoleillées respectivement le matin et l'après-midi. En revanche, *La Closerie* est exposée toute la journée aux douceurs du moindre rayon pour mieux catalyser les inspirations poétiques de ses fidèles buveurs. Chez Baty ou chez Rosalie, on déjeune plus qu'on ne boit. Picasso, sa bande d'amis catalans, et Modigliani, suivis de leurs amis Kisling, Max Jacob, Ortiz de Zarate, Pierre Henri-Roché et Marie Vassilieff s'y retrouvent pour arroser la réussite d'une souscription ou la vente d'un tableau. Jean Cocteau ne manque pas de photographier le déjeuner du 12 août 1916, suivi d'un café pris ensemble à la terrasse de *La Rotonde*.

Les artistes habitent des ateliers et des hôtels voisins ; il n'est

Le boulevard du Montparnasse au début du XXe siècle

A la terrasse de La Rotonde, *vers 1925, un groupe d'artistes polonais*

pas rare de les voir deux ou trois fois par jour au café. Seuls les locataires de la Ruche, située passage Dantzig, doivent parcourir plusieurs kilomètres pour venir s'asseoir et partager le verre de l'amitié. Chagall préféra toujours se désaltérer au *Dantzig*, un petit zinc situé de l'autre coté de la ruelle, fréquenté par les bouchers des abattoirs de Vaugirard et les derniers paysans du quartier.

Pendant les dures années de guerre, *La Rotonde* est le point de ralliement où faire sa toilette sans se geler, où lire dans le journal les nouvelles du front, où se réchauffer, où vivre, en un mot. La réouverture du *Bal Bullier*, en décembre 1921, donna le signal de l'Après-guerre et aux cafés du quartier celui de leur embellie. Il n'y en a plus un qui ne soit dès lors dédié aux artistes. L'infâme restaurant de l'angle du boulevard Raspail et de la rue Campagne-Première, repris par les Londiche, un couple dynamique qui fait appel à Auguste Clergé pour peindre l'enseigne, devient *Le Caméléon* et propose, outre sa choucroute bon marché, des soirées littéraires et musicales et des rencontres « pensées » par le sculpteur Jean Levet et le poète Alexandre Mercereau. Dépité par tous les tracas que la police lui avait fait subir pendant la guerre à propos de circulation de drogue, Libion avait vendu *La Rotonde* en 1920 mais le café résistait à son départ. Ainsi, le 14 juillet suivant, sa terrasse avait empli tout le boulevard sur quelque douze rangées de tables. Le 8 avril 1921, l'ancien *Café Vavin*, voisin de *La Rotonde* et rebaptisé le *Café du Parnasse*, avait verni sa première exposition de sculptures et de peintures. Son petit catalogue présentait 47 artistes, dont Nina Hammet, Natalia Gontcharova, Krémègne, Soutine, Mendjisky, Ortiz de Zarate, Abdul Wahab et arborait en couverture une carte du monde avec le Pôle Nord, l'Océan et Paris Montparnasse et la mention : « Le carrefour du Montparnasse est le centre du monde ». Le 3 juin suivant, la deuxième exposition présente 102 artistes, incitant les autres cafés à les imiter et à vendre des œuvres d'art. *Le Sélect*, inauguré en 1925, est le premier à rester ouvert toute la nuit. Son cocktail, le *Welsh Rarebit*, attire Hemingway et les écrivains américains ; il est suivi de l'American bar de *La Cigogne*, rue Bréa. En décembre 1927, l'ouverture de *La Coupole* est un événement. Alors qu'on déjeune au *Dôme*, on se rend à *La Coupole* dans la soirée. Les garçons, Harry, au *Dôme*, et Bob, à *La Coupole*, font office de facteurs de messages. Montparnasse est alors à son apogée ; ses cafés surpeuplés voient y défiler le monde entier.

NOTES

1. C. Parisot, *Modigliani Biographie*, éd. CanaleArte, 2000.

2. A. Salmon, *Montparnasse*, Paris, éd. André Bonne, 1950.

3. A. Salmon, *ibidem*.

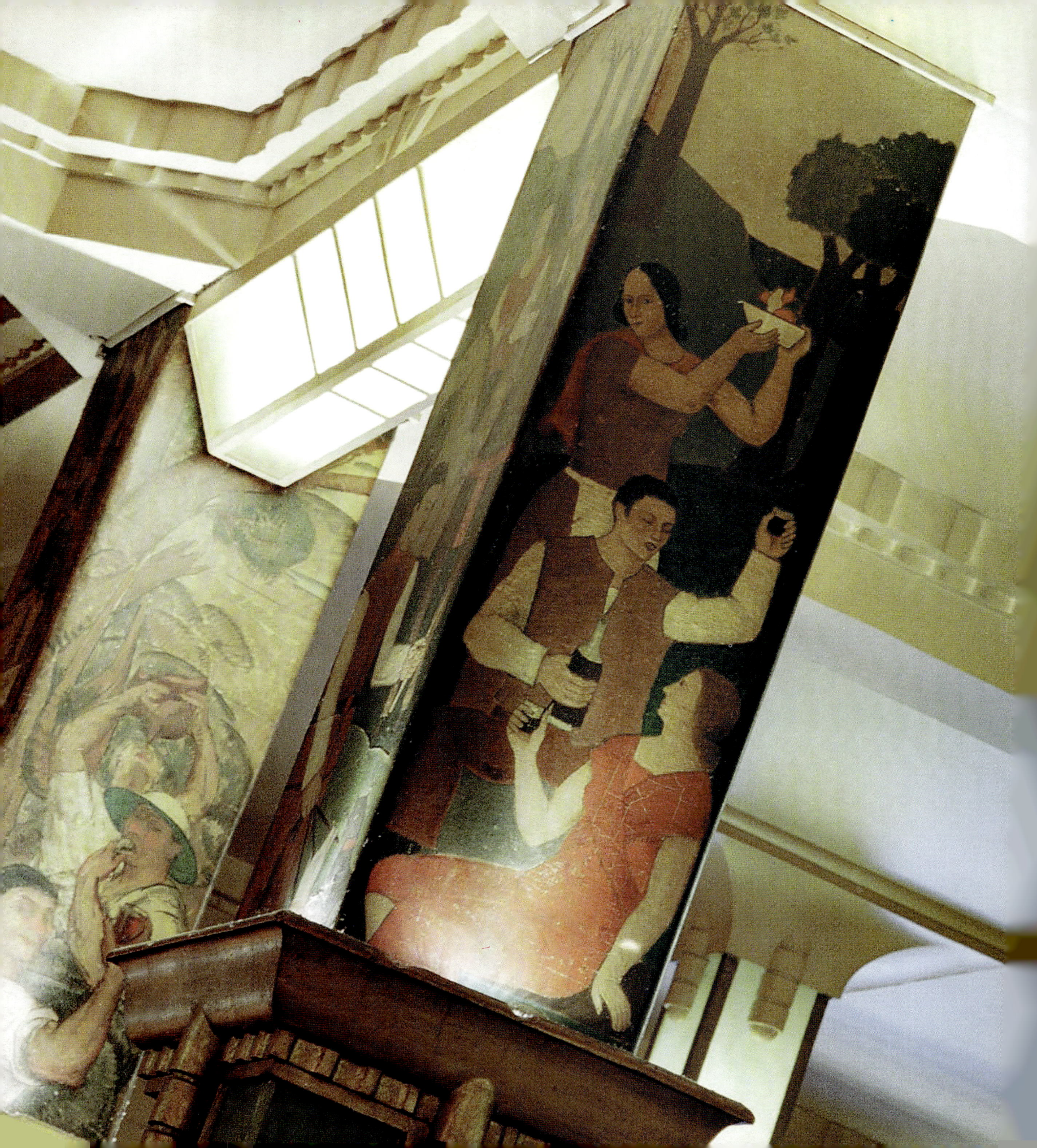

Certains piliers de La Coupole *furent décorés de peintures réalisées par des artistes de Montparnasse, pour la plupart élèves de Matisse, de Fernand Léger ou proches d'Othon Friesz*

La Closerie des Lilas

Sylvie Buisson
Chargée des expositions au musée du Montparnasse

Dès 1863, Claude Monet, Frédéric Bazille, Auguste Renoir et Alfred Sisley, alors inscrits aux Beaux-Arts de Paris dans le cours de Charles Gleyre, prennent l'habitude de se retrouver en dehors des sentiers battus, au 171, boulevard du Montparnasse, à l'angle de l'avenue de l'Observatoire, au lieu dit *La Closerie des Lilas* pour formaliser, un verre à la main, leur contestation et mettre au point des solutions à un académisme dont ils ne veulent plus.

La Closerie des Lilas n'est alors qu'un petit débit de boissons embaumé au printemps par une abondante plantation de lilas. Ces fleurs violettes sont parmi les premières à annoncer la belle saison à Paris. Le propriétaire M. Cabley donne à boire un vin qu'il détaille au rez-de-chaussée chez lui et, au premier étage, il met à disposition des acheteurs une « salle à boire », avant d'envisager des travaux d'aménagement en 1884 pour installer une cuisine au sous-sol et, au premier étage une salle à manger et deux tables de billards. Il conserve la boutique et le bar du rez-de-chaussée. Les futurs Impressionnistes ont lancé la petite *Closerie*, dont, en 1893, le nouveau propriétaire, M. Combles, améliore le décor tout en conservant son caractère champêtre. Pendant 40 ans, l'angle oriental et fleuri du boulevard du Montparnasse sera le point de rencontre des artistes et des étudiants après n'avoir été pendant des dizaines d'années qu'une guinguette qui servait le vin à la tirette et louait des chambres aux voyageurs de passage. En 1901, c'était comme l'indique d'Almeras : « un lieu intime et familier, avec son décor simple – tables de chêne, murs sans dorures – et sa terrasse ombreuse se prolongeait jusqu'à la statue du maréchal Ney. Chaque habitué avait sa table, sur laquelle, tous les soirs, la serviette d'un garçon effaçait, sans pitié, un croquis ou un alexandrin… »[1].

En 1903, l'électricité arrive dans l'immeuble rénové de *La Closerie*. Les poètes Stuart Merill et Paul Fort, le peintre Advard Diriks et Christian Krohg, délaissent le café *Le Versailles* pour *La Closerie*. Pendant deux ans, Paul Fort s'était rendu tous les soirs au *Versailles*, mais lassé par le tapage « des joueurs de billard et de dominos, petits commerçants et bourgeois du quartier entourant la gare Montparnasse », il s'était aventuré à l'autre bout du boulevard du même nom suivi par le reste de ses amis. Avec Diriks, ils s'y rendent en voisins, l'un habitant au 24 et l'autre au 18 de la rue Boissonnade et transforment ensemble *La Closerie des Lilas* en terrain d'action littéraire. Tous les mardis, Paul Fort organise des lectures de poésie, bientôt suivies par un nombre croissant de poètes, écrivains, musiciens et artistes de

La Closerie des Lilas, *ouverte en 1863, est en 1920 un des grands cafés de Montparnasse*

Modigliani, Picasso et André Salmon photographiés par Jean Cocteau en août 1916 devant La Rotonde

toutes provenances. Il n'est pas rare que le ton de ces soirées très arrosées, atteignent des niveaux paroxystiques, entretenu par la voix du très convivial Paul Fort mêlée à celles des récitants emportés par leur passion et leurs convictions. Il n'en fallut pas tant pour inciter un transfuge du *Lapin Agile* arrivé tout droit de Montmartre, Max Jacob, à grimper sur la table et danser la gigue en récitant un poème satirique[2]. A l'automne 1903, Paul Fort rencontre André Salmon et Apollinaire au café *Le Soleil d'Or*, lors de la présentation de leurs dernières œuvres dans le cadre de la revue littéraire *La Plume*, présidée par Alfred Jarry. Il les fait venir immédiatement à *La Closerie*. En 1905, Picasso et Fernande Olivier prennent l'habitude de les y accompagner, suivis bien sûr de leur mentor, Max Jacob. Un pont s'établit alors entre Montmartre et Montparnasse sous la forme « d'interminables discussions que le patron terminait parfois en nous flanquant à la porte », comme l'écrit Fernande dans ses *Mémoires*[3]. André Salmon est le secrétaire de la revue *Vers et Prose* que fonde Paul Fort en 1905, Apollinaire collabore au projet et aux premiers numéros qui sont fabriqués dans l'atelier de Diriks et acheminés à la poste dans la poussette de la fille du fondateur. Le Tout-Paris littéraire passe par *La Closerie des Lilas* : on y rencontre les interlocuteurs justes, les preuves des dernières solutions littéraires et leurs émules, marchands, amateurs, collectionneurs, artistes, modèles et comparses des poètes et de personnalités, telles que Pierre-Henri Roché, qui connaissent tout le monde et veulent faire en sorte que tout le monde se connaisse. Dix ans plus tard, fruit d'une rencontre à *La Closerie des Lilas*, Paul Fort célèbre le mariage de sa fille Jeanne avec le peintre futuriste Gino Severini arrivé avec Marinetti en 1911 pour organiser une exposition futuriste chez Bernheim-Jeune. Jeanne a 16 ans, le peintre 30, et le mariage dit « princier ». Paul Fort, ayant été élu *Prince des poètes,* passe même aux actualités.

NOTES

1. D'Almeras, « De la Closerie des Lilas à la Grande Chaumière », *La Contemporaine*, vol. 5, n°16, Paris, 25 octobre 1901.
2. Anecdote racontée par Carl Palme, *Konstens Karyatider*, Stockholm, 1950.
3. F. Olivier, *Picasso et ses amis*, Paris, éd. Stock, 1933.

Deux piliers de La Coupole. A gauche, celui de Léon Ernest Drivier (1878-1951), à droite, celui de Marie Vassilieff (1884-1957)

Les Années folles à La Coupole

Emmanuelle Corcellet-Prévost
Historienne de l'Art

Naissance de La Coupole

Au début du XXe siècle, les artistes qui avaient jusque là habité la butte Montmartre émigrent vers Montparnasse qui devient « la capitale » artistique de l'Europe entière. Les cafés-brasseries deviennent leur lieu de rencontre, ce qu'avaient compris l'aveyronnais Ernest Fraux et son beau-frère René Lafon qui pendant trois ans avaient déjà assuré, avec succès, la gérance du café *Le Dôme*. C'est ainsi qu'ils décident de reprendre un dépôt de bois et de charbon situé près du carrefour des boulevards Montparnasse et Raspail. Le lieu est doté d'une surface idéale (800 m²) pour qui veut construire la plus grande brasserie de Paris !

Deux architectes renommés sont chargés des travaux, Barillet et Lebouc. Les nouveaux propriétaires des lieux décident d'ouvrir une seule et grande salle, *a contrario* des autres lieux fréquentés par les artistes de l'époque. Ils créent ensuite, au sous-sol, un dancing puis, au premier étage, un restaurant à ciel ouvert *La Pergola*, avec une terrasse où l'on pouvait jouer à la pétanque.

La décoration se voulait résolument moderne

Ernest Fraux et René Lafon sollicitent, pour assurer la décoration intérieure des lieux, Alphonse-Louis Solvet et son fils Paul Solvet, architectes, qui avaient assuré la décoration de plusieurs grands cafés à Paris. Il s'agit d'un véritable défi. Il faut, en effet, animer ce qui se présente comme un immense hall de gare, supporté par seize piliers symétriques, et donc éviter la monotonie ou l'ennui qui pouvait naître de cette architecture. Les Solvet conçoivent alors une décoration globale qui donnera à l'ensemble de la brasserie une unité de tons, de lignes et de couleurs. Comme les Solvet l'écrivent : « Tout est sujet à l'étude, la mosaïque, la lumière, les galeries porte-chapeaux, les chaises, les tables, les meubles, les lambrequins, les assiettes, les menus même ! Quel champ immense pour le décorateur ! ».

D'où l'impression d'ensemble, de rythme et de cohérence. Les courbes de la mosaïque ocrée du sol répondent aux arêtes des lustres. Solvet applaudit à l'initiative du peintre Alexandre Auffray de faire réaliser par des artistes de Montparnasse, pour la plupart élèves de Matisse, de Fernand Léger ou proches d'Othon Friesz, des peintures sur chaque colonne. Solvet et Auffray travaillent en parfaite harmonie.

Une inauguration pétillante

Le soir du 20 décembre 1927, *La Coupole* est inaugurée. Selon Curnonsky, le gastronome réputé de l'époque, cette date est merveilleusement choisie car « le vin (le 20 !) dissipe la tristesse ». Les 1 500 bouteilles de champagne ouvertes pour l'occasion ne suffisent pas. Il fallut en commander beaucoup d'autres pendant la nuit afin de satisfaire les 2 500 convives. En une soirée *La Coupole* devient une institution. Elle fut adoptée par Paris dès son ouverture et devient immédiatement le théâtre de nos vies culturelles, artistiques et même politiques. On y croise tant de noms célèbres : Foujita, Faulkner, Giacometti, Simone de Beauvoir, Sartre, Beckett… et bien sûr Kiki de Montparnasse, Man Ray… Elle est un rendez-vous de discussions d'échanges, de convivialité, dirait-on aujourd'hui, car ce mot garde à *La Coupole* tout son sens…

Une deuxième jeunesse

La Seconde Guerre mondiale laisse ses marques sur *La Coupole*. Puis la brasserie reprit sa vie, en continuant d'attirer le Tout-Montparnasse. En 1987, un pilastre dont la peinture avait disparu est repeint par Ricardo Mosner. *La Coupole* est à vendre. René Lafon confie son illustre création à Jean-Paul Bucher, amateur des plus belles brasseries parisiennes. En janvier 1988, la brasserie est inscrite à l'Inventaire supplémentaire des Monuments historiques. Elle ouvre à nouveau ses portes en retrouvant son esprit d'origine, après 9 mois de travaux conduits sous la direction des services des Monuments historiques par Marie-Lys de Castelbajac et Michel Bourbon qui peindra le dernier pilastre mis en place à cette occasion. Cette restauration permet de restituer aux piliers qui avaient été jadis repeints en rouge grenat, leur couleur d'origine, celle du lap vert, un matériau proche du marbre, inventé par Jean Charles Seailles, et qui fit fureur dans les années 1920. L'entrée dans ce lieu prestigieux est toujours un moment privilégié. Le visiteur découvre dès son arrivée les 33 piliers et pilastres magistralement alignés dans une salle au volume impressionnant. En s'installant à sa table il sera enchanté par les peintures qui ornent le sommet de chacun d'eux[1]. La blondeur des boiseries en citronnier et des lustres en verre dépoli donnent à l'ensemble une atmosphère chaleureuse. Au centre de cet espace, sous un rappel direct de ce qui fut, jadis, la coupole de verre, trône en rotation une majestueuse sculpture « La Terre » signée Louis Derbre et représentée par deux personnages.

Des artistes attirés par la réputation de Montparnasse continuent aujourd'hui à s'installer dans ce quartier perpétuant ainsi la tradition que lorsqu'un artiste arrive à Paris, il prend un atelier à Montparnasse.

NOTE

1. En l'absence de signatures sur les colonnes – à l'exception d'une – le travail d'identification des peintures a été rendu difficile dans la mesure où la plupart des peintres étaient tombés dans l'oubli. L'auteur de ces lignes a pu retrouver la quasi-totalité des artistes et identifier la plupart des toiles (en 1997, pour les 70 ans de la brasserie).

La promenade des Champs-Elysées était très prisée au XIXe siècle avec ses cafés chantants et ses activités de plein air

Des cigares et du feu ! — *Membre du Jockey-club.*

Les habitués. — *Le garçon de café.* — *Les promeneurs à sec.*

Sur les Champs-Elysées

Isabelle Rouge-Ducos
Conservateur du Patrimoine

Les premiers cafés au XVIIIe siècle

Les cafés s'installèrent aux Champs-Elysées dans la deuxième moitié du XVIIIe siècle, principalement dans la partie centrale, entre la place Louis XV et le Rond-Point, et plus particulièrement, du côté droit, au plus près de la place Louis XV et du faubourg Saint-Honoré. Les cafés étaient tous situés en retrait dans les jardins, et non comme aujourd'hui, sur l'avenue même, plus exposée au passage des attelages. Leur implantation dépendait pour beaucoup de la propriété des terrains : la partie sud (ou gauche) des Champs-Elysées fut la première acquise par les rois afin de créer le Cours-la-Reine, une dépendance des Tuileries réservée à la cour. Elle ne donna donc pas lieu au développement de cafés sous l'Ancien Régime.

Les terrains de l'avenue centrale, entre les Tuileries et le Rond-Point, avaient progressivement été achetés par le domaine de la Couronne, de même que ceux de la place Louis XV. Mais le but était cette fois de créer une promenade publique où des concessions pouvaient être octroyées. La partie droite des Champs-Elysées ne put bénéficier d'un traitement équivalent : elle fut laissée aux particuliers. La noblesse y construisait ses hôtels le long du faubourg Saint-Honoré, représentant une clientèle idéale pour les cafés des jardins.

Les premiers cafés étaient peu nombreux. Dans la deuxième moitié du XVIIIe siècle, ils ne constituaient qu'une partie des débits de boissons. En 1796, dans la portion comprise entre le Rond-Point et la place de la Révolution, on comptait quatre cafetiers-limonadiers, deux laiteries, deux traiteurs et quatre vendeurs de bières[1]. Deux autres établissements « de planches et toiles », sont évoqués, sans plus de précisions : probablement des guinguettes démontables. Les quatre cafés mentionnés (celui de l'*Aurore*, de la *Réunion*, des *Ambassadeurs*, du citoyen Foyer) sont des constructions modestes mais permanentes, en maçonnerie, avec charpente et couverture d'ardoise. Le café des *Ambassadeurs*, le plus à la mode, était fréquenté par des ambassadeurs logeant dans les hôtels de la place de la Concorde ou du faubourg Saint-Honoré.

Si les cafetiers-limonadiers constituaient un corps de métier aux privilèges distincts de ceux des restaurateurs et des marchands de vin, cela n'empêcha pas une confusion des activités. La libéralisation des métiers sous la Révolution rendit possible l'association de différentes professions en un même établissement. *Le Doyen*, dans la partie gauche, d'abord signalé comme café, devient un restaurant de prestige. En 1814, il n'est plus classé dans les guides parmi les limonadiers[2] tant sa carte s'est diversifiée. Le *café du Rond-Point*, à l'origine un débit de vins[3], devint ensuite un café puis un restaurant qui subsiste encore aujourd'hui.

Les Champs-Elysées faisaient l'objet de concessions très différentes : location de chaises, jeux de chevaux de bois, théâtres de marionnettes et de Guignol des deux côtés de l'avenue de Marigny, spectacles de plein air ... A la fin du XVIIIe siècle, certains tenanciers se regroupèrent en un même établissement créant des lieux de divertissements installés dans de vastes palais : le plus célèbre était *Le Colisée*[4], rassemblant cafetiers-limonadiers, restaurateurs, musiciens, et tout un parc d'attractions avec des salles de bals.

Les cafés de plein air, rois des jardins

Les cafés de plein air, comme les jardins de plaisirs et les cafés-concerts, étaient typiques des Champs-Elysées. Les premiers se multiplièrent sous le Directoire, à la faveur des *Incroyables* qui fréquentaient le jardin de plaisirs *Velloni*, au coin de la rue Marigny. Elevé au milieu d'un cadre verdoyant, on y servait boissons et desserts, et l'on y goûtait des distractions comme les balançoires, les volants, la danse, les concerts ou les feux d'artifice[5].

La fin du XVIIIe siècle vit aussi la naissance des premiers cafés-concerts, phénomène intimement lié aux jardins. Les musiciens ambulants parcourant l'avenue, passaient aux terrasses pour jouer et chanter des airs de musique à la demande du cafetier désireux de divertir les clients. Les principaux cafés-concerts étaient alors *Les Ambassadeurs*, *Le Midi* et *L'Horloge*, trois pavillons situés du côté droit des Champs-Elysées. L'Empire entraîna une brusque disparition des premiers cafés-concerts, un décret du 8 août 1807 imposant la fermeture des salles de théâtre et prohibant les spectacles donnés dans les cafés.

Ils réapparaissent aux Champs-Elysées sous Louis-Philippe et connaissent leur apogée sous Napoléon III. La mode des cafés-concerts fut relancée par le spéculateur Masson de Puits-Neuf, fondateur des concerts des Champs-Elysées où exerçait le chef d'orchestre Musard, à l'entrée de l'avenue[6].

Le *café du Bosquet* ou *concert à la corde* était situé dans le premier carré à droite des Champs-Elysées : le « gros Fleury » était le comique préféré des clients modestes. Le succès de cette formule poussa le patron du café des *Ambassadeurs* à engager des artistes ambulants. Le succès fut tel qu'en 1841 Hittorff, architecte des Champs-Elysées, reconstruisit le café avec une salle de concert.

En 1841, Morel, propriétaire du pavillon de Midi, avait ouvert un autre café dit *Café Morel*, devenu par la suite l'un

Charles Siclis conçut deux cafés sur les Champs-Elysées, dans le style Art Déco : Le Colisée *et* Le Triomphe

des plus célèbres du XIXe siècle : l'*Alcazar d'été*, entre l'avenue des Champs-Elysées et l'avenue Gabriel, tout près des *Ambassadeurs*. Construit également par Hittorff, il fut transformé en 1895 par Formigé, créateur d'une architecture métallique originale[7]. Composé d'un toit escamotable et coulissant, il permettait d'abriter les spectateurs en cas de mauvais temps.

L'Entre-deux-guerres : l'âge d'or des cafés sur l'avenue

Après 1900, le succès du cinéma, des dancings et du music-hall entraîna la disparition des cafés-concerts. Les cafés se multiplièrent au-delà du Rond-Point après 1914, s'installant pour la première fois directement sur l'avenue. Si les boulevards étaient le domaine du théâtre, les Champs-Elysées devinrent celui du cinéma et de la voiture, l'avenue attirant les activités professionnelles, notamment les artisans et les industriels de l'automobile. De nombreuses salles de cinéma, des maisons de production et des agences d'impresarios ouvrent alors sur l'avenue[8]. Le *Fouquet's* va bénéficier de cette nouvelle clientèle qui s'y retrouve pour faire affaire. Louis Fouquet, limonadier, avait transformé en 1899 un estaminet réservé aux cochers en un bar de style moderne : *The Criterion Fouquet's bar* ; son successeur, Léopold Mourier, aménagea en 1913 un restaurant à l'entresol. C'est surtout à partir de 1923 que Louis Barraya le transforme en un rendez-vous de célébrités. Les réalisateurs le fréquentent, les acteurs s'y retrouvent, tels Gabin et Michèle Morgan. Raimu est un fidèle. On y signe des contrats.

Beaucoup d'écrivains y ont leurs habitudes : Léon-Paul Fargue, Joseph Kessel, Georges Simenon…

Le *Fouquet's* témoigne de la vogue anglo-américaine des bars, lesquels vont se multiplier pendant l'Entre-deux-guerres et transformer les cafés en « cafés-bars ». Ce sont des lieux cossus, témoignages du style Art Déco : l'architecte Charles Siclis est « l'homme des Champs-Elysées »[9] dans les années 1930. Il construit au n° 44 de l'avenue, *Le Colisée*, vaste café aux lignes sobres et, en 1934-1935, *Le Triomphe*, un peu plus haut, où il déploie une architecture fantaisiste débordant d'ornements. Pendant les années 30, les Champs-Elysées deviennent le lieu de prédilection de ce qu'on peut appeler le « café-bar-restaurant ». On en dénombre à la fin des années 1930 plus d'une vingtaine dont beaucoup ont disparu de nos jours.

Après les années 1950, les commerces de luxe, notamment la confection, ont été rejoints par des boutiques bon marché, comme les grandes surfaces. Les adresses gourmandes connaissent le même phénomène, les brasseries, salons de thé, cafés-restaurants côtoient les *fast-food*, et les restaurants de cuisine étrangère font leur apparition. Les cafés d'aujourd'hui se sont parfois développés de manière anarchique, nuisant à l'harmonie de la promenade ; un « comité des Champs-Elysées » tente de lutter contre les errements les plus manifestes. Depuis les travaux de modernisation de 1993, les règlements autorisent l'installation de contre-terrasses s'étendant jusqu'au milieu des trottoirs : les cafés-restaurants restent donc plus que jamais le symbole de l'avenue.

NOTES

1. AN, F13 875, plan dressé par Aubert, 18 prairial an V (30 mai 1797) sur les concessions des Champs Elysées.
2. *Le guide des dîneurs ou statistique des principaux restaurants de Paris*, Paris, Les Marchands de nouveautés, 1814. Le restaurant *Le Doyen* y est mentionné avec une abondante carte.
3. En 1755, Dubertret, ancien domestique de Madame de Pompadour, acquit du marquis de Marigny un terrain sur le Rond-Point des Champs Elysées, P. d'Ariste et M. Arrivetz, *Les Champs-Elysées, étude topographique, historique et anecdotique jusqu'à nos jours*, Paris, éd. Emile-Paul, 1913, p. 213.
4. *Le Colisée*, construit par Le Camus, a été ouvert de 1771 à 1781. Il était situé sur la droite du Rond-Point au niveau de l'actuelle rue du Colisée. Voir Pozzo di Borgo, *Les Champs-Elysées, trois siècles d'histoire*, Paris, édition de La Martinière, 1997, p. 35.
5. H. Melchior de Langle, *Le petit monde des cafés et débits parisiens au XIXe siècle : évolution de la sociabilité citadine*, Paris, Presses universitaires de France, 1990, p. 227.
6. P. d'Ariste et M. Arrivetz, *Les Champs-Elysées, op. cit.* p. 133.
7. « Brasseries et cafés concerts », *La Construction moderne*, 1895, p. 399.
8. R. Castans, *Parlez-moi du* Fouquet's, Paris, éd. J.C. Lattès, 1989, p. 59.
9. G. Brunon-Guardia, « Le café *Le Triomphe* aux Champs-Elysées. Charles Siclis architecte », *La Construction moderne*, 50e année, 1934-1935, p. 382.

BOULEVARD St GERMAIN
Café de Flore
RUE St BENOIT
AFE DE FLORE
Café de Flore
RUE St BENOIT

Le Café de Flore constitue avec Les Deux-Magots *et la Brasserie Lipp le trio mythique de Saint-Germain des Prés*

Ce sage mandarin chinois, l'un des deux magots provenant du magasin de nouveautés où s'installa le café des Deux Magots, règne sur l'établissement emblématique de Saint-Germain des Prés

Saint-Germain des Prés

Gérard-Georges Lemaire
Ecrivain, historien et critique d'Art

Après avoir vu la fondation d'une des plus fameuses universités d'Europe, le bourg Saint-Germain a pris de l'ampleur et est devenu prospère. Une foire y a été créée après la mort de Charlemagne et Louis VII, par une charte du XIIe siècle, en assure la pérennité. Au début du XVIe siècle, on bâtit sur son emplacement une grande et belle halle permettant d'abriter plus de 300 loges pour des marchands forains. Tous les ans, quinze jours après Pâques, en plein Carnaval, la foire connaît une affluence immense. On y vend de tout, sauf des armes et des livres. A partir de 1726, il devient un marché permanent. La prostitution y a libre cours et les dames de l'aristocratie y rencontrent leurs amants en secret. On y joue aux boules ou aux quilles. On s'attroupe pour voir les ours danser et les bêtes féroces. On se divertit devant le castelet des montreurs de marionnettes. Des acteurs s'y produisaient avec grand succès, à tel point que le roi les fait jouer à la cour. Ils obtiennent même de représenter deux opéras. Dans les allées de ce marché, un négociant arménien nommé Pascal loue une petite boutique qui a l'aspect d'un kiosque oriental pour proposer au chaland une boisson noirâtre et amère venue de l'Arabie encore bien peu prisée.

Le théâtre joue aussi un rôle considérable dans l'histoire de ce quartier de Paris. Le théâtre Guénégaud sert à partir de 1675 d'asile à la troupe de La Grange, directeur du Marais. Puis le roi, soucieux d'avoir un contrôle plus absolu sur les artistes décide la fusion de la troupe de l'Hôtel de Bourgogne et celle du théâtre du faubourg Saint-Germain avec la compagnie de Molière. Ce nouveau théâtre cherche en vain un lieu où s'installer. On trouve enfin le jeu de paume de l'Etoile dans l'actuelle rue de l'Ancienne-Comédie. C'est en face de cet endroit livré au drame et à la farce qu'un jeune Sicilien appelé Francesco Procopio dei Coltelli décide d'ouvrir une maison de café. Il en fait rapidement le quartier général de la Comédie. L'endroit est assez accueillant et agréablement aménagé pour attirer la clientèle du théâtre, des Fermiers généraux et des petits maîtres ainsi que les auteurs dramatiques, les comédiens et les premiers gazetiers et foliculaires. Ce « terrain neutre » est néanmoins un excellent forum pour les joutes verbales et les débats contradictoires. Jean de la Fontaine et Gresset l'auteur de *Vert Vert*, Danchet, le grammairien, Regnard, Crébillon Père et Fils figurent parmi ses hôtes assidus. Quand le fils de Procope, Alexandre, prend la relève, le café est devenu le centre incontesté de la vie littéraire. Il se prétend à la fois médecin et auteur dramatique, chansonnier et poète. Il met tout en œuvre pour que son établissement conserve sa réputation. Il y attire Fontenelle, Jean-Baptiste Rousseau et Houdar de La Motte, puis Grimm, Lesage et une cohorte de nouvellistes en quête des derniers échos. Le *Procope* est vraiment le café des Lumières. Si on y voit fort peu Jean-Jacques Rousseau et Denis Diderot, contrairement à la légende, Voltaire y vient déguisé pour écouter les réactions que pouvaient provoquer ses pièces, en particulier lors de la violente polémique avec Fréron qui écrivit une violente pièce satirique, *Les Philosophes*, à laquelle ce premier réplique quelques mois plus tard avec *L'Ecossaise ou Le Café*, dont l'action se déroule justement dans la salle du bon *Procope*. Et pendant la Révolution, c'est le lieu de réunion de Danton, de Fabre d'Eglantine et du Club des Cordeliers, de Marat et d'Hébert, où l'on célèbre en grande pompe la mort de Benjamin Franklin. Rebaptisé *Café Zoppi* pendant ces événements décisifs, il s'assoupit sous l'Empire. Les débuts du romantisme lui redonnent un peu de lustre, avec Alfred de Musset, Théophile Gautier et Victor Hugo l'année de la querelle d'*Hernani*. Puis il retombe dans une profonde somnolence.

Au cours du XIXe siècle, c'est sur la rive droite que s'installent les grands cafés à proximité de la Bourse, des banques, des agents de change, des rédactions des grands journaux et des revues influentes. Sur la rive gauche, la bohème fait cause commune avec le monde estudiantin au quartier Latin. Un certain Théo de Bellefonds a l'intention de ressusciter le café *Procope*, restaure et complète la bibliothèque de *Zoppi*, installe un petit théâtre et imprime une feuille. Des cafés connaissent des fortunes diverses autour de l'Odéon, tel le *Café Voltaire*, où Gino Severini a célébré ses épousailles avec Jeanne, la fille de Paul Fort, le *François Ier* près du carrefour Buci, où Léon-Paul Fargue voit Paul Verlaine, quand il n'est pas au *Procope* ou ailleurs, car il n'est pas un lieu dans le quartier qui ne l'ait pas vu succomber à la tentation de la fée verte. Le faubourg Saint-Germain est alors un coin paisible d'où semblent s'être abstraits les agitations de la politique ou les affres de la création. Le *Café Caron*, rue des Saints-Pères, que fréquente Rémy de Gourmont, est un refuge pour les retraités et les rentiers ; l'on y bavarde à mi-voix et on y évite les jeux bruyants. Huysmans le perçoit comme le parangon du café d'antan, à l'abri des injures du temps, des bouleversements de la vie moderne, quasiment immuable dans ses us et coutumes.

Ces rues paisibles attirent les libraires, les éditeurs, les rédactions des revues sérieuses. *La Revue des Deux Mondes* de Buloz s'installe rue des Beaux-Arts au début des années 1830

La Brasserie Lipp *doit son nom à son fondateur, Léonard Lippman, qui lui avait préféré à l'origine le nom de* Brasserie des Bords du Rhin

et emploie des hommes nouveaux comme Alfred de Musset, Jules Simon ou Alexandre Dumas pour devenir la référence incontournable de son époque. La Librairie de « l'Histoire contemporaine » dirigée par François Anatole Thibaut, dit le Père France, est l'un des lieux fréquentés par les érudits du milieu du siècle dernier, d'abord quai Malaquais puis quai Voltaire, alors que les gens de lettres stationnent dans la librairie Honoré Champion, elle aussi sise quai Malaquais à partir de 1874. Henri Plon rachète en 1854 l'Hôtel de Sourdéac rue Garancière et devient l'imprimeur de l'empereur à partir de 1872. Le Cercle de la Librairie choisit pour siège l'ancien hôtel construit par Charles Garnier en 1879 et commence la publication de la *Bibliographie de France*. Au début de notre siècle, ce sont les revues comme *Vers et Prose*, *Le Mercure de France* de Valette et Rachilde, domiciliés rue de Condé ou la *NRF* d'André Gide et Jacques Rivière d'abord consignée dans l'arrière-boutique d'un teinturier de la rue Saint-Benoît, qui élisent les deux rives du boulevard Saint-Germain. Le caractère de l'ancien faubourg se fait imperceptiblement littéraire avant de devenir le pôle exclusif de l'édition française.

L'histoire de la *Brasserie des Bords du Rhin* fondée en 1877 par Léonard Lippman mériterait un chapitre comme les *Deux Magots* et le *Flore*, pour elle seule. Dès son ouverture, on y signe le *Manifeste des Cinq* contre la publication de *La Terre* d'Emile Zola. L'endroit se peuple rapidement de personnages extravagants, comme les poètes dissidents du groupe des Hydropathes, des membres du groupe des Hirsurtes et une poignée de Décadents, dont Jean Moréas, quand il ne vaticine pas au *Café Vachette*, Laurent Thaillade et Paul Mounet. Marcel Proust, qui ne quitte pas volontiers l'hôtel *Ritz*, envoie la sœur de Céleste acheter de la bière chez le brave Alsacien. Alfred Jarry descend de bicyclette pour y prendre un repas à l'envers, c'est-à-dire en commençant par le dessert pour finir par l'entrée. Quand la guerre est déclarée avec l'Allemagne, Lipp retire le mot « Rhin » de son enseigne et ne le remet qu'une fois Strasbourg revenue dans le giron de la France en 1918.

L'établissement est racheté en 1920 par un homme arrivé de l'Aveyron, Marcelin Cazes. Il modifie son nom, le baptisant *Brasserie Lipp* en hommage à l'ancien propriétaire. Un poète hors du commun se propose comme locataire à vie : Léon-Paul Fargue, l'auteur du *Piéton de Paris*. Il faut dire qu'il le connaît comme sa poche car son père et son oncle l'ont décoré de céramiques. Bientôt sa clientèle vient des milieux les plus divers : des étudiants des Beaux-Arts, des rentiers, des hommes d'affaires, des commerçants du quartier, puis après 17 h, des éditeurs voisins, des fonctionnaires des ministères du boulevard, des médecins, des bandes d'artistes, des journalistes en quête d'échos. *Lipp* tient à conserver la clientèle des hommes politiques, surtout les députés de province, qui y retrouvent l'aspect accueillant et pas bégueule des bistrots cossus et des brasseries chaleureuses de leurs villes d'origine. Il existe chez *Lipp* un côté « sous-préfecture » qui les rassure. Et la politique y règne en souveraine. Mais si la politique a ici ses droits et ses privilèges, elle coexiste avec le théâtre et le cinéma, la littérature et la création sous toutes ses formes.

Marcelin Cazes, patron de la Brasserie Lipp, *ancien bougnat, accueille dans son établissement Antoine de Saint-Exupéry à gauche, au milieu*

Des clients démontrent une assiduité rare, comme Colette ou Pablo Picasso, mais aussi André Gide, qui vient en solitaire, et Robert Desnos, accompagné de sa femme, Youki. Le prix Cazes, créé en 1935, en fait un appendice indispensable de l'univers du livre qui a définitivement pris racine dans les parages. Ernest Hemingway parachève de fabriquer la légende de ce lieu unique dans *Paris est une fête*.

La Seconde Guerre mondiale passe et la *Brasserie Lipp* retrouve ses fastes. Des têtes nouvelles font leur entrée. Michel Butor, à l'époque où il écrit *Le Passage de Milan*, Daniel Boulanger, Patrick Waldberg, Jacques Laurent, qui en demeure le plus fidèle pilier, René de Solier, mais aussi des peintres et des sculpteurs comme Max Ernst, Giorgio de Chirico, Alberto Giacometti, Alexandre Calder, Riopelle, Sam Francis, Joan Mitchell, et une pléiade de jeunes gens ambitieux heureux de côtoyer d'illustres aînés. L'édition n'est pas de reste : Georges Lambrichs, quand il travaille encore aux éditions de Minuit, puis quand il dirige la collection « Le Chemin » chez Gallimard, Joachim Vital, qui y jette les bases des éditions de la Différence, ont leur table pour recevoir des auteurs de tous les horizons.

Jean-Jacques Brochier est persuadé que *Lipp* n'est plus *Lipp* depuis que M. Cazes a disparu. Mais le quartier aussi s'est métamorphosé en profondeur, livré dans son intégralité à l'industrie de la mode. Sans doute que le temps d'un microcosme foisonnant sur lequel a veillé longtemps la statue de Denis Diderot, à la fois bienveillant et sarcastique, n'est plus. Et pas moyen de trouver refuge dans l'abri souterrain du *Bar du Pont-Royal* car il est fermé depuis plusieurs années. Ce bar a été le centre névralgique de l'édition de la rive gauche. Situé à deux pas de Gallimard, de Denoël, de la galerie Maeght, pas très loin de Fayard, de la Table Ronde, de Grasset et du *Magazine littéraire*, des éditions de l'Herne, on a vu descendre tous ceux qui ont compté dans la république des lettres, mais aussi des arts. Repaire des Gallimard et de René Julliard, de Fasquelle et de l'infatiguable Lambrichs, de Christian Bourgois et de Philippe Sollers, il a accueilli des poètes magnifiques comme Giuseppe Ungaretti et Jean Tardieu, des romanciers, Romain Gary et Antoine Blondin et, au fond, quasiment tous ceux qui ont publié dans ces maisons. Francis Bacon s'y est risqué volontiers quand il descendait à l'hôtel Montalembert.

A l'écart du triangle magique de Saint-Germain, entre les deux magasins d'Yves Saint-Laurent, il est un modeste bistrot qui n'a guère fait parler de lui jusqu'à une époque récente. Un écrivain oulipien, Georges Perec, s'en sert de poste d'observation pour sa *Tentative d'épuisement d'un lieu parisien*, (1974). Un film modeste, aux ambitions intellectuelles néanmoins marquées, *La Discrète*, y fait se dérouler certaines scènes au premier étage.

Qui se souvient que le *Café de la Mairie* a été, à la fin des années 1920, le refuge de Djuna Barnes ? Celle-ci en fait le décor d'un chapitre entier de son étrange roman, *Nightwood*, : « Tout près de de l'église Saint-Sulpice, au coin de la rue Servandoni, habitait le docteur. Sa petite silhouette traînassante était un trait de la place. Pour la propriétaire du Café de la Mairie du VIe, c'était presque un fils. Cette place relativement petite à travers laquelle des lignes de tramway couraient dans plusieurs directions, bordée d'un côté par l'église et de l'autre par la justice de paix était la « cité » du docteur [...]. Parfois, tard dans la nuit, on le voyait, avant qu'il s'enfonçât dans le Café de la Mairie du VIe, tressaillir à la vue des énormes tours de l'église qui s'élevaient dans le ciel, disgracieuses mais rassurantes ».

André Breton y rameute en son temps ses derniers fidèles et ses nouveaux convertis à son retour de New-York. Alberto Giacometti y montre parfois sa silhouette presque aussi énigmatique que celle de ses sculptures et y dessine.

Quelques lustres plus tard, Jean-François Bory en restitue le climat dans une nouvelle aux accents satiriques : « Oui, je vous parlais du Café de la Mairie, la manière dont nous nous retrouvions. En fin de compte je crois que Gérard-Georges Lemaire souhaitait secrètement que nous fussions ce qu'avait été, dans son imagination, le Bloomsbury : la tension vers une forme de civilité de l'esprit à l'inverse des intellectuels et des artistes de la modernité qui ont aspiré à des tyrannies esthétiques et même idéologiques ». Le cercle n'a jamais cessé de s'élargir. Gérard de Cortanze gare sa voiture tant bien que mal en face tandis qu'Eric Koehler commande son café très serré et non sucré. Patrizia Runfola, l'auteur de *Leçons de ténèbres* entre, toute de noir vêtue, jusqu'au bout des gants, avec une étole de fourrure retombant sur le dos, altière, superbe et fragile. Mais voici Christian Bourgois qui s'avance tout droit vers le comptoir pour commander un ballon de blanc sans regarder ni à droite ni à gauche de derrière ses lunettes noires. Voici Jean-Christophe Bailly, qui s'échoue à une table avec son cartable fatigué, toujours bourré de papiers et de documents. Voici Marcello Mastroianni, assis tout seul dans un coin, que personne ne vient tirer de sa rêverie. En arrivant, tous jettent un coup d'œil oblique sur les liseurs de la terrasse qui ressemblent à des mannequins de Jean Hélion avant de s'enfoncer dans les lueurs de néon de l'arrière-salle pour mener avec leurs camarades des expéditions imaginaires dignes du baron de Munchaussen.

Les Deux Magots

Gérard-Georges Lemaire
Ecrivain, historien et critique d'Art

L'origine du nom du *Café des Deux Magots* est curieuse : il faut remonter en 1813, rue de Buci, pour découvrir un magasin de nouveautés, qui lui a laissé ce nom et les deux beaux bois sculptés figurant de sages mandarins chinois. Quand le café ouvre ses portes en 1891, il est fréquenté par des comédiens et une poignée de financiers : il est loin d'être lancé. Oscar Wilde vient y traîner sa vieillesse et l'amertume de son exil alors que des écrivains comme Léon Daudet, Rosny Aisné l'adoptent pour sa tranquillité. Quelques transfuges de Montparnasse forment le premier cercle d'habitués. En terrasse, André Derain explique à André Salmon sa théorie des cubes. On raconte qu'Alfred Jarry y est entré pour déclarer sa flamme à une jeune dame en tirant un coup de revolver dans la vitre, histoire de rompre la glace. Quand Guillaume Apollinaire est soupçonné en 1912 d'avoir subtilisé des statuettes phéniciennes au Louvre, ses fidèles compagnons tiennent assemblée. Peu après, le même petit groupe fonde la revue *Les Soirées de Paris* autour de leur héros. La création du théâtre du Vieux-Colombier en 1913 y amène Jacques Copeau et sa troupe. Bientôt Paul Léautaud et l'équipe du *Mercure de France* au grand complet s'y installent. Immédiatement après la Grande Guerre, André Breton, qui déteste le charivari de Montparnasse, compose avec soin le cercle d'amis qui va constituer le mouvement surréaliste. Louis Aragon, René Crevel, Paul Eluard, Robert Desnos l'y retrouvent pour mener les premières expériences dont rend compte la revue *Littérature*. Des oukases sont promulgués sans ménagement et des expéditions punitives sont projetées autour de leur table attitrée. Montparnasse ne tarde cependant pas à annexer ce séjour encore préservé. A la fin des années 1920, le café est le haut lieu de l'intelligentsia parisienne. Les groupes pullulent à sa terrasse et on peut y distinguer Le Corbusier ou Roland Dorgelès, Jean Tardieu ou Maurice Sachs, l'éditeur Robert Denoël ou Jacques Audiberti, Antonin Artaud ou Chardonne. Jean Giraudoux, qui travaille au ministère des Affaires étrangères, a sa propre table. Saint-Exupéry arrive en compagnie de sa secrétaire, Françoise Giroud, à l'époque où il écrit *Courrier Sud*. Pablo Picasso y fait la connaissance d'une belle jeune femme mystérieuse, Dora Maar. Les étrangers se jettent sans attendre à cette mêlée : James Joyce s'entoure du clan de ses sectateurs, Bertold Brecht, Alfred Döblin, Stefan Sweig, Robert Musil, Anna Seghers, Henrich Mann, Ernst Weiss, le grand journaliste tchèque Egon Erwin Kisch, Joseph Roth, et tant d'autres exilés venus de l'Europe entière forment un fascinant tableau littéraire qui ne cesse jamais de se reformuler.

De nouvelles revues y voient le jour, comme *Bifur*, dirigée par Georges Ribemont-Dessaignes et Nino Franck et *La Courte Paille* créée par Henri Philippon. Les mondes les plus divers et les plus éloignés se croisent et se heurtent sous le regard impénétrable des deux dignitaires de la Chine ancienne : Henri Michaux a pu rencontrer Francis Carco dans ce grand carrefour des opinions et des écoles littéraires, des engagements idéologiques et des groupes artistiques.

Le démon de la politique saisit le vénérable café au cours des années 1930. Les participants du Congrès International pour la Défense de la Culture y poursuivent leurs sessions, Eugène Dabit et Aldous Huxley discutant vivement avec Brecht et Musil. Les réunions de l'Union pour la Vérité, qui ont lieu rue de Rennes et auxquelles participent Paul Nizan, Romain Rolland et André Gide, s'achèvent presque toujours au café. La nouvelle guerre qui s'annonce met un terme à ces agoras de l'intelligence. Tous rideaux tirés, ceux qui ont échappé à la fureur des événements travaillent ou lisent en silence dans la salle à moitié déserte. A la Libération, Sartre et Beauvoir fuient le *Café de Flore* et se réfugient dans ce havre de paix. Mais bientôt les anciens habitués reviennent et la joyeuse bande des frères Prévert redonne vie à l'établissement alors que les surréalistes se réapproprient jalousement leur territoire après un long exil à New-York. Boris Vian, Albert Camus et Violette Leduc comptent parmi les figures familières de cette phase nouvelle de cette histoire où s'installe le mythe de Saint-Germain des Prés dont Juliette Greco est devenue la grande prêtresse.

Aujourd'hui, le café fête les anniversaires des grandes maisons d'édition ou organise des réceptions pour l'un des innombrables prix qui ponctuent la vie mondaine parisienne, le café ayant lui-même institué un prix, à l'instar de son grand voisin, la *Brasserie Lipp*, qui a lancé avec succès le prix Cazes.

Le café des Deux Magots *acquit ses lettres de noblesse, comme son célèbre voisin,* Le Flore, *au cours des années 1950*

Le Café de Flore

Gérard-Georges Lemaire
Ecrivain, historien d'Art

Le *Café de Flore* naît en 1885. Il est édifié sur l'emplacement de l'ancienne abbaye de Saint-Germain des Prés, après l'achèvement du nouveau boulevard haussmannien. Il doit son nom enchanteur à une statue de la petite divinité qu'on dit s'être dressée de l'autre côté du boulevard. Après la fermeture du modeste *Café Caron*, ses clients s'y acclimatent et viennent y lire en paix leurs journaux. Rémy de Gourmont y retrouve la même quiétude. Les choses commencent à changer quand, après les convulsions de l'affaire Dreyfus, les jeunes monarchistes, rassemblés autour de Charles Maurras, son théoricien, y fondent *L'Action française* au premier étage. C'est là que Maurras lance son fameux appel à Henri d'Orléans, là que « le fait exprès des destins voulut que, sous le signe et la protection de cette déesse du Printemps, fussent élevées les premières et bien bruyantes rumeurs de notre *Action Française* ». L'événement attire la curiosité de fins lettrés comme Maurice Barrès et Paul Bourget. C'est ainsi que peu à peu, la littérature s'installe dans le décor gris et crasseux du *Flore*. Guillaume Apollinaire l'adopte pour y rencontrer ses amis parce qu'il est encore en dehors des grandes routes de l'esprit moderne. Il y retrouve les poètes André Salmon et André Rouveyre quand il crée la revue *Les Soirées de Paris*. Jusqu'à la guerre, l'auteur d'*Alcools* règne en maître à la terrasse du *Flore* tous les mardis. Et quand il abandonne ses canons sur le front, quand une permission lui est accordée, il quitte son petit appartement du boulevard pour rameuter ses vieux camarades autour de sa table et introniser les nouveaux venus. C'est ainsi que, sous son égide, Philippe Soupault fait la connaissance d'André Breton au cours du printemps 1917. Il favorise ensuite la rencontre de ces deux apprentis poètes avec Louis Aragon en cette même année où il invente le mot surréalisme.

La Grande Guerre terminée et Apollinaire tué par la grippe espagnole, la réputation du *Café de Flore* est solidement établie. Tristan Tzara y convoque les assises de *dada*. A l'écart de ce clan turbulent, l'érudit Henri Martineau, directeur de la revue *Le Divan*, s'entretient avec les amoureux de Stendhal. Un peu plus tard, André Malraux y sirote son Pernod glacé, alors que des Américaines émoustillées se laissent bercer par les mélodies distillées par un orchestre à la mode. Léon-Paul Fargue y passe deux heures par jour, avec une ponctualité sans faille. On y voit, dans un coin, Michel Leiris converser avec Raymond Queneau. Les surréalistes, qui détestent Montparnasse, y organisent certaines de leurs réunions. Même les victimes des excommunications de

Situé à l'emplacement de l'ancienne abbaye de Saint-Germain des Prés, la terrasse du Café de Flore *fait face à l'abbatiale*

Les tables du Café de Flore *ont accueilli nombre d'artistes et d'écrivains dont Jean-Paul Sartre et Simone de Beauvoir sont les parangons*

Breton y conservent leurs habitudes. Georges Bataille, Georges Ribemont-Dessaignes, Robert Desnos, Roger Vitrac s'asseyent avec ostentation bien en vue. Et il n'est pas rare d'y voir les représentants de l'intelligentsia de droite, Thierry Maulnier, André Chamson ou Robert Brasillac. Le poète anglais Stephen Spender scrute avec ironie les manies de ses homologues français. Les éditeurs font régulièrement un détour au *Flore* car c'est le meilleur observatoire de l'activité littéraire.

Des artistes n'ont pas peur de se jeter dans ce chaudron de sorcières. Les frères Giacometti font ici leurs premiers pas dans le champ de mines de l'art moderne, alors qu'André Derain, Pablo Picasso, le sculpteur Zadkine, qui ont derrière eux bien des batailles, affirment leur qualité d'anciens combattants de l'art fauve ou cubiste.

Le théâtre trouve lui aussi son foyer au rez-de-chaussée. Jean-Louis Barrault, Roger Blin, Sylvia Bataille et la joyeuse bande du groupe Octobre dirigée par le cinéaste Jean-Paul Le Chanois débarquent en faisant grand tapage.

La drôle de guerre puis la moins drôle campagne de France et l'armistice vident le café de son petit monde turbulent. Simone de Beauvoir comprend vite le parti qu'elle peut tirer de cet endroit solitaire et bien chauffé qui lui procure un sentiment d'intimité : elle en fait son bureau. Jean-Paul Sartre l'imite au début de 1942 et voilà le café transformé en la fabrique de *L'Etre et le Néant*. Petit à petit tous ceux que les événements avaient éloigné reviennent prendre leur rang dans ce petit théâtre discret. De nouvelles têtes apparaissent, comme Simone Signoret, alors qu'à Nice, Yves Allégret tourne *La Boîte aux rêves*, un film où il reconstitue le décor de l'établissement parisien dans ses moindres détails.

Après la Libération, à cause de la mode foudroyante de l'existentialisme, Sartre et Beauvoir désertent le *Flore* : on le visite comme le musée Grévin. Mais les écrivains anglo-saxons, dont la majeure partie est membre du P.C.F. (le Pouilly Club de France) lui restent fidèles. Truman Capote, Lawrence Durrell, Ernest Hemingway ne le boudent pas. Et des anciens comme Francis Carco, Raymond Carco, Marcel Achard, Pierre Mac Orlan y reviennent parfois. Même Sartre le fréquente encore en catimini, accompagné par Maurice Merleau-Ponty et Albert Camus. Pablo Picasso s'y installe le soir en face de l'entrée entouré d'amis espagnols. Salvador Dalí vient y distiller ses extravagances. Et Antonin Artaud y fait une dernière apparition tragique avant de quitter la scène du monde. Le milieu du cinéma et celui du théâtre l'envahissent : Gérard Philippe et Brigitte Bardot, Polanski et Rouch, Losey et Astruc comptent parmi ses *aficionados*. Jacques Lacan y fait son apparition tous les jours et Roland Barthes y passe quelques quarts d'heure le matin. Le *Flore* survit encore et toujours à sa gloire passée.

Bastille, Oberkampf...

Cédric Giraud
Chargé de cours à l'Université de Paris IV

Le discours sur les lieux à la mode semble souvent analyser, pour mieux le favoriser, le phénomène qu'il souhaite étudier. Tout en voulant éviter cette forme de promotion par la plume, il est bien difficile pour qui s'intéresse aux cafés parisiens contemporains d'éviter le double écueil de la sélectivité, due à l'impossibilité d'avoir une connaissance exhaustive de ces lieux, et de la subjectivité, motivée par le manque de recul inhérent à toute analyse « à chaud ».

Compte tenu de ces problèmes et sans ambitionner la perfection souvent factice d'une synthèse, il faut donc se résoudre à présenter quelques réflexions qui, pour discontinues et éparses qu'elles soient, ont pour but de mieux faire comprendre le rôle et la place de ces nouveaux lieux à la mode.

L'aire géographique retenue recouvre un est parisien qui fait une large place aux cafés des 11e et 12e arrondissements. C'est, en effet, dans ces deux arrondissements que le phénomène de mode est le plus manifeste et autorise, par conséquent, quelques conclusions. Cet engouement remonte au début des années 1980 lorsque le quartier autour de la Bastille a été redécouvert par de jeunes artistes. A côté du développement inquiétant d'une mono-activité textile, le 11e est donc également caractérisé, d'un point de vue économique, par la croissance persistante des activités liées à la restauration et au divertissement. Ce succès, qui est particulièrement visible par exemple autour des rues de la Roquette, de Charonne et de Lappe, s'observe aussi d'une manière plus diffuse dans tout l'arrondissement et donne aux cafés de l'Est parisien une diversité certaine.

L'An-Vert du Décor propose à sa clientèle un cadre « cosy »

Les « néo-bistrots »[1]

Assez proches des cafés plus traditionnels attirant une clientèle populaire de quartier, il convient tout d'abord de faire place à un certain type de cafés de proximité : souvent fréquentés par de jeunes adultes habitant l'est parisien, ces cafés reprenant les éléments décoratifs du bistrot (zinc, tables à l'ancienne…) font le pari d'une certaine authenticité et misent davantage sur la qualité de leur accueil et leur originalité que sur la recherche d'effets tapageurs[2].

Situés surtout dans le quartier de Ménilmontant, près de la rue Oberkampf, ces « néo-bistrots » sont caractérisés pas un certain nombre d'aménagements qui les distinguent d'autres établissements, justifient leur succès et le caractère de cafés à la mode qu'on peut leur reconnaître. Parmi les cafés de la rue Oberkampf qui ont adopté une décoration rétro, le modèle du genre est le *Café Charbon*. Installé à l'emplacement d'un ancien café-théâtre ouvert en 1886, l'établissement a remis à l'honneur, depuis 1996, une atmosphère rappelant le début du XXe siècle : fresques début de siècle, éclairage subtil ainsi que décoration de panneaux de chêne et de miroirs concourent à créer un cadre dont sont friands les « bobos »[3] du quartier. Quant au *Mécano Bar*, rue Oberkampf également, sa façade rétro évoque la fondation en 1832 de ce « magasin de machines-outils et outillage moderne », tandis qu'à l'intérieur les outils anciens et le sol en pavés parisiens rappellent la fonction première de l'endroit.

Dans les environs de la Bastille, le *Café de l'Industrie* ou le *Café Divan*, parmi d'autres, sont aussi représentatifs de lieux où la patine plus ou moins ancienne du décor doit retenir une clientèle entretenant un rapport ludique avec ses propres codes. Une certaine forme de dérision, exercée de manière bénigne et fort peu contestataire envers la société de consommation, peut se lire aussi dans des endroits comme *Les Machines*, rue Saint-Sabin, et *Le Kitch*, rue Oberkampf. Le premier établissement met en vente tout son décor et le second doit à son nom éloquent une décoration et un service décalés.

De manière semblable, certains cafés mettent en scène avec humour le retour à l'enfance dont les « bobos » seraient atteints. *Le café des Anges*, rue de la Roquette, offre un bon exemple d'un décor à l'ancienne savamment négligé, combinant objets originaux et référence aux années 1980, grâce notamment à la présence dans le café de bandes dessinées initialement destinées aux enfants. Le but est de recréer une atmosphère autour de quelques valeurs partagées : convivialité, référence au kitsch pris au second degré, mais aussi visibilité grâce à une étroite terrasse permettant aux beaux jours de voir et d'être vu. De même, au *Robinet Mélangeur*, boulevard de Ménilmontant, le thème de l'enfance est rappelé par les couleurs vives des peintures naïves au mur et la distribution de bonbons aux clients sages…

Les cafés branchés

Les cafés branchés, majoritairement situés autour de la Bastille, regroupent une clientèle souvent plus jeune pour laquelle le café représente une étape dans la sortie nocturne. La musique y tient donc une place de premier choix. En effet, pour les jeunes de 20 à 30 ans qui y sont présents en majorité, la fréquentation de ces bars de nuit répond à un souci identitaire plus explicite que pour les « néo-bistrots » préférés par les « bobos ». Les programmes de « Fashion TV » qui défilent sur les écrans de *l'An-Vert du Décor*, rue de la Roquette, n'ont donc pas vocation éducative, mais redoublent l'image de lieu branché que les jeunes consommateurs viennent chercher dans ce type d'endroit. La consommation d'alcool sert de contrepoint festif à cette sociabilité aussi peu subversive que celle des « bobos ». La « sortie en bar » relève en ce sens d'un rituel plus ou moins souple où le choix du lieu, le port de certains vêtements et l'adoption d'attitudes précises constituent une mise en scène étudiée[4].

La réussite de ces cafés tient donc non seulement à leur décor, mais également à leur programmation musicale. Ces lieux branchés servent, en effet, souvent d'alternative aux discothèques ou, du moins, préparent à y aller. Ce type d'établissements est à rapprocher de la vogue des lieux permettant de combiner l'écoute d'une musique de qualité et la fréquentation d'un bar. Un endroit comme le *Batofar* a joué un rôle moteur pour l'est parisien. Amarré quai François Mauriac, le *Batofar*, ouvert comme lieu culturel en février 1999 dans un ancien bateau de 1957, est un club sur l'eau offrant une vaste palette musicale allant du jazz aux musiques électroniques. Les cafés de l'est parisien ont repris et adapté cette formule selon différentes modalités.

Certains cherchent à se différencier grâce à une référence temporelle bien marquée dans leur décor, comme *Le Réservoir*, rue de la Forge-Royale, avec son ancien réservoir, des tables en bois et des chandeliers en fer forgé, ou le *Wax* que son intérieur de peintures orange, plafond polychromé, miroir-bulle et banquettes jaunes dédie aux années 1970, tout en proposant dans les deux cas une programmation musicale contemporaine. D'autres cafés cultivent de manière plus explicite une image de lieu branché. C'est le cas notamment de l'OPA (comprendre :

Le décor du Café Charbon, *installé à l'emplacement d'un ancien café-théâtre, se veut rétro avec ses miroirs et ses fresques du début du XXe siècle*

Offre Publique d'Ambiance), rue Biscornet : dans un ancien décor d'usine, ce lieu qui garde son cachet de loft industriel, combine plusieurs espaces, ainsi le bar surplombé d'un grand écran, le restaurant et un salon au deuxième étage, la musique électronique attirant une clientèle à la mode. De même, la *Fabrique*, rue du Faubourg Saint-Antoine, fonde une partie de sa réputation sur la qualité de la musique électronique mixée par des invités internationaux. Enfin, d'autres cafés offrent aussi droit de cité à des types différents de musique. Cette diversité musicale est, en ce sens, un atout des quartiers à la mode dans la mesure où chacun peut trouver le style qui lui convient. Ainsi, le *Satellit Café*, rue de la Folie Méricourt, se transforme en salle de concert et permet d'entendre aussi bien du funk, de la salsa que du jazz. La spécialisation musicale peut aussi être, avec une décoration originale, un facteur de succès comme dans le cas du *Barrio Latino*, rue du Faubourg Saint-Antoine : installé dans un ancien magasin de meubles, cet immense bar-restaurant musical, voué au monde latin et à la salsa, est situé dans un cadre peu commun de balcons en fer forgé, d'énormes lustres et de canapés de style.

Toutefois, la mode étant par définition ce qui se démode, les indications qui précèdent illustrent sans doute des tendances déjà datées et bientôt obsolètes pour le noctambule. Pour qui prend davantage de recul, elles peuvent mettre en lumière l'évolution des pratiques urbaines, de la sociabilité et la manière dont interagissent l'homme et son cadre de vie.

NOTES

1. Voir pour le terme et une liste complète *Le Guide du routard, Paris la nuit*, Paris, Hachette, 2002, p. 267 et 283-293.
2. L'aspect affectif propre au café est étudié notamment par A. Basas, « De la sociabilité au café », dans *Le social dans tous ses états*, Paris, L'Harmattan, 1990, p. 115-123, p. 117-118.
3. Sur l'origine du mot et son application, on peut se reporter à D. Brooks, *Les Bobos*, Paris, Florent Massot, 2000, et en dernier lieu à l'essai satirique de F. d'Epenoux, *Les Bobos me font mal*, Paris, Anne Carrière, 2003.
4. La dimension symbolique de la vie nocturne est bien mise en valeur par M. Jarvin, « La sociabilité dans les bars de nuit : un ensemble de pratiques ritualisées participant à la période de la jeunesse », *Regards anthropologiques sur les bars de nuit. Espaces et sociabilités*, Paris, L'Harmattan, 1999, p. 113-195.

Atmosphère, atmosphère...

Delphine Christophe
Archiviste Paléographe, Doctorante en Histoire de l'Art

Paris a vu naître au cours des dix dernières années de nouveaux types de cafés : flottants et musicaux ou assimilables à ce que l'on pourrait appeler, par analogie, des *fast-drinks*, ces établissements divergent par leurs ambitions. Alors que les premiers affirment leur particularité, les deuxièmes s'affichent comme de simples débits de café.

Le café au fil de l'eau
Le quai François-Mauriac, en face de la Bibliothèque nationale, connaît depuis quelques années un dynamisme nouveau. Des passionnés de musique ont amarré depuis le milieu des années 1990 des embarcations qui proposent, outre une carte de café traditionnelle, une programmation musicale éclectique qui attire, au gré des heures et des thèmes proposés, une population hétérogène.
La première embarcation à avoir jeté les amarres quai de la Gare est une ancienne sablière de 1928, baptisée le *Blues Café*. Avec sa terrasse installée sur le quai pendant les beaux jours, elle accueille des concerts qui, bénéficiant de l'étroitesse de la péniche, favorisent les rencontres et les discussions. Deux embarcations contribuent largement à la notoriété du quai. Leur histoire naît avec Ricardo Esteban qui, constatant le renouveau des guinguettes du bord de Marne, fonde en 1995 l'association « Guinguette Pirate ». Celle-ci loue une jonque, entièrement en bois, construite à Canton à la fin des années 1970 selon des plans du XVIIe siècle, dans la plus pure tradition chinoise. *La Jonque*, jusqu'alors au Havre, est appelée *La Guinguette Pirate*. Si elle propose, à l'instar d'un café, un large panel de consommations, elle séduit essentiellement par sa programmation musicale variée qui la situe à mi-chemin entre le café-concert et la guinguette. Le pont supérieur est doté d'une piste de danse, le carré du capitaine d'un bar, la cale d'un restaurant et d'un espace d'exposition. *La Jonque* propose en été un bar de plage, sur le quai, transformé en terrasse. A côté de jeunes artistes tels que Sanseverino, M ou Louise Attac aux textes engagés ou décalés, des concerts reggae, jazzy ou bretonnants séduisent une clientèle tout aussi diverse que la programmation. Elle associe consommations, saveurs du monde, culture et musique. Fermée en 1999 en raison de réparations nécessaires, elle trouve dès l'année suivante un nouvel investisseur qui lui permet de rouvrir ses portes, tandis que ses fondateurs inaugurent un nouveau café-concert flottant, *Le Batofar*.

Née en 1957 en Grande-Bretagne, l'embarcation qui accueille *Le Batofar* est un ancien bateau-valise irlandais, remorqué en 1999 jusqu'au quai de la Gare. Alors qu'il fête en février 2004 son 5e anniversaire, *Le Batofar* est devenu un *must* en matière de musiques électroniques. Il est difficile, à l'instar de *La Guinguette Pirate*, de le définir : café-concert, guinguette ou boîte de nuit ? Si la programmation musicale attire un public important, les *after* du *Batofar* font le bonheur des noctambules.
Il est difficile de classer ces établissements : éloignés des guinguettes en raison de leur goût pour la musique électronique, en particulier au *Batofar*, ils en perpétuent l'esprit par leur emplacement et par l'équilibre entre lieu de détente et de danse. Cet atmosphère les démarque résolument d'une discothèque ou d'une salle de spectacle. Les bateaux du quai François-Mauriac sont des lieux à part, et offrent une alternative aux Parisiens.

Un café à l'américaine
Si certains cafés affirment leur volonté de devenir bien plus qu'un lieu de consommation en offrant à leur clientèle une programmation musicale ou des expositions, d'autres distribuent du café à la chaîne. Ainsi se sont ouverts aux mois de janvier et février 2004, trois cafés tout droit exportés des Etats-Unis, les *Starbucks Café*. Né Outre-Atlantique, le *Starbucks* a essaimé dans le monde entier : Autriche, Japon, Allemagne, Suisse, Grande-Bretagne, Grèce ou Espagne. Il propose de multiples variétés de cafés, à consommer dans des gobelets en carton, dans des espaces non-fumeurs. L'ouverture de trois cafés de ce type avenue de l'Opéra, à Montparnasse et à la Défense, marque l'offensive de la conception outre-atlantique du café, bien éloignée de la conception française.

Il est difficile de présager de l'avenir de ces établissements. Devant le succès fulgurant des *fast-foods* dans un pays où la gastronomie occupe une place importante, il n'est guère douteux que les *Starbucks Café* trouveront leur clientèle en France. Cependant, de simples lieux de consommation, rationalisés, cartonnés et sans âme, ne sauraient remplacer des lieux qui cherchent à affirmer leur identité propre par leur décor, le type de consommations proposé ou leurs animations culturelles ou musicales. Le succès du quai François-Mauriac témoigne en tout cas de l'engouement suscité par ces cafés peu conventionnels, mais qui conservent l'ambition première du café : être un lieu de rencontre et d'échange.

La Guinguette Pirate *accueille des musiciens d'horizons différents : elle se situe à mi-chemin entre la guinguette et le café-concert*

Décors et architecture

Enseignes et publicité

Jean-Pierre Willesme
Conservateur en chef au musée Carnavalet

Les cafés ont besoin de la publicité pour se faire une clientèle et la conserver. Cette publicité passe par l'enseigne, certes, mais l'enseigne est rarement le reflet de l'activité propre au café et les passants ne la remarquent pas toujours. Les cafés ont usé d'autres procédés : un décor intérieur, mais aussi une clientèle illustre leur ont apporté une renommée, dont de multiples opuscules du XIXe siècle, souvent anonymes, se sont fait l'écho.

Les débuts

Au début de l'usage du café à Paris, durant le règne de Louis XIII, il se vendait, sous le petit Châtelet, de la décoction de café, sous le nom de *cahovet* ou *cahove*[1]. Son vendeur n'avait pas d'enseigne sans doute, mais déjà un cri de Paris devait servir de ralliement. Un marchand proposait encore des tasses de café dans le quartier de Buci vers 1670. Il portait même sur lui un réchaud[2].

A la fin du XVIIe siècle, les cafés, dont le nom s'est imposé pour désigner l'établissement lui-même, étaient ouverts toute la nuit et une lanterne éclairée brillait à leur porte. Une ordonnance de police du 16 février 1695 tente de réagir contre cet état de fait. Le lieutenant général de police réduit les heures d'ouverture pour surveiller les fréquentations[3] : les boutiques de limonadiers doivent désormais fermer à 5 h du 1er novembre au 31 mars et à 9 h du 1er avril au 31 octobre. Une telle rigueur sera de courte durée.

Taverne, cabaret et café

La taverne, l'estaminet, le cabaret et le marchand de vin, qui ont précédé le café, laissent des traces durables dans les enseignes de cafés, même si le type de fréquentation est différent. Un signe d'origine végétale signale à l'origine ces établissements à la clientèle : une pomme de pin, un lierre, un houx, un cyprès, une couronne verte, un petit sapin, un chou, un arbre en pot ou un chêne. A Paris, le premier cabaret célèbre pour sa clientèle est celui de la *Pomme de Pin*, rue de la Juiverie. Il est connu dès le XVe siècle. Le musée Carnavalet conserve de très nombreuses enseignes de marchands de vin, allusion le plus souvent à la vigne et à Bacchus. Il subsiste en outre, rue Visconti, une enseigne gardant une référence à l'origine orientale du café. Au XVIe et au XVIIe siècles, les écrivains se retrouvaient ainsi à l'enseigne du *Petit Maure*, à l'angle de la rue de Seine et de la rue Visconti. L'extérieur était orné de feuillages badigeonnés et de pampres d'étain[4].

Le plus souvent, les cafés, à la différence des cabarets, sont fréquentés par des honnêtes gens de l'un et l'autre sexe, avides de se tenir au courant des affaires publiques ; mais bientôt certains cafés recherchent une clientèle spécifique. Dès la fin du XVIIIe siècle, le *Café militaire,* rue Saint-Honoré, est le rendez-vous des militaires. Des cafés réservés aux officiers n'étaient pas rares. Le *Café militaire* avait pris ensuite le nom de *Café Godeau.* On lisait sur son plafond une inscription latine : *Hic virtus bellica gaudet*[5]. Une version pittoresque est donnée par Etienne-François Bazot en 1819[6] : « Jugeant à l'enseigne du café que je pourrais y rencontrer des camarades, je me suis déterminé à y passer quelques instants [...]. Du reste, ce café est bien ; voilà des emblèmes parfaitement sculptés et dorés ; des sabres, des lances, des boucliers, des casques, même des canons[...] ». Le décor intérieur, dû à l'architecte Claude-Nicolas Ledoux, est déjà la meilleure publicité de ce café. L'enseigne sur la rue devait seulement porter le nom du café : on ne lui porte aucun autre intérêt artistique.

La qualité des personnages accueillis est une forme de publicité du café (le café *Procope* par exemple, ou plus tard le *Café des arts* de la rue Saint-Honoré). L'homogénéité se crée autour d'une même classe sociale et d'une même sensibilité : le café est le lieu de rendez-vous de personnages illustres du monde de la politique, de la philosophie, de la musique, de la peinture et du spectacle.

Au XIXe siècle, ce sont les limonadières qui tiennent les comptoirs des cafés. Certaines, comme celle du *Café des Mille Colonnes* au Palais-Royal, sont illustres par leur beauté et font ainsi la renommée et la publicité d'un café. On vient pour attendre d'elles un sourire. A cette époque, le limonadier vend certes de la limonade, mais aussi du café et diverses boissons. La presse joue aussi son rôle. Au XIXe siècle, le *Café de Paris* s'était fait une belle publicité, d'après une anecdote citée par Gérard-Georges Lemaire[7]. Une affiche couvre les murs de Paris le 15 juillet 1822 ; les passants peuvent y lire ceci : « Aujourd'hui, à cinq heures, ouverture des salons du *Café de Paris.* » Le café, situé à l'angle de la rue Taitbout et du boulevard des Italiens, était décoré de tapis, qui lui conféraient une atmosphère feutrée.

Les cafés possédaient en façade des grilles dont certaines ont subsisté ; mais les marchands de vins – dont la dénomination est sans doute trop large[8] – en possédaient aussi. On connaît un *Café Cuisinier*, qui porte en lettres d'un demi-pied une enseigne au nom du premier propriétaire ; et aussi un café du *Pont de l'Hôtel-Dieu* à l'enseigne de deux « magots, l'un gros et l'autre étique, mangeant chacun un potage indiqué par ce trait d'esprit : riz au gras, riz au maigre »[9].

Vers le café du XXe siècle

A partir de 1885, les cafés proprement dits déclinent[10] et sont remplacés peu à peu par des brasseries, des cabarets ou des restaurants possédant un comptoir pour les habitués.

Une anecdote est rapportée au sujet d'un ancien café de la place Pigalle à l'enseigne du *Rat mort*. Ce café avait ouvert ses portes en 1870. En 1886, on décide de décorer ses murs avec le « baptême, la noce, l'orgie et la mort du rat ». Le plafond est historié par Léon Goupil. Cette histoire viendrait de la découverte d'un rat crevé dans une pompe à bière. Malgré les protestations du propriétaire, le rongeur servit de blason et d'enseigne au café, qui devint rapidement le *Rat mort*[11]. Des peintres illustres le fréquentèrent, comme Manet et Degas ; Aristide Bruant y exerça son talent.

André Billy[12] mentionne comment le journal *Le Chat noir* du 9 mai 1885 a fait la publicité du cabaret lors de son changement de domicile : « Du 15 au 20 mai de l'an de grâce 1885, Montmartre, capitale de Paris, sera secoué par un de ces événements qui parfois changent la face du monde. Le cabaret du *Chat noir* quittera le boulevard Rochechouart [....] et s'établira rue de Laval[13] [...] ».

Le *Divan japonais*, à Montmartre, se glorifie d'une affiche de Toulouse-Lautrec dessinée en 1893 ; elle représente la silhouette d'Yvette Guilbert. Le cabaret a été ouvert en 1888 au n° 75 de la rue des Martyrs, et la chanteuse populaire en a été le symbole[14].

A Saint-Germain des Prés, le café des *Deux Magots* doit son nom à une ancienne enseigne, tôt disparue, mais dont la mémoire s'est conservée. L'enseigne fut d'abord celle d'un magasin de nouveautés de Paris, à l'angle de la rue de Seine et de la rue de Buci. Peinte à l'huile par Abel de Pujol, elle représentait *Les deux magots de la Chine* et montrait deux chinois en train de lutiner une jeune fille. Le magasin a été transféré à l'angle de la rue de Rennes en 1873 ; le café des *Deux Magots* a ouvert en 1891[15]. Les « deux magots » sont simplement portés en lettres sur un store ; nul n'est besoin d'autre enseigne. La fréquentation d'hôtes illustres fait le reste. En face, la *Brasserie Lipp* a toute une histoire. Elle a été fondée par l'alsacien Léonard Lippman. La première enseigne était au nom de la *Brasserie des bords du Rhin*. Au cours des années 1914-1918, on supprime le mot *Rhin*, idée qui enchantait Apollinaire. En 1920, un Aveyronnais, Marcelin Cazes, rachète l'établissement et raccourcit en « Lipp » le nom du premier propriétaire. Une nouvelle enseigne est peinte. Guillaume Hanoteau en a gardé le souvenir : « Lorsque j'étais enfant, j'ai longtemps associé la brasserie *Lipp* aux chronomètres portant le même nom. Une enseigne ronde en forme de montre avait ancré en moi cette erreur. Je me trompais. Ce café, où mon père m'emmenait boire des demis et dévorer des bretzels, ne devait rien à l'horlogerie »[16]. Aujourd'hui, le store et une chope de bière lumineuse suffisent à porter le nom de « Lipp ». Le décor intérieur de céramique et mosaïque symbolise le vieil établissement, ainsi que la continuation du prix littéraire « Cazes », récompensant une œuvre originale.

Il reste, à proprement parler, très peu d'enseignes de cafés conservées dans les collections publiques. Etaient-elles d'ailleurs nombreuses ? Certaines se cachent sous une étrange dénomination comme *Au clairon de Plaisance*, une œuvre de tôle peinte acquise en 1996 par Carnavalet[17]. On n'a pas gardé à Paris de ces têtes de turc ou de personnage enturbanné[18], qui rappelaient l'origine orientale de la boisson.

Les cafés se faisaient une publicité qui passait peu par l'enseigne, puisque, à l'inverse, et la tendance s'est accentuée récemment, les cafés ont pris volontiers un nom correspondant aux quartiers où ils s'implantent. Déjà, en 1819, le café à l'*enseigne de Thémis*[19] s'était installé place du Palais de Justice. Si, le plus souvent, ce sont les stores qui indiquent le nom du café, aujourd'hui encore rue Montorgueil, au n° 55, on découvre une enseigne de café récente en tôle découpée et peinte ; ce type d'enseigne reste rare dans nos rues aujourd'hui.

NOTES

1. Cité dans Anonyme, *Etrennes à tous les amateurs de café pour tous les temps* [...], Paris, rue des Poitevins, 1790, p. 58.
2. G.-G. Lemaire, *Les cafés littéraires*, Paris, éd. de la Différence, 1997, p. 66.
3. A. Franklin, *Le café, le thé et le chocolat*, Paris, 1893, p. 73.
4. B. Malki-Thouvenel, *Cabarets, cafés et bistrots de Paris, Promenade dans les rues et dans le temps*, Paris, éd. Horvath, 1987, p. 9.
5. Autrement dit, on pouvait se réjouir ici de son passé militaire. Voir J.-D. Blavignac, *Histoire des enseignes d'hôtelleries, d'auberges et cabarets*, Genève, 1878, p. 502, et également M. Gallet, *Claude-Nicolas Ledoux*, Picard, 1980, p. 47 (le *Café Godeau* est mentionné dans les pages consacrées au *Café militaire* de la rue Saint-Honoré).
6. E.-F. Bazot, *Les cafés de Paris ou Revue politique, critique, et littéraire des mœurs du siècle, par un flâneur patenté*, Paris, 1819, p. 72-73.
7. *Op. cit.*, 1997, p. 113.
8. C'est aux marchands de vins que sont attribuées traditionnellement la plupart des enseignes du musée Carnavalet.
9. Bazot, *op. cit.*, 1819, p. 187 et 189.
10. A. Billy, *L'époque 1900*, Paris, Taillandier, 1951, p. 368.
11. G.-G. Lemaire, *op. cit.*, 1997, p. 192.
12. A. Billy, *op. cit.*, 1951, p. 179.
13. Actuelle rue Victor-Massé.
14. G.-G. Lemaire, *Op. cit.*, p. 205.
15. *ibid.*, p. 261.
16. *ibid.*, p. 269.
17. Exposée, inv. EM 184, fin XIXe siècle. « La Maison offre tous les matins un croissant à tout consommateur d'un café à 15 ou 20 c ». *Enseignes A. Simillon, 70, r. de l'Ouest*. Lettres noires ou rouges sur fond ocre.
18. Carnavalet, n° 76 et 143 du *catalogue des enseignes du musée Carnavalet*, éd. Paris-Musées, 1996 : des « têtes noires », sans doute détournées de leur sens d'origine (inv. EN 2 et EN104).
19. Bazot, *op. cit.*, 1819, p. 180.

Les devantures

Caroline Girard
Archiviste paléographe

Les cafés, dans la mesure où ils font partie de la catégorie plus globale des commerces, obéissent dans leur aménagement à certaines règles générales, pour ce qui concerne leur devanture notamment. Nous pouvons ainsi rapprocher tout d'abord l'évolution des devantures de cafés de celles des autres boutiques parisiennes. Celles-ci suivent plusieurs modèles, qui découlent des progrès techniques effectués au cours du XIXe et du XXe siècles. Le modèle de base, issu du XVIIIe siècle, présente un fronton et deux panneaux latéraux[1]. Le soubassement de la façade est souvent en marbre ou en céramique, pour des raisons d'entretien ; une imposte est placée au-dessus de la porte, et l'ensemble est surmonté d'un bandeau, sur lequel est inscrit le nom de l'établissement. Si la façade est de taille assez importante, des piles centrales sont ajoutées. Ce modèle fut peu à peu transformé : au XIXe siècle, les piles centrales furent remplacées par de fins potelets en fonte, parfois jumelés[2] ; en outre, les tailles des vitrines augmentèrent, faisant même dans certains cas disparaître les soubassements, jusqu'à l'apparition d'un dernier modèle où toute la façade est vitrine[3].

Par ailleurs, les devantures des cafés se distinguent de celles des autres boutiques par certains aspects. Il faut à ce sujet aborder la question des grilles, rares pour les cafés, et qui décorent plutôt les devantures des marchands de vins[4]. De même, les enseignes de cafés sont peu fréquentes, parce que ces derniers n'étaient pas soumis à l'obligation d'en mettre, contrairement aux cabarets[5]. Toutefois, il existait des cafés présentant ces caractéristiques, comme le café-tabac-cabaret *A la Croix d'Or*, dont la devanture était grillagée, et sur laquelle était fixé un médaillon avec une croix et le nom du café servant d'enseigne, ou le café *A l'homme armé*, présentant également une grille et une enseigne avec un soldat assis sur un canon[6]. Eléments d'information, les enseignes avaient aussi un but décoratif, et se caractérisaient souvent par des jeux de mots sur le nom de l'établissement : il en fut ainsi de l'enseigne du *Lapin agile*, peinte par l'artiste Gill pour le café montmartrois du même nom.

L'habillage des devantures fut d'autre part étudié pour attirer les clients, et leur décor se développa progressivement à partir du XIXe siècle, dans un but publicitaire. De multiples techniques décoratives furent employées à cette fin : l'habillage de bois se rencontre le plus souvent, peint ou associé à des verres gravés ou des panneaux peints ; d'autres matériaux furent également utilisés, plus ou moins fréquemment, comme le marbre, la céramique ou la ferronnerie.

Devantures en marbre[7]

Sous le Premier Empire, les devantures de cafés s'ornèrent de matériaux luxueux, tels que le marbre ; le goût de l'époque pour la stylisation et les lignes simplifiées se retrouve sur ces dernières, au vocabulaire architectural antiquisant : les baies sont encadrées de colonnettes, les devantures surmontées de corniches ou de frises. La richesse de ces devantures est également due à leur polychromie : aux marbres de multiples couleurs – blanc veiné, bleu-turquin, jaune-antique, jaune de Sienne, vert-de-mer, porphyre – s'ajoutent les granits gris, verts ou roses, ainsi que les stucs peints et les décorations en bronze patiné vert antique. Le *Café Tessé* et le *Café Flore* illustrent parfaitement cette tendance[8]. Toutefois, le café venant d'Orient, certaines allusions peuvent apparaître dans les décorations des devantures ; celle du fameux *Café Turc* est à cet égard exemplaire. De composition tripartite, avec deux portes et une fenêtre centrale vitrées, elle présente une ornementation au goût antiquisant prononcé : des baies encadrées de colonnettes, un soubassement en granit vert et une corniche de marbre ornée de feuillages et de flèches en bronze. L'origine orientale du café est cependant rappelée par son nom, inscrit sur le bandeau en lettres d'or sur fond noir,

Une entrée caractéristique du XVIIIe siècle pour un café appelé la Coquille d'Or

de part et d'autre d'un médaillon qui représente un turc assis fumant le narghilé au-dessus de quelques mots écrits en arabe. Enfin, les chapiteaux des colonnettes mêlent les deux sources d'inspiration, antique et orientale, puisque les chapiteaux à feuilles de lotus évoquent ceux des temples égyptiens découverts quelques années auparavant[9].

Ces exemples sont exceptionnels par le luxe déployé pour leur décoration ; d'autres devantures, plus modestes dans leurs matériaux, tentèrent d'obtenir un effet aussi attrayant, et y réussirent parfois. Néanmoins, la devanture ne fait pas la réputation d'un café à elle seule, loin s'en faut ; par exemple, le fameux *Café Anglais*, situé sur le boulevard des Italiens, fut très à la mode sous le Second Empire malgré l'austérité de sa façade[10]. Mais cet établissement représente en quelque sorte l'exception à la règle d'une devanture séduisant le public, du moins pour les cafés d'un certain renom.

Boiseries peintes
La polychromie fut souvent recherchée pour son caractère décoratif ; c'est ainsi que de nombreuses devantures au XVIIIe et au début du XIXe siècles furent ornées de boiseries peintes. Celle du *Café Vachette* en est une belle illustration : « Les encadrements, les différents membres d'architecture de la façade, imitent les bois bruns rouges ; ils sont incrustés de jaune ; le fond de la tablette recevant l'inscription en lettre d'or, est noir, ainsi que le soubassement, et les arabesques des pilastres sont coloriées en clair sur un fond blanc, exceptés les sujets des médaillons du milieu, qui se détachent sur un fond noir [le premier médaillon représente une cafetière, une tasse et un verre, le second, plusieurs verres]. Les noms VACHETTE et CARÊME, qu'on lit de chaque côté de l'inscription principale, sont tracés sur un cartel bleu »[11].

Peintures fixées sous verre
Puis, au cours du XIXe siècle, les boiseries peintes se firent plus rares, car elles nécessitaient un nettoyage et un revernissage fréquents. La décoration extérieure des cafés se concentra alors sur les panneaux latéraux et les bandeaux, ornés de toiles peintes fixées sous verre, qui étaient ainsi protégées des intempéries et s'entretenaient plus facilement[12]. Ces décorations avaient essentiellement un rôle publicitaire, puisque le nom de l'établissement était inscrit sur le bandeau, et que les panneaux latéraux présentaient un aperçu de ce qu'il offrait. Les exemples sont d'ailleurs nombreux et variés. Ainsi, le café *Au petit fer à cheval* indique sur un de ses panneaux : « Café / Lait / Lait chaud / Chocolat et thé / Consommations de choix / Bière blonde et brune / Téléphone »[13]. Le *Vrai Saumur*, quant à lui, possède le panneau suivant : « Au Vrai Saumur / Beaujolais / Café 10c la tasse / avec petit verre / 15 et 20c / Billards / Téléphone »[14]. La variété des propositions était en effet un attrait supplémentaire pour les clients. Par ailleurs, la présence de billards dans le café était fréquemment symbolisée par deux boules blanches et une boule rouge superposées. Ces informations, le plus souvent fixées sous verre, pouvaient également être peintes directement sur les vitres de l'établissement, comme *Au Bouquet de l'Opéra* par exemple[15]. Les peintres décorateurs utilisaient diverses typographies pour varier les effets ; certains se spécialisaient même dans ce domaine.

Ce corps de métier était alors assez hiérarchisé ; les ateliers se composaient d'une dizaine de personnes, qui avaient chacune une tâche précise : le maroufleur, le peintre en lettres, le doreur, les décorateurs proprement dits, spécialisés dans la peinture de paysages, de figures ou de fleurs[16]. En effet, les fixés sous verre se rapprochaient parfois davantage de la pure décoration que d'une simple publicité. Ainsi de la devanture du café qui existait autrefois au 198, rue de Tolbiac (13e arrondissement) : ses panneaux, peints par l'atelier d'Albert Raybaud, réputé au XIXe siècle, représentent une vue urbaine et un village ; les deux paysages sont entourés de pampres, de feuilles de vigne et de grappes de raisin, pour

Au Réveil Matin : *le nom du café participe aussi à son succès*

signifier la vente de vin ; ils présentent des détails raffinés et montrent le goût de cet atelier pour les trompe-l'œil[17]. Ces tableautins faisaient la plupart du temps allusion au nom du café, comme l'illustrent le soldat au repos du *Petit Marsouin*[18], le personnage entouré d'une végétation exotique du café *A la Martinique*[19], la vue sur la baie de Rio de Janeiro, encadrée par deux palmiers, du *Café du Brésil*[20], la charrette du *Rendez-vous des camionneurs*[21], ou bien encore le médaillon représentant un chien qui fume pour le café du même nom.

Décors de céramique

Paradoxalement, la céramique, qui était d'un entretien très commode, fut extrêmement peu utilisée dans la décoration extérieure des cafés parisiens. Le principal exemple, qui subsiste encore de nos jours, est le *Royal Bar*, ancien *Pinzaronne Bar*, ouvert au rez-de-chaussée d'un immeuble du XIXe siècle ; il dut servir de dépôt pour la Société de Vermouth Martini et Rossi, puisque le décor en céramique des panneaux latéraux de la devanture, qui semble dater du début du XXe siècle, représente des citrons et des oranges avec les mots « Vermouth / Martini / Rossi / Turin »[22]. Il existe certes un décor historié en céramique dans la rue des Petits-Carreaux, mais il décorait plutôt la devanture d'un marchand de café que celle d'un véritable café[23].

L'emploi de la céramique était alors considéré comme un signe de modernité, parfois associé de façon péjorative à la mode des brasseries d'origine allemande, comme en témoigne un article de 1912 au sujet du *Café des Panoramas* : « le mot *brasserie* a été ajouté à la devanture de l'établissement ; […] pour sacrifier à la mode actuelle, des panneaux en céramique ornés de sujets chers à Gambrinus ont été placés dans certains angles de la boutique, sur le boulevard, jurant avec le reste de la décoration [de style Louis XV, avec des trumeaux blanc et vert] »[24].

Verres gravés

Les devantures des cafés associent par ailleurs aux boiseries plus ou moins sculptées et aux panneaux peints, des vitrines gravées, qui permettent de faire un compromis entre les besoins divergents de clarté et d'intimité. La technique du verre gravé à l'acide fut la plus répandue au XIXe siècle ; elle était exécutée dans des ateliers spécialisés, qui ne signèrent malheureusement jamais leurs travaux. La décoration, assez standardisée, consistait surtout en un assemblage de rinceaux et de feuillages en guirlandes, qui supportaient une coupe d'où jaillissaient des fleurs, ou parfois en un faux rideau.

Il exista cependant certains verres gravés plus sophistiqués,

La devanture du Royal Bar *et ses panneaux latéraux en céramique*

présentant des scènes avec des figures ou des paysages : un café du 19e arrondissement était ainsi décoré de scènes équestres sur une piste de cirque, un autre, d'un paysage bucolique avec un moulin, un autre encore, d'un paysage sylvestre avec des écureuils[25]. Le verre gravé d'un café du quai de la Rapée (12e arrondissement) présentait quant à lui une scène urbaine, avec des figures et une charrette dans une rue pavée au premier plan, ainsi que des bâtiments et un pont de métro aérien en arrière-plan[26]. Certains cafetiers se servaient par ailleurs des verres gravés comme d'une vitrine publicitaire : ainsi Gustave Gallopin, qui inaugura son *Bar américain* en 1878, fit-il installer un décor de verres gravés en 1886 où l'on pouvait lire « american drinks / luncheon bar »[27]. La technique du verre gravé fut enfin influencée par l'évolution du goût et de la mode, puisque certains exemples montrent un style proche de l'Art Nouveau : cette tendance est illustrée par les verres gravés d'un café-restaurant du 2, rue Boussaingault (13e arrondissement), qui présentent des lignes sinueuses entourant des paons, et par ceux d'un autre café, où les mêmes lignes sinueuses sont cette fois-ci associées à des poissons stylisés et des fleurs de nénuphar[28]. Ces exemples témoignent de la vulgarisation de motifs liés au Symbolisme – le paon – et au japonisme – les poissons

L'enseigne en céramique Au Planteur *participe de la décoration de la devanture de l'établissement*

stylisés et les nénuphars – qui furent des sources d'inspiration essentielles pour l'Art Nouveau[29].

Ouvrages en ferronnerie ; hésitation entre passé et modernité

Le fer forgé avait eu un certain succès au XVIIIe siècle, comme le prouve le balcon du café *Procope* ; néanmoins, il tomba un peu en désuétude jusqu'à la deuxième moitié du XIXe siècle où il connut une seconde heure de gloire. En effet, l'association du fer et du verre permettait d'utiliser la technique du porte-à-faux, grâce à laquelle se développa un des éléments devenus caractéristiques des devantures de cafés : la marquise. Quelques exemples subsistent encore de nos jours, tels que les marquises du *Vrai Saumur* ou des *Deux Saules*[30].

L'emploi du fer et du verre dépassa parfois la simple couverture de la terrasse, comme au *Café Riche*, lors de sa transformation en brasserie, en 1894, par l'architecte Albert Ballu : ce dernier construisit certes une marquise, mais également une véranda à l'entresol et un balcon en fer forgé au premier étage[31]. L'exemple du *Café Riche*, dont il est ailleurs question à propos de ses panneaux de mosaïque, évoque la vogue des « cafés splendides », dès le règne de Louis-Philippe et durant toute la fin du XIXe siècle ; ces nouveaux temples de la vie moderne possédaient des devantures somptueuses et notamment des entrées monumentales avec des cariatides[32].

Ainsi, les devantures de cafés à la fin du XIXe siècle virent cohabiter des techniques nouvelles, dues à l'emploi du fer et du verre, et une certaine esthétique passéiste.

Esthétique de la modernité

Au XXe siècle, de nouvelles techniques et de nouveaux matériaux apportèrent certains changements dans l'esthétique des devantures. Le marbre d'Italie, l'aluminium et l'acier inoxydable furent fréquemment employés dans les années 1920, ce qui eut une grande influence sur l'aspect extérieur des cafés, et favorisa la tendance à l'abstraction, les jeux de surfaces unies et les ruptures de plans, dans le contexte du courant artistique Art Déco[33]. Mais la transformation la plus radicale est due à l'utilisation de plus en plus répandue de l'électricité, et en particulier des tubes de néon pour les façades.

Certains exemples de devantures montrent une grande recherche sur les possibilités esthétiques du néon, comme le bar-dégustation pour la Compagnie des Cafés du Brésil, construit sur le boulevard Haussmann par Robert Mallet-Stevens à cette époque[34]. De même au *Café des Princes*, boulevard Montmartre, l'architecte Marcel Macary mit à profit les spécificités esthétiques du néon et du métal[35]. Des tentatives plus modestes eurent lieu, comme au café *Au Papillon*, où une enseigne en forme de papillon était simplement entourée de néon[36].

De nos jours, malgré la banalisation des devantures de cafés, certaines se distinguent encore par une recherche esthétique assez poussée, comme celle du *Café de la Ville*, élaborée par l'architecte Bernard Tschumi entre 1985 et 1987, dans le cadre des « Folies » du parc de la Villette, où le néon et la tôle émaillée rouge sont associés de façon très expressive[37]. Parallèlement, quelques cafetiers tentent de conserver les traces des décorations du XIXe siècle, dont une quinzaine est inscrite à l'Inventaire supplémentaire. Ce respect récent – de nombreuses devantures ont été détruites en effet au cours des années – peut aboutir à des situations pleines d'humour, comme dans une poissonnerie de la rue de Seine, dont la devanture en mosaïque a été transformée en « *Boissonnerie* » pour l'occasion…[38].

Un détail des mosaïques de la Boissonnerie*, ancienne poissonnerie…*

NOTES

1. H. de La Selle, *Cafés et brasseries de Lyon*, 1986 : ce modèle apparaît pour la première fois dans le *Cahier de menuiserie pour façades et élévations de boutiques*, publié en 1799.
2. Ces potelets en fonte se retrouvent par exemple sur la devanture du *Royal Bar*, 143, rue Saint-Denis, 2e arrondissement.
3. *Vitrines d'architecture. Les boutiques à Paris*, Paris, Picard-Pavillon de l'Arsenal, 1987, 221 p., p. 14.
4. *Les décors des boutiques parisiennes*, G. Gomez y Cacerès et M.-A. de Pierredon (dir.), Paris, DAAVP, 1987 : une ordonnance royale de 1729 est à l'origine de ces grilles, destinées à protéger les marchandises ; fixes, elles se déployaient sur la totalité de la devanture ou seulement sur la frise ou l'imposte ; leur rôle était également d'indiquer la nature du commerce. Elles étaient souvent ornées de pommes de pin, ancien symbole de la résine qui enduisait les tonneaux de vin.
5. J.-C. Bologne, *Histoire des cafés et des cafetiers*, Paris, éd. Larousse, 1993, p. 86.
6. *A la Croix d'Or*, 54, rue Saint-André-des-Arts, 5e arrondissement, disparu en 1911 ; cf. illustration, photographie d'Eugène Atget, 1900-1909 ; *A l'homme armé*, 25, rue des Blancs Manteaux, 4e arrondissement.
7. H. Lefuel, *Boutiques parisiennes du Premier Empire*, A. Morancé, 1925, 18 p. 32 pl.
8. *Ibid.*, planche 17 : *Café Tessé*, tenu par M. Larue, Quai Voltaire n°1 ; planche 28 : *Café Flore*, Champs-Elysées.
9. *Ibid.*, planche n° 16 : *Café Turc*, boutique de M. Emerie, limonadier boulevard du Temple.
10. G. de Wissant, *Le Paris d'autrefois. Cafés et cabarets*, 1928, Taillandier, p. 201-202 : l'auteur parle d'une « bâtisse blanche, tenant à la fois de la caserne et de la maison tunisienne » et évoque « la sévérité de ses murs, la tristesse de ses fenêtres fermées, le puritanisme de son aspect sans terrasse, ni devanture »…
11. Thiollet, Roux, *Nouveau recueil de menuiserie et de décorations intérieures et extérieures*, Paris, 1837, planche 70.
12. *Les décors des boutiques parisiennes*, op. cit. : les ornements ou les figures étaient peints sur du papier, du carton durci, des feuilles d'étain, du taffetas ou de la toile, c'est-à-dire des supports qui n'exigeaient aucun apprêt, et qui étaient ensuite collés sur le verre à l'aide de blanc d'œuf ou de sucre candi ; l'ensemble était enfin fixé au mur. Les peintres décorateurs utilisaient des poncifs (dessins perforés et pointillés) qu'ils reportaient sur le support du décor. Pour les motifs, ils s'inspiraient des tableaux anciens ou contemporains reproduits dans les livres ou les journaux professionnels. Plus tard apparurent des pochoirs ou des panneaux imprimés, qui provoquèrent un appauvrissement des thèmes.
13. *Au petit fer à cheval*, 32, rue Vieille-du-Temple, 4e arrondissement.
14. *Au Vrai Saumur*, actuel *Bistrot du peintre*, 116, avenue Ledru-Rollin, 11e arrondissement.
15. *Le Bouquet de l'Opéra*, 7, rue Danielle Casanova, 1er arrondissement ; cf. photographie de Claudine Huza-Maréchal, s. d., BHVP, NA Album 4° 19-6 : ce café présente à la fois des panneaux peints fixés sous verre et des peintures sur vitres, le tout étant encadré par des boiseries sculptées.
16. *Boutiques d'hier* [Cat. Expo., Paris, Musée des Arts et Traditions Populaires, 1977], Paris, 1977, p. 37.
17. BHVP, NA Album 4° 19-87 et 88, photographies de Christian Délu, s. d. ; *Boutiques d'hier* [Cat. Expo., Paris, Musée des Arts et Traditions Populaires, 1977], Paris, 1977 : Albert Raybaud (Cannes, 1871-Paris, 1944), dont l'atelier était sis au 86-88 rue Didot, est également l'auteur d'un décor pour un café au 51, rue des Abbesses, 18e arrondissement.
18. *Au Petit Marsouin*, 11, rue Etienne-Marcel, 1er arrondissement ; cf. BHVP, NA Album 4° 19-7, photographie de Claudine Huza-Maréchal, s. d.
19. *A la Martinique*, aux angles des rues Saint-Martin et des Lombards, 1er arrondissement ; cf. BHVP, NA Album 4° 19-43, photographie de Claudine Huza-Maréchal, s. d.
20. *Café du Brésil*, 162, avenue du Maine, 14e arrondissement ; cf. BHVP, NA Album 4° 19-91, photographie de Christian Délu, s. d.
21. *Au Rendez-vous des camionneurs*, 12, rue du Perche, 3e arrondissement ; cf. BHVP, NA Album 4° 11-2 et 3, photographies de Jean-Marie Bresson, s. d.
22. B. Girveau, *La Belle Epoque des cafés et des restaurants*, Guides Paris/Musée d'Orsay, Hachette/RMN, 1990 : *Royal Bar*, 143, rue Saint-Denis, 2e arrondissement, ISMH (23 mai 1984).
23. *Au Planteur*, 10-12 rue des Petits-Carreaux, 2e arrondissement, ISMH (23 mai 1984).
24. A. de l'Esprit, « Véron, Café des Panoramas », *Vieux Papier*, t. 11, 1912, p. 183 : le *Café des Panoramas* était situé à l'angle de la rue Vivienne et du boulevard Montmartre.
25. BHVP, NA Album F° 1-92, café, 19e arrondissement, avril 1957, photographie de Robert Doisneau ; NA Album 4° 19-108, 223 et 224, photographies de Claudine Huza-Maréchal, s. d. ; NA Album 4° 19-129 et 130, photographies de Christian Délu, s. d.
26. BHVP, NA Album 4° 19-72, photographie de Christian Délu, s. d.
27. B. Girveau, op. cit.: *Gallopin*, 40, rue Notre-Dame des Victoires, 2e arrondissement.
28. BHVP, NA Album 4° 19-119 et 120, photographies de Christian Délu, s. d., et NA Album 4° 19-110, photographie de Claudine Huza-Maréchal, s. d.
29. L'Art Nouveau influença par ailleurs d'autres aspects de la décoration des devantures de cafés, et surtout les boiseries, aux formes végétales et courbes, telles qu'*Au Vrai Saumur* ou au *Café Antoine*, rue La Fontaine (16e arrondissement), conçu par Hector Guimard ; mais la caractéristique de la diffusion de l'Art Nouveau dans la décoration des magasins parisiens, en particulier des cafés, est d'avoir fait primer les éléments décoratifs et graphiques, parfois tape-à-l'œil, par rapport aux éléments constructifs ; cf. F. Borsi, Ezio Godoli, *Paris Art Nouveau, Architecture et décoration*, Marc Vokar, 1989, p. 232.
30. *Aux Deux Saules*, 91, rue Saint-Denis, 1er arrondissement.
31. « Le Café Riche à Paris », *Construction moderne*, 10e année, 1894-1895, p. 53-54 : la serrurerie d'art fut exécutée par M. A. Bernard. La marquise était constituée de consoles en fer forgé, de feuillages en cuivre ciselé ; la frise du chéneau, les ornements et les enseignes étaient également en fer forgé ; sous les verres était placé un grillage à mailles ondulées et historiées. La véranda se composait de trois *bow-windows* alternant avec des panneaux de mosaïque.
32. *Ibid.*, p. 124 : la porte du *Café Riche* était encadrée par « deux danseuses de casino qui, levant la jambe, se [détachaient], d'un fort relief et d'une coloration foncée, sur les briques émaillées blanches de l'encadrement de la porte d'entrée » ; P. Debofle, « Un Café à Paris sous le Second Empire : le Grand Café parisien, 26, rue de Bondy et 3, rue du Château d'Eau », *Bull. Soc. Hist. Paris et Ile de France*, 107e année, 1980, p. 224 : en 1855, l'architecte Charles Duval construisit pour ce café une porte monumentale ornée de cariatides représentant l'Industrie et le Commerce ; au-dessus de l'entrée fut inscrite en caractères dorés l'enseigne du café : « Grand Café parisien, le plus grand café du monde » ; H. R de Beauvoir, « Le Café de Paris », *Illustration*, 13 juillet 1878, p. 22 : le nouveau *Café de Paris*, inauguré en juin 1878, aux angles de l'avenue de l'Opéra et de la rue Louis-le-Grand, reçut aussi une porte monumentale, avec des cariatides vertes et un sphinx sculptés par M. Godebski.
33. H. de la Selle, op. cit
34. R. Herbst, *Nouvelles devantures et agencements de magasins*, 4e série, Paris, Moreau, 1928, 50 pl.
35. J. Favier, « Le Café des Princes, boulevard Montmartre à Paris, par M. Marcel Macary », *Construction moderne*, 25 mars 1934, p. 423 : « La façade, très largement ouverte, est composée en marbre jaune de Sienne posé sur une armature métallique. Un large auvent en charpente métallique décoré de gorges en staff avec encadrement en duralumin et comportant un jeu d'éclairage au néon abrite la terrasse. Le titre du café se découpe en lettre très franche sur la gorge de staff, donnant un effet lumineux très puissant le soir ».
36. BHVP, NA Album 4° 19-97 : *Au Papillon*, à l'angle des rues des Poissonniers et Doudeauville, 18e arrondissement, s. d., photographie Claudine Huza-Maréchal.
37. L. Dru, C. Aslan, *Cafés*, Moniteur, 1989, p. 58 : *Café de la Ville*, 211, avenue Jean Jaurès, 19e arrondissement.
38. *Boissonnerie*, 69, rue de Seine, 6e arrondissement.

La façade du café Procope et son balcon en ferronnerie datant du XVIIIe siècle

Le mobilier sous l'Ancien Régime

Bertrand Rondot
Conservateur au musée des Arts décoratifs

On a dit du XVIIIe siècle qu'il était celui des salons... on aurait pu dire tout autant qu'il était celui des cafés. En effet, une sociabilité nouvelle se met en place à la fin du XVIIe siècle alors qu'apparaissent des boissons exotiques que le siècle adopte. Parmi elles, le café va rapidement s'imposer et imposer son nom à l'endroit où se dégustent ces nouveaux nectars. Le lieu n'a pas de précédent comparable : hors de la sphère privée, c'est un lieu de rencontres et d'échanges – ludiques ou culturels – il se veut plus raffiné qu'auberges, gargotes ou tripots ; élitaire, mais ouvert à tous, il offre à ses clients un cadre et un confort jusqu'alors inconnus.

Frontispice des Entretiens des cafés de Paris et des diférens qui y surviennent, *eau-forte, 1702*

Il est difficile de reconstituer le mobilier et le décor de ces premiers cafés parisiens ouverts à partir des années 1670 par les Arméniens, Pascal et Maliban, Joseph le Levantin ou Etienne d'Alep. Vraisemblablement encore proches dans leur simplicité des tavernes qu'ils concurrencent, ces « cafés » sont simplement meublés et l'essentiel de leur décorum se borne à la tenue « arménienne » de leurs garçons limonadiers.

Est-ce l'Italien Francesco Procopio del Coltelli qui le premier eut l'idée d'aménager luxueusement son établissement rue des Fossés-Saint-Germain afin de capter une clientèle aisée, seule à même de s'offrir une boisson encore coûteuse ? Murs tendus de tapisseries, tableaux et miroirs, tables de marbre et lustres de cristal font toute l'originalité de sa « maison de café » devenue vite fameuse et vite imitée. Certes, parmi les quelque 300 cafés que compte Paris au début du XVIIIe siècle, la richesse du décor intérieur varie d'un établissement à l'autre. Mais les témoignages montrent que la recherche d'un certain luxe est une caractéristique générale, reprise tout au long du siècle. Rompant définitivement avec la rusticité des tavernes, les cafés s'inspirent tout d'abord de la demeure privée dont ils recréent d'une certaine manière le confort et le décor. Le frontispice des *Entretiens des cafés de Paris et des diférens qui y surviennent*, publié à Trévoux par le chevalier de Mailly en 1702, laisse deviner ce qu'ils sont sous Louis XIV (fig. 1). La salle où se tiennent plusieurs compagnies est garnie de tables et de chaises, les murs tendus d'une riche étoffe où sont accrochés des tableaux et un grand miroir, au-dessus de la porte de l'office. La pièce ressemble à un salon dans lequel ont été dressées des tables, et où des invités prennent une collation.

Les tissus sont le vrai luxe de l'époque – la beauté et la valeur d'un « meuble » sont fonction de sa couverture et non du bâti – mais ce luxe est fragile. Rapidement, ces tentures caractéristiques des premiers cafés vont être retirées. Une estampe de Bernard Picart (1673-1733) (fig. 2)[1], quoique contemporaine de la précédente, montre un intérieur plus novateur : le décor de boiseries richement sculptées est plus adapté à la fréquentation incessante « des hommes galants, des femmes coquettes, des abbés polis d'autres qui ne le sont pas, des guerriers, des nouvellistes, des officiers, des provinciaux, des étrangers, des plaideurs, des buveurs et des joueurs de profession, des parasites, des aventuriers, des chevaliers d'industrie, des jeunes gens à bonne fortune, des vieilles amoureuses, des gascons et des faux-braves, des demi-beaux esprits et des auteurs, et plusieurs autres personnes dont les portraits différents pourraient se multiplier à l'infini »[2].

Au cours du siècle, les miroirs, à l'origine accrochés sur les tentures, sont remplacés par des glaces intégrées à la muraille.

Elles couvrent des surfaces toujours plus importantes, suivant les progrès du coulage du verre, constants au cours du XVIIIe siècle, et la richesse du propriétaire. Les boiseries d'encadrement deviennent de simples supports, à panneautages moulurés ou sculptés. Plus rarement, elles sont le prétexte d'un programme iconographique spécifique, comme au *Café militaire*, aménagé sur les dessins de Ledoux en 1762 et dont l'originalité est louée par Fréron. A la fin du siècle, on note la sculpture « d'un travail délicat et précieux »[3] des boiseries du *Café de Foy*, établi dans les nouveaux bâtiments du Palais-Royal, alors qu'un peu plus loin on apprécie la salle du *Café du Caveau* « grande et très agréablement décorée en perspectives de différents genres, ornée de glaces placées avec intelligence » et où « les bustes de Gluck, Sacchini, Piccinni, Gréty, etc. posés sur des tronçons de colonnes, ajoutent à l'ornement et y donnent un nouveau prix »[4]. Pierre-Alexandre Wille (1748-1821) en donne en 1788 une image particulièrement fidèle (fig. p. 8-9).

Dès le milieu du siècle le décor de glaces est devenu habituel, presque convenu, et n'étonne plus un chroniqueur blasé en 1761 : « Le luxe, ingénieux à se reproduire sous les formes les plus agréables, s'était jusqu'à présent borné à embellir les caffés de glaces et de tableaux disposés selon les loix d'une froide symétrie et d'une insipide uniformité, car les caffés se ressemblent tous à peu près »[5].

Dans une ville où l'on tâtonne dès la nuit tombée, les cafés apparaissent surtout comme des lieux extraordinaires par la profusion de leur éclairage. Un *Guide* paru en 1715 le note avec insistance : les cafés de Paris, « très magnifiques par les glaces et autres meubles de prix qui en font l'ornement, et les illuminations qui les éclairent lorsqu'il est nuit […] se font distinguer plus ou moins entre eux par leur magnificence »[6], ce que confirme Savary des Bruslons pour qui les cafés sont « pour la plupart des réduits magnifiques »[7]. Le jeu de miroirs et de lustres à cristaux rehausse l'éclat de ceux-ci : la lumière y est démultipliée. Ces lustres sont remplacés vers la fin du siècle par des lampes à quinquets, au rendement plus important mais à l'entretien plus exigeant. Mayeur de Saint-Paul à propos du *Café du Caveau* écrit : « Ce café est parfaitement éclairé le soir par des lampes à la Quinquet. Chaque lampe est placée dans un bocal de cristal soutenu par des guirlandes qui viennent se rejoindre au centre ; cette lumière est très vive, et ces lampes exigent beaucoup de soins de la part des garçons Limonadiers »[8].

Cette spécificité du décor des cafés se retrouve dans l'ameublement, en rien comparable avec celui des tavernes et qui va se distinguer également du mobilier privé. Cette

Bernard Picart, Intérieur d'un café, eau forte, vers 1700

distinction est proprement française. En Angleterre, où la tradition des *coffee houses* est antérieure d'un demi-siècle, le mobilier reste très souvent composé de longues tables rectangulaires accostées de bancs. A Paris, dès la fin du XVIIe siècle, les bancs ont cédé la place à des sièges individuels, qui favorisent, tout comme les tables rondes, une sociabilité plus choisie. Sur l'estampe, les chaises garnies et à haut dossier sont celles que l'on trouve alors dans les intérieurs cossus ; pour les tables également, c'est un modèle de la demeure privée qui est transplanté dans l'espace public. Ces « tables brisées », reposent sur un piétement en X ou ployant, sur lequel est fixé par des charnières un plateau rond de bois

Jacques Treton de Vaujuas, Vue intérieure du Café de Manouri, *sanguine, vers 1770*

massif qu'aucun tapis ni nappe ne vient recouvrir[9]. C'est ainsi que ces tables apparaissent encore dans de nombreux cafés en 1715, « tables de bois nuës, sans tapis, et éclairées par quelques chandelles »[10].

Toutefois, la fréquentation croissante des établissements oblige à des concessions à la solidité. Ainsi, les élégantes « tables à ployants » selon la dénomination de Roubo[11] cèdent rapidement la place à des tables à pieds droits, plus solides – on imagine aisément les accidents provoqués par les discussions trop animées des nouvellistes autour de ces plateaux basculants ! – et plus à même de supporter les plateaux de marbre. Cette évolution se fait dès la fin du règne de Louis XIV, comme le montre l'estampe de Bernard Picart. Les chaises ont cédé la place à des tabourets et les tables à ployants sont remplacées par des tables à montants droits réunis par une entretoise. Dans tel café en 1702, un médiocre rimailleur est puni de ses impertinences car « un tabouret, qu'il rencontra dans son chemin lui fit faire une culbute, qui redoubla la joie des auditeurs… »[12]. Cette évolution vers un mobilier spécifique des cafés, plus solide et plus simple que le mobilier privé, mais se démarquant également du mobilier des tavernes par l'individualité de chaque élément, est manifeste sur le rare témoignage concernant l'un des cafés les plus célèbres de Paris pendant une bonne partie du XVIIIe siècle, le *Café Manouri*. Fondé par l'auteur d'un *Traité sur le jeu de dames à la polonaise* paru en 1770, et situé place de l'Ecole (actuel quai du Louvre), il est devenu le lieu de rendez-vous des gens du Palais et des joueurs de dames[13] (fig. 3).

Ce dessin à la sanguine d'un élève de l'Ecole militaire, Jacques Treton de Vaujuas (1756-1827) nous présente une vue quelque peu appliquée du café vers 1770, vue la plus précise et la plus fidèle d'un café aménagé vers le milieu du

DÉCORS ET ARCHITECTURE

siècle. Tous les éléments de mobilier d'un café parisien y figurent, représentés avec une grande netteté. Au fond de la salle, la cafetière apparaît à son comptoir et, derrière elle, le placard rempli de carafes contenant les liqueurs. L'affluence autour du poêle situe la scène en hiver. Le décor mural est composé essentiellement de miroirs dont les panneautages répondent aux bois des fenêtres. Seul ornement, un grand cartel d'applique sur sa console fait face à l'entrée. La salle est éclairée par deux lustres « en pyramide » garnis de cristaux ; sur les tables, des flambeaux en bronze à pieds carrés complètent l'éclairage.

Le mobilier en bois massif aux montants simplement chanfreinés est composé de tables rectangulaires propres à accueillir quatre clients, assis sur des tabourets.

Ceux-ci, solidement renforcés d'une entretoise, montrent que les sièges ont suivi la même évolution que les tables. Roubo, à la même époque, donne un modèle de tabouret identique « d'une décoration très simple, tel qu'on s'en sert dans les antichambres et autres lieux de peu de conséquence », et dans les cafés, aurait-il pu ajouter[14]. Les cafés disposant d'une terrasse, sur les boulevards, ou d'un accès aux jardins, au Palais-Royal, assoient leur clientèle sur des chaises paillées[15]. Il faudra attendre le luxe renouvelé et quelque peu tapageur des établissements sous le Directoire pour que ne s'imposent à nouveau d'élégantes chaises, comme au *Café Frascati*.

A la fin de l'Ancien Régime, le *Café du Caveau* propose à ses clients des tabourets « à la capucine », c'est-à-dire en bois tourné, et des tables à plateau de marbre.

L'usage du marbre, qui allie luxe et facilité d'entretien, est confirmé par les témoignages et les inventaires tout au long du XVIIIe siècle. Les cafés sont désormais habituellement « parés de tables de marbre, de miroirs et de lustres de cristal » résume Savary des Bruslons en 1723[16]. Ainsi, au décès de son propriétaire, le limonadier Pierre Alexandre, en 1765, le *Café Alexandre*, « un des plus anciens et des plus beaux » du boulevard du Temple[17], possède 66 tables à dessus de marbre[18]. Ce nombre très important annonce un modèle qui s'impose dans la seconde moitié du XVIIIe siècle, et est encore prisé de nos jours : tables plus petites, à plateau rond supporté par un pied central en guéridon et garni d'un marbre cerclé d'une galerie de bronze. A la veille de la Révolution, c'est autour de tels meubles que se réunissent les habitués du *Café du Caveau*. Ces guéridons sont-ils construits dans le nouveau bois à la mode, l'acajou, ou le menuisier s'est-il servi d'un bois indigène ? Mayeur de Saint-Paul, chroniqueur précis et incisif, ne s'attarde pas sur le mobilier du *Café du Caveau* dont la salle est pourtant décrite, et c'est uniquement à propos des tables du restaurant tenu par Beauvilliers qu'il précise qu'elles « sont faites en bois d'acajou »[19]. La rareté de la mention doit rendre compte de la rareté de l'usage du matériau.

Peut-être plus encore que les tables et les sièges, deux meubles, immeubles par destination, sont essentiels à la sociabilité des cafés à Paris au XVIIIe siècle : le comptoir et le poêle. Véritables personnages, ils sont réunis sur l'une des estampes que Balthasar Anton Dunker (1746-1807) avait publiées en 1787 pour illustrer l'ouvrage de Mercier[20], avec la légende suivante : « Un Arménien, un Anglais, un Allemand, se chauffent au poêle d'un café : Un courtaud de boutique dit des douceurs à la belle limonadière, qui montre à tous des charmes aussi frelatés que la liqueur qu'elle vend » (fig. 5).

Trônant dans l'axe de la salle ou placé près de l'entrée, le comptoir constitue le meuble le plus original. Il est directement inspiré d'un modèle anglais. Dans les *coffee houses* londoniennes de la seconde moitié du XVIIe siècle, la caissière siégeait dans un *box*, sorte de guérite au plafond de menuiserie soutenu par des montants et un panneautage adossé au mur[21]. En France, les menuisiers en simplifient la structure, supprimant le dais et ses piliers. Il se rapproche de ce fait des comptoirs de boutique, mais ses dimensions sont beaucoup plus réduites, ne devant abriter qu'une seule personne, la limonadière ou cafetière.

Cette figure emblématique du café au XVIIIe siècle, que le XIXe siècle appellera la « dame de comptoir », régente l'établissement. De sa position légèrement surélevée – le comptoir est placé sur une estrade – elle veille à la bonne tenue du lieu et débite les liqueurs conservées dans un placard vitré derrière elle. La vue de profil qu'en donne Bernard Picard en montre clairement les avantages : assise sur un haut tabouret, la limonadière domine la salle. Mais un homme n'a-t-il pas approché son tabouret du comptoir ? L'estampe laisse entrevoir les relations qui s'établissent de chaque côté de ce meuble essentiel ce que d'autres rendent par la plume : « Près du comptoir on voit un cadet de famille qui s'efforce de réparer, par des fleurettes, l'injustice du sort. Sourde à ses vœux, la beauté qu'il encense ne reçoit ni ne rejette son hommage. Idole née de tous les conteurs, la maîtresse d'un caffé voit en public tous les hommes avec indifférence, et sa sensibilité n'éclate que dans le tête-à-tête… »[22]. A la veille de la Révolution, Louis Sébastien Mercier résume ainsi un siècle d'une profession exposée : « On courtise les cafetières : toujours environnées d'hommes, il leur faut un plus haut degré de vertu, pour résister aux tentations fréquentes qui les sollicitent. Elles sont toutes fort coquettes ; mais la coquetterie semble un attribut indispensable de leur métier »[23]. Mais si le comptoir demeure à bien des points de vue le cœur

Boutique du Limonadier, planche VIII de L'art du distillateur liquoriste, *troisième partie, eau-forte, 1775*

de l'établissement, il en est parfois l'esprit. Certaines limonadières refusent de jouer le rôle simplement galant que la gent masculine leur donne. C'est incontestablement du comptoir qu'un certain ton est donné aux cafés les plus célèbres : la veuve Laurent, rue Dauphine, « tient un caffé dit *caffé des beaux esprits* » comme le rappelle un *Guide* publié en 1736[24] et que cite Voltaire dans sa correspondance. Au *Café des Muses*, Charlotte Renière Bourette, « à qui la fureur des vers a tourné l'esprit », dédie ses poèmes aux philosophes comme aux souverains – Frédéric II de Prusse l'en remerciera d'une boîte en or – forçant l'admiration des uns, le sarcasme des autres... et attire des clients. *La Muse limonadière* – nom de plume de Madame Bourette – note que « l'auteur de *l'Histoire critique de la philosophie* [M. Deslandes] a daigné plusieurs fois quitter les promenades de l'Académie et du Lycée pour venir se reposer dans mon comptoir... ». Jacques François Demachy, dans son *Art du distillateur liquoriste*, publié en 1775, en illustre la position stratégique, à la planche 8 et, à la planche suivante, en révèle l'intérieur, aux multiples rangements pour « l'argenterie de relais, ... le sucre cassé, ... l'argent, ...les liqueurs fines et les serviettes et autre linge pour le service de la boutique » (fig. 4).

La vue générale d'une salle idéale révèle également l'autre élément fédérateur du café, trônant au centre de la pièce, le poêle. L'autre âme du café est le poêle. Il apparaît vers le milieu du siècle, et remplace la cheminée dont il reprend la fonction avec plus d'efficacité. La chaleur de l'âtre a toujours été essentielle à la sociabilité et tel consommateur au début du siècle passait ses après-midi au café « en hiver plus souvent qu'en été [...] où pour sa pièce de quatre sols, il avait une tasse bien sucrée, bonne compagnie et bon feu »[25]. Le premier poêle est relevé en 1748 chez le limonadier Jacques-Georges Gouget[26]. Contraires aux traditions françaises, les poêles « ont le défaut de rendre frileux ; ils ne sont à leur place que dans les antichambres, dans les endroits où l'on mange et dans les cafés où les désœuvrés vont héberger leur oisiveté et se tapir contre les rigueurs du froid »[27]. On s'accoude autour du poêle « sur le quel on boit le caffé l'hiver[28] et les propos fusent, entretenus par la douce chaleur qu'il diffuse généreusement.

En été, le tuyau du poêle devient pylône pour accrocher les gazettes, comme au *Procope*, ou bien le tuyau est démonté et remplacé par un vase de fleurs ; c'est ainsi que le *Café du Caveau* procédait à la belle saison[29]. Il peut être le principal ornement de la salle, surtout si elle n'est pas très grande, et parfois témoigner des événements les plus récents, comme au *Café Italien*, sous les arcades du Palais-Royal, dont « le poêle a la forme d'un globe aérostatique, et est surmonté d'un enfant représentant un génie »[30], en hommage à l'ascension des frères Montgolfier en 1785.

Face aux poêles, toute l'année, pendules et cartels servent de régulateur. Ceux des cafés du Palais-Royal se règlent sur le petit canon qui tonne chaque jour à midi. Les habitués viennent à leur tour s'y assurer du bon fonctionnement de leur montre. Le cartel est parfois le meuble le plus coûteux de l'établissement ; et dans les plus importants, il est associé à un baromètre, comme au *Café du Caveau*. Le *Café Alexandre* possède deux pendules d'une valeur de 500 livres dont l'une « dans une boîte et son pied peint en camaïeu avec des ornements de cuivre en couleur »[31].

Dans les cafés les plus riches, la vaisselle est d'argent et de porcelaine. Les gobelets et tasses sont de porcelaine, d'Extrême-Orient d'abord, puis française à partir du début du XVIIIe siècle, produite par les manufactures de Saint-Cloud, de Chantilly puis parisiennes dans la seconde moitié du siècle[32]. Malgré les édits somptuaires de la fin du règne de Louis XIV, l'usage du métal précieux pour la table se répand au XVIIIe siècle et dans ces lieux publics que sont les cafés, les clients retrouvent le même confort et la même hygiène que chez eux. C'est lors de la foire Saint-Germain, prétexte à l'ouverture de salles éphémères mais luxueuses, que l'on voit pour la première fois des verseuses – chocolatières et cafetières – en argent[33]. Luxe raisonnable pour une utilisation intensive : l'argent est incassable et prophylactique. En 1702, un dormeur réveillé brusquement par l'espièglerie d'un marquis de sa connaissance « renversa soucoupes, gobelets et carafes » et le fauteur de trouble « malicieusement refusa longtemps de paier la facture de cristal, et les bosses de la vaisselle d'argent »[34]. Lorsque les « dames de la première qualité » font arrêter leur carrosse devant les cafés les plus fameux (dans lesquels elles ne pénètrent pas), c'est « sur des soucoupes d'argent » que le breuvage leur est servi à la portière[35]... et le personnage du garçon limonadier s'impose, ceint « d'un linge blanc, la cafetière d'argent à la main »[36]. Mais la présence de métal précieux n'attire pas qu'un public exigeant, elle provoque également les convoitises. Au *Café de Foy*, « quelques filous se sont imaginés d'escamoter les petites cuillers d'argent que l'on sert avec les glaces, en y substituant d'autres qui sont argentées »[37] et, plus simplement encore, certains établissements doivent être vigilants contre « certains escrocs qui filoutent de petites cuillers d'argent » et c'est pourquoi le soir « l'on compte l'argenterie »[38].

Né du luxe d'une consommation exotique, le café se développe dans un espace intermédiaire offrant à ceux qui le fréquente un cadre à la fois flatteur et familier. L'exotisme relatif ou le conformisme des premiers établissements cèdent la place à l'étalement d'un luxe d'effets plus que de matériaux. Les cafés se ressemblent. Profusion de lumière, emploi de glaces et de miroirs, chaleur des poêles en hiver, en font des lieux à nul autre pareil, auxquels le talent d'un architecte, d'un peintre ou d'un sculpteur parfois apportent une originalité qui en rehausse l'éclat. Mais à l'inverse, la foule, les passages fréquents, l'usage intensif obligent à rechercher avant tout un mobilier capable de résister à ces contraintes. Le café du XVIIIe siècle se construit sur ces deux paradoxes. Prestigieux et fonctionnel, son cadre est fait pour séduire, et son mobilier pour subir. Le XIXe siècle saura résoudre cette contradiction.

NOTES

1. Bibliothèque des Arts décoratifs, Albums Maciet, 35 bis 1.
2. « Le Porte-feuille galant, ouvrage mêlé de prose et de vers. Avec plusieurs questions sérieuses et galantes ». 15 juin 1700, cité par A. Franklin, *La vie privée d'autrefois – Le café, le thé et le chocolat*, Paris, 1893, p. 62.
3. F.-M. Mayeur de Saint-Paul, *Tableau du nouveau Palais-Royal*, 1788, p. 49.
4. *Ibidem*, p. 31.
5. *L'Avant-coureur*, n° du lundi 2 novembre 1761, p. 700.
6. L. Liger, *Le Voyageur fidèle, ou le guide des étrangers dans la ville de Paris qui enseigne tout ce qu'il y a de plus curieux à voir...*, Paris, 1715, p. 356.
7. Savary des Bruslons, *Dictionnaire du Commerce*, 1723, notice « caffé ».
8. F.-M. Mayeur de Saint-Paul, *op. cit.*, p. 36.
9. Roubo, *L'art du menuisier ; l'art du menuisier en meuble, seconde section de la troisième partie*, Paris, 1772, p. 695, planche 253, fig. 3; une telle table dans son usage privé est représentée sur une feuille d'éventail contemporaine reproduite in Peter Thornton, *L'époque et son style ; la décoration intérieure 1620-1920*, Paris, 1986, p. 78, fig. 94. Les vignettes gravées sur bois placées en tête de chaque *entretien* présentent une scène plus simple mais où se retrouvent les mêmes éléments : murs tendus d'un damas sur lequel est accroché un miroir, tables rondes accueillant une société de quelques personnes.
10. L. Liger, *op. cit.*, p. 36-37.
11. Roubo, *op. cit.*, p. 694.
12. Chevalier de Mailly, *Les entretiens des cafés de Paris*, p. 238.
13. Musée Carnavalet, inv. D 8134. B. de Montgolfier, « Enrichissements récents », *Bulletin du musée Carnavalet*, novembre 1955, n° 2, p. 9-11. Il faut situer la création du dessin alors que Gaëtan-Lambert Dupont y est intendant, de 1770 à 1776, et plus précisément, comme le suggère Bernard de Montgolfier, à l'époque où Cochin y était professeur, entre 1770 et 1774.
14. Roubo, *op. cit.*, p. 613, planche 225.
15. De telles chaises apparaissent sur une aquarelle de Swebach-Desfontaines signée et datée 1790, reproduite inversée par le graveur Jean-Baptiste Morret sous le titre *Café des Patriotes – Grande Nouvelle du Nord, 1792*.
16. Savary des Bruslons, *op. cit.*
17. *Almanach Dauphin*, 1777.
18. A. Pardailhé-Galabrun, *La naissance de l'intime, 3000 foyers parisiens, XVIIe-XVIIIe siècles*, Paris, 1988, p. 304.

19. *Ibidem*, p. 73.
20. *Explication de différentes figures, gravées à l'eau-forte, pour servir aux différentes Editions du Tableau de Paris par M. Mercier*, Yverdon, 1787.
21. De telles vues sont données par une gravure de Trolaria reproduite dans F. Ferré, *L'Aventure du café*, Paris, 1988, p. 76 et « The Coffee House Mor » reproduit dans L. Heise, *Histoire du café et des cafés les plus célèbres*, 1988, p. 93.
22. F. Chevrier, *Les ridicules du siècle*, 1752, p. 81.
23. *Tableau de Paris*, nouvelle édition corrigée et augmentée, Amsterdam, 1782, t. I, chapitre LXXI *Cafés*, p. 230.
24. J. Nemeitz, *Séjour à Paris, c'est-à-dire instructions fidèles pour les voiageurs de condition...*, Leipzig, 1726. Voltaire cite le *Café Laurent*, qui avait été fondé par François Laurent vers 1690 et repris par sa veuve en 1694.
25. Mailly, *op. cit.*, p. 354.
26. A. Pardailhé-Galabrun, *op. cit.*, p. 336.
27. Mercier, *op. cit.* t. X, p. 183.
28. J. F. Demachy, *L'Art du distillateur liquoriste*, Paris, 1775, p. 141, F.
29. Disposition visible sur une estampe des années 1780 reproduite dans *L'aventure du café*, Paris, 1988.
30. Mayeur de Saint-Paul, *op. cit.*, p. 53 ; au café du Caveau voisin, l'ascension des frères Montgolfier est rappelée dans le marbre d'une table, gravée en lettres d'or : « on ouvrit deux souscriptions sur cette table : la première le 28 juillet, pour répéter l'expérience d'Annonay ; la deuxième, le 29 août 1785, pour rendre hommage par une médaille à la découverte de MM. de Montgolfier » (*Etrennes aux amateurs de café*, p. 62).
31. A. Pardailhé-Galabrun, *op. cit.*, p. 157. Chez le limonadier Antoine Coffin la pendule prisée 200 livres représente près de 10 % de la valeur de la boutique.
32. Pour un gobelet et sa soucoupe en porcelaine de Chantilly, voir G. Le Duc, *Porcelaine tendre de Chantilly au XVIIIe siècle*, Paris, 1996, p. 285, et de la manufacture de Pierre Antoine Hannong, voir R. de Plinval de Guillebon, *Faïence et porcelaine de Paris XVIIIe-XIXe siècles*, Dijon, 1995, p. 94, fig. 62.
33. A. Franklin, *op. cit.*, p. 63.
34. Mailly, *op. cit.*, douzième entretien, p. 239.
35. Savary des Bruslon, *op. cit.*
36. Mercier, *op. cit.*, t. XI, p. 73.
37. F.-M. Mayeur de Saint-Paul, *op. cit.*, p. 50.
38. Mercier, *op. cit.*, t. XI, p. 73.

Balthasar Anton Dunker, frontispice du chapitre 71 du Tableau de Paris ou explication de différentes figures pour servir aux différentes éditions du Tableau de Paris par M. Mercier, eau forte, 1787

Les cafés et leur équipement

Henry-Melchior de Langle
Docteur en Lettres

Les premiers établissements

Le café plusieurs fois bouilli était versé dans la tasse fragile jusqu'à ce que, en la fin du XVIIIe siècle et au début du XIXe, la diffusion de l'invention de monseigneur de Belloy mais aussi de sa cafetière permit d'obtenir une boisson proche de la nôtre. En ce siècle des Lumières finissant, le cadre de ces agapes avait mué. La société aristocratique – l'exemple venait de haut – jetait ses derniers feux, l'établissement du café limonadier en portait la marque : des tables aux fauteuils et aux chaises, des cuillères aux fourchettes, des nappes damassées aux flacons, tout devait respirer le luxe. Cela était particulièrement évident dans le quartier du Palais-Royal et dans son jardin. Le café se devait d'être le salon de ceux qui n'en disposaient point encore, étaient de rigueur élégance, propreté et sociabilité. La Révolution en fit un lieu de conversation politique et de discussions quelquefois violentes aux dépens de la tenue des lieux …mais aussi du mobilier et de la vaisselle. L'Empire puis la Restauration furent synonyme du retour à un luxe et à un confort d'abord assez froids puis compassés. Il fut admis que le cafetier-limonadier servait des déjeuners à la fourchette. Son activité se diversifiant, son laboratoire s'accrut de la panoplie nécessaire.

Le renouveau du décor

Le Consulat et l'Empire s'imposèrent par la couleur guerrière et son symbolisme mais aussi par la rigueur spartiate des tables, des chaises et du décor. Avec la Restauration, le retour aux anciens usages teinté de romantisme se précisa notamment par des touches de style troubadour et une influence britannique. Le luxe fut alors de disposer d'un comptoir en bois de citronnier dans une niche dorée et ornée de coupes de vermeil, des torrents de gaz et des peintures de Ciceri, mais aussi de murs abondamment garnis de glaces qui renvoient la lumière du jour et celle des lustres et des torchères.

La Monarchie de Juillet puis le Second Empire virent ces tendances se renforcer ; parallèlement les établissements devinrent de plus en plus grands : au rez-de-chaussée des fontaines et des murs recouverts de stuc ou de marbre factice ou non et des plafonds ornementés de lustres, à l'étage le plus souvent de multiples salons dénommés cabinets, isolés, que l'on pouvait louer pour des déjeuners ou des dîners, mais aussi des salons de billards ou de jeux. La nouveauté du mobilier comme l'apparition de fauteuils profonds et en cuir, permirent à certains établissements de se parer de la dénomination de divans. Malgré la connotation de confort des établissements dénommés *café*, il exista toujours de grandes différences de standing. Il y avait ainsi un monde entre le *Café Anglais* avec ses 22 cabinets dénommés souvent selon leur couleur et un café plus modeste qui n'était pourvu que d'un seul. La différence était encore plus marquée pour le mobilier : ainsi en 1817 un établissement médiocre baptisé café-estaminet place Beauvau « était-il composé de cinq tables à dessus de marbre, une petite table en bois ronde, 23 tabourets, une chaise foncée en paille, un comptoir en bois peint, un petit trumeau de cheminée, neuf gravures sous verre avec cadre doré, cinq petits barils peints en rouge avec leurs bandes de cuivre, deux quinquets en fer blanc pour l'éclairage et un jeu de trou Madame avec ses deux billes en os ».

En face, boulevard des Italiens, une maison plus relevée était équipée dans son grand salon de tables en acajou ou en fer à dessus de marbre, de banquettes en bois avec un dessus de velours rouge, de candélabres en bronze, de vases en porcelaine et d'une grande pendule en bronze ayant pour sujet Coriolan, et dans d'autres pièces on notait des encoignures à dessus de marbre, des pendules dorées, des assiettes en cristal sur pieds, des grandes glaces, des garde-feu, des devants de cheminées en bronze …110 chaises en bois de frêne complétaient le mobilier tant dans les salons que dans l'indispensable billard et sa terrasse était illuminée par dix candélabres en fonte avec lanterne en cuivre et cristal.

Vaisselle et mobilier professionnel étaient variés : planches en cuivre à fourneaux, bain-marie, grilles de fer… des tourne-broches, broches, garde-feu, étouffoir, pelles à feu, pincettes, trépieds, chevrettes, râteliers en fer, tables de cuisine, tabourets, canettes de cuivre, baquets à égoutter, égouttoirs, billots, mortiers divers, boisseaux, bacs, tamis, couperets, puisard, fourchettes à accrocher la boucherie, rôtissoires, burettes à huile, plats de faïence, terrines… sorbetières en étain, moules à glace, moules à fromage, cuillères à dresser les glaces… Encore ne s'agissait-il pas de l'établissement le plus brillant du boulevard ! Le personnel nombreux et hiérarchisé apportait l'attrait d'un service rapide et stylé.

Lieux de confort, les cafés dignes de ce nom étaient aussi un lieu de diffusion des nouveautés et des commodités les plus recherchées : notamment la lumière par de nombreux lustres et très rapidement l'électricité. Dans des établissements plus modestes, de grandes devantures vitrées et, sur le mur derrière le patron, la présence des bouteilles ou de fioles colorées, sur le comptoir astiqué la fontaine et les verres en cascade étaient plus souvent le cadre habituel à la veille de la Première Guerre mondiale. Le mobilier et l'équipement professionnels bénéficièrent notamment des célèbres chaises Thonet, des percolateurs et des ventilateurs.

Avec Au café, *Jean Béraud porte un regard sombre sur la clientèle : une femme nostalgique et son voisin au regard malsain occupé par la préparation de son absinthe*

Le mobilier du Café Riche

Bruno Centorame
Historien

Situé depuis 1804 à l'angle de la rue Le Peletier (n° 1) et du boulevard des Italiens, l'une des artères les plus attractives de Paris au XIXe siècle, le *Café Riche* figure au tout premier rang des établissements les plus renommés de la capitale. Il occupe une maison construite vers 1773, appartenant alors à Auguste Hippolyte Salmon, et dans le cahier d'enchères, établi en 1846, consécutif à la faillite de Jacques Guillaume Roch Barbey dit Duclos-Barbey, qui le dirigeait depuis 1843, un inventaire des objets et ustensiles permet d'évoquer avec précision tout ce qui est nécessaire à la bonne marche d'un grand restaurant parisien[1].

Les meubles correspondent au goût en vigueur sous la Monarchie de Juillet : dans la pièce en entrant, l'on mentionne un comptoir en acajou à dessus de marbre noir surmonté de deux pupitres, un tambour vitré avec ses glaces, trois armoires à glaces, un buffet en bois peint à dessus de marbre, un coffre servant de rafraîchissoir, deux fauteuils en acajou, un œil-de-bœuf, tandis qu'un vase garni de fruits en cire ajoute une note décorative.

Dans quatre salons et quatre cabinets, sont placés 27 tables en chêne, onze guéridons en marbre à pieds de fer, 90 chaises en merisier foncées de paille, un fauteuil à la Voltaire... L'éclairage est assuré par onze lampes en cuivre doré avec leurs boules et leurs suspensoirs, tandis que 19 glaces de différentes grandeurs contribuent à l'éclat des lieux. Mentionnons aussi une pendule en bronze représentant l'Agriculture, une pendule en porcelaine peinte et deux vases assortis, alors qu'un coffre-fort à secret, doublé en acajou, relève du « style de l'Empire ».

Le linge comporte 32 nappes, 400 serviettes, 60 torchons, 104 tabliers ainsi que 44 petits rideaux brodés et brochés.

Une importante batterie de cuisine est décrite : 44 casseroles en cuivre, poissonnières, braisières, bains-marie, tourne-broche, broches, 11 marmites, trois chaudrons, dix moules...

Quant à la vaisselle, on relève parmi les pièces les plus marquantes environ 260 assiettes ordinaires en porcelaine, 40 assiettes à filet en porcelaine avec chiffre, 64 assiettes à filet doré, 14 compotiers, 2 sucriers, 6 bateaux en porcelaine dorée. Figurent également bols, soupières, tasses à café et à chocolat, théières... Une variété certaine règne parmi les 164 verres dénombrés : verres à pattes, à entremets, à bière, à liqueurs, à vin du Rhin, cannettes à bière... auxquels s'ajoutent 17 carafes.

L'argenterie comporte 130 couteaux (60 couteaux de table, 60 couteaux à dessert, 10 couteaux à lame d'argent), 48 fourchettes dont 9 à huîtres en argent, 60 cuillers (18 petites cuillers à café en argent, cuillers à ragoût, cuiller à punch en argent...), ainsi que de nombreuses pièces en argent allemand : plats longs, plats à entremets, plats ronds, petits plats, cafetières, bols. L'on décrit également 64 salières et poivrières, six moutardiers, quatre coquilles en argent, des seaux à frapper, une grande soupière en plaqué avec son couvercle, les bols à potage en plaqué et les bols à punch, 37 porte-carafes.

Douze lavabos en verre bleu complètent cet ensemble, acquis pour 10 100 f par Pierre Marie Bellenger, rentier parisien.

Les contemporains citent volontiers le *Café Riche*, trop « juste milieu » au gré de la mode, qui précise en 1837 que « chaque garçon y lisait le Constitutionnel sur le perron ».

Dans la *Muse du département* (1843) Balzac y fait évoluer les protagonistes de son roman : « Depuis quatre mois, Etienne (Lousteau) menait Dinah (de la Baudraye) au Café Riche dîner dans un cabinet qu'on leur réservait. La femme de province fut épouvantée en apprenant qu'Etienne y devait cinq cents francs pour les derniers quinze jours. 'Comment, nous buvions du vin à six francs la bouteille ! une sole normande coûte cent sous ! […] un petit pain vingt centimes ! […]' s'écria-t-elle en lisant la note que lui tendit le journaliste […] »[2].

Quant à Barbey d'Aurevilly, qui y dînait « gloutonnement » ou « vastement », il a évoqué en 1837 « les salles vastes retirées, silencieuses de ce restaurant »[3].

Durant le Second Empire, le *Café Riche* connaît un lustre encore plus éclatant et l'on décrit en 1852 de « grands appartements, parfaitement distribués et décorés »[4]. « M. Bignon aîné de deux frères jadis ensemble aux *Café Foy*, a fait du *Café Riche* une maison modèle » souligne Auguste Luchet en 1867 : « Tout s'y tient de beauté et de bonté. Premières matières, premières façons, premiers artistes. C'est le fonds de Paris qui a coûté le plus cher, et il vaut aujourd'hui plus qu'il n'a coûté. Près d'un million, pourtant ! ». « […] Escalier en marbre, muraille en marbre, rampe en bronze, jardinières persanes. Le premier et le huitième salon surtout sont des merveilles de luxe : non pas ce luxe indigent dont l'éclat farineux montre la gêne et la corde, mais la vraie magnificence du grand logis bien hanté. Des meubles de Roux, qui fait comme Boule [sic[, des bronzes de Barbedienne, des panneaux en onyx, des rideaux en velours, des tapis d'Aubusson, des sièges intelligents, du linge royal, une argenterie superbe et la sainte douceur de l'éclairage aux bougies... ». Au luxe du décor répond le renom d'une cave

Les dimensions des cuisines du café participaient à la renommée gastronomique de l'établissement qui a laissé dans les mémoires cette phrase célèbre : il fallait être « bien riche pour dîner chez Hardy et bien hardi pour dîner chez Riche », Hardy étant un autre grand café du boulevard

fameuse : « L'Exposition de Londres, en 1862, contenait le spécimen de cette cave aujourd'hui célèbre. C'est le groupe inappréciable de tous les grands vins de France, pris en bonne année, puis soignés, et, qu'on nous passe le mot, élevés par un acheteur connaisseur. Tous ces vins sont purs, et dans leur nature absolue, et jamais il n'en monte une goutte qui ne porte pas son vrai nom... Les curiosités de la cave du *Café Riche* consistent en vins de la Côte d'Or, rouges de 1811 ; quand, de ce vin d'un demi-siècle, une bouteille se rencontre encore vivante, c'est une extase que d'y goûter : vins de Sauternes de 1819, d'une conservation admirable ; un prodigieux romanée de 1842, de la vente de M. Allain ; un léoville-barton de 1848, le meilleur des trois sans contredit ; puis la belle et la plus nombreuse collection des grands crus bourguignons de 1858 année dont la splendeur a tout effacé. En vins étrangers, des steinberg et des johannisberg authentiques, du tokai-esterhazy, du vin de Madère d'âge inconnu, qui est comme de la vie en bouteille ; un vin de Sicile, Marsalla san Donato de 1820, etc. Le reste à l'avenant. Maison de premier ordre donc, prise sous toutes ses faces. D'autres peuvent l'égaler ; aucune ne la surpasse »[5]. Le renom du *Café Riche* est confirmé par la valeur de l'immeuble ; en effet, de 1 076 101 f en 1870, elle passe à 1 653 027 f en 1881 puis à 3 145 000 f en 1883, date à laquelle la compagnie d'assurances sur la vie « La New York » en fait l'acquisition avant de le reconstruire 14 ans plus tard. Le *Café Riche* occupera une partie de cet opulent édifice jusqu'à sa fermeture définitive en 1916.

NOTES

1. AN, MC, LXXXVII 1534.
2. *La Comédie humaine*, t. IV, Gallimard, p. 757-758.
3. « Memoranda », *Œuvres romanesques complètes*, Gallimard, t. II, p. 864, p. 987.
4. AP, D1P4 636 (Année 1852).
5. A. Luchet, « Les grandes cuisines et les grandes caves », *Paris-Guide,* 1867, Libraire internationale.

Jean Béraud a peint beaucoup de scènes intérieures de café dont cette vue mettant en présence deux hommes discutant autour d'une absinthe et d'une bière et une femme se maquillant

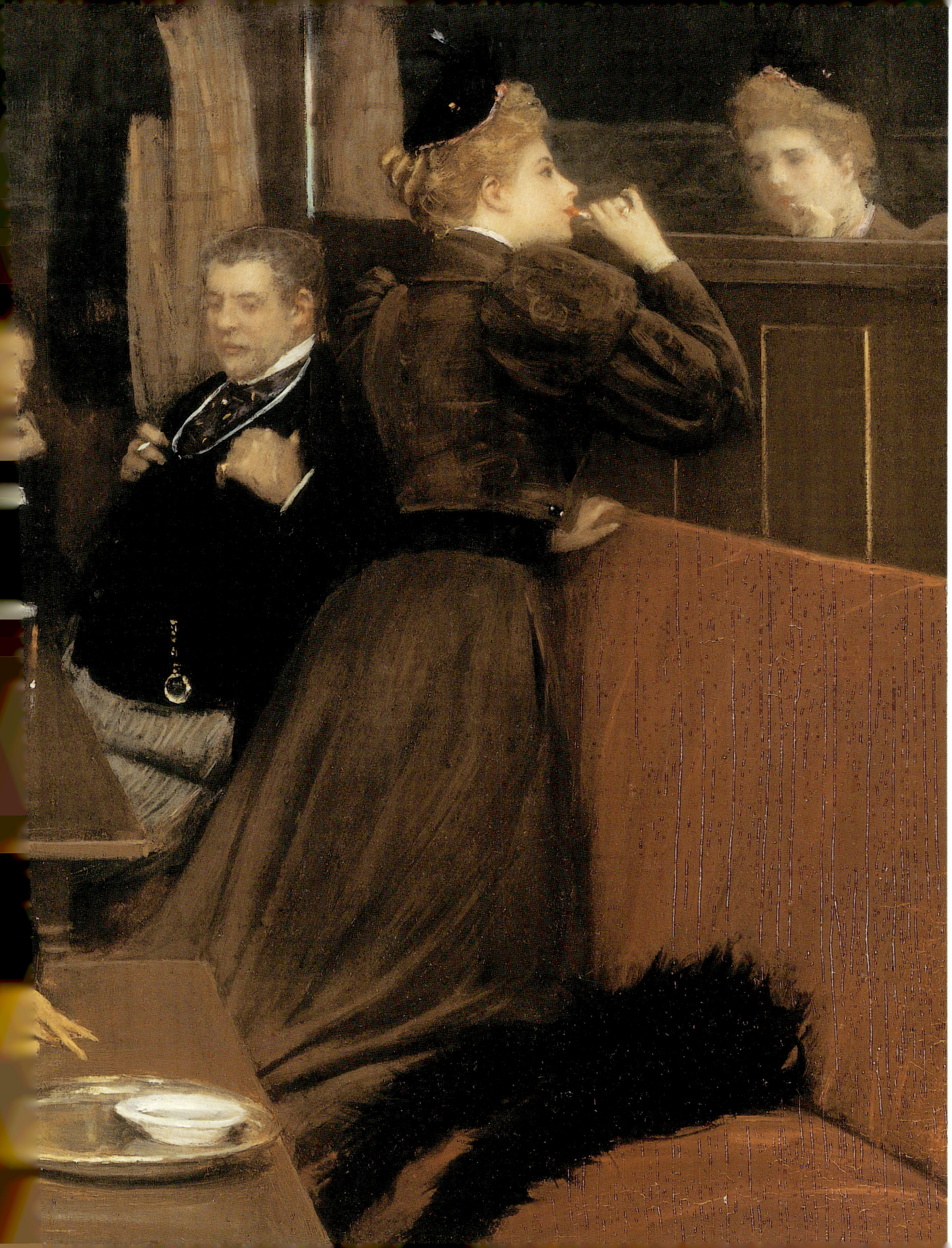

La chaise Thonet n° 14

Georgina Letourmy
Doctorante en Histoire de l'Art à l'Université de Paris I

L'industrie Thonet[1] et en particulier la chaise n° 14 sont étroitement liées à l'histoire des cafés. Le fondateur de la fabrique, Michael Thonet (1796-1871), menuisier d'origine autrichienne, expérimente dès 1830 de nouvelles méthodes pour courber le bois. Certain de son innovation, il tente très rapidement de déposer des brevets et décide d'installer un nouvel atelier de fabrication à Vienne, en complément de celui qu'il possède déjà à Boffard, en Rhénanie.

La technique employée est celle des tonneliers. Le bois est scié en lattes. Les lattes sont passées à la vapeur puis placées dans des moules, séchées et ensuite façonnées mécaniquement.

Fruit de ces expérimentations, la chaise n° 14 naît en 1859. Elle est issue de plusieurs exigences qui expliquent son succès, et qui mettent en évidence les principes de fabrication propre à une production de masse. D'un dessin simple et harmonieux, elle est en effet composée de six pièces en bois de hêtre qui sont pour partie communes avec d'autres modèles de chaises et sont donc interchangeables. Ainsi, sur 100 modèles produits en 1900, seul le dossier diffère. Ce principe de standardisation établit une grande rentabilité des modèles. De plus, les différentes pièces – le dossier, les pieds arrière, les pieds avant, l'anneau stabilisant les quatre pieds, l'assise[2] et l'intérieur du dossier – ne sont pas collées mais vissées[3]. Les difficultés de montage sont réduites elles aussi au minimum, puisqu'il ne faut pour cela que dix vis et deux écrous. Elles peuvent ainsi être facilement stockées et transportées, ce qui limite leur volume lors de la livraison.

Conséquence de ce mode de production : les coûts de fabrication sont moindres et le prix de la chaise reste modique. Enfin, celle-ci a l'avantage de pouvoir être empilée, qualité non négligeable pour les restaurants, cafés, brasseries et magasins auxquels elle était destinée. Elle fut d'ailleurs vendue dans des proportions exceptionnelles.

A l'Exposition universelle de Londres en 1851, le travail de la maison Thonet fut récompensé d'une médaille de bronze et quatre ans plus tard, à Paris, par une médaille d'argent. La reconnaissance de ce savoir-faire contribua à sa diffusion et à l'expansion de cet artisanat devenu industrie. En 1904, le catalogue de vente est publié en cinq langues. La chaise Thonet n° 14[4] symbolise ainsi, la naissance d'une industrie vouée aux cafés.

Comme le zinc ou les miroirs, la chaise Thonet n° 14 fait partie du décor « mythique » du café du XIXe siècle

NOTES

1. A. Von Vegesack, *L'industrie Thonet. De la création artisanale à la production en série : le mobilier en bois courbé*, Paris, éd. RMN, *Les Dossiers du musée d'Orsay*, n° 8, 1986.
2. De ce modèle naîtra la chaise n° 214, qui ne se différencie que par son assise cannée.
3. Le catalogue de 1927 (Thonet frères, *Meubles tchécoslovaques en bois courbé, Album de modèles en stock*) indique d'ailleurs que ce mode de montage assure une plus longue durée de vie aux chaises, puisque le cafetier ou le restaurateur peuvent resserrer les vis et ainsi maintenir la solidité de la chaise.
4. Elle a été vendue à plus de 40 millions d'exemplaires dans le monde.

Salons de glaces

Sabine Melchior-Bonnet
Chercheur au Collège de France

Lorsque la vogue des cafés s'amorce à Paris à l'aube du XVIIIe siècle, la mode des miroirs dans la décoration intérieure est en train de conquérir à peu près tous les foyers nantis de la capitale. La Galerie des glaces du château de Versailles, achevée fin 1684, a donné un coup d'envoi à la jeune Manufacture des Glaces et Miroirs créée 20 ans plus tôt, et les commandes affluent. Même si la technique du soufflage, encore en usage, ne permet guère de fabriquer que de petits miroirs, la somptuosité des encadrements en fait un objet recherché qui concurrence tableaux et tapisseries. Les prix à la production commencent à baisser lorsque la manufacture installe ses fours à Saint-Gobain en 1693 et que l'invention du procédé par coulage sur table métallique autorise de plus grands formats. Rien d'étonnant à ce que ces lieux hautement à la mode que sont les cafés parisiens aient choisi pour décor ce type d'ornement qui a fait le luxe des cabinets de glaces, puis des salons aristocratiques. Le miroir s'installe sur les boiseries, entre les flambeaux à girandoles, et on ne l'en délogera plus.

La décoration d'un café est une leçon de psychologie. On vient chercher dans ses murs la quiétude mais aussi l'animation ; il y faut suffisamment de lumière pour lire les gazettes et des aménagements confortables pour converser. L'espace ouvert du café s'oppose à l'espace fermé de la taverne où l'on n'entre qu'à tâtons : net, ordonné, clair, policé, il doit se prêter à la sociabilité autant qu'à la représentation. Le miroir renvoie l'éclat des bras de lumière et multiplie optiquement les dimensions de la salle en lui donnant l'air accueillant d'un salon.

Perspectives classiques

Sous la Régence, la principale activité économique à Paris repose sur la construction immobilière et la pose des miroirs fait de plus en plus partie du second œuvre. On met des glaces partout, aux murs et sur les meubles, en trumeau au-dessus des cheminées, entre les fenêtres et face aux croisées. La demande explose : les ventes de Saint-Gobain démarrent entre 1720 et 1730, et elles doublent entre 1745 et 1755. Les cafés suivent la mode des maisons privées. Le propriétaire du célèbre *Procope*, dont le succès ne se dément pas depuis qu'il s'est installé rue des Fossés-Saint-Germain, a choisi pour son établissement les innovations de son temps : lustres de cristal au plafond, miroir au mur qui réfléchit la source lumineuse jusqu'au fond de la salle. Entraînés par son exemple, les autres propriétaires de cafés rivalisent de luxe pour attirer le public. « Les caffez (sic)

Le rôle des miroirs dans les cafés est capital, multipliant l'espace mais aussi la clientèle…

de Paris, écrit Savary des Brûlons dans son *Dictionnaire du Commerce* paru en 1723, sont pour la plupart des réduits magnifiquement parés de tables de marbre, de miroirs et de lustres de cristal, où quantité d'honnestes (sic) gens de la ville s'assemblent autant pour le plaisir de la conversation et pour y apprendre des nouvelles, que pour y boire de cette boisson, qui n'est jamais si bien préparée que lorsqu'on la fait préparer chez soi ». La vocation de « scène mondaine » est ici bien affirmée, quelle que soit la nature du breuvage. Voir, se voir et être vu : chaque consommateur est un spectacle pour l'autre. A la différence du salon, point n'est besoin pour le client de saluer le maître ou la maîtresse de maison : le voici de plain-pied dans la société, une société fondée sur le paraître, dont le miroir sert d'indispensable faire-valoir.

Le miroir du *Procope*, si l'on en juge par une célèbre gravure du XVIIIe siècle représentant les encyclopédistes en train de deviser, constitue le motif central de la décoration. Mais ce n'est qu'une simple glace sertie dans un cadre de bois chantourné. La recherche de la lumière entraîne de nouvelles exigences. Les architectes adoptent alors une ingénieuse disposition, déjà exploitée par les anciens cabinets de glace à l'italienne, qui consiste à ajuster ensemble des glaces de même tain – parfois jusqu'à huit glaces de plusieurs carreaux super-

Le concept du café Reflet *est fondé sur des jeux de miroirs : les photographies placées au plafond se reflètent sur les tables. Jean-Luc Vilmouth (arch.). Maître d'œuvre : B&H architectes. C'est une commande de «Cerise» réalisée dans le cadre du programme «Nouveaux Commanditaires» de la Fondation de France en partenariat avec le Conseil Régional de l'Ile-de-France, la Caisse des Dépôts et Consignations, la Caisse Médiation/production Mari Linnman 3CA*

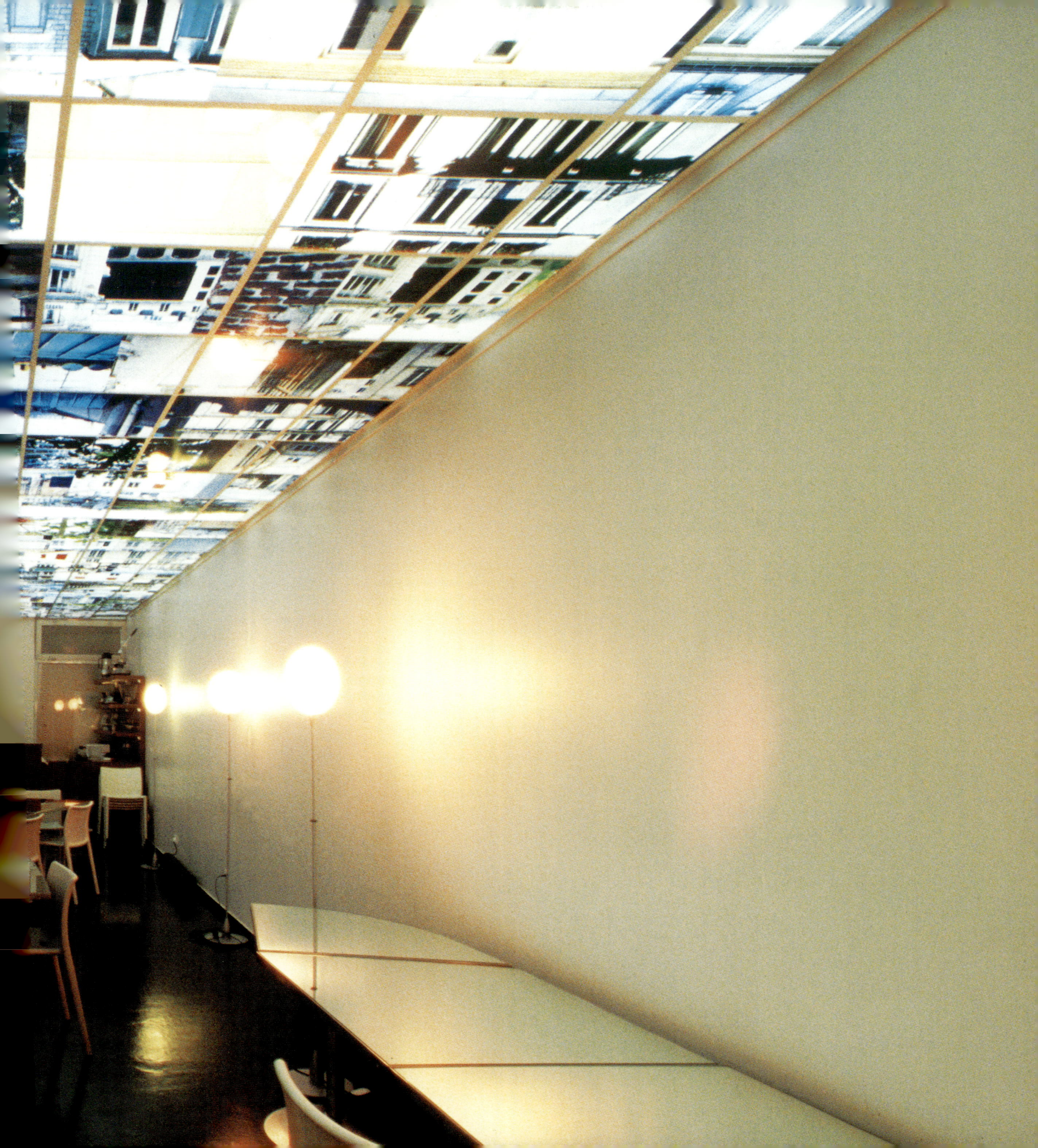

posés – pour créer un effet de hauteur et l'illusion d'une glace d'un seul tenant. Les cafés recherchent ces effets qui augmentent leur prestige en multipliant la foule des clients. Les miroirs cloués côte à côte recouvrent ainsi des pans entiers du sol au plafond et les plus grands architectes en exploitent les perspectives optiques, tel Claude-Nicolas Ledoux au *Café militaire* : « Il y a [à Paris] un café dont les ornements nobles et nouveaux font beaucoup de bruit. C'est le *Café militaire*, rue Saint-Honoré. Tout y est riche, grand, simple et respire la belle antiquité »[1]. Le décor, symbolique, représente le repos des soldats victorieux se délassant après la bataille, pareils aux dieux de l'Antiquité. Casques, piques, trophées et lauriers « se répètent à l'infini par la magie des glaces ». Au Palais-Royal, le *Café des Mille Colonnes* joue de la même façon de la multiplication des reflets. Au café de *La Rotonde*, des panneaux peints par Hubert-Robert alternent avec de hautes glaces. Chez *Garchy* rue de la Loi, le glacier à la mode sous le Directoire, les tables sont d'acajou, les lampes de cristal de roche, les chaises étrusques, et l'architecte a utilisé le contraste entre une salle nue « sans draperie, sans peintures, sans bas-relief mais élégante et haute » et une enfilade de « grandes glaces encastrées dans des panneaux de bois orangé, d'un beau vernis avec les chambranles bleu céleste »[2]. Au *Café de Chartres*, les piliers sont peints de motifs classiques et les glaces couvrent des pans entiers séparés d'étroits panneaux peints. Le café *Frascati*, le *Café du Caveau*, le café *Tortoni*, le café *Lemblin*, le *Café turc* et tant d'autres, pour certains rénovés, pour d'autres ouverts au XIXᵉ siècle, utilisent les panneaux de miroirs dans des jeux de trompe-l'œil.

Ivresse et mirages

Salons, ou palais de glace du peuple : ainsi se présentent les cafés, que nous décrit une presse admirative. Le siècle des Lumières est un siècle d'ascension sociale. Le bourgeois qui ne bénéficie pas encore d'un pareil luxe à son domicile peut venir contempler au café les signes de sa réussite. Encore faut-il s'entendre : la majorité de ces lieux publics parisiens, 2 800 inscrits sur les listes corporatives, soit un café pour 250 personnes à la fin du XVIIIᵉ siècle[3], ne sont souvent que de modestes établissements avec un sol carrelé, quelques tables, un poêle au centre, une décoration sobre. Un miroir plus ou moins grand y figure presque toujours, ne serait-ce que pour permettre au serveur de repérer le filou mauvais payeur ! Mais l'éclairage reste médiocre malgré la multitude des quinquets, au moins jusqu'à l'apparition de l'éclairage au gaz adopté à la Révolution. Le spectateur nocturne de Rétif de la Bretonne[4] avoue sa déception devant un public indifférent, auquel se mêlent les espions de la police. Mis à part les grands cafés à la mode, la bonne société de la fin du XVIIIᵉ siècle déserte des lieux devenus trop souvent l'asile des indigents. Louis-Sébastien Mercier s'en prend au décor : « la tristesse et la causticité règnent dans ces sallons (sic) de glaces »[5]. Une certaine uniformité du spectacle, la symétrie et la redondance produites par les glaces, qui consacrent l'apothéose de la bourgeoisie créent l'ennui. Un couplet satirique du peintre Desroches raillera, en 1837, la monotonie de ces établissements aspirant à égaler les salons des princes :
« Les murs ont disparu, leurs parois insipides
Sont garnies en tous sens par des glaces limpides
Miroirs où des rayons les angles réflecteurs
Sont des mêmes objets vingt fois propagateurs
Les font mouvoir ensemble en un ordre admirateur… »

Loin d'abandonner les miroirs, le XIXᵉ siècle en généralise l'usage dans tous ses lieux de convivialité, cafés, mais aussi restaurants, brasseries, magasins, théâtres, casinos, avec l'idée que le bonheur social dépend, pour une part, de la lumière et de la gaieté du décor urbain. Les chiffres de production de Saint-Gobain grimpent dans la deuxième moitié du siècle, grâce aux avancées chimiques et mécaniques et la baisse

Le miroir placé pour décorer le comptoir peut être le jeu de quelques mirages…

moyenne des coûts au m², de 1846 à 1870, atteint 30 %. Les progrès de la sidérurgie et la création d'une assurance spéciale contre le bris de glace contribuent au succès des miroirs dans l'architecture intérieure. Un certain modèle de café s'impose à Paris : au-delà de leur fonction esthétique, les « murs » de miroirs qui se répondent par-dessus les banquettes de cuir créent un espace fluide, mouvant, presque labyrinthique. Le XVIIIe siècle recherchait l'éclat et le brillant, le XIXe se plaît dans ces effets illusoires de distance et de dépaysement, où se brouillent les repères spatiaux et sociaux. Lieu de sociabilité intermédiaire entre l'habitat privé de plus en plus clos et la rue ouverte, le café se prête à ces échanges ludiques, faits de la libre aventure des regards qui vagabondent, se surprennent, s'épient, se cherchent ou s'évitent à travers les glaces. Tantôt enchantés, tantôt cruels, les mirages du reflet jouent des tours. La coquette et le dandy se plaisent à contempler leur beau mensonge narcissique inscrit sur la glace. Mais qu'en est-il du mélancolique buveur d'absinthe, témoin malgré lui de sa dérive éthylique ? Et de ceux qui, fuyant la solitude, retrouvent désespérément leur visage dans l'inévitable face à face ? Et de la vieille femme lasse qui voit la mort à l'œuvre dans ses rides ? Alors que le peintre, tels Manet, Bonnard ou Caillebotte, s'amuse à débusquer l'effet insolite du détail révélé par le jeu des miroirs, le romancier, lui, scrute les troubles qu'ils provoquent. Voici *Claudine à Paris*, sœur jumelle de Colette, installée dans la brasserie *Logre* après le théâtre, qui avale plusieurs verres de vin d'Asti pour oser déclarer à Renaud son amour et qui, tout à fait ivre, se découvre dédoublée en une Claudine sage et une Claudine folle : « Dans la glace de droite, quelle drôle de Claudine avec ses cheveux en plumes soufflées, ses yeux longs envahis de délice trouble, et sa bouche mouillée ! C'est l'autre Claudine, celle qui est hors d'état comme on dit chez nous. […] Et la sage Claudine, enchaînée, reculée dans une chambre de verre, écoute jaser la folle Claudine et ne peut rien pour elle… ». Le miroir surveille, surprend, trahit : c'est lui qui vous regarde, plutôt que vous ne le regardez. Dans une scène du *Côté de Guermantes*, Proust évoque la même ambiguïté du reflet : Marcel, invité par son ami Robert de Saint-Loup à retrouver sa maîtresse Rachel, non dans un café mais dans le cabinet privé d'un restaurant décoré d'une glace, boit plusieurs coupes de champagne. La glace qui semble se réfléchir en une trentaine d'autres par une perspective infinie donne au buveur « l'impression que l'espace autour de lui se multipliait en même

Le Café du Vaudeville *offre un décor traditionnel avec ses banquettes et ses miroirs*

temps que ses sensations exaltées par l'ivresse et qu'enfermé seul dans ce petit réduit il régnait pourtant sur quelque chose de bien plus étendu ». Mais voici que l'enchantement se mêle de cruauté : « Or étant alors à ce moment-là le buveur, tout d'un coup, le cherchant dans la glace, je l'aperçus, hideux, inconnu qui me regardait. La joie de l'ivresse était plus forte que le dégoût ; par gaîté ou bravade, je lui adressai un sourire auquel il répondit. Dans cet espace neutre du café, le miroir n'est jamais une surface muette. Il sollicite les yeux, questionne les identités, redouble les ivresses et fait surgir une altérité parfois inquiétante »[6].

Au début du XXe siècle, les très grandes dimensions des glaces désormais réalisables en font un matériau propre à toutes les recherches plastiques et architecturales, qu'exploitent d'abord les inventions délicates de l'Art Déco avec ses miroirs églomisés, puis celles de l'art contemporain qui dénudent les glaces de tout encadrement pour mieux doubler l'espace, faisant dire au photographe américain David Hockney que si l'on observe le monde sans le miroir, on ne l'observe qu'à moitié ! L'apparition d'une civilisation de l'image et de la communication renouvelle avec bonheur ces jeux de transparence, et les cafés, témoins des recherches de leur temps, inventent des espaces, des volumes originaux, tout en glaces, comme *Le Reflet*, rue Montorgueil, qui offre au début du troisième millénaire un brillant exemple. Sous ses formes diverses, le miroir ne cesse de témoigner de la vocation du café à produire de la sociabilité.

NOTES

1. Poullain de Sainte-Foix, *Essais historiques sur Paris*, Paris, 1777.
2. « Semaines critiques », vol. 1, cité par les Goncourt, *Histoire de la Société française pendant le Directoire*, 1864.
3. Ces chiffres sont donnés par D. Roche, *La France des Lumières*, Fayard, 1993 : Paris compterait alors 700 000 âmes.
4. Rétif de la Bretonne, *Les Nuits de Paris*, 8e partie, CXCIX nuit.
5. L.-S. Mercier, *Tableau de Paris*, ch. LXXI.
6. M. Proust, *Le côté de Guermantes*, Paris, éd. La Pléiade, tome 2, p. 171.

VIRGINITAS ... PANEM ... SPES NOSTRA

ISRAEL

En dessinant le carton pour ce vitrail destiné au cabaret du Chat noir, *Adolphe Willette célèbre et raille à la fois la réussite et les excès de son fondateur A. Salis*

POTE... AMOR

Lauda

Transparences
Chantal Bouchon
Conservateur au musée des Arts décoratifs

Le développement urbain et la mutation sociale transforment les habitudes parisiennes et favorisent l'invention de nouveaux lieux de sociabilité dont la typologie se dessine progressivement. La notion de café évolue au cours du siècle, la distinction faite avec le restaurant date de 1851, mais ce mélange d'activités reste source de conflits. Le débit de boisson est soumis au pouvoir de police qui prescrit une réglementation relative aux heures d'ouverture, aux interdictions comme certains jeux ou aux rideaux opaques aux fenêtres[1]. Créé en 1840, le café-concert se développe et le vieux café se transforme en brasserie après l'introduction de la consommation de la bière de Vienne, lors de l'Exposition universelle de 1867. A cette époque, le vitrail civil prend un véritable essor. Il pénètre tous les domaines de l'architecture publique et il s'inscrit dans le décor de la demeure. Comment les ressources du vitrail, verre recouvert d'émail ou verre de pleine couleur inséré dans du plomb offrant un graphisme simple et transformant la lumière, vont-elles être exploitées dans ces lieux publics qui sont des cafés ?

Les grands établissements

A Paris, la création des grands établissements est liée aux transformations de la ville. Du Palais-Royal, très en vogue sous Louis-Philippe, les lieux de vie publique se déplacent vers les Grands Boulevards. Les cafés, essentiellement associés à la bourgeoisie et au paraître, développent une décoration élaborée par des architectes dont le luxe et le confort sont adaptés à la vie mondaine de la société parisienne.

Situé rue de Bondy d'un côté, et boulevard Saint-Martin de l'autre, le *Grand Café Parisien*, réalisé par l'architecte Charles Duval en est le symbole. La conception grandiose et le précieux décor en font un lieu loué par la presse : « Figurez-vous encore, une pièce triangulaire où se trouve une vasque en fonte surmontée par des dauphins qui supportent un Mercure, et lancent l'eau par les narines, et le feu par les yeux et par la bouche. A la coupole du plafond se trouve un autre Mercure peint sur verre avec un talent incontestable »[2]. A l'exception de cette description, nous ne savons rien de cette œuvre évoquant les décors des plafonds palatiaux. La présence de ce dieu olympien, à la coupole qui devait offrir une lumière zénithale, semble davantage relever d'un système formel que d'une référence emblématique.

Ce café, lieu de distraction pour 4 000 consommateurs où le billard règne, est éclairé au gaz. L'éclairage et le miroir ne se prêtent pas au mariage avec le vitrail.

Parmi les décorations successives du *Café Riche,* disparu définitivement en 1954, situé à l'angle du boulevard des Italiens et de la rue Le Peletier, c'est la décoration éphémère (1894-1899) du café-brasserie dirigée par l'architecte Albert Ballu (1849-1939), incluse entre celle d'Alfred Normand, l'architecte de la Maison pompéienne, et celle d'Henri Sauvage (1873-1932) qui retient notre attention. Parmi les 17 panneaux de mosaïque exécutés à l'extérieur des trumeaux de l'entresol sur les cartons de Jean-Louis Forain (1852-1931) illustrant les mœurs de la vie parisienne, le carton « L'Enceinte du pesage » fut reproduit en vitrail par la maison Passet Lichtenheldt Trézel en 1894[3]. Témoignant de la même démarche artistique entre la mosaïque et le vitrail, a-t-il fait partie de cet ensemble prestigieux réalisé par le talentueux Ballu ? Sur un fond de verres rectangulaires de couleur verte, se détachent comme une accroche d'affiches, des personnages inscrits dans des grands aplats de couleur cernés par des plombs, parmi lesquels on reconnaît Jane Avril, chère à Toulouse-Lautrec, et les frères Isola[4].

Le renouvellement de la décoration intérieure des brasseries par l'explosion de la couleur et de la matière revient à l'architecte Edouard Jean Niermans d'origine néerlandaise (1859-1928). Il est appelé comme maître-d'œuvre pour un certain nombre d'établissements pour lesquels il développe le concept du plafond traité en verrière.

Avec l'aménagement de la brasserie *Mollard,* face à la gare Saint-Lazare, en 1894, il fait réaliser pour le plafond du jardin d'hiver, par le maître-verrier G. Hubert et son associé Martineau dont l'atelier se situait 47, rue du Chemin-Vert à Paris, une verrière à décor floral, aujourd'hui disparue. La bordure garde la trace de verres sur lesquels est peinte à l'émail une frise d'ombellifères et de fraisiers, et dans le décor pariétal mosaïqué, des cabochons de verre sont insérés. Mais l'originalité était donnée à la façade par une marquise couverte en verre cathédrale à émaux transparents et par des vitres émaillées mobiles pouvant se replier le long des piles pour lier la salle et la terrasse et ainsi former l'illusion d'un environnement naturel par les fleurs ornementales s'élevant naturellement du sol[5].

La *Taverne Pousset*, boulevard des Italiens, dont le propriétaire, en 1898, est Gabriel Lévy, s'adresse à l'architecte pour l'agrandissement de ce lieu élégant. Il conçoit une immense salle dont les proportions sont développées par un adroit jeu de glaces où jouent les briques, les mosaïques, les cuivres, les céramiques aux reflets métalliques, ainsi que les marbres jaspés. Une verrière décorant le plafond du hall est réalisée aussi par G. Hubert et son associé Martineau : « elle est blasonnée d'un paon multi-

Avec ce vitrail destiné à La Palette d'or, *A. Willette mélange entre autres les références à la mythologie et au Moyen Age pour évoquer l'animation des joyeuses assemblées*

colore dont la queue orgueilleuse se détache sur un fond jaune qui jette une patine dorée sur les moindres coins du hall et apportera l'illusion d'un éternel été, même pendant nos maussades et brumeux après-midi d'hiver »[6]. Dans ce décor où la femme et la nature, poncifs de l'Art Nouveau, sont à l'honneur, vient s'ajouter un paon, animal emblématique de cette période. Aux écoinçons, étaient dessinées les quatre saisons évoquées par un motif de flore ou de fruits, le gui pour l'hiver, la châtaigne pour l'automne, l'ensemble étant inclus dans une bordure composée de rinceaux de feuilles et de cœurs de fleurs proches des dessins de cachemire. Les verres aux dimensions de carreaux de faïence insérés dans le plomb étaient peints à l'émail. Ce décor audacieux n'atteint cependant pas la liberté de la nouvelle esthétique d'Hector Guimard.

Les tavernes artistiques

Après 1870, Montmartre attire les artistes et l'éclosion des cabarets artistiques et littéraires se fait jour. Les plus célèbres ont eu une vitrerie. Les textes parlent de l'évolution d'un décor vers « le style français » dont le vitrail est un critère, l'introduction de la tapisserie et de la céramique représentant le style flamand ou germanique appliqué aux brasseries[7].

Sur la rive droite, l'aménagement des salles à boire se développe. *La Grande Pinte*, située rue des Martyrs, fondée en 1878, avec les vitraux d'André Gill (1840-1885)[8] en est le meilleur exemple : « Petit bijou de décoration, pas seulement restitution d'un ancien cabaret français… Façade sculptée en pur style Henri II : la devanture et le portique rappellent une vieille maison de la rue Saint-Pol détruite en 1836, et les grandes baies aux vitraux écussonnés sont entourées de panneaux, qui constituent autant de merveilles de la sculpture sur bois. A l'intérieur, c'est un véritable petit musée artistique. Tout ce qui n'est pas ancien a été copié sur des modèles empruntés à Cluny ou à d'autres collections célèbres. Grâce à l'ameublement de l'arrangement intérieur, on pourrait se croire dans un appartement du Moyen Age ». Cette référence historiciste marque l'attachement prolongé à ce goût initié vers 1830, dit « style troubadour ». La conception formelle de ces baies vitrées rappelle les intérieurs hollandais du XVIIe siècle, la vitrerie blanche laissant pénétrer la lumière à l'intérieur de la pièce. Le décor était parfois constitué de « vitres plombées », c'est-à-dire du verre antique inséré dans un réseau de plomb.

Des verres de couleur fabriqués depuis le retour à la couleur, au milieu du XIXe siècle, sont mentionnés à la devanture de *La Taverne Lapin*, rue Pigalle ou au *Tambourin*, boulevard de Clichy[9].

L'aspect sévère de la devanture de la *Taverne Montmartre*,

Ce vitrail, réalisé d'après les cartons de Jean-Louis Forain, vraisemblablement pour le Café Riche, représente les frères Isola, célèbres propriétaires de théâtres parisiens et Jane Avril. Une des mosaïques de la façade reprenait la même iconographie, comme la partie centrale d'un triptyque du même artiste aujourd'hui à l'hippodrome d'Enghien

dirigée par Fernand Pousset aussi appelée *Taverne Pousset* dont nous avons évoqué plus haut les transformations postérieures, située au pied de la colline de Montmartre, était donné par des rondels insérés dans les fenêtres. Ceux-ci représentaient des personnages en médaillons, comme le chasseur, le fumeur et le cuisinier, empruntés aux estampes du XVIe siècle[10]. Deux compositions en hauteur ont dû compléter cette iconographie : *La descente de Montmartre* et *La montée de Montmartre*. Dans un décor de maisons à pan de bois de chaque côté d'une rue pavée, des couples en costume médiéval déambulent et s'interpellent. La réalisation de cet ensemble est due à Léon Avenet, maître-verrier, dont l'atelier se situait 40, rue Denfert-Rochereau à Paris, vers la fin du siècle[11]. D'autres motifs sont évoqués comme à la brasserie *La Cigogne*, rue Montmartre, des baies vitrées sur lesquelles devaient être peints à l'émail sur du verre craquelé, « sur fond bleu, des lions héraldiques rouges et des cigognes violettes entrelacées » ou à la *Taverne du Lapin poseur*, rue des dames, ou encore à *La Grenouille en goguette* où, sur un fond jaune, des grenouilles se détachaient en vert. Des motifs semblables sont mentionnés au *Lion Rouge*, rue de Rivoli, un animal héraldique, rouge et or, ou un jeu de cartes étalées, insérés dans des verrières en façade[12].

Au milieu de cette production souvent anonyme, un dessinateur talentueux lié à l'illustration montmartroise se détache de la référence à l'art du Moyen Age. Adolphe Willette (1857-1926) renommé pour sa veine caricaturiste crée des cartons de vitraux. A *La Palette d'Or*, rue de Rivoli, il dessine une enseigne et un panneau de vitrail. Sur un fond de verres clairs, se détachent, pour l'enseigne, un angelot assis sur un tonneau entre deux autres ayant pour attribut, l'un une chope de bière, l'autre un instrument de musique. Sur une grande baie vitrée répartie en quatre compartiments, deux grandes diagonales coloriées s'entrecroisent. Dans la partie haute, à gauche, il s'agit d'un arc-en-ciel rejoint par une feuille de palme qui traverse tous les panneaux. Tandis que Vénus est surprise par l'Amour tentant de lui décocher une flèche, trois couples d'amoureux descendent en dansant parmi lesquels on reconnaît un ménestrel accompagnant un chevalier tenant une chope et une épée, et un couple constitué d'une femme entraînant une Japonaise tenant une ombrelle[13]. Dans son lieu de prédilection, le deuxième cabaret du *Chat noir* dirigé par Rodolphe Salis, hôtel particulier de deux étages situé rue de Laval devenue rue Victor-Massé, il crée un thème de Pierrots et de Colombines, cher aux symbolistes, qui expriment à travers leurs aventures les méfaits de la société. Il met son humour grinçant dans le dessin du carton de vitrail *Te Deum laudamus* ou *Le Veau d'or* (1885-1886), « curieux mélange de souvenirs, d'ornements classiques et de conceptions modernes d'un assez grand effet » qui sera placé au rez-de-chaussée de la rue de Laval. Willette s'exprime sur les dérives de l'établissement dont le succès lui fait perdre l'âme. La poésie et l'innocence sont sacrifiées au pouvoir de l'argent. Le roi de trèfle sous les traits de Salis, exprimant le pouvoir, vient payer son tribut au Veau d'or. Il conduit par la main une danseuse qui, à la manière de Salomé, apporte un chef sur un plateau, celle de Willette lui-même[14]. Le carton est traduit dans un jeu de verres pourpres allant du clair au foncé, à peine recouverts de grisaille pour Salomé. Les visages sont modelés au moyen de lavis de différentes intensités, les enlevés de grisaille sont nombreux sur les vêtements. *La Poesia* sous les traits de l'archange saint Michel est traitée avec des couleurs franches cernées par les plombs soulignant le dessin, ailes rouges et vertes, manteau bleu aux étoiles gravées. Il existait un autre vitrail, la *Vierge au Chat*, replacé un moment dans la salle du conseil du premier étage où se réunissait la rédaction du journal[15].

Vitrail de La Vierge au Chat *installé au premier étage du cabaret du* Chat noir

Le maître-verrier Charles Champigneulle (1853-1905) exécute pour une taverne du quartier Latin, le *Cabaret de Pantagruel*, dans un style plus traditionnel, un vitrail avec deux lansquenets.

Le carton du peintre Albert Besnard (1849-1934) portant le titre « Le Mail » était destiné à une fenêtre de la buvette du Conseil municipal à l'Hôtel de Ville de Paris. Exécuté par Henri Carot (1850-1919) collaborateur favori du peintre, il n'a jamais été mis en place[16]. Le maître-verrier dont une étude récente confirme le talent, a su traduire admirablement le carton en utilisant des verres de pleine couleur cernés dans du plomb et donner ainsi de la luminosité à l'architecture. Située sur le marché aux pommes devant l'écluse de la Monnaie, la fenêtre à châssis à panneaux vitrés devait comporter trois registres : dans la partie inférieure, sur les quais de la Seine, des débardeurs « à la rouge ceinture travaillent le long des chalands réchampis de vert » tandis que dans la partie supérieure un enfant grimpé dans un platane nous invite à regarder la scène. La composition dense s'éclaircit entre le premier et le deuxième registre pour laisser pénétrer la lumière par des motifs de nuages aux contours très dessinés[17].

En marge de cette vitrerie, peut être évoqué l'emploi de différents procédés, les verres gravés et peints de la maison Bitterlin qui eut un important marché dans les cafés et les brasseries, les fixés sous verre dont le plafond du *Clown bar* est un bel exemple[18], la pâte de verre[19] ou une technique de substitution, la vitrophanie, consistant à coller au revers des éléments du vitrage une feuille de papier ornée de motifs imprimés essentiellement par chromolithographie[20].

Décor éphémère lié à la mode, le vitrail dans les cafés au tournant du XIXe siècle, nous est connu essentiellement par les textes qui ne nous permettent pas de donner un jugement sur la technique et sur les verres. Les nouvelles techniques architecturales comme l'armature de fer facilitent l'insertion du vitrail dans le mur et au plafond. Il se libère progressivement de l'historicisme en passant d'une composition losangée dans laquelle s'insère un motif peint à l'émail sur un rondel, à un art de la couleur permettant de jouer sur l'intimité. Pour le décor, la mosaïque peut faire place aux lambris et le vitrail à la glace sans tain. Quand le commanditaire s'adresse à un architecte, celui-ci choisit ses collaborations artistiques et exerce ainsi son rôle de structuration de l'espace et de mise en scène de la lumière pour faire rêver le consommateur à se laisser aller au bien-être dans un décor luxueux. Vers 1925, l'ambition du grand complexe de restauration strasbourgeois, « L'Aubette », œuvre de Théodore Van Doesburg et de Sophie Taeuber-Arp où dominent les vitraux constitués de verres monochromes n'était-elle pas de projeter une image utopique de la société en développant une nouvelle conscience esthétique par l'animation de l'architecture par la couleur ?[21]

NOTES

1. L. Bihl-Willette. *Des tavernes aux bistrots*, Paris, 1997, p. 239. H.-M. de Langle, *Le petit monde des cafés et de débits parisiens au XIXe siècle*, Paris, 1990, p. 38-42.
2. A.V., « Le Grand café parisien », *Le Monde illustré*, 1858, n° 59, 29 mai, p. 352. [Exposition, Paris, CCI, 1977] *Cafés, bistrots et compagnie*. Paris, 1977, p. 13. B. Girveau, *La belle époque des cafés et des restaurants*, Paris, 1990. [Exposition, Paris, musée d'Orsay 2001] *A table au XIXe siècle*, Paris, 2001, p. 175-176.
3. [Exposition, Paris, musée d'Orsay, 1992] *Guimard*. Paris, 1992, p. 214.
4. F. Valdès-Forain, « Le mystère du vitrail », *Le Monde d'Hermès*, 1996, vol. II, p. 33-37, reprod. Le vitrail est dans le sens inverse du carton, voir *La Construction moderne*, 1894, 15 décembre, p. 122. EH.00 TA.3.164, Paris, collection Emile Hermès. Nous remercions Madame Menehould du Chatelle pour ces informations.
5. « Une brasserie modèle », *Gil Blas*, p. 3. J.-F. Pinchon, *Edouard Niermans (1859-1928)*, Paris, p.39 et p. 108-110.
6. F. Jourdain, « La décoration d'une brasserie », *Art et décoration*, 1898, t. 4, reprod. p. 156 et 159. *La construction moderne*, 1899, 11 mars, p. 282. J.-F. Pinchon, *op.cit.*, p. 41-42, ill. p. 125. Le même atelier de vitrail a conçu le décor vitré la *Fermette Marbeuf* comme un jardin d'hiver. Ce concept à la mode se retrouve dans la salle du restaurant de la *Brasserie universelle* (1894-1902), 31, avenue de l'Opéra, conçue par l'architecte Niermans où de larges baies contenaient des vitraux sur lesquels flore et faune s'épanouissaient voir AN/IFA, 43/50, *Ameublement de style moderne*, pl. 16
7. J. Grand-Carteret, *Raphaël et Gambrinus ou l'Art dans la brasserie*. Paris, 1886, p. 60. Romi. La chanson du café chantant au microsillon. Paris, 1967. L. Bihl-Willette, *op.cit.*, p. 139-170.
8. L. Bihl-Willette. Paris, *op.cit.*, p. 148-149.
9. J. Grand-Carteret, *op.cit.*, p. 124, 156.
10. A. Brisson, « A travers champs », *Revue illustrée*, 1894, 15 février, p. 186.
11. J. Grand-Carteret, *op.cit.*, p. 46, ill. 44-45.
12. J. Grand-Carteret, *op.cit.*, p. 124; p. 109-110, p. 124, p. 177-180.
13. [Exposition, Paris, Pavillon de Marsan, 1911] *A. Willette*. Paris, 1911, p. 31, n° 152. J. Grand-Carteret, *op. cit.*, p. 177-179.
14. M. Oberthür, *Le Chat Noir 1881-1897*, Paris, 1992, p. 13-16 et p. 60, n° 20 dessin pour la maquette du vitrail conservé au Musée municipal de Châtellerault. M. Oberthür. *Montmartre en liesse*. Paris, 1994, p. 28-29 et p. 90 n° 9. Il est exposé à Paris, musée Carnavalet, inv. 15762.
15. M. Oberthür, *op.cit.*, 1992, p. 9 et note 14. La Vierge verte vitrail représentant une jeune femme aux cheveux d'or portant un manteau parsemé de hannetons d'or exécuté en 1884, il sera replacé au premier étage de la rue de Laval. Le carton est réapparu récemment sous le nom de « La muse verte » [1998, Paris, Vente, Drouot-Richelieu] Blanchet et Joron-Derem, commissaires-priseurs, 4 novembre. Je remercie monsieur Benoît Noël pour cette information.
16. Deux envois de cartons de vitraux, *Marché aux pommes* et *Le Mail*, figuraient au Salon de 1894, voir : C. Mauclair, *Albert Besnard, l'homme et l'œuvre*, Paris, [1914], p. 17. *Le Mail* a figuré à une exposition des œuvres d'Albert Besnard, [Exposition, Paris, musée des arts décoratifs, 1910] *Exposition des cartons, esquisses, dessins pour l'œuvre décorative d'Albert Besnard*. Paris, 1910, p. 4, n° 13.
17. R. Bouyer, « Les vitraux d'Albert Besnard », *Art et décoration*, 1912, vol. 31, p. 123-124, reprod. p. 142. L. de Finance, « Un patrimoine de lumière », *Cahiers du Patrimoine*, n° 67, 2003, p. 304-308, reprod. p. 306.
18. *Cafés français*, Paris, 1977, p. 58-59.
19. Cette technique a pu être employée comme dans les panneaux de la salle du restaurant *Vagenende*, boulevard Saint-Germain peints par G. Pivain qui comporte aussi un plafond ovale aux motifs floraux émaillés peints sur verre entouré d'une frise constituée d'une guirlande de fruits en verres irisés insérés dans le plomb voir : B. Girveau, *op. cit.*, p. 61.
20. N. Blondel, *Le Vitrail*, Paris, 1993, p. 333.
21. [Exposition, Paris, Centre national d'art et de culture Georges Pompidou, 1977] *Théo van Doesburg*. Paris, 1977, p. 11-12.

La montée *et* La descente de Montmartre *faisaient partie du décor de la* Taverne Montmartre *dite aussi* Taverne Pousset

Les mosaïques du Café Riche

Maryse De Stefano Andrys
Docteur en Histoire de l'Art

A la fin du XIX siècle, le *Café Riche*, situé sur le boulevard des Italiens, en plein cœur de la vie nocturne, jouissait d'une grande renommée. Devenu un établissement à la mode, il était fréquenté par des hommes politiques et fortunés, des artistes et des gens de lettres.

Sa transformation en café-brasserie datait de 1894. Elle donna lieu, durant trois mois, à d'importants travaux de rénovation qui furent confiés à l'architecte Albert Ballu. Fervent partisan de l'architecture polychrome et des arts décoratifs, ce dernier conçut, pour les façades sur rue, un décor audacieux et opulent. Les murs furent revêtus de briques émaillées blanches, de terres cuites rehaussées d'émaux, de cabochons de verre et de faïences, de fers forgés dans des tons de vieil or et de grands panneaux et frises en mosaïque.

Depuis son application à grande échelle au théâtre de l'Opéra, inauguré en 1875, et au Palais du Trocadéro, en 1878, la mosaïque connaissait en France un véritable triomphe. Appréciée pour ses couleurs vives et scintillantes, pour sa résistance à l'humidité, pour son adaptation facile aux surfaces courbes, elle devint dans les décennies qui suivirent une technique décorative particulièrement prisée. Dès lors, de somptueuses mosaïques en pierres naturelles et en marbres ou en ors et en émaux de Venise vinrent embellir les sols, les murs, les plafonds et parfois même les façades principales des plus beaux édifices civils et religieux de la capitale, nouvellement construits ou rénovés. Cet engouement donna le jour à des ouvrages originaux, d'une grande qualité plastique, exécutés d'après des cartons préparatoires de peintres renommés comme Charles Lameire (ancien Comptoir d'Escompte et collège Sainte-Barbe), Louis Hista (hall elliptique du Grand-Palais), Dominique Guifard (Opéra-Comique), Louis-Edouard Fournier (frise extérieure du Grand-Palais), Luc-Olivier Merson (tombeau de Louis Pasteur et basilique du Sacré-Cœur de Montmartre), Ernest Hébert (Le Panthéon) pour ne citer que quelques noms parmi tant d'autres. Pour la décoration des murs extérieurs du *Café Riche*, l'architecte avait imaginé une grande fresque historique, divisée en 17 panneaux, sur la société parisienne de son époque. Destinées à être placées sur les trumeaux de l'entresol, ces mosaïques se devaient de raconter les habitudes et les mœurs des personnes fréquentant ce boulevard. Il confia à Jean-Louis Forain, peintre reconnu et caricaturiste apprécié, le soin de brosser 17 scènes ayant pour thèmes les champs de course, la vie mondaine avec ses spectacles, ses soupers et ses divertissements.

Dans ses dessins préparatoires aux mosaïques, sont représentés des personnages connus du Tout-Paris. Ainsi, dans une scène, intitulée *L'Enceinte du pesage*, on retrouve, en premier plan, les frères Isola – célèbres propriétaires de théâtres parisiens – qui guettent l'arrivée des chevaux. Ils sont accompagnés par Jane Avril qui domine la foule des parieurs anonymes. Vue de dos et sobrement vêtue, la belle héroïne, à la chevelure rousse, occupe le centre du tableau. Autre personnage immortalisé : l'auteur des cartons. Dans une scène qui se déroule sur une plage de Trouville, intitulée *L'Artiste en villégiature*, Jean-Louis Forain – qui s'est représenté de profil, un carnet de croquis à la main – observe et dessine ses concitoyens se donnant aux joies des bains de mer, thème évoqué par la présence, en arrière-plan, de quelques silhouettes. Les mosaïques ont été exécutées à Paris dans l'atelier du célèbre mosaïste italien Jean-Dominique Facchina. Artiste de renommée mondiale, ce dernier réalisa des ouvrages pour des commandes prestigieuses, aujourd'hui disséminés dans le monde entier : au Japon (Palais impérial de Kyoto), au Brésil (Hôtel de Ville et théâtre municipal de Rio de Janeiro), aux Etats-Unis (Villa du célèbre milliardaire Vanderbilt à New-York et au Metropolitan de Chicago), en Russie, en Martinique, en Roumanie, en Espagne, aux Pays-Bas, en Grande-Bretagne, en Italie, en Algérie, en Turquie et dans de très nombreuses villes de France.

Déjà dans le passé, Albert Ballu avait pu apprécier les talents de cet artiste hors pair et réputé en lui confiant la réalisation d'importantes compositions en particulier pour la cathédrale Saint-Philippe à Alger et pour le palais des Beaux-Arts à Buenos-Aires en Argentine (deux panneaux figuratifs représentant un laboureur et un berger dans la Pampa en ornent la façade principale).

Interpréter en mosaïque des œuvres de Jean-Louis Forain tout en préservant le style concis et singulier de l'illustrateur, ses coups de crayon, ses traits noirs qui cernent habituellement ses dessins et ses silhouettes si caractéristiques, relevait d'un véritable défi. Mais pour cette commande, comme pour bien d'autres réalisations, le mosaïste Facchina sut rester fidèle aux dessins originaux, à la pensée de l'auteur, tout en produisant des mosaïques d'une remarquable finesse d'exécution.

Dans une gamme chromatique volontairement réduite, le mosaïste interpréta les titres suivants : *Le Trottin* (168 x 80 cm), *Le Camelot* (185 x 99 cm), *La Cycliste* (40 x 26 cm), *La Vendeuse de violettes* (185 x 99 cm) *Le Boulevardier* (168 x 80 cm), *La Confidence au bal* (169 x 63 cm), *La Pelouse* (184 x 120 cm), *L'Enceinte du pesage*

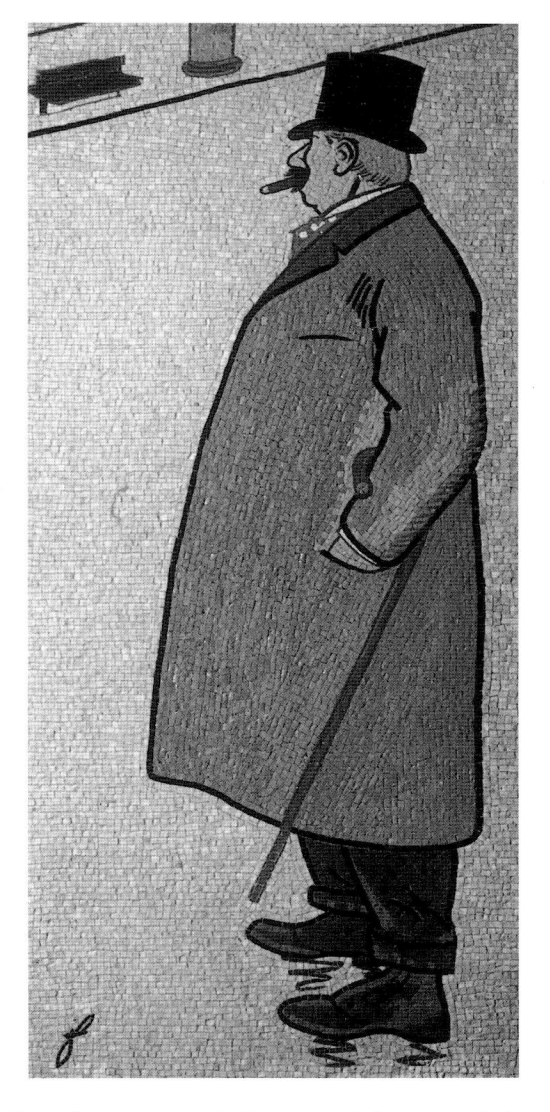

Le Trottin *et* Le Boulevardier *sont deux des 17 panneaux en mosaïque réalisés en 1894 d'après les cartons de J.-L. Forain pour la façade du café-brasserie*

(168 x 112 cm), *La Valse* (172 x 89 cm), *Le Tuyau, Le Jockey, Le Bookmaker, La pluie, Les Habitués du cabinet particulier, L'Artiste en villégiature* (168 x 87 cm), *Madame La Ressource* (seuls les noms de 16 panneaux sont connus).

Sur chacune des mosaïques sont reproduites les initiales des deux artistes. Un *F* majuscule pour Facchina et un *f* minuscule pour Forain. Outre ces 17 panneaux figuratifs, une large frise en mosaïque ornementale, composée de motifs floraux et géométriques et ponctuée de gros cabochons de faïence, séparait le rez-de-chaussée de l'entresol. L'architecte avait également fait recouvrir les trumeaux de bandes en mosaïque dorée. Les mosaïques du *Café Riche* remportèrent un immense succès. Elles furent l'objet de nombreux articles publiés dans des revues d'architecture connus et inspirèrent d'autres réalisations comme, par exemple, la frise en mosaïque de l'ancien établissement des Champagnes Jules Mümm, rue de Mars à Reims (1898), et celle du Grand Palais à Paris (1900).

En 1898, l'immeuble abritant le célèbre café fut démoli pour permettre un nouveau percement du boulevard. Les mosaïques furent alors déposées et mises en vente. Acquises vraisemblablement par des collectionneurs privés, leur devenir reste, aujourd'hui encore, une véritable énigme à l'exception de quatre panneaux : *Le Trottin* et *Le Boulevardier*, conservés actuellement au musée Carnavalet, et *La Valse* et *La Confidence au bal* au musée des Arts Décoratifs.

Les cafés protégés[1]

Delphine Christophe
Archiviste paléographe, Doctorante en Histoire de l'Art

La grande majorité des cafés inscrits ou classés le sont pour leur décor intérieur, souvent constitué de céramiques. Les céramiques conservées datent essentiellement de la fin du XIXe siècle ou du début du XXe, période de gloire de ce matériau dont les techniques de fabrication avaient été redécouvertes au début du XIXe siècle. Son inaltérabilité et sa facilité d'entretien contribuèrent à son succès. Les céramiques les plus nombreuses à subsister dans les cafés parisiens furent produites à Sarreguemines ou dans la manufacture de Choisy-le-Roi, dirigée par Hippolyte Boulenger. Des faïenciers tels que Gillardoni ou Gilliot ont également signé des décors de céramique placés dans des cafés. Un grand nombre est aujourd'hui dissimulé derrière un nouveau décor.

La Potée des Halles, 3, rue Etienne-Marcel, 1er arrondissement
Inscription sur l'Inventaire supplémentaire des Monuments historiques du décor intérieur par arrêté du 23 mai 1984.
La Potée des Halles fut ouverte en 1897, au rez-de-chaussée d'un immeuble construit à la fin du XIXe siècle. La première salle a conservé son décor originel de céramique. Deux allégories féminines, la « Bière » et le « Café », se dressent sur les murs revêtus de carreaux, parmi des frises de feuillages et rosaces en relief. Elles sont encadrées de miroirs, qui, comme au café *La Palette*, répètent à l'infini ces corps féminins idéalisés. Dues au dessinateur Auguste Sandier, elles furent réalisées par les faïenceries de Sarreguemines, qui s'imposent au tournant du XXe siècle comme l'un des hauts lieux de production de céramique. Elles sont caractéristiques du goût des établissements populaires de la Belle Epoque pour les figures féminines.

Le Cochon à l'oreille, 15, rue Montmartre, 1er arrondissement
Inscription sur l'Inventaire supplémentaire des Monuments historiques de la devanture et du décor intérieur par arrêté du 23 mai 1184.
Le café est installé en 1900 au rez-de-chaussée d'un immeuble datant du XVIIIe siècle. Connu sous le nom de *Halles-Bar*, puis *Le Singe Pèlerin* et enfin *Le Cochon à l'oreille*, il abrite un décor de frises et de panneaux en céramique des faïenceries d'Hippolyte Boulenger, qui reprit en 1862 la faïencerie d'art des frères Paillart, installée depuis 1804 à l'emplacement de l'ancien château de Choisy-le-Roi. Trois grands panneaux, datés de 1909, illustrent la vie du quartier des Halles de Baltard en ce début du XXe siècle : *Les Halles le matin devant l'église Saint-Eustache* ; *Arrivée du train 1, rue Baltard à une heure du matin* ; *les Halles après le coup de cloche*. Un décor très proche ornait le café des *Deux-Saules*, autrefois situé au 89, rue Saint-Denis, dans le 2e arrondissement. L'établissement abrite depuis 1982 un quatrième panneau représentant une femme chargée de paniers qui décorait à l'origine *Le café de la Poste*, rue de la Grande-Truanderie.

Anciennement *le Renault Bar*, puis *Les Deux Saules* ; il abrite aujourd'hui un atelier de tatouage, 89, rue Saint-Denis, 1er arrondissement.
Inscription sur l'Inventaire supplémentaire des Monuments historiques de la devanture et du décor intérieur par arrêté du 23 mai 1984.
Le Renault Bar, nom sous lequel est connu le café selon l'almanach du commerce de 1914, s'installa au rez-de-chaussée d'un immeuble du XIXe siècle. Son décor de céramique fut mis en place entre 1905 et 1913. En devanture, des panneaux peints fixés sous verre signalent au client quelques-uns de ses attraits : « liquoriste, téléphone, pelure d'oignon… ».
Le décor de céramique à l'intérieur, aujourd'hui caché, illustre, comme au *Cochon à l'oreille*, la vie du quartier des Halles : *les Halles le matin devant Saint-Eustache, les Halles après la cloche*. Il est signé « D. V. P. Sarreguemines, 28, rue de Paradis, Paris, E. Ringuet et Fils, installateurs, Paris ».

Au chien qui fume, 33, rue du Pont Neuf, 1er arrondissement
Inscription de la devanture et du décor intérieur par arrêté du 23 mai 1984.

Anciennement *le Palace Bar* ; aujourd'hui magasin de prêt-à-porter, 146, rue de Rivoli, 1er arrondissement
Inscription sur l'Inventaire supplémentaire des Monuments historiques du décor intérieur par arrêté du 7 avril 1997.
Le Palace Bar s'installa au rez-de-chaussée d'un immeuble datant des années 1853-1854, dont le vestibule monumental à quatre colonnes et les deux escaliers sont inscrits à l'Inventaire supplémentaire des Monuments historiques. Les deux panneaux de céramiques du *Palace Bar*, aujourd'hui cachés, représentent deux scènes galantes : *Une jeune femme écoutant un pianiste* et *Une jeune femme descendant d'un carrosse devant le Louvre*. Ils furent réalisés en 1910 par les faïenceries Hippolyte Boulenger.

Ancien marchand de café, 10-12, rue des Petits-Carreaux, 2e arrondissement
Inscription sur l'Inventaire supplémentaire des Monuments historiques de la devanture par arrêté du 23 mai 1984.
Un tableau de céramique, signé par le peintre Crommer, intitulé « Au planteur » décore la devanture.

Anciennement le *Pinzaronne Bar*, aujourd'hui *Royal Bar*, 143, rue Saint-Denis, 1er arrondissement
Inscription sur l'Inventaire supplémentaire des Monuments historiques de la devanture et du décor intérieur par arrêté du 23 mai 1984
Le Pinzaronne Bar ouvrit ses portes en 1910. Propriété d'un Italien sans doute dépositaire de la marque de Vermouth turinoise Martini et Rossi, le café fut décoré, en devanture, de bandeaux, aujourd'hui altérés, vantant les mérites de ces alcools. Deux panneaux latéraux, ornés de citrons et d'oranges alternent avec des petites bandes de texte. A l'intérieur, quatre allégories féminines personnifient les quatre provinces septentrionales de l'Italie : la Vénétie, le Piémont, la Lombardie et la Ligurie. Les jeunes femmes, en costume traditionnel, se dressent entre des pilastres flanqués de part et d'autre de rameaux d'orangers et de citronniers. Les panneaux proviennent des faïenceries de Sarreguemines.

Ancien café *Au petit Montmorency* ; aujourd'hui magasin de jouets, 105, rue du Temple, 3e arrondissement
Inscription sur l'Inventaire supplémentaire des Monuments historiques du décor intérieur par arrêté du 23 mai 1984
Le café *Au petit Montmorency* fut décoré entre 1905 et 1920. Son décor, parfaitement conservé, est aujourd'hui dissimulé par les rayonnages d'un magasin de jouets. Les quatre panneaux de céramique, qui ne comportent aucune signa-

Le Bistrot du Peintre *est un très bel exemple du décor 1900*

Proche de l'Ecole des beaux-arts, le café La Palette *évoque au travers de panneaux de céramique la vie des artistes*

ture, proviennent probablement des faïenceries de Sarreguemines. Inspirés vraisemblablement des papiers peints de la maison Desfosses et Karth, ils offrent des vues du Paris du XVIIe siècle : *La tour du Temple, Le quai des Orfèvres, L'hôtel de Guise* et *L'hôtel Barbette*. Leur intensité est due à l'utilisation de la technique des émaux cloisonnés.

Le Procope, 13, rue de l'Ancienne Comédie, 6e arrondissement
Inscription sur l'Inventaire supplémentaire des Monuments historiques par arrêté du 20 janvier 1962 de la façade sur rue avec ses balcons en fer forgé et la toiture correspondante.

La Palette, 43, rue de Seine, 6e arrondissement
Inscription sur l'Inventaire supplémentaire des Monuments historiques de la devanture et de la deuxième salle par arrêté du 23 mai 1984.

La première salle, décorée de toiles et de palettes offertes par des clients artistes, n'est pas inscrite à l'Inventaire. La deuxième salle l'est. Elle est ornée de six panneaux de céramique datant des années 1930, illustrant la vie du café à cette époque : un acheteur contemplant un tableau, un homme et une femme déjeunant, un client regardant des toiles, le patron derrière le comptoir avec un client, un client qui fume avec un verre de bière, deux personnages discutant.

Ancien café Le Carrefour, puis La Palette Bastille et enfin Le Bistrot du Peintre, 116, avenue Ledru-Rollin, 11ᵉ arrondissement
Inscription de la devanture et du décor intérieur par arrêté du 23 mai 1984.
Le café est installé au rez-de-chaussée d'un immeuble construit en 1902 par Jules Galopin. La devanture est composée d'un coffrage de bois vernis avec des arabesques Art Nouveau. L'enseigne d'origine « A Jean-Pierre, vins, liqueurs, bières, café, billard » est encore lisible sous la marquise.
Deux panneaux de céramique, non signés, complètent le décor intérieur. Ils figurent les allégories du Printemps et de l'Eté, l'Automne et l'Hiver ayant disparu. Ils sont proches par leur légèreté des pastels de Lucien Lévy-Dhurmer (1865-1953). La représentation de figures féminines est caractéristique de la fin du XIXᵉ et du début du XXᵉ siècle : les saisons, le café, la bière ou le champagne sont incarnés par des femmes idéalisées.

Cabaret-restaurant Le Raspoutine, 101, avenue des Champs-Elysées, 8ᵉ arrondissement
Inscription des façades et toitures sur rues par arrêté du 15 avril 1991 ; inscription des devanture, marquise, vestibule, escalier, cage d'escalier, vestiaire, décors du premier sous-sol et du salon des toilettes du deuxième sous-sol du cabaret restaurant *Le Raspoutine,* 58, rue Bassano, par arrêté du 24 mars 1993.

Café de la Paix, 12, boulevard des Capucines, 9ᵉ arrondissement
Inscription de la salle du *Café de la Paix* par arrêté du 22 août 1975.

Le Clown-Bar, 114, rue Amelot, 11ᵉ arrondissement
Classement du *Clown-Bar* par arrêté du 6 novembre 1995.
Le Clown-Bar est attesté par l'almanach du commerce en 1902. Il tire son nom de sa proximité avec le Cirque d'Hiver et du décor de sa salle principale qui représente « la grande parade des clowns » : ces derniers exécutent leurs numéros tout au long d'une frise qui se déroule comme une bande dessinée ; les spectateurs, tels des ombres chinoises, apparaissent en arrière-plan. Cette frise fut peinte par Jean-Baptiste Memmery en 1907 pour une clientèle essentiellement composée d'artistes du Cirque d'Hiver. Elle fut produite par les faïenceries de Sarreguemines. Elle est un rare exemple de complète création dans une production où les motifs se retrouvent fréquemment d'un décor à l'autre.

Café-concert Le Bataclan, 50-52, boulevard Voltaire, 11ᵉ arrondissement
Inscription de la façade et de la toiture du café concert par arrêté du 11 mars 1991.

L'Aviatic Bar, 345 bis, rue de Vaugirard, 15ᵉ arrondissement
Inscription à l'Inventaire supplémentaire des Monuments historiques du décor intérieur par arrêté du 23 mai 1984.
L'Aviatic Bar se situe au rez-de-chaussée d'un immeuble du début du XXᵉ siècle. Son décor intérieur, daté vers 1910, est constitué de quatre panneaux de céramique présentant des paysages fleuris, réalisés par l'entreprise belge Gilliot et Cⁱᵉ et installés par G. Martin, son représentant parisien. Son décor puise dans le répertoire décoratif de style Empire avec l'utilisation de la palmette et de la couronne-laurier. Au premier plan apparaissent des végétaux tels que des iris, des glaïeuls ou des roses trémières ; au fond, des compositions avec des arbres, des villages ou des châteaux.

Ancien café Le Relais du Métro, 3, boulevard de Grenelle, 15ᵉ arrondissement ; aujourd'hui *Les Quatre Saisons*
Inscription à l'Inventaire supplémentaire des Monuments historiques du décor intérieur par arrêté du 23 mai 1984.
Le Relais du Métro ouvrit ses portes vers 1900. Le décor intérieur comporte quatre toiles de E. Mérou, illustrant les quatre saisons : quatre figures féminines, vêtues selon le goût de la Belle Epoque ont donné le nom actuel du café.

Ancien bar *Chez Marcel,* aujourd'hui *Le Petit Rétro,* 5, rue Mesnil, 16ᵉ arrondissement
Inscription à l'Inventaire supplémentaire des Monuments historiques de la devanture et du décor intérieur par arrêté du 23 mai 1984.
Le café-bar *Chez Marcel* ouvrit ses portes vers 1920. La devanture est composée d'un coffrage en bois et d'une inscription « Bar Marcel » en lettres dorées fixées sous verre. Le décor intérieur est constitué de carreaux de céramique ornés de motifs floraux stylisés ocre et vert. Les motifs floraux stylisés sont caractéristiques des années 1920.

Le Cochon à l'oreille *apparaît aujourd'hui comme un vestige du café tel qu'on peut l'imaginer à la fin du XIXᵉ siècle avec son décor en carreaux de céramique, son comptoir en zinc (en réalité en étain) et ses petites tables guéridons*

Une des scènes réalisées en carreaux de céramique pour le Café des Chasseurs, *au début du XXe siècle*

Ancien café-bar *Le Pigalle* ; aujourd'hui *Café Chào-Bà*, 22, boulevard de Clichy, 18e arrondissement
Inscription du décor intérieur par arrêté du 23 mai 1984.

Café-concert La Cigale, 120, boulevard Rochechouart, 18e arrondissement
Inscription de la salle et du vestibule de l'ancien café concert par arrêté du 8 décembre 1981.

Quelques décors à protéger ?

Le Sentier, 97, rue Réaumur, 2e arrondissement
Son décor est constitué d'un panneau de céramique représentant des danseuses et un joueur de flûte, proches des *Jeux de Nausicaa* et de *l'Age d'Or* de Maurice Denis.

Ancien *Café des Chasseurs,* 176, rue du Faubourg-Saint-Denis, 10e arrondissement
Aujourd'hui transformé en restaurant, ce petit établissement conserve le décor de l'ancien *Café des Chasseurs*. Quatre panneaux de céramique retracent les grandes étapes de la chasse, un cinquième est décoré d'un trophée de chasse. Ils furent peints en 1901 par le décorateur A. J. Arnoux qui dirigeait alors les faïenceries Hippolyte Boulenger.

La Belle Epoque, 68, avenue Félix Faure, 15e arrondissement
Le décor du café *La Belle Epoque* est constitué de grands médaillons évoquant la vie d'un gentilhomme sous le règne de Louis XV. Les grands médaillons, cerclés d'un cadre imitant l'osier, apparaissent au milieu d'une abondance de guirlandes et de bouquets de roses. Le décor est caractéristique des années 1900.

Chez Camille, 90, rue de Rochechouart, 18e arrondissement
Le décor intérieur, mal conservé, est constitué de carreaux en relief provenant des faïenceries de Sarreguemines. On retrouve ce type de décor, caractéristique de la Belle Epoque, dans nombre de petits cafés. Le *Café du commerce*, 1, rue des Petits-Carreaux (1er arrondissement) et *Le Sentier*, 97, rue Réaumur (2e arrondissement) présentent de tels décor, début de siècle, produits par les faïenceries de Sarreguemines.

Le Bar Parisien, 36, boulevard Ornano, 18e arrondissement
On peut admirer dans ce café un panneau en faïence provenant de Sarreguemines, *Le roi boit*, reproduction d'un tableau du peintre flamand David Teniers. Il est daté vers 1900. Autour d'une table, trois couples d'âges différents célèbrent les rois : ils figurent les âges de la vie. Sept autres personnages entrent dans la composition de la scène dont le « roi » qui lève son verre, une femme qui fait des crêpes et un homme qui, coiffé d'un bonnet à grelots, danse. Le panneau est enchâssé dans un décor géométrique, en partie en relief.

Le Lux Bar, 12, rue Lepic, 18e arrondissement
Un grand panneau de céramique, situé derrière le comptoir, présente les façades du boulevard de Clichy, parmi lesquelles on reconnaît le Moulin-Rouge. Il provient des établissements Gilardoni. Composé à partir de cartes postales et d'anciennes revues de mode, il restitue l'ambiance de la place Blanche et du Moulin Rouge au XIXe siècle. Plusieurs scènes de la vie quotidienne sont représentées au premier plan : une marchande des quatre saisons, un vendeur de journaux, un couple vêtu élégamment, deux automobiles et leurs passagers. Les ocre beige et les vert amande dominent. Les murs sont revêtus de roses stylisées qui préfigurent les années 1920.

Le décor de céramique du Lux Bar *évoque l'ambiance de la place Blanche et du* Moulin Rouge

NOTE
1. Cet article signale les cafés protégés au titre des Monuments historiques, d'après la liste communiquée par la DRAC Ile-de-France. Il propose une présentation synthétique des décors et spécificités des établissements d'après les ouvrages et documents suivants : Laurence et Nicolas Chaudun, *Paris céramique, les couleurs de la rue*, Paris, éd. Paris-Musées, 1998 ; *Mille monuments du XXe siècle en France. Le patrimoine protégé au titre des monuments historiques*, sous la direction de Bernard Toulier, notices de Paul Smith, avec la collaboration de Fabienne Chaudesaigues, Paris, éd. du Patrimoine, 1997 ; les bases Mérimée et Archi XXe du Ministère de la Culture et les dossiers de protection.

Au Royal Bar, la jeune femme, allégorie de la Lombardie, porte le costume traditionnel de cette province italienne

A la Potée des Halles, *l'allégorie de la Bière fait face à celle du Café*

Cafés des années 1930

Michèle Lefrançois
Conservateur du Patrimoine au musée des Années 30

En 1930, Nino Frank signait dans *Art et décoration*, un article intitulé *Bars 1930* : « …Nous avons donc à considérer deux sortes d'endroits tout à fait différents : le bar proprement dit et le bar de luxe…Un nouvel esprit doit se former pour présider à la décoration de ces bars qui doivent se montrer dignes de la vie de la rue parisienne. Deux principes s'appliquent à tous ces bars : la propreté et cette beauté soudaine et crue…pour inviter le client à y revenir…Dernier handicap : l'exiguïté des locaux ». Effectivement, à côté des traditionnels petits cafés de quartier, les années 1930 voient l'apparition d'un concept nouveau, celui de café-brasserie. Passée à la postérité, inscrite à l'Inventaire supplémentaire des Monuments historiques, *La Coupole* à Montparnasse en est le plus éclatant symbole. Ouverte en 1927, véritable complexe offrant bar, restaurant et dancing, créée *ex-nihilo* sur un ancien dépôt de bois, elle offre une remarquable cohérence de décor. C'est là une originalité que partage la plupart des « cafés années 30 ». Un style naît, où le confort le dispute au fonctionnel, le luxe à la nudité, le bois au métal, le cuir aux matières synthétiques. L'Art Déco et le purisme se côtoient. Des architectes-décorateurs se spécialisent dans le genre. Exemplairement, L.-H. Boileau, qui fit partie de l'équipe d'architectes du nouveau palais de Chaillot, réalise plusieurs « grands cafés » : *Le Lutétia, Le grand café de Madrid*[1] le café du *Bon Marché*[2], où il se distingue dans le travail des matières riches. *Le Lutétia* édifié en 1929, est qualifié

La verrière de La Source, *aujourd'hui détruite*

« ….l'un des plus beaux cafés de Paris, dans le genre moderne »[3]. Le marbre de couleur crème, la mosaïque de verre translucide de la façade s'harmonisent avec le cuir havane foncé des banquettes et le verre pressé de Sabino pour les bandeaux lumineux et les plafonniers.

Architecte du *Bon Marché*, L.-H. Boileau apporta un soin tout particulier à la réalisation de son bar, fait d'une marqueterie de chêne clair et foncé dans un jeu de triangles opposés. Des colonnes polygonales scandaient l'espace. Très attentif aux problèmes de l'éclairage, il demanda au maître-verrier Labouret d'exécuter des baies en vitraux blancs et gris représentant des bouteilles, des coupes et seaux à champagne. Un même souci le poussa à faire appel, pour le *Grand café de Madrid* aux nouvelles techniques de béton armé translucide. De hautes colonnes et des plafonds à gradins constituaient le décor, des bas-reliefs couraient sur les murs. L'ensemble relevait de l'élégance et du confort caractéristiques des années 1930.

Boileau mit également son empreinte sur un lieu de restauration parisien célèbre, le restaurant *Prunier*[4], dans son annexe de l'avenue Victor-Hugo ouverte en 1925, dont le bar art-déco, symbolise à lui seul les légendaires Années folles. Marbre noir avec incrustation d'onyx, pâte de verre et marbre blanc, des bas-reliefs en métal martelés dus à Le Bourgeois, dessinent des bulles de champagne et des motifs gastronomiques, dans un mélange emblématique d'abstraction géométrique et d'art figuratif. La typique décoration en verre fut assurée par Paul Binet et Auguste Labouret. La salle fut inscrite à l'Inventaire supplémentaire des Monuments historiques en 1989.

A propos des bars réalisés par Charles Siclis, la critique écrivait qu'ils procédaient d'une « architecture de la joie », créant une ambiance de bien-être contre les excès du rationalisme. Car Siclis fut par excellence l'architecte des salles de spectacles (théâtres, cinémas…), d'où son intérêt pour le goût parisien, son sens du confort, mais aussi celui de l'effet. Ce même critique poursuivait ainsi : « Il existe maintenant une architecture de café qui doit obéir à certaines règles assez subtiles […] (celles) de l'attrait de la clientèle […] Les nombreux cafés que Charles Siclis a construits à Paris, connaissent tous le succès […] Peut-être souhaiterait-on parfois une expression plus sobre, mais il faudrait alors éduquer le goût du public qui exige encore un décor de pure fantaisie »[5].

Parmi ses réalisations, *La maison du café*, située à l'angle de la place de l'Opéra et la rue du Quatre-Septembre, passait pour être la plus somptueuse. A une surface réduite, Siclis avait réussi à donner une impression grandiose. L'emploi de glaces palliait l'exiguïté des lieux. Des fresques de Zarraga, aux

La Maison du café *fait partie des nouveaux établissements des années 1930 marqués par la recherche de monumentalité*

tonalités chaudes, couraient sur les murs courbes, au fond bleu-vert. Egalement en courbes, rythmées par huit énormes percolateurs, le bar était en loupe d'orme, le comptoir en cuivre et bronze. A l'extérieur, des pilastres en onyx, des sculptures en bas-relief de Drivier, des enseignes en lettres métalliques contribuaient à l'effet général de luxe.

Pour Siclis, le café se conçoit comme une salle de spectacle où les consommateurs sont en même temps figurants et spectateurs. Au *Dupont-Latin* et au *Dupont-Barbès*, l'architecte divise la salle en gradins successifs, qui permettent un regard panoramique. De partout, l'extérieur est visible, démultiplié par un jeu de glaces sur les parois et les plafonds, donnant l'illusion de la perspective. Là encore, l'accent est mis sur l'éclairage, avec des néons intenses et des lettres lumineuses. Siclis écrit : « [...] l'enseigne lumineuse, au point de vue publicité vivante et décorative, constitue actuellement l'une des nouveautés vraiment remarquables de notre époque. Non seulement par son dynamisme, elle constitue vraiment un élément « plastico-décoratif », qui incorporé à l'architecture moderne, constitue un ensemble »[6]. Un semblable système de gradins est repris au *Colisée*. De chaque siège, on pouvait voir les Champs-Elysées. Le plafond, sur plusieurs niveaux, était fait de caissons en staff qui diffusaient la lumière, répercutée par un savant jeu de miroirs. Encore sur les Champs-Elysées, *Le Triomphe*[7], quant à lui, avait une entrée en forme de rotonde, supportée par d'étranges colonnes faites de chapiteaux floraux superposés. L'effet « hollywoodien » se prolongeait à l'intérieur avec une fontaine lumineuse, des glaces aurées plaquées sur les pilastres, un plafond ondulant figurant des vagues, et des motifs décoratifs sur le thème des signes du zodiaque. Les glaces gravées étaient de Paule et Max Ingrand, l'escalier en cuivre et verre de Subes, le mobilier de Thonet. Ce décor, très chargé, fut jugé clinquant, et pourtant un architecte, Mallet-Stevens, réputé pour son élégant purisme, louait ainsi, le talent de son confrère : « [...] la fantaisie, qui est une des qualités évidentes de Charles Siclis, a été mille fois plagiée, mais rarement égalée [...] Ce grand fantaisiste sait parfaitement ce qu'il veut ; ce n'est pas le hasard qui guide son crayon habile, il a profondément le sens du plan »[8].

Les archives citent encore d'autres noms. J. Séguin réalise le *Café royal*, boulevard Montmartre, au coin du passage Jouffroy ; la Maison E. Ringuet, le *Café-bar Gros* à l'angle de la rue Sainte-Anne et des Petits-Champs ; M. Grossard, le café *Le Berry*.

Parmi les lieux les plus célèbres des Années folles figurent les

Le bar du restaurant Prunier *est l'œuvre de L.H. Boileau.*
Le décor, inspiré par la gastronomie et les bulles de champagne, est dû à Le Bourgeois

cafés-cabarets. Le plus illustre fut *Le bœuf sur le toit*, appellation induite par le parrainage de Darius Milhaud et Jean Cocteau. Sa clientèle compta les personnalités artistiques les plus insignes de l'époque. On écoutait Jean Wiener au piano, on buvait champagne et whisky, on ne dînait pas mais on pouvait grignoter des sandwiches. L'inauguration, le 31 décembre 1921, avait été fastueuse. Se pressaient là Coco Chanel, les Beaumont, les Noailles, Satie, Diaghilev, Stravinsky, Picasso, Man Ray, Max Jacob, Juan Gris, Arthur Rubinstein et quelques membres de l'aristocratie comme la princesse Murat, le roi Ferdinand de Roumanie et le grand duc Dimitri… La salle carrée se prolongeait par un décrochement où se trouvaient le piano et le bar. Le principal décor en était *L'œil cacodylate* de Picabia, tableau sur lequel l'auteur avait invité ses amis à écrire ce qui leur passait par la tête… Il existait d'autres établissements de ce genre, comme *Le grand écart, Les enfants terribles*, là encore sous l'égide de Jean Cocteau, *La boule Blanche* qui présentait des fresques murales dues à Jean Colin. *Le Jockey* du boulevard du Montparnasse avait lui les faveurs de Man Ray. D'autres « cafés » plaisaient au public. C'étaient les bars de dégustation, dont la pratique venue d'Europe centrale, connut un vif succès parisien. Celui de la place de la Sorbonne était orné de peintures de Léon Zack ; car on faisait souvent appel aux artistes pour décorer ces cafés. L'exemple le plus spectaculaire se trouve à Montparnasse et symbolise la bohème artistique des années 1930. Ouverte en décembre 1927, *La Coupole* avait mis à la disposition des peintres « montparnos », seize piliers pilastres[9]. Ce musée miniature illustre bien les liens que ces grands bars entretenaient avec la vie culturelle de l'époque. Le monument fut inscrit à l'Inventaire supplémentaire des Monuments historiques en 1988. Tout près de là, *Le Dôme*. Les années 1930 y laissèrent un témoignage sculpté : trois bas-reliefs, en taille directe, peints à l'encaustique, exécutés par G. Saupique en 1924, figurant le café, le champagne et le cigare.

Cependant, le luxueux Art Déco, eut ses contradicteurs. Un mouvement tel que l'Union des Artistes Modernes (U.A.M.) revendiqua de nouveaux principes comme l'utilisation de matériaux modernes, de série, et peu coûteux. La fonctionnalité l'emportait sur tout autre critère et le décor se justifiait par la beauté des formes pures. Principes que R. Mallet-Stevens, membre fondateur de l'U.A.M, appliqua dans deux de ses réalisations datées de 1930 : le *Café du Brésil* et le *Bar du Brésil*, avenue de Wagram. Les comptoirs et les tables étaient en aluminium ; il n'y avait pas de sièges, on restait debout. « […] Je me suis préoccupé, écrivait l'architecte, de deux choses : éviter la saleté et aérer le local. En outre, tout en y intensifiant l'éclairage, à éviter toute surcharge ».

Autres tenants de l'U.A.M., Jan et Joël Martel. Essentiellement sculpteurs, mais aussi « designers » très liés à Mallet-Stevens, ils conçoivent en 1928, le *Rody-bar*, situé 76, rue Lafayette. Les principes de l'U.A.M., y sont particulièrement mis en pratique. « Moderne, propre et gai », ainsi leurs auteurs le désignaient-ils aux éventuels clients. Carrelage, métal, mobilier fonctionnel et standardisé distinguaient ce café des luxueux établissements qui avaient fait la renommée du « chic parisien ». Ici, le décor puriste puisait aux sources des théories de l'avant-garde du « néo-plasticisme ». Le logo du café constitué d'un jeu géométrique de carrés, très inspiré de De Stijl, figurait sur la façade et à l'intérieur, sur les murs, sur le devant du comptoir et sur les carreaux de céramique du sol. Un spectaculaire percolateur avait fait l'objet de nombreuses études dessinées par les frères Martel. Surplombant les bouteilles alignées, leur petit « arbre cubiste »[10] proposait, écrites sur ses ramures, les différentes boissons. Des affichettes réalisées avec une typographie, une mise en page, des motifs typiques de l'U.A.M., prouvaient la sensibilité des concepteurs à la publicité.

La vie moderne était au centre de ces préoccupations. Le client pressé pouvait trouver là un service rapide. Dans cette approche, André Bauer construisit un bar entièrement automatique, dans un espace minime, sans siège. A juste titre ce café se nommait *Le Presto*.

Les années 1930 ont donc redéfini et élargi le concept traditionnel du café. La rapidité, la propreté, un décor modernisé luxueux et fonctionnel, sont désormais les critères du nouveau « bar », qui peut parfois s'ouvrir à d'autres activités festives. Certains d'entre eux, devenus mondialement célèbres, resteront dans la mémoire collective, comme des lieux culturels, emblématiques de la période.

NOTES
1. Décor réalisé en collaboration avec Hommet.
2. Boileau fut l'architecte du magasin *Le Bon Marché*. Le bar fut construit dans la rotonde d'angle Sèvres-Velpeau.
3. *Cafés, bars, restaurants* II, éd. Librairie de la construction moderne.
4. Décor réalisé en collaboration avec Léon Carrière. La maison-mère fut fondée en 1872, par Alfred Prunier, rue Duphot. *Connaissance des arts* n° 449-450 ; août 1989 et *Architectural Digest* n° 35, mars 2003.
5. *L'architecture d'aujourd'hui*, décembre 1934-janvier 1935.
6. *Figaro artistique illustré*, mars 1931.
7. Rue de Ber.
8. *Architectures de Biarritz et de la côte basque, de la Belle Epoque aux Années 30*, éd. Mardaga/IFA, Lièges Bruxelles 1990.
9. E. Corcellet-Prévost, *La Coupole fête ses 70 ans*, Paris, 1997.
10. Les arbres cubistes des frères Martel avaient été installés dans le jardin dessiné par Mallet-Stevens à l'Exposition des Arts décoratifs de 1925. Ils servaient d'emblème à la société des ciments français.

1950 : Le Pigalle

Delphine Christophe
Archiviste paléographe, Doctorante en histoire de l'art

Le Pigalle, grand café-brasserie situé au 22, boulevard de Clichy, 18e arrondissement, est aujourd'hui connu sous le nom de *café Chào-Bà*. Son décor intérieur fut inscrit par arrêté du 23 mai 1984 à l'Inventaire supplémentaire des Monuments historiques : dissimulé depuis quelques années derrière un décor d'inspiration vietnamienne, il est l'un des très rares exemples conservés du style des années 1950 et l'un des plus représentatifs.

Le Pigalle, lieu mythique pour les noctambules des Trente Glorieuses, fut conçu par Maurice Gridaine en 1954. Celui-ci, qui apparaît dans le tableau de l'ordre des architectes de la circonscription de Paris en 1950, fut l'auteur de nombreuses réalisations : trois cinémas, *Studio Universel* et *Ornano 43* en 1933, et *Scala* en 1936, le cabaret *La Nouvelle Eve* en 1949 sont quelques exemples de son activité parisienne[1]. Au *Pigalle*, il recourut à des matériaux industriels, caractéristiques des années 1950 : tiges métalliques, tôle, matières plastiques, panneaux stratifiés, tubes sont largement utilisés. Les tonalités dominantes frappent par leur dureté et l'absence de nuances : bleus, jaunes, rouges et oranges s'entremêlent, s'entrechoquent sans concession. Les fresques d'inspiration surréaliste qui occupent le fond de la deuxième salle sont signées de R. Lecoq[2]. Sur un fond sombre, des visages, parfois superposés, des corps matérialisés par de simples lignes et courbes, une faune merveilleuse cohabitent au milieu d'une flore anthropomorphique. Des licornes, des centaures, des branchages d'où éclôt une main, créent une atmosphère onirique, qui, par son thème et ses coloris, s'oppose aux couleurs vives des lampes et du mobilier. Des céramiques provenant de l'atelier de Georges Jouve (1910-1967) complètent ce décor. Les recherches de Jouve portent sur la matière aux tonalités sobres : noirs luisants, blancs crémeux, jaunes ou verts de prairie. Des ovales colorés de jaune, rouge, bleu ou vert prennent place dans une structure blanche et viennent se fixer sur les parois.

En 1993, *Le Pigalle* fut rénové, à l'initiative des nouveaux propriétaires, par les architectes Pierangelo Caramia et Tommaso Piumelli qui reproduisirent les tonalités et les formes des années 1950 : les luminaires à abat-jour conique jaunes ou oranges, les ampoules en forme d'olivette, le carrelage noir et blanc sont fidèles au style initial. P. Caramia dessina à cette occasion la chaise « Pigalle », habillée d'un vinyle rouge ou bleu[3].

Le décor du *Pigalle* est l'un des rares témoignages du décor des années 1950 encore en place, même s'il est actuellement impossible d'y accéder. Il témoigne de la nécessité pour les cafetiers d'inscrire leur établissement dans les mouvements décoratifs et architecturaux contemporains. Le décor participe de sa notoriété et de l'attrait qu'il exerce sur la clientèle, désireuse d'évoluer dans un lieu à la mode.

Les fresques du Pigalle, *aujourd'hui inaccessibles, sont d'inspiration surréaliste*

NOTES

1. *Tableau de l'ordre des architectes de la circonscription de Paris, arrêté le 31 décembre 1950*, Paris, 1951.
2. *Mille monuments du XXe siècle en France. Le patrimoine protégé au titre des monuments historiques*, B. Toulier (dir.), Paris, Les Editions du Patrimoine, 1997 ; dossier de protection, médiathèque de l'architecture et du patrimoine.
3. B. Duhalde, « La rénovation de la brasserie Le Pigalle », *Intramuros*, janv-fév. 1993, n° 46, p. 22-23. Un premier article sur la rénovation du café parut dans le *Figaroscope* du 7 octobre 1992.

Qu'importe l'ivresse…

Agnès Bos
Conservateur au musée national de la Renaissance

Xavier Dectot
Conservateur au musée national du Moyen Age – Thermes et Hôtel de Cluny

En 1980, tandis qu'à l'Elysée le décor des appartements présidentiels est toujours conçu pour ne pas déparer une bourgeoise maison de campagne de l'est de la France, l'architecture d'intérieur et les cafés semblent, à Paris du moins, deux mondes qui s'ignorent. La modernité est d'abord conçue comme une affaire d'ingénieurs, d'industrialisation, de production de masse. Le seul signe de renouveau des bistrots est que le « café-calva » ne s'y sert plus sur un zinc trônant sur un plancher recouvert de sciure mais sur une table en formica posée sur un sol en linoléum, tellement moins cher, tellement plus facile à nettoyer.

Deux hommes que tout sépare, qui ne se connaissent d'ailleurs probablement qu'à peine, sinon pas du tout, commandent à un jeune créateur de 32 ans, l'aménagement, pour l'un, de la chambre et du salon bibliothèque présidentiels, en association avec le peintre Garouste, pour l'autre le décor du café qu'il souhaite ouvrir aux Halles, au cœur d'un quartier profondément marqué par la conception de l'urbanisme des deux décennies précédentes. L'ouverture du *Café Costes* en 1984 ne fait pas que consacrer et faire connaître au grand public Philippe Starck. Il marque aussi le début de l'expansion d'une famille de cafetiers parisiens d'origine aveyronnaise qui devait profondément renouveler la conception du bistrot dans la capitale.

Les Costes ne furent pas seuls, loin de là. Le mouvement lancé au milieu des années 1980 s'amplifie à partir du début des années 1990. Les cafés ne se multiplient pas, ils auraient même tendance à fermer, ce qui fut d'ailleurs le destin du *Café Costes* en 1994. Mais les lieux qui ouvrent, dans un Paris dont la composition sociale se transforme et qui, surtout, rajeunit, reprennent l'idée de lieux où le premier plaisir, avant celui du palais, est celui des yeux, dont l'âme est dans les murs et le mobilier autant que dans les consommateurs ou les serveurs. Même si la conséquence la plus visible en fut la multiplication de bars où des architectes sans imagination plagiaient le dernier lieu à la mode, il n'en reste pas moins que, à Paris plus peut-être que dans toute autre ville, les cafés se sont imposés comme le premier lieu d'expérimentation et de création en matière de design et d'architecture intérieure.

Le Ruc est l'une des premières réalisations du décorateur Jacques Garcia, avec ses caractéristiques de style : couleurs chaudes, moquette épaisse et lourdes étoffes

Aux origines, le *Café Costes*

Les images respectives des frères Costes et de Philippe Starck aujourd'hui modifient notre vision du *Café Costes*. Les premiers n'étaient pas, alors, les seigneurs de la « branchitude » parisienne, à la tête d'un réseau d'hôtels, de cafés et de restaurants marquants par leur apparence, sinon toujours par leur cuisine, et le second n'avait pas encore un statut d'icône indétrônable du design, de pape pesant sur la création industrielle française. Gilbert Costes est alors gérant d'un bar-tabac de Montmartre, Jean-Louis d'un établissement du 14e arrondissement. Quant à Starck, il a certes à son actif trois boîtes de nuit, dont les mythiques Bains-Douches, mais son nom reste d'autant plus confidentiel que ce n'est pas le décor qui fait la renommée des *Bains*.

La concomitance entre l'ouverture du *Café Costes* et l'inauguration des appartements de l'Elysée fit sans doute beaucoup pour la célébrité du premier, mais celui-ci s'impose d'abord par son atmosphère, inspirée, selon Starck, par la gare de Budapest. Un tel modèle inscrivait pleinement le café dans la vie de son temps, alors qu'une partie de la classe politique française agitait encore la menace de voir défiler les chars russes sur les Champs-Elysées. Manifeste d'un modernisme froid, mais humain, avant tout fondé sur l'humour, le *Café Costes* se structurait autour de son escalier animé par une rampe centrale commençant à mi-hauteur, venant souligner l'immense horloge murale. Si les haut-parleurs diffusant la musique, qui participe à l'ambiance du café, ne sont guère

Déclinant le principe des bars à vin ou à champagne, le Water Bar *de Colette innove en proposant des eaux venues du monde entier*

originaux, avec leur forme sphérique qui semble issue d'une série de science-fiction des années 1970, et si les tables, malgré leur piétement conique, ne semblent aujourd'hui qu'une version légèrement revue de la table de café classique, les fauteuils, eux, incarnent l'âme du lieu. Très enveloppants, ils n'ont que trois pieds car non seulement, pour Starck, le quatrième pied ne sert à rien, pour la stabilité, mais, surtout : « Il y a un début de rapport avec la personne qui va s'asseoir. Se balancer sur un tripode, c'est plus dangereux, mais plus rigolo ». Partant du principe que l'on va dans un café autant, sinon plus, pour s'y asseoir et passer le temps que pour y consommer, Jean-Louis Costes et Philippe Starck offrent exactement cela aux Parisiens, un endroit où l'on est bien assis et où l'on donne à voir le temps qui passe.

Du modernisme au minimalisme

Dans la foulée du *Café Costes*, la création française s'oriente en grande partie vers le dépouillement, un goût pour les formes épurées, plus généralement un certain minimalisme. L'effet est d'autant plus visible que, par souci d'imitation, voire par instinct grégaire, nombre de cafés affichent leur filiation avec le *Costes*. On voit ainsi se multiplier, en terrasses, les mobiliers Starck, même si, plus que les chaises Costes et autres variantes du tripode, ce sont les fauteuils des séries Lord Yo et Dr. No, facilement empilables, qui semblent avoir eu, depuis leur création respective en 1994 et 1996, la faveur des cafetiers.

Le territoire, pourtant, était vaste et loin d'avoir été défriché par le *Café Costes*. La preuve en fut donnée, moins d'un an plus tard, par le frère de Jean-Louis Costes, Gilbert, qui ouvrit son propre café, le *Café Beaubourg*. La formule est la même : implanter auprès d'un haut lieu de l'architecture pompidolienne (même si, au contraire des Halles, l'oxymore est moins sensible), un café qui se veut un manifeste de contemporanéité et dont l'aménagement est confié à un architecte habile et novateur, en l'occurrence Christian de Portzamparc. On retrouve même la proximité avec la commande publique puisque le *Café Beaubourg* ouvre peu après que Portzamparc s'est vu confier la réalisation de la Cité de la Musique.

A priori, rien ne vient distinguer ce café de ceux qui l'entourent sur le parvis dégagé devant le centre Pompidou. Ce n'est qu'à l'intérieur que se déploie l'œuvre architecturale. Même si, là aussi, l'espace est structuré par un escalier et une mezzanine (en passe de devenir le *topos* obligé de la limonaderie chic parisienne depuis l'ouverture de *l'Alcazar* de Terence Conran), même si, là aussi, le dépouillement est au centre des recherches architecturales, l'esprit est différent. Le *Café Costes* était l'œuvre d'un décorateur qui se mêlait d'architecture, quand le *Café Beaubourg* est celle d'un architecte qui se mêle de décor. Aussi les jeux de volume et les effets de surface sont-ils privilégiés sur le mobilier. L'espace est impressionnant, mais le mobilier n'a pas la familiarité caustique de l'établissement de l'autre rive du boulevard Sébastopol.

L'une des transformations majeures opérées par la création des deux cafés des frères Costes est que le café, comme lieu, est redevenu un endroit de mode, un endroit où il fait bon se montrer, s'afficher. Il ne fallut donc guère attendre avant que les magasins de vêtements s'intéressent au phénomène et ouvrent leurs propres cafés. Le phénomène n'est pas tout à fait nouveau : les grands magasins avaient compris depuis longtemps que, si leurs clients avaient un endroit où se reposer et se détendre, ils restaient plus longtemps et, en conséquence, consommeraient plus. Le changement qui se produit dans les années 1990 est que des créateurs choisissent d'associer leur image à un café. Le mouvement est lancé en 1994 avec l'ouverture du *Café Bleu* de Lanvin, confié à Hilton McConnico, mais c'est avec le *Water Bar* de Colette qu'il atteint son apogée en 1997.

Il peut sembler paradoxal de placer le *Water Bar* parmi les cafés de créateurs quand Colette est un magasin généraliste, qui n'est d'ailleurs pas uniquement consacré à l'habillement. Dans la mesure où ce magasin se définit par son style et où, dans le choix des produits qu'il propose, il crée un véritable esprit, selon un modèle qui a d'ailleurs fait école depuis dans le milieu de la mode parisienne, que ce soit chez Castelbajac ou chez Armani, c'est bien à ce groupe qu'appartient Colette. *A priori*, le *Water Bar* était un pari audacieux, tant dans l'idée (un bar à eau dans la capitale du « café-calva » et du ballon de blanc) que dans le choix de l'emplacement, un sous-sol. L'aménagement, confié à Arnaud Montigny, ne peut être qualifié que de réussite. S'inspirant de la pratique des tables d'hôtes, alors portée à Paris par un renouveau de la mode des bouillons, Chartier ou Polidor, il a articulé l'espace autour d'une large table rectangulaire, entourée de bandes de tables, conçues, comme les fauteuils, par Marteen Van Seeveren. L'éclairage est assuré par des lampes suspendues au plafond par de longs fils. L'animation des murs, les jeux d'éclairage parviennent à faire de cet espace un lieu apaisant, dont l'austérité dissimule le véritable confort.

Autant le principe du bar à eau est resté un *unicum* dans le paysage parisien, autant le décor du *Water Bar* de chez Colette semble-t-il destiné à jouer pour quelques années encore le même rôle que celui joué, avant lui, par les *Cafés Costes* et *Beaubourg*, au moins pour les cafés de couturiers. Il a été copié, bien sûr, presque à l'identique par l'*Armani café*. Il inspire très fortement le *Barbara Bui café*, avec son décor gris et dépouillé. Surtout, il est présent en arrière-plan dans les deux cafés installés dans le grand immeuble de la Samaritaine réinvesti par Kenzo, face à l'ancienne *Belle Jardinière*, pourtant œuvre de deux des plus grands décorateurs français. La parenté est évidente dans le cas du *Lô Sushi* d'Andrée Putman, situé lui aussi en sous-sol, derrière les effets techniques des écrans interactifs et des tapis roulants portant les sushi. Elle se retrouvent également de façon peut-être moins marquée, dans le *Kong* dessiné par Philippe Starck, même si, là aussi, un rôle déterminant est donné à l'image, avec les écrans muraux et les visages placés sur des plaques de verre au-dessus des banquettes communes.

Le retour de l'éclectisme

La tendance au minimalisme humain, telle que lancée par le *Café Costes* et réinterprétée et renouvelée par le *Water Bar*, domine les années 1990. C'est elle qui est reprise et imitée par nombre de bars qui, pour se vouloir à la mode, ne font que copier des solutions trouvées ailleurs. Pourtant, à la même époque, on voit apparaître une autre approche du décor. Là encore, les frères Costes font figure de pionniers. En faisant appel à Jacques Garcia, jeune décorateur qui n'est alors pas encore devenu à la première décennie du XXIe siècle ce que Philippe Starck fut aux quinze dernières années du deuxième millénaire, ils montrèrent rapidement que leur engagement en faveur du décor, qu'ils ont su transformer en succès commercial, n'est pas fondé sur une fidélité à un style, mais bien sur une ouverture à la modernité, que l'on ne peut qualifier d'inféodation à la mode tant ils ont su jouer, en ce domaine, le rôle de défricheur. Avec Jacques Garcia, c'est un style à l'opposé de celui de leurs cafés des années 1980 qu'ils promeuvent. Stylistiquement, on pourrait parler d'un véritable retour, actualisé, du décor Napoléon III, tant Garcia butine dans les styles anciens pour créer le sien. Le résultat est aux antipodes du minimalisme, mais aussi d'une certaine tendance petite-bourgeoise au décor néo-provençal des années 1980. Couleurs chaudes et profondes répondent à un décor de lourds tissus et de chaises dodues. Ce style de Jacques Garcia fut rapidement copié et repris. Ainsi l'idée centrale du bar-lounge du *Cabaret*, la *Bedroom*, constituée de quatorze lits où l'on sirote allongé ses cocktails a-t-elle été reprise dans un bar à vin récemment ouvert, le *Watt*, où la salle principale s'organise autour d'un lit (mais où il est impossible de se coucher). Le *Watt* est d'ailleurs assez emblématique des cafés procédant par imitation puisque, outre le lit, on y retrouve un décor mural qui rappelle, en moins extrême, l'*Etienne Marcel* et la mezzanine reprise du *Costes* et du *Beaubourg* par le biais de *l'Alcazar*.

Il convient de signaler que cette tendance à l'éclectisme n'est pas nécessairement associée à la signature d'un architecte. Deux bars, notamment, parviennent à créer une ambiance intime et confortable, fondée sur des éléments stylistiquement épars. Ainsi, tout d'abord, du *Fumoir*. Dans cet espace tout en longueur, fauteuils profonds et chaises étroites cohabitent sous de larges ventilateurs, pour culminer dans la pièce du fond où les grandes bibliothèques et les canapés contribuent à donner un style, mélange d'Angleterre retour des Indes, de bar colonial africain et de café parisien. *Les*

La salle du fond du Fumoir *abrite une bibliothèque où les clients se réfugient pour dévorer un ouvrage ou le feuilleter*

Etages, bar du Marais qui s'est auto-plagié à l'Odéon, jouent sur la même extension de l'espace et du temps. Mais alors que *Le Fumoir* est construit sur une horizontale, *Les Etages* s'ordonnent autour d'une verticale, occupant un étroit immeuble dont les appartements de deux pièces sont transformés en autant de salles étroites, intimes. La peinture des murs réinterprète savamment le décor à l'éponge néo-provençal et, l'associant à du mobilier de récupération des années 1960, non retapé, voire savamment déconstruit, crée une atmosphère de déliquescence. Comme les bars de Jacques Garcia, mais sur des modes et avec des vocabulaires qui leurs sont propres, *Les Etages* et *Le Fumoir* s'appuient sur un mélange des goûts et un certain éloge de la décadence pour créer des lieux où il fait bon être, s'abandonner à la nonchalance au milieu d'un monde en perdition.

Il est encore bien tôt pour juger des tendances de la nouvelle décennie. La domination de Jacques Garcia sur le décor semble, pour l'instant, totale. Pourtant, par-delà les réalisations déjà évoquées d'Andrée Putman et de Philippe Starck pour *Kenzo*, il semble que la voie du renouveau soit, une fois encore, ouverte par un bar de ce qu'il faut bien appeler, désormais, la nébuleuse Costes. Ouvert fin 2002, l'*Etienne Marcel*, fut réalisée par Pierre Huyghe, Philippe Parreno et M/M. Le souvenir de l'éclectisme de Garcia y est toujours présent, mais sur des modalités totalement différentes. La référence principale, en effet, n'est plus le XIXe siècle, mais le tournant des années 1960-1970. Comme chez Philippe Starck 20 ans plus tôt, le plastique domine, et non le bois et les tissus chers à Jacques Garcia. Mais là où le plastique est, chez Starck, matériau de travail, il est, pour le collectif de l'*Etienne Marcel*, objet de réflexion sur la réutilisation des formes et des matériaux. Le principe de la zone commune centrale, celui de la table d'hôte renouvelé par Arnaud Montigny, est lui aussi repris, mais comme en citation, par le groupe de six sièges circulaires disposés autour d'un volume noir tentaculaire, rappelant le premier Alien. Le poster *AnnLee, No ghost, just a Shell,* qui trône contre un mur du café, apparaît comme le manifeste de cette esthétique : la reprise d'un personnage de création industrielle, condamné à mort par ses propres créateurs, repris et détourné en une double référence à son univers d'origine, celui du Manga et de l'animation japonaise (*Ghost in a shell*) et aux angoisses d'une population jeune et urbaine, souvent décrite comme ayant du mal à pénétrer dans le monde adulte et inquiète face aux conditions qui rendent possible son propre monde. La question du succès de cette nouvelle esthétique reste aujourd'hui encore ouverte. La plupart des voix se sont faites critiques, décriant l'aspect cafétéria lycéenne de luxe des tables (on peut, effectivement, se demander si les créateurs n'avaient pas à l'esprit les décors d'*Hélène et les garçons*) et les sièges qui n'auraient pas déparé dans le salon d'attente pour passagers de première classe d'Orly, au moment de l'ouverture de l'aéroport s'entend. Mais est-ce parce qu'une approche novatrice est décriée la première année qu'elle n'est pas destinée à assurer un rôle d'éclaireur ? Tous les grands exemples que nous avons cités jusqu'à présent, de Starck à Garcia en passant par Montigny, ont été autant décriés que loués pendant l'année qui suivit leur inauguration.

Au terme de ce panorama, une question se pose : tous les cafés créatifs, sous l'angle du décor, sont situés sur la rive droite de la Seine, quand Saint-Germain des Prés et le quartier Latin, hauts lieux de l'activité intellectuelle et de la fréquentation des cafés dans les années 1960, en semblent totalement exclus. Les quelques nouveaux cafés que l'on peut y citer sont soit de purs plagiats d'institutions de la rive droite, si l'on pense, par exemple, à l'*Armani café*, soit transposent directement une formule créée pour la rive droite, dans le cas des *Etages*, ou reprennent sans inventivité des formules décoratives créées ailleurs (*Watt*). Certes, la sclérose actuelle de la rive gauche, à la population vieillissante, hantée par des hommes de plume qui pensent que le fait de boire un café en terrasse aux *Deux Magots* ou au *Flore* prouve la puissance de leur neurones, ne semble pas former un terreau propre à l'émergence de cafés, d'autant plus que la tradition intellectuelle française de l'Après-guerre s'est signalée par un profond désintérêt pour les arts plastiques et le domaine du visuel dans son ensemble. Pourtant, le quartier ne semble pas totalement fermé aux avancées en matière de décoration, comme en témoigne la rénovation de *l'Hôtel*, confiée à l'inévitable Jacques Garcia. Est-ce simplement que la rive gauche ne figure pas sur la carte de la nuit parisienne ? Mais les bars que nous avons cités, s'ils sont implantés, bien évidemment, dans des zones financièrement aisées d'une capitale de toute façon de plus en plus imperméable à la pauvreté et même aux classes moyennes, ne recouvrent en rien les lieux du Paris où l'on danse. La Bastille, entre autres, est pauvre, du moins proportionnellement, en bars au décor recherché (la rue de Lappe apparaissant même comme l'exemple inverse, une sorte de concentré de ce qu'il ne faut pas faire). Il semble en fait que, contrairement à la première impression, l'implantation de ces cafés se fasse en fonction des mêmes critères que celle de tout autre café : ces lieux, qui sont dédiés à la journée et au début de la soirée, se trouvent implantés sur les lieux de travail et de résidence de leur clientèle.

Encore un café, monsieur Garcia ?

Agnès Bos
Conservateur au musé national de la Renaissance
Xavier Dectot
Conservateur au musée national du Moyen Age – Thermes et Hôtel de Cluny

Indice indéniable du caractère particulier des aménagements de Jacques Garcia : il est le seul décorateur auquel les frères Costes aient confié plus d'un chantier. Figure emblématique des années 1990, la liste des établissements parisiens qu'il a marquée de son empreinte est impressionnante. Comment expliquer ce succès ?

La grande peur rétrospective des projets pompidoliens qui faillirent transformer Paris en une version gigantesque et déformée de sa propre banlieue n'y est sans doute pas étrangère. Depuis cette époque, tout aménagement, toute transformation, est vu avec la plus grande méfiance. Et pourtant, Paris, qui revendique toujours, avec peut-être l'espoir de s'en convaincre, un rôle sinon de capitale, du moins de point focal de l'activité créatrice, semble ne craindre qu'une chose, devenir une ville musée, figée dans son état hérité d'un glorieux XIXe, paralysée par son patrimoine. Or tout le génie de ce collectionneur émérite, fin connaisseur de l'histoire du décor qu'est Jacques Garcia est de savoir plonger les racines de sa modernité dans une réutilisation des vocabulaires des siècles passés. En cela, il est en parfaite phase avec l'esprit des architectes et des décorateurs du Second Empire. Avec eux, il partage le goût pour les lourds tissus, pour les revêtements épais, mais aussi pour l'éclectisme. Ainsi Jacques Garcia s'accorde-t-il parfaitement au cadre monumental qui l'abrite.

Son style n'est en rien figé. Au contraire, il semble s'approfondir chaque fois un peu plus. L'une de ses premières grandes réalisations, emblématique de son approche de la décoration, le *Ruc*, passe aujourd'hui pour presque timide. Dominé par des couleurs très chaudes, rouge et orangée, baigné d'une lumière douce (malgré le relatif échec de grandes appliques trop sèches), sur une moquette épaisse, il présente toutes les caractéristiques de l'univers de Garcia. L'ambiance y est subtilement décadente, la banquette et les abat-jour n'auraient pas déparé l'une de ces maisons dont nous devons la disparition à Marthe Richard. L'*Hôtel Costes* et le *Cabaret* marquent déjà une évolution vers encore plus de confort, encore plus de luxe. Le *Cabaret* frappe par l'exercice de style périlleux, mais réussi, des lits, quand l'*Hôtel Costes* marque par son couloir d'accès qui semble comme un sas vers un autre monde où le luxe prend un nouveau sens (ce

L'Avenue, *griffée Jacques Garcia*

qui n'est déjà pas si mal pour un hôtel sis rue Saint-Honoré). Ses dernières réalisations, cependant, *l'Hôtel* et le *Bourg-Tibourg*, semblent porter à de nouveaux sommets ce goût du luxe. *L'Hôtel*, notamment, frappe par ses pesantes tentures, qui sont comme des rideaux de théâtre, ses larges et confortables fauteuils, ses effets de draperie et de volume sur les murs. De tels aménagements paraissent incarner les vers de l'*Invitatio amicæ* : *ibi sunt sedilia strata/atque velis domus ornata,/ floresque in domo sparguntur /herbaeque fragrantes miscentur*[1].

Même s'il est possible de consommer dans ces fauteuils, nous sommes ici bien loin des cafés. Mais peut-être les créations de Jacques Garcia, après avoir profondément renouvelé notre approche des cafés, avaient-elles besoin de lieux plus retirés, moins publics, pour exprimer pleinement leur volupté.

NOTE
1. « Des meubles luisants/ polis par les ans/ décoreraient notre chambre,/ les plus rares fleurs mêlant leurs odeurs/ aux vagues senteurs de l'ambre ». Baudelaire, « Invitation au voyage », *Les Fleurs du Mal, Spleen et Idéal*, LIII.

Les cafés de musées

Agnès Bos
Conservateur au musée national de la Renaissance

Xavier Dectot
Conservateur au musée national du Moyen Age – Thermes et Hôtel de Cluny

Au même titre que les grands magasins, les musées doivent faire face à un afflux de visiteurs désireux de voir énormément de choses et donc soumis aux contraintes d'une longue station debout et de la fatigue qui en procède. Le lieu de repos, dès lors que l'on dépasse une certaine superficie, y est donc indispensable et le café s'avère un lieu essentiel dans la conception d'un musée. Ce n'est pas pour cela qu'il a reçu une véritable attention des architectes, du moins à l'origine. En témoigne le cas de Beaubourg où, dans le lieu qui possède sans doute la plus belle vue de Paris, la terrasse du 5e étage, le café installé à l'ouverture, et qui y perdura jusqu'à la fin du XXe siècle, semblait avoir été agencé comme le buffet de la gare d'une bourgade de province, voire comme le restaurant administratif du ministère des Anciens Combattants. Un peu plus tard, le restaurant d'Orsay, pour avoir été élaboré avec un peu plus d'attention, n'en est pas moins quelconque et sans âme.

La rénovation de l'usine Louvre changea profondément les choses. Certes, la plupart des lieux pour se désaltérer et se restaurer sont d'un intérêt modeste (voire bien pire si l'on inclut dans ce panorama les espaces du Carrousel). Deux, cependant, témoignent d'une transformation profonde du rapport entre musée et café en ce milieu des années 1980. Tout d'abord, à l'intérieur du musée, le *Café Richelieu*. Conçu par Jean-Michel Wilmotte, le muséographe du Louvre, il est un compromis entre la puissance solennelle d'un espace datant de Napoléon III, aux hauts plafonds ornés de moulures et aux cheminées rehaussées d'ors et la froide modernité assumée de l'architecte et des deux comparses dont il s'est assuré l'aide pour ce café, Raynaud et Buren. Les chaises et tables aux formes géométriques et aux matériaux contrastés répondent au gris des murs dont le lambris classique est surmonté d'une frise d'œuvres, ajoutant une ligne structurante aux volumes.

Ouvert plus tard, en 1994, le *Café Marly*, aux portes du musée, face à la pyramide, géré, une fois de plus, par les inévitables aveyronnais de la famille Costes, relève d'une esthétique totalement différente. Comme Jacques Garcia, Olivier Gagnère, qui le conçut avec Yves Taralon, fonde son style sur la réinterprétation de ceux des époques passées, mais là où Garcia privilégie les périodes riches, chargées, Gagnère, qui se définit comme un néo-classique, préfèrera des époques plus sobres. Ainsi, à l'en croire, s'est-il inspiré de la villa des Mystères de Pompéi pour créer l'ambiance du *Café Marly*. Il vient souligner, au même titre que le tout proche *Ruc*, combien le maître mot de l'aménagement des cafés dans les années 1990 semble être la réaffirmation de la valeur décorative du luxe.

Le même souci de réhabilitation du luxe domine une autre réalisation des frères Costes dans un équipement culturel. Le *Café de la Musique*, installé non pas dans, mais à proximité immédiate de la Cité de la Musique, fut confié à Elizabeth de Portzamparc. Celle-ci, cependant, se place dans une optique quelque peu plus moderniste que celles de Gagnère ou de Garcia. Les grands dossiers des fauteuils, taillés dans une seule pièce de bois se prolongeant jusqu'au pied, viennent répondre aux jeux de courbes et de contrecourbes des murs, tandis que les bras asymétriques des fauteuils renforcent le caractère intimiste, privatif, des espaces qui les accueillent, soulignant l'aspect apaisant de cette réinterprétation du piano-bar. Enfin, le long bar avec ses grands tabourets aux lourds pieds de bois vient souligner, par sa linéarité, le caractère extrêmement souple du reste de la réalisation.

Le dernier né des grands cafés de musées appartient, une fois encore, à l'empire Costes. Le *Georges*, sur la terrasse de Beaubourg, est venu enfin donner à cet espace un aménagement à sa hauteur, confié à Dominique Jakob et Brendan MacFarlane. Comme l'*Etienne Marcel*, qu'il précède de quelques mois, le *Georges* réaffirme la place du plastique et du métal, mais avec une approche plus froide, plus industrielle. La dure géométrie des larges fauteuils au dossier surbaissé et des tables est atténuée par les grandes grottes de couleurs, aux formes courbes et adoucies, qui viennent se tendre comme un intermédiaire entre les consommateurs et les armatures apparentes de la construction de Renzo Piano et Richard Rogers. La juxtaposition de ces trois dimensions aux caractéristiques apparemment opposées crée un espace feutré et agréable, réhabilitant l'intimité sans dénaturer le vaste espace plan de l'architecture d'origine.

Certaines tables du Café Marly *donnent directement sur les salles de sculpture du Louvre*

Immortalisés par le photographe Bruno Stevens, les décors en néons des plafonds de cafés des années 60/80 sont aujourd'hui oubliés et remplacés par de petits abat-jour diffusant une lumière plus tamisée. Une mode chasse l'autre…

Des cafés et des hommes

Les Auvergnats de Paris

Marc Tardieu
Ecrivain

Aligot, viande de l'Aubrac, Cantal, autant de noms inscrits sur les cartes des brasseries qui ne trompent pas. Que le patron ait, de surcroît, un de ces accents mi-chantants caractéristiques du sud du Massif central et ça y est, vous y êtes ! Sans avoir quitté Paris, dans l'affluence d'un comptoir enfumé, vous pouvez respirer un peu de cet air d'Auvergne qui souffle depuis plus d'un siècle sur les bistrots de la capitale.

Dès le XVIIIe siècle, Louis-Sébastien Mercier, dans ses *Tableaux de Paris*, remarquait la présence bien visible des Auvergnats – alors surnommés les charabias par référence à leur patois incompréhensible et leur tendance, disait-on, à transformer assez systématiquement les *s* en *ch*. Ces gaillards solides, souvent groupés dans le quartier de la Bastille, exerçaient alors les métiers de porteur d'eau et de ferrailleur. Un classique parisien de l'époque : les Savoyards étaient ramoneurs, les Lyonnais marchands de fil et les Auvergnats…

Rien ne change vraiment dans la première moitié du XIXe siècle. On martèle toujours la ferraille du côté de la Roquette, tandis qu'un peu partout, dans les rues, des silhouettes familières font la queue aux fontaines Wallace pour remplir leurs seaux d'eau. Mais voici le Second Empire, l'apparition des Grands Boulevards sous l'égide d'Haussmann avec, en prime, dans ses nouveaux immeubles qui dressent leur tête fière au-dessus des masures insalubres d'autrefois, cette petite pancarte qui en dit long sur le progrès : « Eau et gaz à tous les étages ». Plus besoin de porteurs d'eau, donc, et tant pis pour les fouchtras – c'est ainsi que l'on nomme désormais péjorativement tous ces miséreux descendus de leur montagne du Centre pour se perdre dans une ville hostile.

Fort heureusement, les épaules robustes ne resteront pas longtemps sans rien porter. Dès le milieu des années 1880, apparaît dans le dictionnaire ce mot curieux « bougnat », d'autant plus adopté qu'il rime à la perfection avec « Auvergnat ». Bougnat, marchand de charbon. Un mot d'origine occitane selon certains – qui se trompent tout de même lorsqu'ils prétendent qu'il viendrait du patois *Charbougna* dont on ne trouve nulle trace dans les dictionnaires occitans. Autre hypothèse : nos marchands de charbon allaient par les rues en entonnant leur éternelle rengaine « Charbon y a, charbon y a ! ». Ce qui, par déformation et l'accent aidant, nous mène tout droit à notre cher bougnat.

Du petit combustible noir au bistrot, le chemin est encore long. Il semble qu'en cette fin de siècle – le XIXe – les belles façades historiques du *Procope* et autres établissements notoires regardent encore passer avec quelque mépris ces êtres éternellement sales, noirs comme le contenu de leur sac en toile de jute. Mais l'évolution vient du fait que ces messieurs prennent épouse, le plus souvent dans leur région natale, lesquelles ne tardent pas à envoyer leurs petits enfants en nourrice au « Pays » pour aider le mari à tenir son commerce. La femme, donc, note scrupuleusement sur un carnet les commandes de charbon des clients et des conversations s'engagent. Les clients traînent un peu, évoquent le quartier, demandent des renseignements, en fournissent eux-mêmes, certains se lancent dans d'affreux commérages qu'il faut supporter sans broncher. « Mais attendez ! vous n'allez pas rester debout comme ça, tenez ! je vais vous installer une table, une chaise et vous boirez bien quelque chose, non ? Un bon verre de vin, un canon ! ». La bougnate se fait accueillante et une foule dense se presse chez elle, non plus seulement pour commander le charbon, mais aussi pour le vin, un petit vin bien ordinaire, une piquette, dirait-on aujourd'hui. Les années passant, les mains auvergnates se font de plus en plus blanches. Certes, la tradition du bougnat se poursuivra à grande échelle jusque dans les années 1960 et l'on peut même en retrouver encore quelques-uns aujourd'hui – les derniers des Mohicans, en somme. Mais dès le début du XXe siècle, des

Une devanture typique des « cafés charbons », au 109, rue Cardinet en 1898

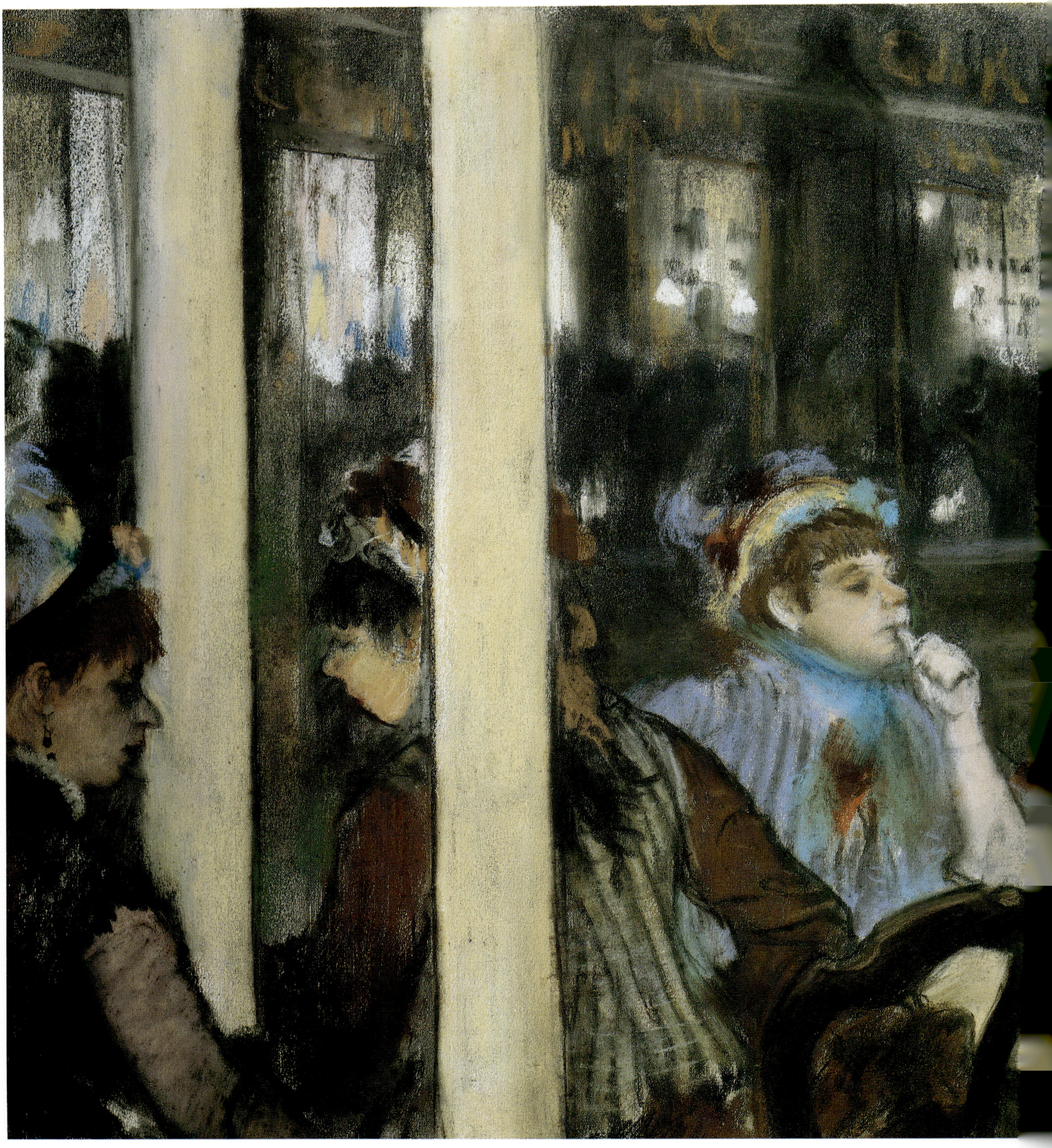

Dans Femmes à la terrasse *d'un café,*
Degas met en scène la clientèle
féminine au café
pendant la deuxième moitié
du XIXe siècle

enseignes s'affichent, fières, triomphantes sur les grandes avenues. Cent ans plus tôt, le gars du Pays qui avait réussi dans la capitale s'appelait Lambert ou Chassan. Il était porteur d'eau et revenait au bout de quelques décennies, assez riche pour se faire construire une maison. Lambert s'appelle désormais Cazes. Et sa gloire tient en deux mots qui ont acquis une réputation internationale : « Brasserie Lipp ». Pas mal tout de même pour un p'tit gars monté à Paris avec trois sous en poche et qui avait fait ses débuts comme livreur de bains. Il allait d'immeuble en immeuble, au gré des commandes, la baignoire en cuivre accrochée au dos par deux courroies solides. Un seau d'eau tiède, un seau d'eau froide, qu'il allait chercher dans les cours et voilà le client – ou le plus souvent la cliente – servi. Le livreur de bains n'a plus qu'à attendre sur le palier que Monsieur ou Madame en ait terminé avec les petites bulles de savon. Ce qui lui laisse tout de même assez de temps pour réfléchir à ce que pourrait être son destin futur.

On finit par ressembler à ceux que l'on sert. Principe bien connu. A force de livrer le bain aux bourgeois, Marcelin Cazes en arrive à s'imaginer lui-même dans les tenues les plus élégantes. Il devient gérant d'un bistrot, travaille tant et si bien, 7 jours sur 7, presque 24 h sur 24, qu'il double sa mise initiale. En route vers le succès. Pour finir, il traite même avec députés et ministres, écrivains et artistes. Il a repris à l'Alsacien Lippman sa petite brasserie de Saint-Germain des Prés. Il supprime le billard à l'étage pour y ajouter de nouvelles tables, agrandit son établissement sur l'immeuble voisin, obtient le droit d'ouvrir une terrasse. La *Brasserie Lipp* devient dans l'Entre-deux-guerres un lieu de rendez-vous du Tout-Paris où, selon la formule de Léon-Paul Fargue, on peut obtenir, le temps d'un demi, toutes les informations désirées sur la vie de la capitale.

Marcelin Cazes fait des émules. Voici qu'en face s'installe, en cette fin des années 1930, Boubal, qui va faire la gloire du *Flore*. Son secret ? Le poêle à charbon. Normal pour un Auvergnat, ancien bougnat, comme il se doit. Dans ses *Mémoires,* Simone de Beauvoir ne s'en cache pas. Pourquoi a-t-elle fréquenté *Le Flore* pendant la guerre ? A cause de – ou plutôt grâce au poêle à charbon. Et qui dit Simone de Beauvoir dit Sartre, qui dit Sartre dira bientôt toute une cour avec suffisamment d'espace, toutefois, pour permettre à d'autres cours de s'installer non loin. En ce temps-là, derrière la vitrine du *Flore*, on pouvait voir la même chose qu'aujourd'hui derrière son écran de télévision : Gregory Peck ou Picasso, Brigitte Bardot, Juliette Gréco. Voilà pour la légende ! Quant à l'explication officielle, elle va aussi de soi : si ces patrons de bistrot se sont enrichis à ce point, c'est tout simplement qu'ils ont travaillé plus que les autres. Et ce sens de l'accueil ! Et ce goût marqué pour l'économie – un sou est un sou – dont d'autres se moquent parfois mais enfin, à l'arrivée, la différence est claire. Ainsi Marcelin Cazes, l'ancien gardien de vaches des burons de l'Aubrac, triomphant dans sa *Brasserie Lipp*, finit-il par secourir le poète parisien, fils de bonne famille ruiné, Léon-Paul Fargue. N'est-ce pas une variante de la cigale et la fourmi, version auvergnate ?

Le succès des Auvergnats dans le bistrot n'est pas qu'affaire de travail et de courage. Le succès s'organise. Il se prépare même dès le départ, au village. Officiellement, on arrive à Paris avec juste une valise et quelques sous en poche. Rien d'autre à déclarer ? Si, tout de même, ce papier au fond de la poche, cette adresse qui fait toute la différence. Celui qui « monte » a toujours un travail en vue, proposé par un frère ou un cousin exilé avant lui, voire un voisin, un cousin du voisin. Solidarité familiale, villageoise, bientôt régionale.

Bref retour au Pays. Perdu dans le fin fond du Carladès, pointe nord du département de l'Aveyron qui dépose sa pique sur le flanc du Cantal, non loin de la préfecture Aurillac, une petite bourgade haut perchée, jolie sans doute comme beaucoup de villages mais sans éclat exceptionnel. Pourtant, de cet endroit, de ce canton de Mur-de-Barrez, jailliront un élan de solidarité et un goût de la réussite qui vont éclabousser une région entière. Tafanel, Richard, Bertrand, Ladoux, elles sont originaires de là, les grandes familles qui fournissent les boissons aux bistrots. Certains vont se spécialiser dans le vin, s'installer à Bercy à la place des Bourguignons qui leur vendent leurs fonds. D'autres sauront saisir l'opportunité née de l'avènement du percolateur dans les années 1930 pour se lancer dans le café, un breuvage de plus en plus prisé. Et, bien sûr, plus le client se fera amateur de bière, plus il se trouvera d'Auvergnats prompts à répondre à ses désirs. Ce sont donc ces grandes familles de grossistes qui feront entrer les gens du Pays dans le métier. Question de confiance. Quand on est né dans le même village, que l'on a goûté au même patois, il est plus facile de faire affaire ensemble. Entre « pays », on se comprend. Mêmes désirs, même approche des choses, mêmes sous-entendus dans la conversation. De l'extérieur, certains, ricanant, parleront de « mafia ». A l'évidence, ces Auvergnats qui négocient entre eux fonctionnent par pots de vin et dessous-de-table interposés. Ils ne déclarent pas tout à l'Etat. Une partie de leur argent prend le chemin des banques, l'autre reste sous l'oreiller ou s'en va dormir chez des banquiers… officieux. C'est ainsi que les grossistes vont devenir à la fois les marchands de fonds et les banquiers d'une communauté. Dans leur tournée des bistrots, ils apprennent qui veut vendre et qui veut acheter. A quel prix. Ils connaissent aussi la valeur des uns et des autres, qui est honnête et qui ne l'est pas. Celui-là, que l'on découvre ivre derrière son comptoir à chaque livraison, ne tiendra pas longtemps. Mais l'autre, là-bas, il a le feu sacré, travaille comme quatre, sourit comme toute une salle de spectacle devant une comédie, et des dents longues, longues… Alors, oui, il se trouvera bien un fournisseur pour lui indiquer un établissement plus grand, à hauteur de son ambition, et pour lui prêter l'argent nécessaire à l'achat, sous le manteau, ni vu, ni connu. En échange de quoi le patron de bistrot, reconnaissant, s'engage naturellement à ne passer commande que chez son grossiste-bienfaiteur-et-néanmoins-compatriote. Mais aujourd'hui les choses ont évolué. La parole donnée n'est plus ce qu'elle était, disent souvent les anciens d'un air entendu. Des contrats sont signés, tout est mis noir sur blanc, déclaré, officiel. Pour le prêt, on prend plus volontiers le chemin de la banque. Des marchands de fonds se sont vu reprocher d'avoir trop gonflé le prix des affaires dans les années 1980-1990. Et les bistrots ne sont

Famille d'Auvergnats devant son établissement en 1910

plus l'apanage des seuls Auvergnats. Ils sont certes encore nombreux dans le métier – moins de la moitié, pourtant, ils ont perdu cette majorité qui fait loi en démocratie. Heineken et d'autres s'en mêlent, engloutissent dans de grands ensembles internationaux anonymes, cotés en bourse, les anciennes dynasties auvergnates, désormais moins influentes, un peu moins reines du zinc.

Rassurons-nous quand même ! Si les familles du Massif Central ont souvent cédé les petits bistrots de quartier, elles gardent toujours, à l'évidence, le haut du pavé. *Le Flore* a été perdu – en partie seulement car la famille Boubal, qui a vendu le fonds, reste propriétaire des murs – mais *Lipp*, le *Bonaparte* et bien d'autres établissements notoires restent entre des mains connues. Allez donc vous promener du côté des Tuileries ! Trois fois sur quatre, vous trouverez un gars du Cantal derrière le comptoir. Avec la Maison de l'Auvergne et le siège du journal *L'Auvergnat de Paris* à deux pas, on pourrait se croire dans une sorte de « Petite Auvergne », si le quartier, très touristique, n'était si naturellement international. Mais peut-être est-ce là encore un signe. Les Auvergnats ont su se fondre dans le paysage. Ils n'ont plus leur quartier, leur « ghetto », comme autrefois à la Bastille. Et c'est d'eux-mêmes, finalement, qu'ils ont souvent abandonné le bistrot, leur « fief professionnel », pour s'orienter vers d'autres métiers.

Pétronille et Léonard Lippman devant la Brasserie des Bords du Rhin

La serveuse de bocks de Manet illustre la présence de la femme au café : après avoir été réduite au seul rôle de dame de comptoir, la femme prit une place grandissante au XIXe siècle

Auvergnats ? Non, Aveyronnais !

Marc Tardieu
Ecrivain

« Ce département – l'Aveyron – qui ne dédaigne pas de porter encore le nom de l'ancienne province qu'il fut, le Rouergue, compte plus d'enfants dans la capitale (environ 1/4 de million) que sur son propre territoire, entre Saint-Affrique et Laguiole, Decazeville et Millau. Ce sont eux que les Parigots, qui englobent dans la même ignorance hautaine tout ce qui s'étend au-delà des boulevards de ceinture, baptisèrent jadis « bougnats » et assimilèrent aux Auvergnats, ce qui équivaut à confondre les Danois et les Suédois, les Turcs et les Grecs, les Chiliens et les Argentins, les Vietnamiens et les Cambdogiens. Même originaire du nord du département, l'Aveyronnais est méridional, alors que l'Auvergnat est auvergnat ».
Philippe Meyer

L'Aveyron, un département grand comme plusieurs autres, avec une ambition régionale, des paysages auvergnats au Nord, un air de midi coloré vers le Sud, plaines et montagnes, vallées, un vrai pays en soi. Le Rouergue. Des burons de l'Aubrac aux mines de Decazeville, des gorges de la Truyère aux tanneries de cuir de Millau, du Larzac à Villefranche, l'Aveyronnais se reconnaît dans ce mot « Rouergue ». Seulement voilà ! Emigré à Paris, au cœur d'une grande ville dont les êtres sont d'origines multiples, chacun se réclamant de son village, de son clocher particulier, il doit bien accepter de se fondre dans une identité plus large. Le Parisien classe les populations en grandes catégories, refait à sa façon l'histoire et la géographie. Et voici donc le Rouergat baptisé Auvergnat puisqu'il partage avec les Cantaliens le monde du café. A vrai dire, les Aveyronnais montés à Paris à la fin du XIXe siècle voyaient souvent peu d'inconvénients à cet amalgame. Généralement nés dans le nord de leur département, à défaut d'être strictement auvergnats, ils se sentaient au moins beaucoup d'affinités avec les natifs de cette région. Aussi acceptèrent-ils de grouper leurs amicales au sein de la Ligue Auvergnate, organisée par l'Aurillacois Louis Bonnet. Mais l'émigration s'étend ensuite au centre et au sud du département. Elle s'accompagne d'un esprit de solidarité sans équivalent en France : plus de 80 amicales à Paris et la fondation de l'*Oustal,* grand immeuble de sept étages à deux pas de Bercy, avec de grands salons pour les amicales, des studios pour héberger les jeunes fraîchement arrivés dans la capitale, le tout financé par des fonds privés, entreprises et particuliers. Alors, oui, les Aveyronnais tendent à faire bande à part. Non seulement la géographie officielle situe leur département dans la région Midi-Pyrénées – et tant pis si cette dénomination peut paraître absurde lorsqu'on est de Laguiole ou de Mur-de-Barrez, en plein Massif Central – mais en plus ils sont nettement plus nombreux que les Cantaliens et les Lozériens réunis dans le monde des bistrots. D'où, alors, une tendance de plus en plus marquée à affirmer que l'on a décidément tort d'associer le bistrot à l'Auvergne. Non, il s'agit en fait avant tout de l'affaire des Aveyronnais de Paris.

Tout cela reste finalement encore complexe et question de sensibilité personnelle. On pourrait en conclure que, par tradition, les Aveyronnais sont assimilés aux Auvergnats, surtout lorsqu'ils travaillent dans le café, mais que l'avenir semble plutôt à la dissociation.

19, rue de Lappe en 1920

Fursy, cabaretier de la Butte

Thierry Cazaux
Président de 9e Histoire, société d'histoire du 9e arrondissement

« Montmartre est le cerveau du monde », voici ce que disait Rodolphe Salis, le premier et probablement le plus grand des cabaretiers de la Butte en cette fin du XIXe siècle. La fête montmartroise se tenait à l'époque principalement sur les boulevards entre Blanche et Anvers, et dans les rues alentour, plutôt au sud du côté du 9e arrondissement. Entre 1890 et 1915, les cabarets furent légion, certains n'ouvraient que pour une saison avant de fermer ou d'être repris. Derrière chaque établissement, il y avait toujours un homme ou une petite équipe. Ces patrons souvent médiatiques, comme peuvent l'être ceux des boîtes de nuit à la mode à notre époque, étaient des figures du Tout-Paris. On parlait d'eux dans les journaux, leurs fantaisies et leurs parodies étaient autant admirées que craintes par la bourgeoisie et les partitions de leurs chansons étaient vendues en grand nombre pour être reprises en chœur dans les familles autour du piano. Deux de ces personnalités ont traversé le temps et demeurent encore connues : Rodolphe Salis, le précurseur, l'homme dont l'affiche du *Chat noir* par Steinlen est toujours un best-seller des souvenirs montmartrois, et Aristide Bruant, dont la popularité actuelle doit plus à l'affiche qu'en fit Toulouse-Lautrec qu'au souvenir de ses chansons restées cependant pour certaines populaires. Tous les autres, ou presque, sont tombés dans l'oubli. Certes les ouvrages spécialisés sur le Montmartre du plaisir et de la fête mentionnent souvent Maxime Lisbonne, sa *Taverne du Bagne*, son *Cabaret des Concierges* ou sa *Taverne des Contributions Directes*, ainsi que Zidler et son *Moulin-Rouge*, ou Fursy et sa *Boîte à Fursy*. Ce dernier, justement, peu connu en dehors des cercles de spécialistes, eut cependant une carrière remarquable et mérite qu'on le sorte de l'oubli où il était tombé.

Fursy, est né Henri Dreyfus en 1866, dans une famille modeste, son père était chef de service au *Journal Officiel*. Atavisme familial pour s'occuper des hommes politiques, même si le père les servit alors que le fils s'en moqua.
Il débuta sa vie professionnelle comme commis chez un marchand de drap place des Victoires, la maison Manceaux. Puis il rentra au service des titres de la Banque nationale et rejoignit comme comptable la maison Chevet (traiteur) au Palais-Royal. Ensuite il rallia une droguerie en gros aux Halles dont il fut renvoyé après un conflit avec le patron, et « c'est ici qu'intervint la Providence ». En effet, alors qu'il cherchait un nouvel emploi, Henri Dreyfus rencontra dans la rue un ancien collègue de la Banque nationale qui lui proposa de le présenter à M. Lalou, le directeur du journal *La France*, le plus important journal du soir de cette époque dont il devint le comptable puis le secrétaire particulier. Grâce à cette position, au départ purement administrative, il se lia avec les journalistes de la rédaction. Ce premier pied dans le monde de la presse lui permit de rejoindre le *National* comme rédacteur parlementaire. A partir de ce moment, le futur Fursy ne devait plus quitter le monde politique. La France vivait alors son épisode « Boulangiste » et Fursy écrivit sa première chanson d'actualité : *La Locomotive du général*. Il poursuivit sa carrière de rédacteur dans plusieurs quotidiens du matin ou du soir. Après son premier vrai succès de chansonnier, *Les Pianistes*, interprété par Mily Meyer, il devint Secrétaire général du *Ba-Ta-Clan*, café-concert alors tenu par le grand Paulus. Mais le grand tournant de sa vie fut son engagement à cinq francs par jour par Georges Tiercy, tenancier du *Carillon*, grâce à une chanson sur l'affaire de Panama, alors en pleine effervescence :

« On en parle tant qu'les enfants en naissant
Dis'nt Papa-nama, au lieu d'papa-maman !
Ah ! mes enfants ! »

Cet établissement, installé dans un petit hôtel particulier à l'angle de la rue de la Tour-d'Auvergne et de la cité Milton (Charles Godon), avait profité du déclin du *Chat noir* de Salis pour devenir un des lieux à la mode de Montmartre, et Fursy, grâce à la publicité qu'en fit dans le beau monde le comte de Valon membre du *Jockey-club*, en fut rapidement la vedette. En fait, Fursy n'avait pas réellement changé de métier : en devenant un spécialiste de la chanson d'actualité,

La rue Pigalle, dans le 9e arrondissement, montant vers Montmartre avec l'enseigne de la Boîte à Fursy *et la devanture du restaurant* Lajunie

il restait un journaliste politique, sauf que là, et contrairement aux lecteurs de ses chroniques, il voyait son public réagir. En revanche, il renouvela le genre des chansonniers en collant quotidiennement à l'actualité, produisant ainsi un nombre important de chansons.

Tiercy vendit son cabaret à Bertrand Millauvoye, auteur dramatique à succès, qui proposa à Fursy la direction artistique du *Carillon*. Mais ce dernier lui demanda un temps de réflexion ! En effet, pour un jeune chansonnier de 1895, quoi de plus formidable que de rejoindre l'équipe du *Chat noir* ? Rendez-vous fut pris avec Rodolphe Salis qui le reçut en audition entouré d'Henri Rivière, le peintre créateur du théâtre d'ombres et du poète Jean Goudezky. Mais l'affaire ne se fit pas. Salis, dont l'avarice était légendaire, refusa les dix francs que demandait Fursy, pour lui en proposer sept. Notre homme ne travailla jamais au *Chat noir* et devint le directeur artistique du *Carillon* en février 1895. Cela dura peu, puisqu'en juillet de la même année Fursy s'associa avec Georges Charton et Maurice Ropiquet et ouvrit le 12 octobre le *Tréteau de Tabarin*. L'immeuble, ancien hôtel particulier de l'amiral Duperré rue Pigalle, presque à l'angle de la rue Victor-Massé, fut partagé entre ce nouveau cabaret au rez-de-chaussée et une salle au premier étage dont la concession fut proposée à un dénommé Lajunie qui y installa un café-restaurant. La salle du *Tabarin*, dans le style « rustico moyen-âgeux » avait l'aspect « d'une taverne s'ouvrant béante sur le coin du Pont-Neuf, où s'installaient jadis les Tréteaux du célèbre bateleur, parrain de la maison ». Le premier programme, orné d'un fronton dessiné par Henri Pille, comportait trois parties :
« 1° Aux Badauds, à-propos en vers de M. Jacques Redelsperger joué par M. Seigneur et Mlle Jane Hady.
2° Les chansonniers, Georges Charton, Henri Fursy, Théodore Botrel dans leurs œuvres.
3° Paris sur le pont, revue Tabarinique en vers de M. Georges Docquois, jouée par M. Fernand Depas, M. Seigneur, Mlle Blanche Querette et Mlle Lucette Bert ».
Le succès fut au rendez-vous et le *Tréteau de Tabarin* devint l'endroit où il fallait aller. Dans le même temps, le restaurant Lajunie s'était agrandi dans les maisons mitoyennes et devint le premier restaurant de nuit à Montmartre, genre qui, depuis, n'a cessé de fleurir. Les deux établissements, sans se faire concurrence, profitaient mutuellement de leur succès.
Les artistes engagés par Fursy qui firent la célébrité du *Tréteau de Tabarin* furent nombreux. Ils sont cependant souvent tombés dans l'oubli. Ce n'est pas le cas d'une jeune débutante, Mistinguett qui, le 17 juillet 1897 et les soirs suivants, participa à la revue *Ah ! Pudeur !*, dans laquelle elle dansait affublée d'un immense chapeau sur le rebord duquel s'inscrivait en lettres pailletées : « Jardin de Paris ».
Le succès de Fursy fut tel à cette époque, qu'en plus de la direction et des tournées en province de son établissement, il était régulièrement invité à se donner en représentation dans les soirées de la haute société. Fursy anima ainsi les salons du baron Alphonse de Rothschild, de Boni de Castellane dans son célèbre Palais rose de l'avenue du Bois, de Mme Dollfus, du prince Murat, du comte Greffulhe et de M. Nagelmackers, le fondateur de la Société des Wagons-lits. Le succès était tel qu'une richissime anglaise, Mrs. Bischoffsheim qui s'était mis en tête de transporter chez elle le *Tréteau de Tabarin*, fit reconstituer à l'identique la salle de la rue Pigalle dans son jardin de Londres pour une soirée.

Portrait d'un amuseur public : Fursy, né Henri Dreyfus

Cependant, à l'automne 1899, les relations entre Fursy et son associé Ropiquet s'assombrirent et le 17 novembre, ils se séparèrent. Le lendemain, Fursy avait signé le bail de reprise des locaux du *Chat noir*, 12, rue Victor-Massé, fermé depuis deux ans. C'est ainsi qu'après un passage de quelques semaines au *Grand Guignol*, qui lui permit de faire savoir qu'il avait quitté le *Tréteau*, il inaugura le 22 décembre 1899 à 21 h 30 la *Boîte à Fursy*.

Le décor de l'ancien cabaret de Salis avait été refait et la grande salle reproduisait la place d'un village avec ses commerces. Le clou de cette soirée inaugurale avec Odette Dulac et Théodore Botrel fut la représentation de *Robinson n'a pas cru Zoé*, opérette en trois petits actes, ainsi qu'un à-propos intitulé *Montmartre est mort* !

L'affiche pour un spectacle de la Boîte à Fursy *« Vive la grève ! »*

Peu de temps après, le 16 avril 1900, l'Exposition universelle ouvrit ses portes, attirant à Paris une cohorte de provinciaux et d'étrangers qui tous voulaient découvrir Montmartre et ses plaisirs et permirent à la *Boîte à Fursy* de faire salle comble chaque soir.

Ropiquet, furieux du départ de son meilleur élément avec une grande partie de la clientèle poursuivit son ancien associé devant les tribunaux. Mais ce qui devait arriver arriva ! Le *Tréteau de Tabarin* sans Fursy n'arriva pas à trouver son public et Ropiquet déposa son bilan. Lajunie, le restaurateur situé au-dessus, récupéra alors le bail et offrit à Fursy de reprendre le cabaret. C'est ainsi que la *Boîte à Fursy* se déplaça dans la rue Victor-Massé. Le succès fut à nouveau au rendez-vous. Le Tout-Paris et les princes d'Europe se retrouvaient autour du chansonnier qui chaque soir jouait « les soupapes de sûreté du gouvernement » en se moquant des hommes politiques. Cette gloire poussa la troupe de la *Boîte* à partir pour une grande tournée en Europe et autour de la Méditerranée en 1904 et en 1906.

En 1904, le restaurateur Lajunie, qui avait fait fortune, acquit le très grand local à l'angle de la rue Victor-Massé, mitoyen de la *Boîte à Fursy* et de son établissement. En association avec le chef d'orchestre et compositeur Auguste Bosc, il entreprit d'ouvrir un bal public et fit édifier un étonnant bâtiment à la façade Art Nouveau flanquée d'un immense vitrail. La vaste salle, également Art Nouveau, était ornée de fresques d'Adolphe Willette. Le nouveau *Bal Tabarin* et la *Boîte à Fursy* devinrent les lieux les plus courus de Montmartre, et donc du monde. En 1909, dans la lancée de sa gloire, Fursy acheta le *Scala*, un ancien café-concert réputé. Il ambitionnait d'y faire revenir une chanson fine et intelligente, avant de se lancer dans la production de revues et d'opérettes à grand spectacle. Mais il eut moins de chance dans cette entreprise qui lui coûta beaucoup d'argent. C'est avec la Première Guerre mondiale que Fursy céda cette activité.

Après le conflit, Fursy continua à animer les soirées de sa boîte : *Chez Fursy et Mauricet*, où, accompagné d'un piano, il interprétait ses chansons d'actualité. Mais le monde avait changé. La mode des cabarets montmartrois, tels qu'ils avaient été conçus à la fin du siècle précédent, était passée. Une nuit parisienne rénovée voyait le jour sous l'influence de la musique américaine. Les Années folles prirent la suite de la Belle Epoque et une ère nouvelle s'ouvrit sur les pentes de la butte Montmartre.

Coups durs dans les bars

Claude Dubois
Historien et chroniqueur de Paris

A la veille de la Révolution, dans son *Tableau de Paris*, Louis-Sébastien Mercier donne une peinture expressive des « cabarets borgnes – autrement dits *tavernes* ». Les habitués, des « pendards », des « gueux », ont une « franchise qui mérite d'être observée ». « A la moindre contradiction, le visage de telle femme se tuméfiait », Mercier entre dans le vif du sujet, signe qu'on était nature dans les tavernes. Précisément : « Une rixe s'étant élevée, et une femme ayant pris au collet un homme et le secouant vigoureusement, son voisin calma tout à coup sa colère en lui disant : 'Assieds-toi, c'est une femme qui parle' ». Son caractère emporté, violent n'a jamais empêché « la lie du peuple » d'avoir esprit et manières. Vers 1980, deux siècles plus tard, dans un bar du milieu, aujourd'hui disparu, 47, rue Basfroi, près de la place Voltaire, j'ai encore entendu un vieux voyou préciser : « Nous, on n'a pas d'instruc', mais on a de l'éduc' ». Un bar du milieu ? Rien de plus qu'un bistrot qui, le midi, accueillait les gens du petit peuple et, le soir, des personnages qui, eux, *carburaient* exclusivement au champagne.

Pour en rester à l'éduc', c'est un manque de correction qui, à la même époque, avait obligé Robert Lageat, alias des Halles ou de la Butte aux Radis, le taulier du *Balajo*, à réagir, un samedi soir qu'il pénétrait dans son propre établissement, 9, rue de Lappe, à la Bastille. Robert avait passé les 70 printemps, mais il gardait de beaux restes du boxeur et catcheur professionnel qu'il avait été Avant-guerre... Le *Balajo* était plein : « Avec ma haute taille, personne m'a r'marqué, souriait Robert... sauf un grand lascar qui m' frime en biais. 'Qu'est-ce t'as, hé, vieux con ? i' m' fait. I' m'aurait dit jeune con, j'aurais pas rendu. Mais là, 'vieux con', j'ai posé mes lunettes de vieux con sur l'comptoir et bing ! crochet du gauche et bang ! crochet du droit, 'p'tit homme, il est temps de faire dodo' !... ».

Lageat l'affirmait : il avait été un « homme de combat ». Dans *Des Halles au Balajo*[1], ses souvenirs de batailles sont infinis. « Bordurier du milieu », ainsi qu'il se définissait, à la lisière, la Butte aux Radis illustrait on ne peut mieux le Paris populaire mâtiné voyou. Dans son livre, il montre bien comment, aux Halles, où il avait travaillé dès 1925 à l'âge de 11 ans, il lui avait fallu se faire respecter, essayer. Etudiant « la culture populaire au XVIIIe siècle »[2], Daniel Roche écrit dans sa conclusion: « La vie ordinaire du peuple est faite de cette aptitude à la brutalité voire à la fureur [...] Ces rixes confèrent au cabaret une forte part de son caractère de

A la sortie d'un tripot, quelques clients éméchés témoignent de la violence liée à l'alcoolisme

mauvais lieu, l'important c'est qu'elles sont partie intégrante d'un mode de relations habituelles et caractéristiques dans le comportement populaire. Elles prouvent la permanence de la violence et des prestiges de la force ». Avec son langage percutant, Robert Lageat expliquait que la « bonne petite brute » qu'il avait été jeune, avait continuellement eu à « prouver ». Autrement dit à montrer le plus vite et le plus souvent possible qu'il était un homme. Comment ? Par la violence, on en revient à Roche, et en employant la force. « Aux Halles, j'en ai eu marre de prendre des trempes, alors j'ai appris à boxer... ».

Tous ceux qui se sont battus dans les bistrots n'étaient pas des « ingénieurs du coup de poing dans la gueule », pour citer un autre de mes bons amis, agrégé en la matière : Gégé le Catcheur. Jadis, les logements étaient petits, sans confort, souvent des taudis, les gens fréquentaient le café d'en-bas, chaleureux, comme familial – je pense à l'atmosphère de l'estaminet d'*Hôtel du Nord*, le film de Marcel Carné. Au comptoir on buvait, on se saoulait. Un mot risquait toujours d'être pris de travers. Me penchant sur le passé du quartier de la Bastille[3], j'ai été frappé par le nombre de meurtres après ou pendant boire, à la fin du XIXe siècle, début du XXe. Deux ouvriers sont accoudés, les verres succèdent aux verres, un rien et tout dégénère. L'un a un marteau sur lui, il en flanque un coup sur la tête de son *poteau*, il le tue. On a beau être là dans un cas d'inconscience extrême dû à l'alcool, sinon à l'alcoolisme, la logique du meurtrier a été – de quelle manière ! – à toute force d'affirmer sa supériorité. Dans les bistrots, on *se la fait coquette* et parfois *crapuleuse*, on parle, on s'amuse, mais attention, chacun tient à son honneur. « A toute force » chacun est prêt à le défendre, l'expression dit bien ce qu'elle veut dire.

De façon certaine, le duel, apanage de la noblesse, était le comble du raffinement social. « Monsieur, souffrez que je vous envoie mes témoins », la violence était retenue, différée jusqu'à l'instant crucial de la réparation sur le pré. Une fois encore, le langage populaire traduit bien la rapidité à passer à l'action de ceux dont l'amour-propre leur interdit de *se laisser monter sur les pieds* : « J' lui ai rentré d'dans! » Cette fois-là, chez Dédé la Frite, aux Halles, le toujours même Robert Lageat a pris la peine de sortir... Au comptoir, un malveillant s'était soudain adressé à lui : « I' fait chaud ici, non ? » Traduction : le gars avait envie de *se la donner* – la grêle, la tabassée, la trempe –, mais dehors, on va comprendre pourquoi. Au moment où il franchit la porte du troquet, immédiatement Robert lui balance une praline. « Celui qui veut s' taper, doit y aller d'autor'. I' vaut mieux patater l'premier ! ». Certes, mais devant chez la Frite, d'autres malveillants attendaient Robert... Heureusement qu'au bout de quelques instants – une éternité dans une bagarre – Félix Miquet, l'ami avec qui Robert pictait chez Dédé, s'est rendu compte qu'à l'extérieur ça castagnait. En ces années 1950, grande vedette du Vél' d'Hiv', Félix Miquet, 1,90 m, 150 kg, était champion du monde de catch poids lourds. « Ah! mon pote, Robert se souvenait, Miquet s'est invité dans la danse, les rombiers ont valsé, volé dans les airs... ».

Dans la société ou à l'intérieur du peuple, le milieu est un Etat dans l'Etat. Par définition, ses hommes se veulent affranchis de certaines règles communes. De leur point de vue, la violence, même aveugle, est partie intégrante de ces lois dont Vidocq remarque au début du XVIIIe siècle qu'elles « ne sont écrites nulle part » mais connues de tous[4]. Leur transgression appelle la violence, orale et physique si nécessaire, l'heure est alors aux règlements de comptes. Le 17 décembre 1938, à 23 h, la raison de l'assassinat de Louis Verrecchia, en pleine *Rotonde*, la brasserie du 17, rue de la Roquette, est que le Grand Louis a mal agi. Il a profité de sa réputation de marchand de viande – placeur de femmes dans les maisons closes – pour subtiliser sa gagneuse à Victor Généraud, alias Jean le Frisé et encore Gen-Rau de son nom d'accordéoniste. Pire, quelques jours auparavant, il a donné un coup de couteau au musicien-maquereau venu demander des explications. Au lieu de *rengracier* devant plus fort, le 17 décembre, en compagnie d'un acolyte, le Frisé fait irruption à *La Rotonde* et de rif *met sept balles de 7,65 dans le corps* du Grand Louis... J'ignore comment l'avocat de Généraud, condamné le 14 décembre 1940 à quinze ans de travaux forcés, a conduit la défense de son client mais, du point de vue du Frisé, son geste mûrement réfléchi, fatal, avait une signification. Généraud avait prouvé. Il était un homme capable de tuer pour défendre son bien, c'est-à-dire lui-même, son honneur. Etre et avoir ne font qu'un chez les *harengs* !

Des meurtres en état d'ivresse à l'assassinat du Grand Louis, en passant par les bagarres de Robert Lageat, il y a toute une gradation. A la limite, que la mort de Verrechia est advenue à *La Rotonde* est fortuit. Elle aurait pu se produire à l'entrée du cinéma où il s'apprêtait à se rendre. Fortuit, à cela près que le Grand Louis avait ses habitudes à *La Rotonde* – nouvelle illustration de l'importance du bistrot pour ceux du milieu. Son assassin était sûr de le trouver à cet endroit : pour le barbeau, le truand, le bar est le point de chute privilégié. « En réalité, j'étais un inadapté social, un peu fainéant, joueur, buveur, aimant le risque et les filles, un être attiré par la vie nocturne, les bars louches et les putes » : dans *L'Instinct de mort*, Jacques Mesrine est lucide. Nombre d'épisodes de sa vie dangereuse ont eu le bar pour cadre. Un peu comme sur les planches d'un théâtre, dans un rade le voyou montre qui il est. Il *éclaire* autant qu'il *allume* : il paie des tournées et se bat, si besoin est. Rue de la Montagne Sainte-Geneviève, dans « un petit bar de truands » – au 36, je pense –, Mesrine passe ses nuits à jouer au poker. Il est *enfouraillé* : son calibre 45 lui fait acquérir du « prestige auprès des femmes » qui y fréquentent. De Jacques, il devient M. Jacques et la mère Lulu, la patronne, lui parle « avec un certain respect dans la voix ». C'est qu' « à plusieurs occasions, explique Mesrine, j'étais intervenu dans des bagarres pour défendre ses intérêts ». M. Jacques est chevaleresque : on ne s'en prend pas, d'abord à une femme, ensuite à quelqu'un qu'il apprécie et chez qui il a ses habitudes. Chez la vieille Lulu, Mesrine était chez lui, dans son territoire. La fréquentation assidue d'un *tapis* – de l'ancien *tapis franc*, taverne d'affranchis – crée des liens entre le client et le patron. Ou la patronne, ici pour Mesrine, ou dans le film de Jacques

Un samedi soir, quartier Mouffetard

Becker, *Touchez pas au grisbi*, pour Jean Gabin. Gabin, alias Max le Menteur, laisse de l'argent à Bouche, la taulière du café-restaurant où il casse la graine régulièrement, au cas où il aurait des ennuis et qu'il faudrait payer un avocat...

Mesrine ne s'étend pas sur ses bagarres de la Montagne Sainte-Geneviève. En revanche, plus tard, il explique comment, à la tête d'un établissement près de Compiègne, il doit faire régner l'ordre. Tentative de racket : « On boit mais on ne paie pas » et vite, la caisse ! Mesrine répond par des coups de nerf de bœuf puis menace la bande de son 38 spécial. « Ils ne savaient pas où ils mettaient les pieds », conclut Mesrine. De même au 47, rue Basfroi, mentionné plus haut. Le patron, l'Ami, avait reçu la visite d'un affidé d'un clan redouté à l'époque, celui des frères Zemour. L'Ami a vite pigé les sous-entendus du lascar en question. « Tu lui comptes la bouteille au maximum », il s'adresse haut et fort à sa serveuse. L'autre regimbe... alors l'Ami lui saisit la main et à même la paume, y écrase sa cigarette. « J' veux plus t' voir ici, t'as compris ? – Y aura un bain d' sang à la Bastille ! » a hurlé le gars... Il n'y a jamais rien eu, mais, pendant quelque temps, l'Ami avait demandé à quelques *moelleux* d'être présents au 47.

« Vous n'y viendrez pas, délicats lecteurs ; j'y suis allé pour vous », Mercier annonçait en préambule à sa visite des cabarets borgnes. Vous ne verrez l'endroit qu'en peinture, et cela vous épargnera quelques sensations désagréables ». Les honnêtes gens, il est vrai, se passent aisément de ces sensations désagréables. Un jour que je racontais à Robert Lageat que, dans un rade des Halles, 4, rue Dussoubs, j'avais assisté à une explication *chère* entre quelques patibulaires, Robert m'avait mis en garde : « C'est pas ton monde, t'as rien à foutre là-d'dans ! » J'ai fait comme Mercier, comme Delvau au XIXe siècle, comme Carco et tant d'autres, comme Louis Chevalier : pour reprendre l'expression de ce dernier, j'ai pratiqué « la sociologie – ou plutôt l'ethnologie parisienne – sur le tas ». Souvent la réalité dépasse la fiction : que ceux qui ignorent ces ambiances en soient persuadés.

Cette fois, Mesrine monte à Pigalle. Il y connaît Sarah, une pute de bar – on dirait hôtesse, aujourd'hui –, un béguin. Elle lui a proposé de travailler pour lui, il a refusé, Mesrine n'a pas l'âme d'un *julot*. « Les lumières étaient tamisées, l'intérieur ne comportait qu'une dizaine de tables avec au centre une minuscule piste de danse », on est dans les années 1960. Sarah n'est pas là. Un homme d'une quarantaine d'années fait signe à l'une de ces dames de tenir compagnie à Mesrine et à son ami, au bar. Mesrine refuse, elle insiste. « Casse-toi », il lui lance –

« Mais ils sont cons, ces mecs ! » elle s'écrie. En échange, elle reçoit une gifle. L'homme intervient, « il puait le proxénète » le catalogue Mesrine...

D'un coup de crosse de son 45 Mesrine l'envoie au tapis, dans la salle on tente d'intervenir, Mesrine tient tout le monde en respect : « On ne joue plus. [...] Allez ! tout le monde les mains sur la table [...] sinon je tire dans le tas ». La péripétie sera à l'origine du premier meurtre de Mesrine... On pourrait multiplier les exemples, évoquer certains souvenirs personnels. Cette nuit où, avec Gégé le Catcheur, j'étais quelque part rue Caumartin. Nous avions bu, Gégé, moi et ce type que connaissait Gégé et avec qui nous *développions*... Par nature je suis prudent, d'autant plus quand je suis en bordée dans des lieux, *dixit* Lageat, où je ne devrais pas être. Brusquement j'ai saisi que le type me *cherchait*. Le temps que je gamberge à ce que j'avais pu dire, Gégé aussi avait pigé. « Tu parles à mon ami », je l'entends encore couper la parole à notre interlocuteur. Il s'est arrêté net... « Gégé, tu sais, j' te respecte », ils se sont éloignés. Puis le lascar nous a invités : « Vous êtes ici chez vous. Toi aussi, il m'a regardé, tu viens quand tu veux... J' dois combien ? » il s'est adressé au barman. Et là, signe d'une autre violence – mais dans un tapis il y a façon et façon de se conduire par rapport à un gars qu'on a à la bonne ou par rapport à une *tête de mort* –, Gégé a rectifié : « Non! J' paye c' qu' je dois! » Insulte douce, mais insulte quand même. Si Gégé n'avait pas connu l'individu en question, il aurait pu lui faire tout régler, le mec, et l'obliger à remettre ça en lui sortant recta : « C'est pour ton cul ! » Gégé a agi comme il a fait parce qu'il ne fallait pas le maltraiter davantage : son *galoup* était véniel, son incorrection. Ces nuances ne peuvent se comprendre qu'à travers les subtiles hiérarchies des hommes du milieu entre eux. Les mêmes – mais en plus accentuées et complexes – que celles des gens honnêtes assidus des cafés qui, à l'occasion, se montrent susceptibles.

« Le bal est le grand décor du milieu », écrit Louis Chevalier dans *Montmartre du plaisir et du crime*[6]. La comparaison semblera excessive : pour comprendre la société religieuse du Moyen Age, la cathédrale, ce que Victor Hugo explique en long et en large au début du livre troisième de *Notre-Dame de Paris* ; pour la monarchie d'Ancien Régime, le château de Versailles ; pour le milieu montmartrois dans les années 1930, comme avant d'ailleurs, le bal. Avant, et après aussi, jusqu'en 1965, 1970. La remarque vaut pour le milieu parisien en général et, au bal-musette, son « grand décor », sans risque d'erreur on vient de le constater, on agrègera le bar, le rade, pour rester dans la note.

NOTES

1. R. Lageat et C. Dubois, Paris, Les Éditions de Paris, 1993.
2. *Le Peuple de Paris*, Paris, éd. Aubier, 1981.
3. C. Dubois, *La Bastoche - bal-musette, plaisir et crime, 1750-1939*, Paris, Le Félin, 1997.
4. C. Dubois, *Apaches, voyous et gonzes poilus - Le milieu parisien du début du siècle aux années soixante*, Paris, Parigramme, 1996.
5. Paris, Lattès, 1977.
6. Paris, Robert Laffont, 1980.

Les femmes au café

Henry-Melchior de Langle
Docteur en Lettres

Si l'on remonte le temps jusqu'au bon moine oriental qui, selon la légende, prôna l'usage de la fève miraculeuse pour aider ses confrères à respecter les heures d'oraison avec exactitude et ponctualité, il est bien certain qu'alors la gent féminine n'était aucunement concernée et échappait sans conteste à l'emprise du café ! En Occident, la fréquentation d'un établissement où l'on consommait ce breuvage, ne semble pas avoir été, de prime abord, réservée à une clientèle masculine.

D'abord échoppes dans les foires comme à Paris près de la place Saint-Sulpice, puis établissements moins temporaires, près des lieux de promenades, comme le Pont-Neuf, mais encore à proximité des lieux de spectacles comme les théâtres, les cafés tel le fameux *Procope*, attirèrent une clientèle aussi bien masculine que féminine. L'attrait des turqueries, souvent le fait d'Arméniens et d'Italiens déguisés dans un cadre exotique, le confort d'un salon éclairé et chauffé durant les temps de frimas par un poêle, n'étaient pas de minces avantages dans une ville comme Paris. La gestion de ces établissements était à cette époque aux mains de la corporation des limonadiers ou cafetiers. Le terme de « limonadier » ne pouvait prêter à confusion : limonade et café n'avaient rien de commun avec les plaisirs de Bacchus. La classification des différents établissements, identiques à celles des corporations, correspondait à la nature des produits offerts, ici des consommations. Cela évitait bien des ambiguïtés dont l'honorabilité féminine n'avait point à souffrir.

Le plus souvent, l'établissement à la mode, orné de glaces et de boiseries, de tables à plateau de marbre, fourni en vaisselles luxueuses, composé d'un salon et d'un laboratoire « à la fois office et cuisine » offrait l'équivalent d'un lieu de réception doté des « commodités » nécessaires à ceux qui ne pouvaient bénéficier dans la capitale d'un appartement et d'un personnel suffisants. De plus, jusqu'au XVIIIe siècle, à Paris, les pièces des logements n'avaient point encore une destination très spécifique sauf chez les plus aisés où galerie, salon, office notamment, avaient fait leur apparition à l'imitation des grandes demeures aristocratiques ou royales.

Suivant l'exemple de celles-ci, le service était effectué par un personnel masculin : maîtres d'hôtel et valets habillés pour le service adoptaient un comportement spécifique, des manières et le langage des grandes maisons de la noblesse. Lors de la Révolution, une partie du personnel passa d'ailleurs des hôtels aristocratiques aux cafés. Conformément aux usages, les femmes étaient absentes du service de la table et de la cuisine. Elles captaient toutefois l'attention par leur présence comme dame de comptoir. Assise derrière un petit bureau, celle-ci surveillait avec le patron les évolutions du personnel, les rentrées et sorties de la caisse. Le plus souvent élégamment habillée, d'un maintien digne, la dame de comptoir, sorte de caissière distinguée et peu loquace, dominait la situation de sa place. Elle attirait l'attention tant pour cette raison que par sa beauté, comme en témoignent les mémoires de la Restauration et le nombre de ses admirateurs platoniques… Ces « dames » n'étaient-elles pas le plus souvent la femme du patron ou quelques rares fois, sa fille… ? à coup sûr une digne et respectable personne. Ce ne fut qu'exceptionnellement et tardivement que certains chroniqueurs, jaloux ou imaginatifs, assurèrent avoir remarqué certains ébats de l'une d'elles avec un garçon de café sur un billard… à une heure tardive ou matinale… Dans les grands cafés de la seconde moitié du XIXe siècle, le nombre de caissières, il ne s'agissait plus alors de dames de comptoir, s'accrut. Femme ou fille du patron, il n'en était généralement plus question, mais il s'agissait toujours de personnes aussi vertueuses.

Ainsi dans le cadre strict du café-limonadier les femmes étaient-elles surtout représentées dans la clientèle, à l'exception remarquable de la dame de comptoir. Les années passant, la mode changeant comme la réglementation et les comporte-

« Bon ! Ma femme plaît à tout le monde… Mon affaire sera faite ! »

La femme représentée au café est tantôt derrière le comptoir, tantôt dans la salle comme consommatrice ou incitatrice à la débauche

ments, une évolution se dessina. Curieusement, celle-ci ne fut pas parallèle ou similaire dans les deux domaines : personnel et clientèle. A la fin du XIXe siècle, et surtout à partir de la Première Guerre mondiale, le personnel se féminisa très notablement. La clientèle féminine se restreignit dans certains établissements car les dames respectables limitèrent leurs incursions aux terrasses des établissements élégants. Leurs congénères dites « de peu de vertu », lionnes, demi-mondaines, prostituées de haut vol dénommées au XVIIIe siècle demi-castors ou mondaines, horizontales au XIXe siècle, purent participer aux agapes masculines dans les nombreux salons ou cabinets dont étaient dotés les grands établissements.

Cette transformation contradictoire en première analyse était la conséquence à la fois de l'évolution des mœurs et de la multiplication des types de consommations dans les établissements appelés cafés : notamment le vin, les liqueurs et les alcools, plus tardivement la bière. Le tabac faisait également son apparition dans les estaminets et les brasseries. Tout cela avant qu'une grande confusion ne naisse au début du XXe siècle entre tous les établissements offrant des consommations « liquides mais aussi solides », ce qui entraîna l'abâtardissement des genres : laiteries, marchands de vins, bistrots aux cafés, limonadiers, brasseries, tavernes, restaurants, sans compter les salons de thé, glaciers et pâtisseries… réservés particulièrement aux femmes et aux enfants.

Doit-on ajouter que la présence féminine, non sans une certaine ambiguïté, n'avait jamais disparu des établissements à spectacles : cafés, cabarets, tavernes, brasseries à spectacles, cafés-concerts où chants et danses alternaient. Leur présence en temps qu'artistes ou serveuses fut un sujet à controverses comme le soulignent des auteurs comme Huysmans, Nerval, Zola… Glaciers, salons de thé, pâtisseries et établissements où l'alcool et le tabac étaient prohibés, restaient le havre où les femmes pouvaient sans risque pour leur santé et leur réputation s'installer dans un cadre confortable et agréable… La prostitution, les maladies et le comportement social étaient des thèmes fréquemment évoqués dans le monde de la presse, de la littérature et du théâtre, comme les hypocrisies et les obsessions du XIXe et du début du XXe siècles. En outre, avant les nouvelles découvertes que furent la radio et la télévision, les cafés furent avec d'autres débits, des lieux de sociabilité mais aussi de diffusion de l'information, de la mode aux nouvelles politiques, et dans ce contexte un bon observatoire de l'évolution des mœurs et des milieux.

Ainsi, la classification des établissements répondit plus en cette fin de siècle au standing de ceux-ci qu'à la nature des consommations proposées. La Première Guerre mondiale et son hémorragie humaine allaient comme dans d'autres types d'activités entraîner la féminisation du personnel ainsi que l'élimination, progressive, de toute ségrégation au niveau de la clientèle.

Nostalgie rue de Lappe

Claude Dubois
Historien et chroniqueur de Paris

A Paris jusque vers 1980, qui disait rue de Lappe disait Auvergne, bal-musette et accordéon. Dès son ouverture, en 1652, à deux pas de la Bastille, la rue de Lappe a été auvergnate. Son activité première, la chaudronnerie, sera avalisée au XVIIIe siècle. Le roi Louis XV reconnaîtra aux Auvergnats le droit « de s'établir dans les faubourgs de Paris, de vendre, acheter, porter et rapporter librement dans cette ville ». Située entre le quartier du fer – le Marais et ses prolongements dans le futur 11e arrondissement – et le faubourg du bois – le faubourg Saint-Antoine –, la rue de Lappe aura la ferraille pour deuxième activité. Un labeur né du dépeçage des carrosses, sous la Révolution.

Si, dans *Paris à la fin du XVIIIe siècle*, Pujoulx remarque bien que les natifs du Puy de Dôme « ont leurs bals particuliers », il ne cite pas la rue de Lappe. Dans *Le Cousin Pons* et *Contes du Lundi*, nulle mention de danse n'apparaît quand Balzac, en 1845, puis Alphonse Daudet, en 1871, décrivent la rue. François Gasnault[1] relève pourtant qu'entre 1862 et 1869, rue de Lappe, le loyer des « musettes » passe « du simple au double ». Le 24 juin 1879, un rapport de police fait état de 130 bals-musette à Paris. Avec 26 bals, le 11e arrondissement est le plus fourni. La moitié se trouve quartier de la Roquette, autour de la rue de Lappe. Avec trois *guinches* – aux 8, 8 *bis* et 15 – le passage Thiéré voisin l'emporte sur la rue de Lappe qui en compte deux – au 8 et, au 19, les célèbres *Barreaux verts*.

Absente chez Pujoulx, la locution « bal-musette » s'est répandue au début du XIXe siècle. L'attestation la plus ancienne que j'ai trouvée ne remonte qu'au 21 novembre 1861, une lettre du préfet Boitelle. Que, dans ce courrier officiel, « bal-musette » n'est pas souligné montre que son emploi ne datait pas de la veille[2].

« Bal-*musette* » : pourquoi ? Fin XVIIIe, Pujoulx évoque « le son nasillard de la musette » et Mercier, dans *Le Nouveau Paris*, la « rauque musette » qui fait danser les Auvergnats. La musette : *id est* une sorte de cornemuse qui, jadis, avait été instrument de cour. « Il est né le divin enfant, / Jouez hautbois, résonnez musettes… », elle était l'instrument des bergers. La musette ou la « cabrette » – de l'auvergnat *cabréta*, parce que le sac de la musette est généralement en peau de chèvre, *cabra*. Au XIXe siècle, une musette « donnait à danser » à tout un bal. « Monté sur une caisse d'emballage, un instrumentiste souffle dans le ventre de sa musette », P.-L. Imbert décrit ainsi, en 1876, l'unique musicien d'un bal de la rue Rathaud dans le 5e arrondissement[3].

Dix ans plus tard, Emmanuel Patrick entre chez Carrié, un guinche minuscule, 95, rue de Charonne[4]. Par une échelle, le musicien accède à une sorte de cage surplombant la salle. « Ce monsieur, s'ébahit Patrick, représente le personnel des musiciens, et la cage en question l'orchestre ! ». L'important est qu'il joue, non de la musette, mais de l'accordéon. Pourquoi ne pas dire « bal-accordéon » ? propose Patrick. Son néologisme fera long feu. « Bal-musette » restera le terme générique des bals auvergnats et de leurs descendants, qu'on y pratique la musette, le piston, l'orgue ou l'accordéon. Quant à l'accordéon, le journal *L'Auvergnat de Paris* le mentionne pour la première fois le 25 avril 1891, cinq ans après l'article de Patrick. La raison en est qu'une lutte sévère oppose musette et accordéon.

D'origine allemande, l'accordéon a été introduit en France par les Italiens au lendemain de la Commune. Au grand dam des puristes auvergnats, il s'infiltre dans les bals-musette. En octobre 1895 – exemple parmi tant d'autres – Louis Bonnet, le directeur de *L'Auvergnat de Paris*, vitupère ses compatriotes qui essaieraient de substituer à la « bonne vieille cabrette dans les bals populaires des instruments allemands ou italiens » : ils en changeraient les caractères. Auprès du menu peuple de Paris, l'accordéon était à la mode. Les guinches où il résonnait étaient émaillés d'incidents, ceux où nasillait la musette étaient plus calmes. La vérité est que l'accordéon et ses valses napolitaines ont davantage séduit les *Parigots*.

Cet attrait, Antoine Bouscatel, le prince des *cabrettaïres*, le comprendra. En 1903, il acquiert, 13, rue de Lappe, le bal du *Chalet*, un débit de vins exigu qu'il agrandira au fur et à mesure. Chez Carrié, chez Bousca – comme on va vite dire –, partout, un bal-musette n'est que l'arrière-salle d'un bistrot. C'est là, 13, rue de Lappe, entre Roquette et Charonne, que, pour les inconditionnels, est né le musette *parisien*, la musique accordéon-musette. Moins simple, l'histoire ne peut occulter l'apport d'Emile Vacher à ce genre musical, or Vacher ne jouait pas rue de Lappe. Bref ! un jour, Charles, l'aîné des frères Péguri, des Italiens joueurs d'accordéon – « accordéoniste » s'est utilisé 20 ans après –, propose son concours à Bouscatel. Le père Bousca refuse – « Péguri s'était fait border » traduisait feu Jo Privat, plus tard roi de la rue de Lappe et de l'accordéon-musette swingant. La seconde fois, il accepte… En 1913, Charles deviendra son gendre… Comme l'expliquent Jean Mag et Louis Péguri[5], Bousca s'enflamme : « C'est décidé. Dans mon bal de la rue de Lappe, on y jouera de l'accordéon avec ce phénomène de Péguri. […] Je vous dis qu'on se battra sur le seuil pour entrer. Et moi mort, on dansera encore rue de Lappe ! ». C'est ce qui est advenu.

Avant la Grande Guerre, on comptera jusqu'à six bals rue de Lappe. Les plus anciens étaient *La Boule rouge* au 8 et *Les Barreaux verts* au 19. Au 13, se trouvait le *Chalet* qu'en 1910 Bouscatel cède au sieur Corniault : on continuera de l'appeler « chez Bousca » et il deviendra le *Bousca-bal*. Le 21 était tenu par le dénommé Mouminoux tandis qu'au 47 régnait l'accordéoniste Henri Mombroise, grande figure auvergnate. Cabrettaïre, accordéoniste et personnage de légende de l'Auvergne à Paris, Martin Cayla animera le 21 jusqu'au début 1914, ensuite il émigrera chez Chambon, au 11. Contrairement à Péguri et à Vacher, Cayla ne jouait pas *parisien* mais *auvergnat*. Autant à la cabrette qu'au *soufflet* puisque, depuis la conciliation Bousca-Péguri, l'accordéon faisait partie des instruments du folklore d'Auvergne.

Si son essor commence avant la Grande Guerre, c'est après que la rue de Lappe acquiert son renom. Grâce, révèle Francis Carco dans *Nostalgie de Paname*[6], à sa pièce *Mon Homme*. « Lorsque j'ai fait représenter *Mon Homme*, on ne connaissait pas beaucoup la rue de Lappe, mais quelques jours après la répétition générale, cette rue se trouva lancée. Elle ne comptait encore que de petits 'musette' assez crasseux »... Le deuxième acte de *Mon Homme* se déroule « chez Boule, un endroit mal famé... Boule, le bal-musette de la rue de Lappe », à la vérité un mixte du *Bousca* et du célèbre *Petit Balcon*, situé, 15, passage Thiéré. Sur scène, l'accordéon qui rendait « l'atmosphère du bal-musette » était tenu par Louis, le cadet des Péguri.

Carco a été le chantre du Paris de l'Entre-deux-guerres que j'aime à qualifier de *populaire mâtiné voyou*. L'intéressant est que M. Francis associe à la rue de Lappe ces deux mots nouveaux que sont, après l'Armistice, « Paname » – Paris – et « le milieu » – la pègre. Pour la première fois, « le milieu » est attesté littérairement dans *Mon Homme*. Quant à « Paname », déjà utilisé pendant et depuis la guerre, Carco s'en sert pour intituler un de ses recueils de nouvelles – *Panam*, sans e[7].

Le modernisme a tout changé : les *gars* puis les *mecs* du milieu ne sont plus les *apaches* de l'affaire Casque d'Or survenue au tournant 1901, 1902. Dans les années 1920, Paname aura la nostalgie de *Pantruche*, celle des *gonzes poilus* – garçons courageux –, des *vrais de vrais* et des *purs* de la Belle Epoque, l'âge d'or. *Mon Homme* différencie bien le milieu naissant de l'ancienne pègre. Vraisemblablement parce que la Bastoche, avec la rue de Lappe en son coeur, a été moins cosmopolite que Montmartre, jamais cette revendication de l'authenticité

La rue de Lappe en 1920 et le Bal Bousca

voyou ne s'est démentie. Entre Montmartre et la Bastille se retrouve la même différence qu'entre le tango argentin et la java, « mazurka faite d'emprunts à toutes les danses » selon Carco, et éclose à Paris avant 1914. La java sera la danse par excellence des bals-musette du Paname des années 1920.

Vers 1930, la rue de Lappe compte neuf musettes. Les bals d'avant la guerre cités plus haut marchent encore. A part le 11, disparu. A côté, au 9, un guinche a ouvert : chez Vernet, *Au vrai de vrai* – auquel succèdera le fameux *Balajo* en 1935-36. Au 23, on trouve le *Musette*, chez Noygues, fréquenté par une clientèle homosexuelle. Aux 27 et 45 donnent deux guinches, et le 47, *Aux trois colonnes*, est, jusqu'au début des années 1930, le grand bal *tagada... olé-olé...* Dans *Images cachées* de Carco, avant d'entrer aux *Trois colonnes*, de jeunes et riches bourgeoises sont en proie au frisson : « Des tantes ? […] Et les poules ? […] Des vraies poules du trottoir ? ». Bien sûr, les « marlous » n'étaient pas loin. Ici, la prostitution *spéciale* tournait à tout-va, homme pour homme et homme pour femme.

« Espèce de ghetto auvergnat » pour Alphonse Daudet, « ville auvergnate » pour François-Paul Raynal[8] et d'autres, le coin rue de Lappe-passage Thiéré va évoluer en quartier de plaisir, à la fois émancipé de ses origines et marqué par elles pour toujours. Dans les années 1920, le bal-musette se diversifie selon trois axes : l'Auvergne, le populo et le milieu. A l'instar de Carco ou de Jean Galtier-Boissière – le fondateur du *Crapouillot* –, les commentateurs s'intéressent en priorité aux musettes du *mitan*, milieu en argot. Avec l'arrivée des danses exotiques, one-step, tango, charleston, etc., et sous l'influence des établissements de Montmartre, le bal du milieu se transformera en dancing-musette. Sous la férule du dénommé Carcanague, le *Bousca-bal* de l'Entre-deux-guerres ne ressemblait en rien au boui-boui de Bousca. Seul le supplantera, en 1936, le *Balajo* – à savoir *bal à Jo* – de Jo France, décoré par Henri Mahé, l'ami de Céline présent le jour de l'inauguration, le 18 juin 1936. Un an plus tard, Jo Privat y débutait pour un demi-siècle. Il avait 18 ans et remplaçait au pied levé Tony Muréna.

En 1937, l'accordéon chromatique l'emportait depuis longtemps déjà sur le diatonique. Vacher a été « l'as » du diatonique. En 1933, à quatorze ans, Privat avait débuté avec lui. Il m'avait confié : « J'ai commencé un peu à jouer comme Emile Vacher. Il jouait piqué, détaché, cadencé [...]. Il avait une cadence extraordinaire et il ne canardait pas ! » Ensuite, en 1935, au *Petit Jardin*, 26, avenue de Clichy, au contact des frères Ferré, Matlow et Saranne, des guitaristes cousins de Django Reinhardt, Privat a adopté un style plus coulé, swing. Autant de variations possibles sur un chromatique et impossibles sur un diatonique. Il y a toute une histoire musicale de la rue de Lappe.

Le plus passionnant y a néanmoins été l'histoire de tous les jours, ses histoires infinies... Avec ses guinches, restaurants et bistrots auvergnats, ses personnages, *musicos* ou souteneurs – les deux allaient souvent de paire –, la rue de Lappe était à part. Mais au fil du temps, d'autres quartiers de plaisir sont nés. A la Libération, Saint-Germain des Prés a capté l'attention des commentateurs. Il s'agissait là d'un monde différent, moins populaire, plus bourgeois, peu ou prou intellectuel, fasciné par le jazz... Pourtant, nantie de personnages tels Dédé les Diam', Lulu Baratin, Gaston la Peugeot, Dédé les Beaux Costards et *tutti quanti*, la rue de Lappe a continué de vivre musette, des décennies durant... à la va comme j't'e pousse. Les mecs parlaient l'argot et se la faisaient belle – la vie – à la limonade, immanquablement champenoise... Le champ' était signe de fête et, puisqu'il pétillait à la grouille, d'une fête perpétuelle. Une réalité étonnante sortait de ces atmosphères, une *culture* – pour faire chic – particulière, véritable. Celle du Paris populaire mâtiné voyou, Paname, essentiellement colportée par le ragot. Ça, rue de Lappe, la parole ne faiblissait jamais. Tous les jours les anecdotes s'amoncelaient, les salades entre machin et truc, ci et ça...

A partir de 1979, j'ai eu la chance de vivre de l'intérieur les années ultimes de cette rue de Lappe-là. Tout est parti de mon amitié avec Robert Lageat dit de la Butte aux Radis, le patron du *Balajo*. En écrivant ses souvenirs[9], je suis entré dans la famille du 9, rue de Lappe. Progressivement, le *Balajo* est devenu le dernier carré de ces Messieurs – Carco aimait ce terme. Chaque jour, au rade du *Balajo*, on retrouvait Raymond le Breton, mominette de pastaga à portée de main et cheveux gris lissés à la façon 1950. Parfois passait l'autre Breton, Auguste le Breton, l'homme du *Rififi*, l'écrivain. Comme Jo Privat qu'il connaissait depuis 1935 du *Petit Jardin*, Auguste n'aimait que les hommes, les arcans, le mitan... son oeuvre est éloquente. Autour de Lageat, mort en 1998, il y avait son fils Jacques – Jacky Corn de son nom de champion de catch –, il a pris sa suite. Il reste l'ineffable Daniel Schmid, alias Schmitago le Beau Jeune Homme, aujourd'hui directeur. Et aussi Jeannot le Polak, grande mémoire de la rue qu'il a fréquentée dès 1950 : il y a travaillé partout... d'autres, encore. « Les années ultimes de cette rue de Lappe-là » parce que l'édification de l'Opéra-Bastille a tout chamboulé. En 1932, Léon-Paul Fargue pensait que la « prospérité » et le « rationalisme » avaient altéré les caractères de la rue de Lappe. Près de 75 ans après que plus rien n'existe de la vie d'avant, que dirait-il ?

Dans l'introduction de *La Bastoche* j'ai utilisé une phrase de Pierre Gaxotte que mon regretté ami Louis Chevalier, le grand historien de Paris, m'avait communiquée. J'ignore d'où elle est tirée : « De toutes les formes de mémoires, il n'en est pas de plus évocatrice que la mémoire sonore, observe Gaxotte saisi par le vague à l'âme, ses souvenirs d'Avant-guerre. Les sons font naître des images... Voici l'Olympia, la salle Gaveau, les bals de la rue de Lappe... ». Quelle justesse ! J'écoute *Sa Préférée* ou *Balajo*, deux des plus belles valses-musette de Privat, aussitôt j'ai *l'âme à la suie*. Il fallait le voir, Jojo, perché là-haut sur l'estrade du 9, rue de Lappe, entamer chacune de ces prestations par *Balajo*, l'hymne de l'établissement. Et, en bas au bar, entendre à la cantonade s'entrechoquer les verres... Aujourd'hui, 2004, ce monde-là est mort et enterré depuis belle lurette...

NOTES

1. F. Gasnault, *Lorettes et guinguettes*, Paris, Aubier, 1986.
2. Pour plus de précisions : C. Dubois, *La Bastoche - Bal-musette-plaisir et crime - 1750-1939*, Paris, Le Félin, 1997.
3. *A travers Paris inconnu*, Paris, Georges Decaux, vers 1876.
4. *Le Courrier français*, 25 avril 1886.
5. *Du bouge... au conservatoire*, World-Press, 1950.
6. Genève, Editions du Milieu du monde, 1941.
7. Paris, Delamain Boutelleau et Cie, 1922.
8. *Les Auvergnats de Paris*, Editions internationales, Paris, 1946.
9. R. Lageat et C. Dubois, *Robert des Halles*, Paris, Lattès, 1980, puis *Des Halles au Balajo*, Paris, Les Editions de Paris, 1993.

Les cafés des sports

Jean Durry
Ecrivain, Historien du sport

Café Vercingétorix, rue de Rennes… Il n'existe plus depuis belle lurette. Mais c'est bien ici que le 30 décembre 1876, un certain Henri Pagis prit l'initiative de réunir les vélocipédistes de la capitale créant une éphémère « Union Vélocipédiste Parisienne ». Moins d'un lustre plus tard, le 6 février 1881, dans cette petite rue Marengo permettant au cœur des magasins du Louvre de passer de la rue de Rivoli à la rue Saint-Honoré, la barre fut élevée d'un cran : au café *Le Marengo*, situé à hauteur du n° 6 aujourd'hui disparu, dix hommes représentant douze sociétés dont huit de la province, notamment le « Cosmopolite Véloce-Club de Saint-Pierre-les-Calais » à l'instigation duquel ils s'étaient rassemblés, fondaient l' « Union Vélocipèdique de France » toujours active en l'an de grâce 2004 sous l'appellation de « Fédération Française de Cyclisme ».

Inventé à la fin du Second Empire, le vélocipède, sport mécanique soutenu d'emblée par l'industrie et par une presse spécialisée naissante – tel le Paris-Rouen du 7 novembre 1869, 123 km duquel James Moore, Anglais de Maisons-Laffitte, sortit vainqueur en 10 h et 25 mn, malgré le cloaque de routes innommables, juché sur sa machine pesant quelque 25 kilos – incarnait en ce dernier tiers du XIXe siècle l'émergence du sport de compétition appelé à connaître le développement exponentiel que l'on sait. D'entrée, les cafés et les arrières-salles vont tout naturellement faire office de lieux d'accueil et de regroupement pour les jeunes « sportifs » et les premiers dirigeants, bien en peine de bénéficier d'autres structures pouvant jouer ces rôles. Denis Diderot et l'étourdissant *Neveu de Rameau* ne pouvaient certes imaginer qu'il en serait ainsi du *Procope*. Et pourtant, le 13 décembre 1883, se tient dans ce « célèbre rendez-vous littéraire » déjà fréquenté par les joueurs de paume des XVIIe et XVIIIe siècles, l'assemblée originelle du Stade Français, qui choisit immédiatement de porter les couleurs bleu et rouge de la Ville de Paris. Les six potaches dont René Malizard, prési-

L'entrée de Capoulade, *boulevard Saint-Michel, l'un des grands cafés étudiants et sportifs dans les années 1950*

dent inaugural, et Jules Marcadet, ne pouvaient mieux trouver, à deux pas de l'Odéon et quelques foulées de ce jardin du Luxembourg où avaient débuté leurs ébats athlétiques, tandis que le rival de la rive droite, le Racing Club de France, commençait de s'exercer sous les frondaisons du bois de Boulogne.

C'était la distraction de jeunes gens de la bonne société. Cependant des milieux plus populaires se livraient en d'autres lieux à des exercices de force : par exemple, au 23 de la rue des Boulets, entre le faubourg Saint-Antoine et le boulevard Voltaire, où Noël (Rouveyroles, natif de Sète en 1863) dit « le Gaulois », « champion du monde » en 1897 à Bruxelles et marchand de vins, avait installé un « club athlétique », où il proposait aux débutants et pratiquants plus chevronnés sa fière devise : « Honneur à la Force. Respect à la Faiblesse ».

Longtemps aussi, les réunions et le siège de ce vieux Red Star, gloire à venir du « Football-Association » qui va s'installer à Saint-Ouen, se tiendront place Clichy, au Wepler – si près des cafés qu'avaient fréquentés les impressionnistes.

De la porte Maillot à Saint-Germain des Prés

Au tournant du siècle, c'est à l'ouest de la capitale qu'ont pignon sur rue les différents protagonistes de l'industrie du cycle – qui connaît un premier âge d'or –, puis de l'industrie automobile dont la France est alors la meneuse de jeu mondiale. Porte Maillot, le « quartier général », le lieu de rendez-vous en vogue se tient à la *Brasserie de l'Espérance*, extraordinairement animée, et dont les « quarante ans de courses et de conseils », souvenirs du manager Paul Ruinart recueillis par le journaliste Raymond Huttier pour le remarquable magazine *le Miroir des Sports,* nous ont avec bonheur laissé un vivant souvenir (n° du 15 décembre 1936) : « Tous les abords du café étaient encombrés, envahis, submergés par des vélos : il y en avait partout, dans les couloirs, dans le sous-sol transformé en garage, le long des trottoirs, contre les arbres, dans la salle même, entre les tables […]. Il y avait […] les vedettes qui, entourées d'une véritable cour d'admirateurs présidaient d'un air assez hautain ; les managers qui avaient toujours des airs très mystérieux ; les journalistes régulièrement en quête de nouvelles ». Si de l'actuel Rond-Point du Palais des Congrès se sont évaporés l'Espérance de même que le *Café des Sports* qui un certain temps lui fit presque face, le secteur garde la trace de cette époque et plus particulièrement la montée de la Grande-Armée : avec un grand constructeur automobile, une boutique de cycles et de motos, et tout proche de l'immeuble où se tint, durant des décennies, le puissant Touring-Club de France le café *Le Touring* et la brasserie *L'Auto* – en référence à l'engin automobile et non pas au quotidien sur papier jaune ancêtre direct de *L'Equipe*.

En 1913, à 19 ans, le nordiste Georges Carpentier, véritable génie de la boxe en pleine ascension, après avoir logé à Puteaux puis près de la Porte de la Chapelle, s'installe enfin « chez lui », à deux pas de la Grande-Armée, 35, rue Brunel, au quatrième étage avec ascenseur et un luxe, le téléphone (le 503-07, futur Wagarm 03-07). 22 ans plus tard, celui dont le championnat du Monde poids lourd disputé le 2 juillet 1921 à Jersey-City face au redoutable Jack Dempsey aura été un vrai « combat du (XXe) siècle », ouvre rue Arsène Houssay le premier *Georges Carpentier* ; deux années après, en 1937 donc, il se contente de traverser les Champs-Elysées pour l'installer rue de Presbourg : en 1954 « de onze heures du matin à une heure et demi de l'après-midi, de six heures à neuf heures du soir », il y est encore maître de maison recevant amicalement ses innombrables relations […] mais sans jamais se laisser aller à boire avec les clients [lui qui, paradoxe, n'a absorbé de sa vie une goutte d'alcool] ou à s'asseoir, même sur un tabouret, toujours en alerte, l'œil attentif à tout, prompt au jeu de jambes comme à ses plus beaux jours, ainsi le décrivait joliment Olivier Merlin[1]. Il en sera ainsi derechef boulevard de la Madeleine jusqu'à la fin des années 1960, non loin de cette église où le peuple de Paris viendra saluer, lorsque son cœur aura cessé de battre le 27 octobre 1975, celui qui fut une des premières vedettes sportives indiscutées.

Une « vedette », on dirait de nos jours une idole. Tel ne fut jamais le statut du bordelais André Routis, authentique champion du monde des poids coq pourtant de septembre 1928 à septembre 1929. Mais quand une fois sa carrière terminée celui-ci s'installa derrière le comptoir, il eut l'intelligence de choisir un endroit stratégique, l'angle du boulevard de Grenelle et de la rue Nélaton, en un mot à l'ombre du légendaire « Vel'd'Hiv' – Palais des Sports ». Après chaque rencontre-match de boxe, réunion cycliste, sans même parler des « Six Jours » – tous, athlètes, journalistes, chasseurs d'autographes, faisaient halte *Chez Routis*, dans une atmosphère enfumée, sous les regards des photos dédicacées recouvrant les murs. La pioche des démolisseurs s'attaqua en 1959 à la plus populaire des enceintes, effacée par un ensemble immobilier. Nul café n'en évoque dorénavant les vestiges – la station de métro elle-même ayant troqué l'appellation gavroche de « Grenelle » pour rendre hommage aux combattants de « Bir-Hakeim ». Curieusement, ni le nouveau Palais des Sports de la porte de Versailles, ni le Palais Omnisports de Paris-Bercy, n'ont suscité de bistrots éponymes ; seul un restaurant Au *Vel' d'Hiv* situé boulevard Vincent-Auriol de l'autre côté de la Seine par rapport au « P.O.P-B », a permis

Par son décor, Le Vestiaire, *rue Jean-Pierre Timbaud, affirme son identité sportive*

que le nom fameux ne soit pas totalement oublié.
Quant aux pugilistes, le temps où ils se reconvertissaient dans la limonade n'est plus qu'une réminiscence, soit parce que la mode du « noble art » n'est plus ce qu'elle était, soit parce que les gants, une fois délacés, la mode est à d'autres activités. Seul Max Cohen, naguère poids moyen de quelque renommée, tient encore son état rue Lafayette. Tandis que rue Brançion, dans le 15e arrondissement, François Walczak, fils aîné de Yaneck-Jean – le courageux adversaire puis sparring-partner et admirateur de Marcel Cerdan, prolonge *Aux portifs Réunis* la tradition, non loin des anciens abattoirs sur lesquels a poussé l'actuel parc Georges Brassens. Autres âges, autres mœurs ; il y a plus d'un demi-siècle que Jean Robic, maillot jaune *in extremis* du Tour de France 1947, rejoignait sa jeune femme derrière le zinc de leur bel établissement de l'avenue du Maine, cependant que Paul Le Drogo tenait table ouverte pour les coureurs bretons rue de l'Arrivée – nom prédestiné – alors que toute l'Armorique débarquait Gare Montparnasse et se groupait systématiquement aux alentours.
Avec Antoine Blondin, chantre sans pareil de « la Grande Boucle » à compter de 1954, ce sont aussi l'amitié et le rugby qui investirent tant le *Harry's bar* de la rue Daunou, l'un de ses havres de prédilection, que le 6 de la Seine et de la rue du Bac à Saint-Germain des Prés, la rue de Buci et la rue Mazarine, laissant sa marque légère et pour longtemps ineffaçable. Du *Courrier de Lyon*, où prenait consistance une « pâtée savoureuse de poètes, d'artisans et d'employés de ministères entrelardés de joueurs de rugby », au *Bar Bac* que, recordman indiscuté il réussit à investir durant 50 h d'affilée jusqu'au *Quai Voltaire* proprement dit et au *Café du Pont-Royal* en ayant garde d'omettre *L'Auberge Basque* de la rue de Verneuil dont il franchissait résolument le seuil pour s'installer au bar de l'entrée sans aller jusqu'à passer à table ; de la *Rhumerie Martiniquaise* et *Chez Castel* qui communiquait par souterrain avec *Le Bedford*, sans oublier *Chez Tony* ni cela va sans dire *Le Rubens* et *Le Megève* face à son appartement de Mazarine où il établit le Q.G de ses dernières années, Antoine, revêtu parfois du maillot de l'un des frères Boniface, Guy sans doute, arrêta le temps Jadis et la nuit, éclairée de « la lumière des rencontres » en ce bonheur des « sociétés soudaines qui s'improvisent au ras des comptoirs ». Mais, faute de Roger Nimier, frère disparu le premier, il faudrait pour dire tout cela le talent et la verve des Denis

Lalanne, Jean Cormier, Roger Blachon, rugbyman devenu dessinateur-humoriste. Eux surent partager ce qui n'était pas une dérive mais un choix – quand le signataire du présent texte, impénitent buveur d'eau de Vittel, quittait Blondin, à regret évidemment, mais le quittait tout de même, lorsque sonnaient les 5 h de l'après midi –, et n'apparaît donc pas sans doute le mieux placé pour s'être vu confié la charge prestigieuse de pages dévolues aux « Cafés des sports » parisiens… Le sujet est d'importance : *L'Equipe-Magazine* n'a-t-elle pas organisé durant près de toute la décennie 90 le « Prix du Café des sports », à l'échelon national s'entend ?

A travers Paris
Quoiqu'il en soit, voilà qui ne saurait m'empêcher de vagabonder à travers la ville, le nez au vent, ni de feuilleter méthodiquement l'Annuaire des pages jaunes. Si nous nous en tenons aux cafés, bars, tabacs, tavernes et brasseries, ainsi qu'aux limites du Paris *intra-muros*, la promenade nous conduira en zig-zags devant quelque 50 établissements, sur environ 3 000 « débits de boisson ».

Dans un classement s'appuyant sur l'onomastique et laissant cette fois de côté par définition tel ou tel endroit dont le patron est passionné de sport mais sans s'être rangé sous une nomenclature parlante, nous nous intéresserons aux estaminets dont l'intitulé marque l'insertion du phénomène sportif dans la vie contemporaine de la cité et de ses habitants. Arrondissements d'élection. En tête le 9e, autour du Faubourg-Montmartre qui fut dès le XIXe siècle et jusqu'aux années 1980 le point focal de la presse spécialisée – L'Auto », puis *L'Equipe*, occupant l'immeuble balzacien du n° 10 –, sans oublier *Le But,* rue de Londres, où se situa durablement le siège de ce qu'on appelait la « Troisefa » (Fédération Française de Football – Association), justifie de 6 citations ; tout comme à l'ouest, le 16e où se trouvent groupées les grandes arènes, pour peu que l'on y inclut le *Mickey-Sport* (rue Le Marois) et que l'on évolue de la Porte de Saint-Cloud à la Porte Maillot et la Grande-Armée. A une longueur, viennent le 15e, dans un secteur assez serré allant du boulevard Victor – on verra pourquoi tout à l'heure – à la rue de Vouillé ; et le 18e, de la Porte de la Chapelle à la rue Polonceau (Barbès) d'un côté, jusqu'à la rue Danrémont et la rue Championnet – si l'on veut bien admettre, un peu abusivement que le *Championnet* évoque à la fois le lieu-dit et le « Patron(age) » qui fut l'une des pépinières du basket parisien : 5.

Selon cette hiérarchie particulière, dirigeons-nous maintenant vers le 13e, 4, si l'on accepte d'y ranger le *Café des Olympiades*, qui tient son nom de sa proximité avec l'une des tours du quartier. A 3, honorable moyenne, voici le 2e – par contamination du 9e en quelque sorte – de Bonne Nouvelle à Réaumur et au boulevard Sébastopol ; le distingué 8e, qui serait passé à 5 si, très anglo-saxons ,nous y avions inclus *The Bowler* (le lanceur) et *The Cricketer* (le joueur de cricket), enseignes qui nous semblent teintées d'un léger snobisme, clin d'œil appuyé en direction d'une éventuelle clientèle de gentlemen en bordée ; puis le 19e et le 20e, à la veine plus populaire, ainsi à la rigueur que le 10e en acceptant par extension que *Le Mayol* (rue du Faubourg Saint-Denis) puisse se rattacher à la tradition rugbystique dans la mesure où le chanteur au toupet fut également dans sa bonne ville de Toulon le bailleur de fonds du stade qui porte son nom.

11e, 12e, 14e, 18e, s'en tiennent à 2. Les gosiers des supporters se dessécheraient désespérément, s'il ne leur restait un point unique de ralliement, dans le 1er, le 3e, le 5e, le 7e.

Enfin, hélas, hélas, voici le désert de Gobie. Que faut-il penser du vide sidéral du 4e ? Et du 6e, où Blondin et ses émules, nous l'avons vu, avaient fait jaillir d'autres ruisseaux de Canaan…

A travers les sports
« Garçons, remettez-nous ça ». Notre jeu de passes croisées nous propose une nouvelle tournée, avec cette fois pour fil d'Ariane les différentes disciplines sportives, ce qui permet de repérer les sédiments, les couches successives déposées par les pratiques et les modes, dans une agglomération urbaine apparemment fort loin des pentes, et très indifférente à ce que l'on y skie ou qu'on les dévale en bob ou en luge. Ce qui n'empêche point qu'on ait la dalle en pente. Largement têtes de file, et justifiant à merveille le titre même du présent texte, s'imposent les généralistes. Ils sont au nombre de 14 : *Bar des Sports, Café des Sports, Tabac des Sports, Café des Sportifs, Les Sports, Aux Sports, Chope des Sports.*

Puis se présentent les lieux où l'on « desporte » – ce terme du vieux Français qui par apocope nous revint d'Outre-Manche sous sa forme désormais universelle. Ils sont 5 : *Café du Stade, Les Princes, Les Deux Stades, Le Jean Bouin,* dont 3 dans le 16e – et Serge Laget me rappelle en outre opportunément *Les Trois Obus,* porte de Saint-Cloud –, où se bousculent et parfois s'affrontent, avant ou après les rencontres, quémandeurs et revendeurs de billets ou bien supporters trop souvent mués en *hooligans* ; du nom du premier grand coureur à pied français, battu d'un souffle au terme du 5 000 m des Jeux Olympiques de Stockholm 1912, *recordman* de l'heure, tombé sur le front de Champagne dès septembre 1914, *Le Jean Bouin* se réfère tout à la fois à sa proximité du stade lui-même ainsi dénommé et à cette figure emblématique, dédicace unique dans le Paris de

*Du sol au plafond, la voiture envahit le décor de l'*Auto-Passion

2004 ce qui témoigne de la fragilité et du caractère fugitif de la gloire des athlètes.

Quant aux différents *Gymnase*, il y en a 3. Mais celui du boulevard Bonne-Nouvelle ne se réfère-t-il pas en réalité au Théâtre dont il est si proche, ou bien le théâtre lui-même est-il situé sur un ancien lieu de pratique gymnique, de même que celui de la rue des Cordelières dans le 18e ? Pas d'équivoque possible en revanche avec le *Gymnase Japy* du boulevard Voltaire. Pour abreuver nageurs et andines, se proposent *La Piscine* (18e) et le *Bar de la Piscin* (19e), alors que près de la Porte des Lilas, les Tourelles – devenues piscine Georges Vallerey – où triompha lors des Jeux Olympiques de 1924 Johnny Weismuller, futur Tarzan des salles obscures, n'ont apparemment pas inspiré la dénomination du moindre troquet, par rejet de l'eau peut-être ?

A propos de Jeux Olympiques, si *L'Olympique* de la place de l'Odéon fut longtemps la chambre d'appel et d'écho où se donnait libre cours la faconde de Joseph Guillemot, vainqueur du Finlandais Paavo Nurmi lors du mémorable 5 000 des Jeux d'Anvers en 1920, comment situer *L'Olympic* (9e), le *Café des Olympiades* déjà cité, pour ne pas parler de *L'Olympe* (19e) ? Le lien paraît pour le moins ténu.

Les buvettes des stades proprement dits ne suffisent pas à étancher la soif ardente des passionnés du ballon, qu'il soit rond ou ovale. Bien que Paris se situe indiscutablement au nord de la Loire, la primauté du foot a reculé à l'avantage de ce Rugby pénétrant dans les foyers au cours des années 1950 et 1960 par les étranges lucarnes des postes de télévision avec les « petits » chers à Roger Couderc, ce rugby qui permet à beaucoup de retrouver « le pays » à l'occasion des grandes rencontres, en particulier celles du Tournoi des V Nations, devenues VI par l'adjonction de l'Italie. Quand bien même le *Black Bear* rue Montmartre, succursale de son homologue à Pau, n'a pas survécu à Robert Paparemborde dit « Patou » qui l'avait lancé appuyé par Jean-Pierre Rives, le score est en ce moment de 5 à 4. D'un côté, *Le Twickenham* (5e), *Le Drop*

La devanture du café AutoPassion

(7ᵉ), (ex *Penalty* longtemps tenu par l'ancien équipier du Racing Club de Paris Angelo Grizetti, mais passé depuis à l'adversaire), *Le Rugby* (rue Roquépine, 8ᵉ), le *Rugby Bar* (12ᵉ), *Le Flanker* (13ᵉ) ; de l'autre *Le Penalty* (8ᵉ et 14ᵉ), *Le But* (9ᵉ), *Paris-Foot* (20ᵉ). Dans lequel des deux camps faudrait-il ranger *Le Match* (2ᵉ) ? A quelle semelle fixer *Le Vieux Crampon* (9ᵉ) à moins qu'il ne s'agisse d'une référence à la montagne ?

Pour bien cerner le propos, il est trois chemins sur lesquels je ne me suis pas engagé. Celui du turf, alors que sans élargir le champ… de courses jusqu'aux omniprésents guichets du P.M.U, il y aurait eu à faire avec *Le Derby*, *L'Etrier d'or*, *Le Jockey*, *Le Jumping*, *Le Longchamp*, *Le Sulky* ; l'épopée automobile, car l'on ne peut tenir pour assuré que *Le Rallye* ait un lien direct avec celui de Monte-Carlo ou assimilés ; et les différents *Le Chiquito* que j'imagine plus inspirés par l'Espagne que par le tonitruant Chiquito de Combo, pelotari demeuré fameux entre tous.

Restent alors sept cas d'espèce liés à l'histoire et l'évolution des pratiques sportives. De même que les conditions de circulation et l'aménagement de plus en plus tentaculaire et contraignant de la banlieue proche puis éloignée ont consommé l'évanouissement de champions parisiens brillant maintenant par leur absence lors de l'ultime pirouette du « Tour » sur les Champs-Elysées – où es tu « Dédé » Leducq, titi descendu de la Butte Montmartre pour t'adjuger le « paletot » jaune en 1930 et 1932 ? –, de même ont quasiment disparu les références cyclistes. Seuls *Le Vélocipède*, à l'angle du boulevard de Strasbourg et de la rue Turbigo, *Les Cyclos* (dans le 8ᵉ), et l'hôtel-restaurant-bar *Le Vélodrome* avenue de Versailles au décor évocateur, entretiennent encore

la petite flamme. Si boulevard Victor existent un *Café des aviateurs* et le café *Bar de l'Aviation,* à proximité des bâtiments de l'Etat-major de l'Armée de l'Air, c'est parce qu'à portée de manche-à-air on se trouverait sur l'ancien terrain d'Issy-les-Moulineaux, au-dessus duquel le 13 janvier 1908 Henri Farman, sur biplan des Frères Voisin, devint le premier homme volant bouclant un kilomètre en circuit fermé aux commandes d'un appareil « plus lourd que l'air » ayant décollé du sol de par son énergie propre ; et où subsiste l'Héliport de Paris. Les *aficionados* du cochonnet ne disposent pas en bordure de l'Esplanade des Invalides, comme on aurait pu s'y attendre, d'un établissement à eux nominalement dévolu ; mais ils peuvent se désaltérer aussi bien dans le 14ᵉ, *Les Boulistes*, que dans le 20ᵉ, à *La Pétanque*, avant de reprendre leurs intarissables querelles de doctrine. Les événements ont parfois laissé leur empreinte : sans la réussite de Maurice Herzog et de Louis Lachenal gravissant le 3 juin 1950 à 14 h le sommet du « premier 8000 » himalayen, il est fort probable que *L'Annapurna* n'aurait pas planté… son drapeau près de l'Arc de Triomphe, rue de l'Etoile. La vogue relativement récente de certains sports, jointe à l'anglo-asiaticomanie, explique visiblement l'apparition, tous deux dans le 18ᵉ arrondissement, entre le Cimetière Montmartre et la rue Lepic, du Bar *La Dream Team* rue Joseph de Maistre en l'honneur de la constellation d'étoiles américaines du Basket, « Magic » Johnson en tête, apparues dans le ciel olympique des Jeux de Barcelone en 1992 ; ainsi que du *Pub'Ippon* rue Danrémont pour le Judo – avant ou en concordance avec les exploits de David Douillet ? Quant à *La Championne,* boulevard Bonne-Nouvelle, seule de son espèce, elle vient dire dans ces mondes, ô combien machistes, que le deuxième sexe affirme irrésistiblement son existence ; mais s'agit-il d'un hommage à Marielle Goitschel, Colette Besson, Jeannie Longo, Marie-José Perec, ou bien aux qualités d'endurance d'une magistrale « leveuse de coude » ?

Les cafés des sports parisiens ne se limitent évidemment pas, on le sait bien, à ceux qui affichent et revendiquent par leur titre même une liaison rude, euphorique et vermeille, avec le microcosme du sport. Et cette chronique pourrait proliférer et déborder si les impératifs des paginations n'y mettaient un terme.

Au *Café de Madrid,* 8, boulevard Montmartre, une plaque et une bicyclette rappelaient l'idée d'un Tour de France cycliste y avait été jetée le 20 novembre 1902 par un jeune journaliste, Géo Lefèvre, dans le feu d'une conversation avec son « patron » Henri Desgrange, si intéressé qu'il alla jusqu'à régler l'addition du déjeuner. Mais au moment où je boucle

Les Deux Stades *et son décor à la gloire du sport, et en particulier du football*

ma copie et lance quelques appels téléphoniques pour vérifications finales de menus détails, j'apprends avec stupeur que *Le Zimmer* qui succéda au *Madrid* en respectant cet héritage, a laissé la place, il y a une douzaine d'années à un *T.G.I. Friday* à l'américaine, lequel à son tour vient de vider les lieux au profit d'un *Sunset Café* où nul coin privilégié ne sauvegarde plus la naissance de l'épopée !

Le *Capoulade* du bas de la rue Soufflot, élu par les joyeux étudiants portant les couleurs violet et blanc du P.U.C., le Paris Université Club, n'est plus depuis longtemps qu'un fantôme sinon un fantasme. Il fallut que leurs descendants se rameutent à *La Coupole*, les « club-houses » successifs du stade Charléty demeurant à usage tant soit peu privatif, tout comme l'actuel restaurant de l'avenue Pierre de Coubertin, au bas de la Cité universitaire.

Avec la prolifération des petits et grands écrans, se sont multipliés les sites où certains jours, certains soirs, certaines nuits, communient dans les transes, le désespoir ou l'euphorie partagés, avec des hordes de supporters dont les voix, plus ou moins éraillées par leurs interminables et souvent savoureuses « discussions de coup », et les décibels effarent les voisins assourdis.

Mais si l'on s'attachait maintenant aux 6 000 restaurants répertoriés dans les « Pages jaunes », on s'apercevrait que là également la proportion des gargotes se réclamant délibérément d'une nomenclature sportive reste en fait assez modeste. Comme si le bien boire et le bien manger hésitaient à se ranger sous la bannière du « Sport », synonyme sous un certain angle de régime et d'ascèse, alors que souvent il se réclame simultanément de la joie de vivre et de la « troisième mi-temps », celle-ci en perte de vitesse, il est vrai, en raison de la professionnalisation croissante des gladiateurs.

Je bavarde. Je bavarde.

Or, il se trouve qu'un ami m'attend justement au coin de la rue. Il affirme avoir déniché un nouveau « Café des Sports »... J'y cours.

A la vôtre !

NOTES
1. O. Merlin, *Georges Carpentier, gentleman du ring*, Hatier, Paris, 1975.

Les cafés étudiants

Pauline Horovitz
Archiviste paléographe, doctorante en littérature française et comparée

Dès leur apparition, les cafés ont été des lieux fréquentés par les étudiants. En Angleterre se sont par exemple développées dès la fin du XVIIe siècle les *penny universities*, dont le nom faisait référence à la modestie des sommes que les clients pouvaient se contenter d'y dépenser. Mais plus généralement la présence de quartiers estudiantins a fréquemment entraîné la prolifération des lieux de sociabilité éprouvés que sont les cafés et les bars : que l'on songe par exemple à la proportion entre bars et étudiants à Saragosse, ville où l'on trouve le plus grand nombre d'étudiants « Erasmus » d'Espagne.

Paris ne fait pas exception à la règle. La Sorbonne, nom générique de son université donné par référence à la fondation par Robert de Sorbon en 1253, d'un collège pour étudiants pauvres, maintient aujourd'hui encore des traditions estudiantines dans l'ensemble du quartier Latin. Celui-ci commence sur la place de la fontaine Saint-Michel, autour de la rue de la Huchette et de la rue Saint-Séverin, s'étend jusqu'aux frontières de Saint-Germain des Prés, du Luxembourg et du boulevard de Port-Royal. Ses centres névralgiques sont la place de la Sorbonne, la montagne Sainte-Geneviève et les rues Mouffetard et Descartes. Dans ce minuscule « pays », dont la langue vernaculaire était autrefois le latin, sont rassemblés les locaux des universités issues de l'éclatement de la Sorbonne, Paris I, Paris II, Paris III, Paris IV et Paris V, ainsi que ceux de plusieurs grandes écoles, comme l'Ecole Normale Supérieure de la rue d'Ulm et l'Ecole nationale des Chartes, et de quelques lycées célèbres, Henri IV, Louis-le-Grand et Saint-Louis.

Essai de typologie

Le premier critère de définition à retenir est sans doute celui de la proximité géographique par rapport aux institutions d'enseignement, mais il est loin d'être suffisant, tous les cafés du quartier n'étant pas fréquentés par les étudiants qui disposent rarement des revenus des résidents permanents de l'arrondissement. Plus qu'ailleurs donc, c'est chichement qu'on s'y restaure, quoique les boissons alcoolisées n'y soient pas moins prisées. La sociabilité étudiante s'y décline de diverses manières : travail en groupe sur le coin d'une table, drague, surtout dans les bars et les pubs ouverts tard le soir, discussions éthérées sur l'avenir du monde et des hommes. Ce sont des lieux enfumés, obscurs, encombrés. Les toilettes en sont d'une propreté très approximative et bien souvent, la décoration s'avère franchement passéiste : les murs sont placardés d'affiches antérieures à la naissance des parents de ceux qui les fréquentent.

Quelques institutions du quartier Latin

Le *Reflet* tient lieu de cantine bon marché pour nombre des étudiants du quartier. Il se trouve dans la rue Champollion, étroite ruelle menant de la rue des Ecoles à la place de la Sorbonne, et fait face à une autre célébrité tout aussi prisée, le cinéma *Le Champo*, spécialisé dans les rétrospectives de films d'auteur.

Le *Piano vache* se trouve également dans une petite rue, derrière le Panthéon et l'église Saint-Etienne du Mont. Cette grotte encombrée et enfumée, caractérisée par l'obscurité opiniâtre qui règne à tous les étages et surtout dans les escaliers vertigineux, est réputée pour son ambiance délurée et déjantée. Les tables en sont témoins, elles dont les plateaux offrent au lecteur attentif des listes sans fin de générations d'étudiants, tout comme les murs, couverts d'épaisses couches d'affiches antédiluviennes. Sa clientèle, depuis son ouverture il y a 20 ans, est restée essentiellement étudiante, formée en particulier des élèves des classes préparatoires des lycées voisins, Henri-IV et Louis-le-Grand, qui apprécient le « pastis au mètre ». C'est aussi un lieu de rassemblement « gothique », le mercredi soir, et un endroit bien connu des amateurs de rock et de *new wave*. Mais quel que soit le jour, le *Piano vache* est envahi dès 22 h par une clientèle très

Une soirée d'étudiants au XIXe siècle dans un établissement simple mais sans doute convivial

Au Zéro de conduite, *le décor fait cohabiter peluches et images enfantines*

hétéroclite, venue pour se souvenir de ses années d'études ou pour découvrir.

Citons également le *Crocodile*, entre le Luxembourg et la rue Saint-Jacques. Depuis 1966, l'endroit, ouvert uniquement de 22 h au petit matin, brasse une clientèle essentiellement étudiante. Malgré une façade miteuse, d'un vert délavé, les cocktails aux noms bizarres et une ambiance explosive ont fait la réputation de cet espace.

Une exception : les cafés de la place de la Sorbonne

Paradoxalement, ce ne sont pas les plus fréquentés : *L'Ecritoire*, *L'Escholier*, le *Saint-Louis*, ressemblent, malgré leur nom et leur emplacement, à tous les grands cafés-brasseries parisiens, avec leurs garçons en costume noir et tablier blanc et leurs tarifs dissuasifs. Ouverts la journée et fermant relativement tôt, ils sont certes fréquentés par les étudiants, qui viennent y travailler, mais surtout par les universitaires, professeurs et maîtres de conférences, ou par les élèves des grandes écoles, et davantage encore par les touristes. En effet, les prix pratiqués n'incitent pas l'étudiant moyen à y venir régulièrement. Aux beaux jours, ils sont le royaume des touristes qui investissent les tables en terrasse pour profiter des concerts en plein air et du vacarme des fontaines de la place de la Sorbonne.

L'axe névralgique : Descartes-Mouffetard et les annexes de Saint-Germain des Prés

La rue Mouffetard, « la Mouff », et son prolongement vers le nord qu'est la rue Descartes, offrent une succession de gargotes à crêpes et à *panini*, de cafés-brasseries « classiques » sur la place de la Contrescarpe, et de quelques repaires d'étudiants particulièrement courus, comme le *Bateau ivre* et le *River Bar*, ou encore le *Requin chagrin*.

On peut enfin citer deux « annexes » situées dans le quartier de Saint-Germain des Prés : le *Dix*, rue de l'Odéon, et *Chez Georges*. Le *Dix*, à l'instar de ses homologues de la rue Mouffetard, se dissimule derrière une enseigne discrète que seuls les initiés sont capables de ne pas manquer ; il comporte un bar et quelques tables au rez-de-chaussée, et une petite cave, munie également d'un bar, où peuvent s'asseoir une quinzaine de personnes. L'endroit est célèbre pour son ambiance enfumée et obscure, mais conviviale, et ses pichets de sangria. Il est un des repaires des étudiants étrangers. *Chez Georges*, plus encore qu'une institution, est un véritable mythe pour les étudiants parisiens. Cette ancienne cave ouverte en 1952 a en effet vu défiler Blondin et ses comparses qui en avaient fait l'un des endroits d'élection de leurs frasques germanopratines ; des générations d'intellectuels et de tabagiques ont fréquenté les lieux. Le zinc est un zinc, le carrelage en carrelage ; les tables anarchiquement disposées accueillent aussi bien des alcooliques notoires que des touristes ou des jeunes gens venus s'encanailler ; on trouve aussi un étage étroit et encombré, et une cave, ouverte à partir de 22 h et vite bondée, à laquelle on accède par un escalier étroit et escarpé. Elle se transforme pourtant souvent en piste de danse.

Le Café Oz, *pub australien, est le lieu de rendez-vous des amateurs de rock*

Les pubs

Importation d'Angleterre ou d'Irlande, les pubs sont très nombreux dans le quartier Latin, et présentent les mêmes caractéristiques que ceux sis dans les autres quartiers de Paris : on y parle l'anglais, au moins les serveurs, et on y trouve toujours un grand comptoir de bois et un choix de bières à la pression impressionnant. On y célèbre les événement sportifs tels que le rugby ou le football, ainsi que les grandes fêtes irlandaises, comme la Saint-Patrick, qui attirent les fêtards de tous âges et de toutes nationalités. Ces pubs sont souvent le repaire des étudiants anglo-saxons, anglais, irlandais ou américains, mais sans aucune exclusivité. C'est souvent l'ambiance chaleureuse et la modicité des prix (la pinte de bière est entre trois et quatre euros) qui expliquent leur succès. Parmi ces pubs, on retiendra le *Hurling Pub*, en face de l'ancienne école Polytechnique. On peut y jouer aux fléchettes, faire une partie de billard et regarder les matchs de foot, ce qui s'avère très utile pour ceux qui n'ont pas la télévision. De plus, c'est l'un des rares pubs où la consommation est facultative. Il est très tranquille en semaine, mais bondé le week-end, surtout les soirs de match de foot. En général, après sa fermeture à 2 h du matin, les derniers clients se replient sur le *Violon dingue* qui ferme, lui, à 4 h.

Citons également le *Mayflower*, le *Café Oz* (australien), idéal pour les amateurs de rock australien, le *Connolly's Corner*, à côté de l'université de Censier ; et, *last but not least*, le *Hideout*, sans doute le plus caractéristique et le plus fréquenté. Il a été créé en 1974. La musique qui y passe est plutôt rock ou pop anglaise (*Sonic Youth* en particulier), et des serveurs charmants confectionnent des cocktails mythiques à des prix défiants toute concurrence ; lors des soirées d'étudiants organisées par les bureaux des élèves, on ne pourrait pas y faire rentrer une épingle. Le mercredi soir en général, c'est « soirée Erasmus », avec rassemblement de tous les étudiants étrangers. Au grand dam des riverains, le *Hideout* ferme à 4 h du matin.

Les nouvelles tendances

Le *Columbus Café* rue Soufflot, à l'instar des chaînes américaines du type *Starbucks*, propose un grand choix de cafés à l'italienne revus à l'américaine (moccaccino, cappuccino, etc), et de pâtisseries type muffins ou cookies. Il est très couru par les touristes.

Le *Zéro de conduite* est plutôt un bar « à concept » pour les jeunes adultes à tendance régressive, où l'on passe sa commande sur une ardoise et où l'on boit au biberon, tout en écoutant les génériques des dessins animés des années 1980 (type *Candy*, *Albator*, etc).

Les cafés « orientaux », comme le café sans nom de la rue Laplace et le *Bagdad Café*, ou encore l'agréable café maure de la mosquée de Paris, rue Geoffroy-Saint-Hilaire, sont très en vogue : on y déguste des pâtisseries orientales, tout en fumant le narguilé.

Ces nouveaux cafés à la mode n'attirent pas seulement une clientèle d'étudiants, mais aussi – et surtout – une clientèle de cadres et de touristes. Si ce ne sont pas les lieux les plus typiques, leur succès manifeste la variété des populations qui pratiquent le quartier.

En dépit de cette fréquentation touristique et de la hausse des prix, les cafés sont encore et toujours remplis. Sans déprécier aucunement leurs mérites respectifs, ce phénomène s'explique largement, et par la modeste surface des chambres d'étudiants, et par l'absence de tout lieu d'accueil digne de ce nom dans les institutions universitaires, en particulier la Sorbonne qui n'offre à ses hôtes que quelques malheureuses machines à café coincées à côté des toilettes, transformant *ipso facto* le quartier en un gigantesque campus.

Les cafés gays et lesbiens
Olivier Muth
Conservateur du Patrimoine

En 20 ans, Paris est devenu l'une des villes les plus attractives pour les gays et les lesbiennes qui viennent y vivre ou y passer leurs vacances pour profiter des multiples établissements dont dispose la capitale. Une grande partie de leur sociabilité passe par les bars et les cafés spécialisés. Si le phénomène n'est pas nouveau, il s'est amplifié et a acquis une visibilité qui permet, aujourd'hui, de recenser les établissements homos selon des caractéristiques bien précises. Malgré tout, ces derniers souffrent encore trop souvent d'une image réductrice, alors qu'ils sont des lieux protéiformes, aux activités et aux clientèles variées.

Déjà, dans les années 1920, qui n'avaient pas de folles que le nom, il était possible d'afficher ses préférences dans des bars, des clubs et des dancings qui fleurissaient alors dans une ville réputée pour la variété de ses plaisirs nocturnes et qui se trouvaient principalement dans des quartiers excentrés ou marginaux comme Montmartre, Pigalle et Montparnasse. Depuis la fin du XIXe siècle, Montmartre était le principal lieu de rencontre des lesbiennes parisiennes, que l'on retrouvait enlacées à la terrasse des cafés ou dansant au bal du Moulin-Rouge. Les femmes ayant joué le rôle que l'on sait pendant la Première Guerre mondiale, les lesbiennes profitèrent du mouvement d'émancipation qui s'ensuivit, de la libération des mœurs symbolisée par le roman de Victor Margueritte, *La Garçonne* (1922), et de la mode androgyne lancée par les grands couturiers. Les hommes fréquentaient aussi les bars de la rive droite : le *Bœuf sur le toit*, fondé en 1921 par Louis Moysès, rue Boissy-d'Anglas, dans le 8e, était alors le rendez-vous de l'avant-garde parisienne, parmi laquelle on comptait nombre d'homosexuels. Après avoir déménagé rue de Penthièvre en 1925, l'établissement accueillit des chanteuses lesbiennes, telles que Dora Stroeva, Yvonne George et Jane Stick. C'était aussi le cas *Chez Palmyre*, place Blanche, qui devint le *Liberty's Bar* en 1919 et fut dirigé par le danseur Bob Giguet et le transformiste Jean d'Albret. Brancato et Charpini, chanteurs aux dons vocaux exceptionnels, s'y produisirent, ainsi qu'au *Bosphore*, cabaret élégant du 18, rue Thérèse, près de l'Opéra, qu'on rebaptisa bientôt *Chez Charpini*. La vogue des cabarets était lancée : on allait voir O'dett au *Fiacre*, rue Notre-Dame-de-Lorette, et à la *Noce*, place Pigalle, tandis que Suzy Solidor triomphait à la *Vie parisienne*, rue Sainte-Anne[1]. A côté de ces endroits plutôt « select », les homosexuels se retrouvaient dans les établissements populaires du nord de Paris[2]. La *Petite Chaumière*, rue Berthe, au pied du Sacré-Cœur, attirait particulièrement les étrangers en mal de sensations : dans cet endroit minuscule, tenu par « Monsieur Tagada », les travestis dansaient entre eux. Un témoin raconte : « Ils ondulent plutôt qu'ils ne dansent. Ils se choquent le ventre d'un mouvement obscène, à chaque temps d'arrêt, impriment à leur buste de courts frémissements et pincent délicatement entre leurs doigts la jambe du pantalon, qu'ils relèvent sur la bottine vernie à chaque pas en avant, en lançant des œillades à la clientèle. Ils sont habillés avec un grand raffinement. Certains semblent s'être rembourré la poitrine avec de la ouate. D'autres exhibent des kimonos largement décolletés »[3]. Certains bars de Montmartre ou des environs de la porte Saint-Denis et de la porte Saint-Martin étaient en outre réputés abriter des trafiquants de drogue et des prostitués. D'autres établissements se trouvaient, enfin, sur les Champs-Elysées, où se rendait une clientèle huppée de parlementaires et d'hommes de lettres ; en face des Tuileries, où les Anglais se rassemblaient pour prendre le thé ; près du Champ de Mars ; et dans le quartier de la Bastille, rue de Lappe notamment, où marins et coloniaux faisaient le succès des bals-musette. L'ambiance n'y était pas toujours strictement homosexuelle, mais les danses entre hommes étaient tolérées et les rencontres d'un soir étaient fréquentes.

Les années 1920 virent ainsi la création d'établissements ayant pignon sur rue et accueillant une clientèle ouvertement homosexuelle. Cet élan fut brisé par le retour à l'ordre des années 1930. Pendant l'Occupation, la répression venait davantage du régime de Vichy, théoricien du « redressement moral », que des Allemands, qui se désintéressaient des homosexuels, quand ils ne se mêlaient pas carrément au public des music-halls et des cabarets. Les *gays*, profitant de l'exubérance du mouvement

La devanture du Banana Café, *rue de la Ferronnerie*

Vue du Flag *dont le nom évoque le drapeau arc-en-ciel, signe de reconnaissance de la communauté homosexuelle*

zazou, se retrouvaient alors dans le quartier Latin et sur les Champs-Elysées, près de l'Etoile. Cependant, l'homosexualité devint un délit par une loi du 6 août 1942 et une répression larvée prévalut dans les années 1950. La libération des mœurs, à partir de la fin des années 1960, entraîna l'ouverture de nouveaux établissements, tels que l'*Arcadie*, rue du Château-d'Eau, dans le 10e, où se réunissait l'association du même nom et où l'on pouvait danser des séries de paso-doble, de tangos, de cha-cha-cha, de valses et de slows. Les réunions du FHAR (Front homosexuel d'action révolutionnaire) dans l'amphithéâtre des Loges, à l'Ecole nationale des beaux-arts, dynamisèrent en outre le quartier de Saint-Germain des Prés. Mais la fin des années 1970, marquée par le look *Village People* et le fantasme du macho moustachu, conduisit à une redistribution géographique des établissements homos : les bars huppés de la rue Sainte-Anne, qui tenaient le haut du pavé depuis dix ans, déclinèrent, tandis qu'un nouveau quartier, le Marais, commença à émerger. Par ailleurs, on ouvrit de nouveaux endroits pour les hommes : les bars à *backroom*, tels que le *Trap*, rue Jacob (6e), le *Manhattan*, rue des Anglais (5e), le *Daytona*, rue Notre-Dame-de-Lorette (9e), et les bars sado-masochistes, le *Keller's* notamment, dans le 11e arrondissement. Le sexe s'y consommait sur place, sans retenue, mais les ravages du sida, dès les années 1980, allaient modifier, une fois encore, les pratiques et les lieux de sociabilité homo[4].

Les cafés *gays* et lesbiens se sont multipliés depuis 30 ans et leur implantation géographique a connu des bouleversements importants. Pour qui veut les recenser aujourd'hui, un premier problème se pose : comment les distinguer des autres établissements parisiens ? Le *rainbow flag* a longtemps fait office de signe de reconnaissance. Créé par l'Américain Gilbert Baker dans les années 1970, le drapeau arc-en-ciel possédait huit couleurs à l'origine : le rouge pour la vie, l'orange pour la réconciliation, le jaune pour le soleil, le vert pour la nature, le turquoise pour l'art, l'indigo pour l'harmonie, le violet pour l'esprit et le rose pour le sexe. Le turquoise et le rose disparurent malheureusement dans une manifestation, pour des raisons techniques, manque de tissu et problème de symétrie. Force est de constater qu'aujourd'hui le *rainbow flag* ne fait plus recette : les uns le considèrent comme stigmatisant, les autres accusent les commerçants d'en faire un fond de commerce et d'avoir davantage d'égards pour le portefeuille que pour le confort des homos. Aussi apparaît-il de plus en plus sous la forme d'un *sticker*, collé discrètement sur la porte du bar ou du café.

L'Amnésia Café, *rue Vieille-du-Temple, propose au rez-de-chaussée un bar traditionnel, tandis qu'au sous-sol les clients peuvent danser*

Si le drapeau arc-en-ciel n'est plus guère significatif, on dispose, en revanche, des listes du SNEG (Syndicat national des entreprises gaies), qui recense les établissements homos, et de nouveaux guides thématiques, qui fleurissent depuis trois ans[5]. Les magazines spécialisés, *Têtu* et *Tribumove*, et les petits formats distribués gratuitement, *Illico, Mâles à bars, Em@le, Ex'ist*, donnent la liste des établissements de la capitale et annoncent les soirées et les événements à venir. Enfin, les annuaires, qu'on trouve sur certains sites homos du web[6], et les « Pages Arc-en-ciel », lancées récemment sur le modèle des « Pages jaunes » de France Télécom, complètent une documentation dont l'abondance n'est pas innocente. Les consommateurs *gays* sont de plus en plus convoités, car, comme l'a dit un des fondateurs de ces « Pages Arc-en-ciel » : « Ce sont des clients exigeants, toujours à la recherche d'un service de qualité. Ils dépensent plus que la moyenne nationale des ménages et ont un pouvoir d'achat plus élevé. Ils représentent une clientèle fidèle et sont souvent prescripteurs auprès de leur entourage »[7]. Cependant, ces publications oublient souvent les petits établissements des quartiers périphériques, alors que des bars commerciaux, dont l'accueil et l'ambiance ne sont pas particulièrement *gays* ou lesbiens, figurent en bonne place.

En confrontant les sources et en tenant compte des changements de noms, il est possible de dresser une géographie précise des cafés homos de la capitale. Sur les 130 recensés à Paris ces trois dernières années, tous, sauf six, sont situés sur la rive droite, dont 54 (40 %) dans le 4e arrondissement : après Montmartre et Pigalle dans les années 1920, le quartier Latin et les Champs-Elysées dans les années 1940, Saint-Germain des Prés et la rue Sainte-Anne dans les années 1960, le quartier du Marais, entre les Halles, Bastille et République, est devenu le haut lieu de la vie homosexuelle parisienne. La plupart des établissements se trouvent dans un quadrilatère formé par les rues des Archives, de Rivoli, Vieille-du-Temple et Sainte-Croix-de-la-Bretonnerie. On en trouve ensuite 18 dans le quartier des Halles (1er), principalement rues de la Ferronnerie et des Lombards, et 15 dans le 3e arrondissement, rues Charlot et Michel-le-Comte notamment. Les *gays* et les lesbiennes ont également su profiter du *revival* de la Bastille et de la République pour essaimer dans le 11e, rues Keller et de la Folie-Méricourt par exemple, où l'on compte quinze débits de boisson. Viennent ensuite le 2e (6), le 17e (5), le 7e et le 10e (3). Les arrondissements les moins bien desservis sont le 6e, le 9e, le 15e et le 18e (2), le 5e,

Vues intérieures du Flag *et de* l'Amnésia

le 7ᵉ, le 12ᵉ et le 19ᵉ (1), enfin le 13ᵉ, le 14ᵉ, le 16ᵉ et le 20ᵉ (0). La très grande concentration des établissements homos dans le centre de Paris finit parfois par donner l'impression de ghetto : il est même de bon ton, au sein de la « communauté », de fustiger le Marais, trop commercial, trop mode, trop « milieu ». Rappelons toutefois que plus de la moitié des bars sont disséminés dans les autres quartiers de la capitale. Par ailleurs, l'offre est suffisamment variée pour que chacun y trouve son compte : si les cafés *gays* et lesbiens se caractérisent avant tout par leur diversité, on peut toutefois ébaucher une typologie en fonction de l'ambiance, de la clientèle et des activités proposées. Les bars « à ambiance », festifs et branchés, se distinguent par une décoration kitsch et colorée, une clientèle jeune et « lookée » et une musique techno ou *lounge*⁸. On les trouve surtout dans le quartier des Halles et du Marais. A côté de ces endroits festifs, on trouve des bars genre « intello-chic » ou « parisien branché »⁹. Ailleurs, c'est la musique « variétoche » qui triomphe : à *l'Acces'soir Café*, rue des Blancs-Manteaux ; à *l'Akhénaton Café*, rue du Plâtre ; au *Polystar*, rue Saint-Martin… A *l'Amnésia Café*, rue Vieille-du-Temple, on danse au sous-sol sur d'improbables 45 tours. D'autres établissements jouent la carte de l'intime et du cosy, comme le *Classic Bar*, rue des Haudriettes, où des toiles de maître ornent des murs couleur brique, ou la *Petite Vertu*, rue des Vertus, où des « gueuloirs » d'inspiration flaubertienne sont organisés deux fois par mois. A côté des traditionnels bars à cocktails, qui proposent des verres à prix réduit en *happy hour*, on trouve des bars à tapas, le *Feria*, rue du Bourg-Tibourg, ou les *Piétons*, rue des Lombards, et des salons de thé, l'*Appart'hé*, rue Charlot, *Mariage Frères*, rue du Bourg-Tibourg, ou *Le Loir dans la théière*, rue des Rosiers. Enfin, on assiste, depuis peu, au retour en force des bars traditionnels et des bistrots de quartier : dans cette catégorie, les grands classiques du Marais, l'*Etoile manquante* et le *Central*, rue Vieille-du-Temple, les *Marronniers* et *Au Carrefour*, rue des Archives, côtoient les cafés du 11ᵉ arrondissement, l'*Interface*, rue Keller, et l'*Arambar*, rue de la Folie-Méricourt.

Les cafés homos se distinguent aussi par leur clientèle : si les bars branchés attirent davantage les jeunes gays et les *night-clubbers* invétérés, les hommes mûrs fréquentent plutôt les bistrots de quartier, comme le *Café Moustache*, rue du Faubourg-Saint-Martin. Le *One Way*, rue Charlot, et le *Bear's Den*, rue des Lombards, sont, eux, le rendez-vous des *bears*, *gays* poilus, barbus ou moustachus. Le phénomène des *drag-queens* s'est un peu essoufflé, mais on rencontre encore quelques-uns de ces travestis ou transsexuels, vêtus de manière extravagante et outrageusement féminine, au hasard de soirées au *Rainbow Café*, rue de la Verrerie, ou au *Paris Texas*, rue Godefroy Cavaignac. Les homos des DOM-TOM se retrouvent au *Caribbean Coffee*, rue du Roule, mais les blacks et les beurs ne disposent pas d'établissement spécialisé ; à part lors de soirées spéciales dans des clubs comme le *Folies Pigalle*, ils sont encore marginalisés. Quant aux filles, elles n'ont connu, pendant longtemps, qu'une poignée de bars dont certains, la *Champsmelé*, rue Chabanais, l'*Unity Bar*, rue Saint-Martin, l'*Imprévu*, rue Quincampoix, et les *Scandaleuses*, rue des Ecouffes, existent depuis plusieurs années. Plus visibles aujourd'hui, les lesbiennes ont ouvert de nouveaux établissements : le *Boobsbourg*, rue de Montmorency, le *Bliss Kfé*, rue du Roi-de-Sicile, et l'*Okawa Bar*, rue Vieille-du-Temple… Les uns acceptent les garçons et les hétéros tolérants, les autres, tels que l'*Utopia*, rue Michel-le-Comte, préfèrent les soirées entre copines.

Si les cafés *gays* et lesbiens sont, comme tous les débits de boisson, des lieux de sociabilité où l'on se retrouve pour discuter et échanger les derniers ragots, ils offrent aussi, souvent, la possibilité de danser et de faire la fête. Certains font discothèque au sous-sol, d'autres possèdent une petite piste de danse, tous ou presque organisent des soirées à thème. Des *before* ont lieu au *Banana Café*, au *Tropic*, à la *Villa Keops* et aux *Scandaleuses* avant l'ouverture des clubs situés à proximité, les *Bains*, le *Scorp*, le *Queen*, le *Pulp*. Les *afters*, plus rares, commencent à partir de 6 h du matin au 24, rue Keller, et à l'*Ecrin*, rue d'Hautpoul. Ces événements sont annoncés dans la presse spécialisée et par des *flyers*, cartons d'invitation ou dépliants publicitaires, aux couleurs et aux visuels colorés et conceptuels. Espaces de sociabilité et de fête, les bars homos sont aussi des lieux de drague. Certains d'entre eux, les *cruising bars* ou bars/sex-clubs, possèdent même, au sous-sol ou à l'arrière, des *backrooms*, réservées aux hommes (les filles n'y ont accès que lors de soirées très occasionnelles). Pour définir ces lieux, la revue *Nova* en a appelé à Brantôme, l'auteur des *Dames galantes* : « Ce sont des lieux où l'on se mêle au hasard dans les ténèbres »[10]. Certains d'entre eux font aussi office de clubs, comme le célèbre *Dépôt*, rue aux Ours, que les habitués surnomment la « banque du sperme » et dont on a écrit qu'il était au sex-club ce que l'UGC Ciné cité était au cinéma[11]. Si les années 1980 et 1990 ont été marquées par la généralisation du *safe-sex* pour enrayer l'épidémie du sida, les années 2000 ont vu, en revanche, le retour des pratiques à risque. Rappelés à l'ordre par les associations, les établissements *gays* et lesbiens ont fait un effort de prévention et de sensibilisation et proposent, en général, des préservatifs, du gel et des brochures à disposition sur le comptoir. Certains bars hébergent, par ailleurs, des associations et organisent des opérations de prévention, prouvant ainsi qu'ils ne sont pas seulement des lieux de fête et de plaisir, auxquels l'imaginaire collectif les a trop souvent réduits. Ce sont aussi, enfin, des espaces de création : l'*Oiseau Bariolé*, le *Duplex*, les *Scandaleuses* et la *Champsmeslé* présentent des expositions de photos ou de peinture, la *Petite Vertu* organise des débats et le *Rainbow Café* monte des spectacles ponctuels.

Si les cafés *gays* et lesbiens se sont multipliés depuis les années 1920, leur implantation géographique a varié dans le temps : au nombre d'une centaine, dont une petite moitié dans le quartier du Marais, ils sont devenus plus visibles, mais aussi plus variés, au niveau de l'ambiance, de la clientèle et des activités proposées. Espaces de sociabilité, de fête et de drague, ce sont également des lieux de prévention et de création. On regrettera néanmoins qu'après des décennies de répression, certains d'entre eux ferment leurs portes aux hétéros tolérants, créant ainsi une nouvelle forme de discrimination…

La devanture de la Villa Kéops, *boulevard Sébastopol*

NOTES

1. M. Pénet, « Des années vraiment folles », *Paris-Obs*, n° 2012, mai-juin 2003, p. 12-13.
2. *Tonton*, rue Norvins ; *Chez ma cousine*, rue Lepic ; le *Graff*, place Blanche, fréquenté notamment par le peintre surréaliste René Crevel ; le *Clair de lune*, place Pigalle ; *Mon Club*, au fond d'une impasse de l'avenue de Clichy… Il y avait aussi *Chez Léon*, près des Halles ; la *Bolée*, rive gauche, dans un caveau du passage des Hirondelles ; *Chez Julie*, rue Saint-Martin ; la *Folie*, rue Victor-Massé, qui devint ensuite la *Taverne liégeoise*, rue Pigalle… (F. Tamagne, *Histoire de l'homosexualité en Europe : Berlin, Londres, Paris (1919-1939)*, Paris, éd. du Seuil, 2000, p. 79-80).
3. Willy, *Le Troisième sexe*, Paris, Paris-Editions, 1927, p. 173, cité dans *ibid.*, p. 80.
4. E. Lamien, « De l'Occupation à l'émancipation », *ParisObs*, n° 2012, mai-juin 2003, p. 14-17.
5. Le *Paris gay et lesbien* et la *France gay et lesbien* du Petit Futé, le guide Musardine du *Paris sexy* et le guide *Zurban* du *Paris gay*.
6. Par exemple : www.gay-paris.com/bars.htm et www.generationgay.fr/annuaire/result1.asp?carte=paris
7. www.les-pages-arc-en-ciel.com.
8. C'est le cas du *Banana Café*, rue de la Ferronnerie, qui, après un petit passage à vide, a retrouvé de sa superbe, avec ses gogos *boys* et ses *drag-queens* au rez-de-chaussée, son piano-bar et son ambiance cabaret au sous-sol ; du *Tropic*, rue des Lombards, qui propose un cadre plus exotique ; de la *Villa Keops*, boulevard de Sébastopol, où l'on va pour voir et être vu ; du *Cox*, rue des Archives, tellement bondé le soir et le week-end que les clients finissent par déborder sur le trottoir ; du *Mixer Bar*, rue Sainte-Croix-de-la-Bretonnerie, rendez-vous des amateurs d'électro…
9. Le *Café*, rue Tiquetonne, où, entre deux appels de portable, on peut lire la presse quotidienne ; le Duplex, rue Michel-le-Comte, qui accueille depuis des lustres une clientèle fidèle d'intellos, d'étudiants et d'artistes ; le *Café Beaubourg*, rue Saint-Martin, où se presse une faune éclectique de « cultureux », de stars déchues et d'acteurs de seconde zone ; la Mezzanine de l'*Alcazar*, rue Mazarine, au-dessus du restaurant *hype fooding* de Terence Conran.
10. V. Borel, « Backrooms », *Nova*, septembre 1995. Les plus connus, le *Transfert*, rue de la Sourdière, l'*Impact*, rue Greneta, le *London*, rue des Lombards, *The Glove*, rue Charlot, le *Full-Métal*, rue des Blancs-Manteaux, le *Micman*, rue Geoffroy-l'Angevin, le *QG*, rue Simon-le-Franc, le *Banque Club*, rue de Penthièvre, le *Mec Zone*, rue de Turgot, *The Rangers*, boulevard Saint-Denis, les *Docks*, rue Saint-Maur, proposent toutes sortes d'installations permettant aux clients de se livrer à des activités sexuelles, parfois sadomasochistes, dans la pénombre.
11. *Paris gay et lesbien*, Petit Futé, 2001, p. 72.

Les cyber-cafés

Raphaël Leblanc
Ingénieur de recherche en nouvelles technologies

« Café dans lequel sont mis à la disposition de la clientèle des ordinateurs permettant d'accéder au réseau internet », telle est la définition du cybercafé donnée par le Petit Larousse, à l'aube du nouveau millénaire.

Le cybercafé naît en 1984. Alors qu'ils sont moins de 100 au début des années 1990, on en compte aujourd'hui plus de 1 000 dans le monde. Le premier cybercafé parisien, le *Café Orbital*, ouvre ses portes en 1995 dans le quartier Latin, face au jardin du Luxembourg, dans le quartier étudiant de la capitale. Il propose à sa clientèle « toutes les connexions à Internet et un cappuccino », carte bien peu conventionnelle. Les Parisiens pénètrent alors dans ce « cyberespace » décoré par un jeune artiste, Charley Case, et commencent à surfer sur la toile. Accueillis en ce lieu par des « cyberhôtesses », les « cybernautes » dévorent des « cyberwiches » et consomment du « cyber » à gogo, si cher à la mode du « cyber monde » de cette fin de millénaire. Aujourd'hui, le Parisien peut choisir entre une trentaine de cybercafés aux noms évocateurs : *Cyberbase*[1], *Village Web*[2], *Declic Web*[3], ou encore *Web 46*[4]. Il est cependant difficile de les comptabiliser tant l'existence de certains d'entre eux se révèle éphémère, malgré les « e-services » proposés, dans un monde où l'*e-mail* remplace le papier à lettres et l'*e-book* votre vieux livre lourd et poussiéreux. Ils peinent à retenir une clientèle plutôt jeune et donc volage, qui, bénéficiant des prix sans cesse en baisse du matériel informatique et de l'accès facilité tant en terme de prix que de rapidité à Internet, recourt peut-être moins fréquemment au cybercafé. Par ailleurs, les attentes de la clientèle ont évolué en une décennie. Si *l'Orbital Café* a vu le monde politique ou audiovisuel ouvrir là leurs premières boîtes aux lettres électroniques, il a aujourd'hui fermé ses portes, supplanté par des établissements qui, proposant un espace rationalisé et jusqu'à 200 postes, sont propices au jeu et offrent un accès bon marché.

Le cybercafé voit défiler en fonction des heures une clientèle hétérogène, aux attentes tout aussi diverses. La matinée et le début d'après-midi appartiennent à une population qui, ne disposant pas d'Internet, ou bien néophyte, vient y chercher une logistique ou une expérience qui lui font défaut. Tout en sirotant un café, le cybernaute s'initie au *chat* sur forum de discussion, au dialogue instantané sur canaux à thèmes dédiés, ou encore au butinage, au gré des hésitations de la souris. C'est généralement à ce moment que le cybernaute néophyte se noie dans cet océan de connaissances, déversé au travers de son écran, comme si le contenu de cette bibliothèque d'Alexandrie le submergeait. Le choc peut être rude, le problème n'est plus de trouver l'information mais de la filtrer… Heureusement, le Net possède ses outils : « moteur de recherche », voire « méta moteur » sont là pour aider les Magellans en quête d'espace inconnu. Le plus sûr moyen d'accéder à l'information numérique sous toutes ses formes reste bien évidemment l'expérience du *cyberbarman*, endurci aux interrogations communes, exprimées sous les formes les plus diverses.

La fin d'après-midi, la soirée et très souvent la nuit voient arriver des cybernautes plus jeunes et aguerris qui se réunissent physiquement et virtuellement pour engager d'infinies parties de *shoot'em up*[5], de RPG[6], de jeu de simulation, d'arcade varié. Casqué d'écouteurs, d'un heaume runique de protection

Vill@ge Web *est signalé par une vitrine modeste*

magique, armé d'une souris, d'un clavier et d'un lance missile à visée laser, ce noctambule est difficile d'accès. Les univers virtuels ont, comme toute société, leurs lois (ou codes), leurs tribus (ou clans), leurs dialectes à initiales franglaises qui laisseraient Tolkien lui-même sceptique malgré son dictionnaire elfique. Encore une fois, le foisonnement et la concentration de l'expérience au sein du cybercafé sauvent l'avatar inexpérimenté et lui permettent de sauver sa peau virtuelle ou du moins de la faire subsister quelque temps sur le plancher des vaches texturées et polygonales. Il entre dans un monde où la communication n'existe qu'à travers l'écran et le clavier, le micro et les écouteurs pour les mieux équipés. Les messages échangés répondent à un code précis, truffé d'anglicismes, où l'orthographe académique n'a pas sa place. Ainsi, c'est un monde parallèle qui s'ouvre, à la tombée de la nuit, aux portes du cybercafé, envahi par les accrocs qui échangent des boucliers, des sorts, astuces et autres *tips*[7] pour survivre dans leur univers virtuel favori mais toujours plus hostile au fil des niveaux d'expériences gagnés et des heures passées.

Les services proposés par les cybercafés n'ont cessé de s'étendre. Dans nombre d'entre eux, l'utilisateur voit mis à sa disposition des moyens professionnels de reprographie, de la simple photocopieuse à l'imprimante laser, en passant par le graveur de DVD dernier cri. Le cybercafé séduit plus par son aspect de caverne d'Ali Baba numérique que par son improbable café, concocté par des mains gauches, perdues sans icônes ni symboles cabalistiques tels que @, $, _, / ou encore \. L'appellation cybercafé est ainsi donnée aujourd'hui à des établissements n'ayant que très rarement des licences de débit de boissons. Le café lui même a perdu de sa majesté, troquant son écrin de porcelaine contre un gobelet en plastique, et échangeant avec amertume son chocolat pour une touillette en plastique. Ainsi les détracteurs du cyber monde considèrent-ils le café servi en ces lieux comme une drogue pour internaute noctambule, lui permettant de rester éveillé au fil des heures et des parties.

Si le cybercafé propose un matériel dernier cri, son décor reste souvent peu soigné et ne favorise guère la convivialité. Le cybernaute est concentré sur son écran, sur ses 17 à 21 pouces de pixels colorés, aux dépens de son univers immédiat. La recherche de confort pour les cybernautes se limite à du mobilier de bureau, aussi triste que banal. Néanmoins, certains lieux se démarquent par la volonté de donner une âme

L'intérieur de Vill@ge web *est extrêmement sobre avec ses bureaux alignés*

à leur établissement et de promouvoir en tant qu'objet de culture le *web*. Ainsi le *Web Bar,* aujourd'hui fermé s'adressait-t-il ces dernières années à une clientèle variée en proposant, dans un espace type loft, une galerie d'art – où expositions de peinture, sculpture, photographie ou vidéo se succédaient – des ordinateurs, des spectacles, une salle de jeux et une carte manière cantine-chic.

Le cybercafé est-il un café ? Telle est la question que l'on peut se poser devant le peu d'importance que revêtent les consommations et le type de communication qui s'y établit. Les échanges sont virtuels, le dialogue s'engage avec d'autres internautes, parfois aux antipodes. Isolé des autres clients par un casque quasi-omniprésent, l'utilisateur s'ouvre cependant sur un monde infini. Le *surfer* a tendance à trouver, ou retrouver, sur la toile des amis qui partagent sa passion et ses goûts. Le cybercafé remplit ainsi son rôle de médiateur même s'il promeut un nouveau type de rencontres, virtuelles, celles-là.

NOTES

1. 215, rue de Vaugirard, 15e arrondissement.
2. 6, rue Ravignan, 18e arrondissement.
3. 28, rue Henri Barbusse, 5e arrondissement.
4. 46, rue du Roi de Sicile, 4e arrondissement.
5. *Shoot them up* : explosez-les.
6. Role Playing Game : jeu de rôle.
7. astuces.

Les jeux de bistrots

Philippe Machet
Collectionneur

De tous temps on a joué dans les bistrots, principalement aux dés et aux cartes. Certains jouaient pour passer le temps, mais la première préoccupation des joueurs était de savoir qui allait payer la tournée. Tandis que d'autres jouaient pour gagner leur vie. En fait, c'est de savoir qui paierait la première tournée dont il s'agit, car le gagnant remet la sienne, on fait la revanche, le patron remet ça... la dernière, la « démarrante » et la station debout devient difficile.
Alors jeux de bistrots, jeux de poivrots ? Pas si sûr …

Les jeux dits de « table »

D'essence purement française, le billard est devenu un jeu d'intérieur par le truchement des aristocrates du XVIIe siècle, la connaissance complète du jeu de billard était même exigée lors des examens de sortie donnant droit à l'admission dans les mousquetaires du Roi ! Le billard français tel que nous le connaissons aujourd'hui (3 billes) remonte aux environs de 1850 et il était essentiellement pratiqué dans des « Académies », à l'ambiance plutôt feutrée et mondaine. Sa présence dans les cafés et bistrots, beaucoup plus populaires, se multiplia avec les premiers championnats du monde (1873) remportés par un français nommé Garnier.

Les cafetiers qui eurent alors l'idée, et la place, de mettre une ou plusieurs tables de billard à disposition de leurs clients en tirèrent un profit rapide en les louant, et en fidélisant leur clientèle. Mais la notion de rentabilité de l'espace joua en défaveur de l'encombrement du billard dans les petits établissements, qui se séparèrent de leurs tables. De nos jours, si quelques billards subsistent néanmoins dans les petits cafés, on a assisté au développement d'un nouveau type de café, doté d'une grande salle à l'américaine avec plusieurs billards (français, américain …), ce qui permet aux pratiquants de se livrer à leur activité favorite en toute décontraction. Les « Académies », quant à elles, drainent une clientèle d'habitués, de professionnels et de joueurs de haut niveau qui ont plaisir à s'affronter.

Ces billards sur tapis vert ne sont pas les seuls billards traditionnels. Par exemple, le « trou madame » était constitué d'une planche percée de petites arcades numérotées dans lesquelles il fallait faire passer des boules, que l'on tire avec une queue de billard, un peu comme la Boule dans les casinos. Il s'enrichit ensuite d'un mécanisme à ressort qui propulse la bille vers l'aire de jeu, on incline le plateau, on le parsème de clous et d'obstacles … et la bille se loge à la fin de son parcours dans un trou qui vaut un certain nombre de points. Pour finir, on additionne le tout et on détermine le gagnant. Et le perdant. A titre d'anecdote, un modèle, le « Rond Point », représente le Rond-Point des Champs-Elysées à Paris. Impossible de se tromper, l'Arc de Triomphe est en haut et l'obélisque en bas. Ce modèle mécanique est à monnayeur (pour les pièces de 25 c, donc d'Avant-guerre, celle de 39-45 bien sûr).

C'est dans les années 1930 à Chicago que le premier flipper tel qu'on le connaît aujourd'hui est inventé. Dans cette période de la prohibition, les bars ont dû développer l'industrie du jeu pour retenir leurs clients plus longtemps et les distraire. L'arrivée de l'électricité permit la création des billards électriques et d'autres innovations suivront. C'est en 1947 que naîtront les flippers tels qu'ils existent encore aujourd'hui. Il y a eu peu de changement depuis, principalement techniques. Aujourd'hui, le flipper est encore présent dans sa forme moderne, dans les bars, ses modèles anciens constituant pour tous les passionnés des pièces de collection à part entière.

Grande bataille d'échecs livrée au café de la Régence *en 1843*

Autre incontournable jeu de bistrot, le baby-foot, qui doit aussi ses origines au billard… L'invention de la table du football peut être datée du début 1900, en France par le constructeur automobile et inventeur Lucien Rosengart, ou en Belgique par un fabricant de billard amoureux du football… L'origine est revendiquée des deux pays. Quoi qu'il en soit, on peut sans conteste faire remonter l'origine de ce jeu aux années 1920, époque où quelques cafés marseillais fidélisaient déjà leur clientèle grâce à cette attraction inédite qui ne s'appelait pas encore le baby-foot. Il reprenait en fait l'idée du billard russe (celui avec des champignons au milieu) en y adaptant une miniaturisation du jeu de football. Ce jeu extrêmement original ne s'est vraiment répandu qu'après la Deuxième Guerre mondiale, dans les années 1950. Consistant à son origine en une simple boîte de bois, avec des baguettes et beaucoup d'imagination, ce jeu s'est modernisé et s'est fait une place toujours plus grandissante. Il jouit d'une popularité indiscutable.

Les jeux de dés

Le jeu de dés le plus répandu est sans conteste le 421. On y joue avec trois dés, en additionnant des points, le plus beau score étant de réussir la combinaison 421. On compte les points avec des jetons. L'ensemble des éléments (dés, piste de dés, jetons) est très souvent publicitaire. Pour éviter la triche, et pour ne pas gaspiller une folle énergie à jeter ces dés sur la piste, l'homme a inventé une version mécanique de ce jeu. Les trois dés sont emprisonnés dans une demi-sphère transparente et reposent sur un plateau (représentant la piste) qui est actionné par un système de ressort, le mouvement projetant automatiquement et aléatoirement les dés. Même règle.

Autre jeu de dés, vaguement dérivé du premier est le 7-14-21, un jeu subtil et pervers s'il en est ! On joue avec un dé et on compte les points inscrits. Celui qui arrive à 7 en premier commande une boisson de son choix (mélanges bizarres autorisés, aïe le foie !), celui qui arrive à 14 la boit, celui qui arrive à 21 la paie. Pas vraiment futé comme jeu mais amusant (surtout pour celui qui commande, celui qui boit des mélanges infâmes ne trouvant pas toujours cela très drôle).

Les jeux de cartes

En France, la vedette est détenue par la belote, suivie de la manille et de la coinchée, et de quelques jeux locaux moins connus. On joue aussi dans certains bars au rami et au tarot. La plus célèbre partie de belote au bistrot est celle du film de Marcel Pagnol, *Marius* : « Tu me fends le cœur ». Mais, comme le précise la règle, il faut être quatre pour jouer à la belote ! Alors, on a inventé la belote de comptoir, version

Un café du 11ᵉ arrondissement et ses machines à sous

restreinte qui ne doit son nom que parce qu'elle emprunte les valeurs de l'atout à la belote classique d'une part, et qu'elle se joue directement sur le comptoir d'autre part. Son avantage : on peut y jouer à deux, à trois, à quatre, les points ne sont pas difficiles à compter et surtout, ça va plus vite pour boire un coup ! On annonce les points que l'on est en mesure de réaliser, comme des enchères, et celui qui a la dernière enchère détermine l'atout. On joue, on compte … C'est gagné si l'enchère est réalisée.

Le roi des jeux de cartes est le poker… Le jeu des malfrats, des proxénètes à l'argent facile, le jeu des bourgeois en désir d'encanaillement, un vrai jeu d'argent ! Et là, halte-là mon gaillard … les jeux d'argent sont interdits dans les bistrots par le célèbre article 410 du Code Pénal qui prohibe en France tous les jeux d'argent et sanctionne ceux « qui auront tenu une maison de jeux de hasard (pris au sens le plus large du mot) ou auront tenu des loteries non autorisées ». Donc, pas de circulation de billets sur les tables, mais simplement des jetons.

Rassurez-vous, il y avait des arrières-salles dans lesquelles des activités coupables et illicites se déroulaient sous des lumières blêmes et dans une atmosphère poissarde et enfumée. Que d'argent a ainsi changé de mains au détour d'une double paire, et combien de pigeons en mal d'aventure se sont fait détrousser, voire même ont fini la soirée truffés au plomb après une partie qui s'était mal déroulée ! Jeux d'argent, jeux de méchants ! Les grands seigneurs de la partie, ceux qui ont gagné, offrent les consommations au perdant, et quelquefois de quoi rentrer chez lui…

Et l'argent ? On utilise le système du « caviste ». Pour s'asseoir à une table de jeu, il est nécessaire d'avoir un minimum d'argent (pardon de jetons…). On échange son argent contre des jetons à un « caviste » qui perçoit son obole au passage. Vous avez donc votre « cave » en mains et vous pouvez miser et jouer. Si vous gagnez, vous venez en fin de partie échanger vos jetons au « caviste » qui reprend une autre obole au passage. Si vous perdez, vous pouvez vous « recaver », c'est-à-dire acheter une autre « cave ». Le « caviste » peut également prêter, sans papiers, mais exige des garanties, son taux de prêt n'a rien à voir avec des pratiques usuelles…

Autre astuce pratiquée dans les bistrots qui faisaient aussi office d'hôtel ou pension : louer une chambre aux joueurs ; ce subterfuge permettait ainsi de jouir d'un domicile privé et d'échapper à la loi.

Pour jouer, les accessoires sont indispensables ! Et les fabricants de boissons ne s'y sont pas trompés : leur nom est présent sur les jeux, les tapis, les jetons, les carnets utilisés pour marquer les scores… tout est utilisé comme vecteur de « réclame ». Le tapis possède de temps en temps un anneau dans un coin, pour le suspendre et il existe des boîtes publicitaires en métal ou en bois pour ranger les cartes, les jetons, quelquefois les deux ensemble… On peut également voir dans certains bistrots des petites presses qui permettent de ranger les cartes après la bataille et de les maintenir fermement à plat. Concernant les cartes, sachez que l'Etat a conservé le monopole de leur fabrication jusqu'en 1945. Le célèbre fabricant Grimaud, « maître cartier » agréé, bénéficiera d'un véritable monopole jusqu'à cette date.

Les jeux de comptoir

La roulette pyrogène : cet objet devenu très rare, trônait sur les comptoirs dans les années 1880-1900, et avait une double utilité ; le pied, généralement décoré, servait de pyrogène (grattoir pour allumettes soufrées) tandis que le haut formait une roue qui servait de loterie. Vous lanciez la roue, elle s'arrêtait sur une case vous donnant droit à un lot. Les règles du jeu sont toujours obscures à ce jour. Néanmoins, on ne gagnait pas d'argent. Du moins ouvertement…

La toupie de comptoir : une petite main en métal (ou en carton) découpé, avec un doigt inquisiteur sur lequel est inscrit « Qui paie ? Vous ! » de marque Junod, Félix Pernot ou bien encore Pernod Fils… Un jeu rapide, cette toupie de comptoir ! Fonctionnement simple : vous la faites tourner et le doigt pointé désigne celui qui paie ! Au cas où on n'aurait pas bien compris le fonctionnement, c'est écrit dessus.

Toujours mieux, toujours plus intelligent : encore plus rapide, encore plus direct, plus besoin de réfléchir, voici le jeton magique oui - non ! Une face avec oui, une face avec non ! Qui paie la tournée ? Vous prenez le jeton et vous le faites tourner : s'il tombe sur « oui », vous ouvrez votre portefeuille ; s'il tombe sur « non », vous le passez à votre voisin et vous savourez avec délice la boisson qui vous est offerte… Remarquez l'extrême esprit républicain qui se dégage de ce jeu, nul doute que l'égalité est réellement respectée et que tout le monde, du savant au dernier des abrutis à l'esprit embrumé par les vapeurs nocives de l'alcool, comprend la règle du jeu !

Les machines à sous

A l'origine, le terme « machine à sous » s'appliquait aussi bien aux machines distributrices qu'aux machines de jeu de hasard. C'est au XXe siècle que le terme se restreignit aux machines de jeu. Par exemple, une course entre deux petits chevaux s'engageait dès qu'une pièce était insérée dans la machine. De telles machines, installées dans les bars, attiraient les joueurs qui pariaient entre eux. Elles portent en France les noms de « Auteuil », « La Mirobolante », « Le Triomphe », tout un programme ! Petite histoire de la législation : l'exploitation des machines à sous, nées à la fin du XIXe siècle, est tombée rapidement sous le coup de la loi. En 1902, une première loi impose le paiement des gains en jetons dans l'établissement où est installé l'appareil. Les enjeux sont limités à 10 c et les gains à deux ou trois fois la mise. En 1909, le remboursement du jeton n'excède pas 30 c. L'autorisation d'exploitation d'un nouvel appareil s'accompagne, ensuite, d'une taxe de 10 f.

En 1937, un décret interdit définitivement tous les jeux de hasard dans les lieux publics, les cafés, fêtes foraines et épiceries. En 1983, la loi est renforcée. De nos jours, seuls les casinos ont le droit d'exploiter les machines à sous. Ces machines sont aujourd'hui très rares et font l'objet de somptueuses collections.

Il existe encore bien des jeux pratiqués (ou qui l'ont été) dans les bistrots comme les dominos, les échecs, le « jeu de tonneau » plus connu sous le nom du « jeu de la grenouille »… et d'autres certainement plus exotiques. Tout cela suivant les arrondissements de Paris, le patron, la clientèle et l'histoire du bistrot.

Et n'oublions pas les paris sur les courses de chevaux, le tiercé, le quarté, le PMU… Les nouveaux venus : loto, tickets à gratter, paris avec résultat en direct à la télé dans le bistrot. Ni les jeux d'arcade, dont certains dissimulent parfois des appareils illicites. Moins conviviaux, plus individualistes que les jeux classiques, ils ont néanmoins l'avantage d'amener les clients dans les cafés. Pour le grand plaisir des patrons de bistrots !

ON REJOUE GRATIS

METTEZ UNE PIÈCE DE 10¢ APPUYEZ SUR LA POIGNÉE JUSQU'AU FOND ET LACHEZ-LA

LES JETONS DÉLIVRÉS PAR L'APPAREIL SONT À CONSOMMER DANS L'ÉTABLISSEMENT

DISTRIBUTION TELLE QU'ELLE PEUT ÊTRE FAITE PAR LES DISTRIBUTEURS

"LA ROULETTE NOUVELLE"
POUR CONSOMMATIONS
MACHINE DE PRÉCISION

Pinceaux et palettes

Gérard-Georges Lemaire
Ecrivain, historien, critique d'art

La vie de bohème et la vie d'artiste

Le *Café Momus* joue un rôle symbolique car il marque l'entrée fracassante des artistes dans les cafés parisiens : c'est la première fois qu'une petite société d'artistes a élu domicile dans un café, y établissant une annexe de leurs ateliers et même une presse à graver ! Le *Café Momus* est le foyer d'un mythe qui a été popularisé par un roman écrit par Henri Murger, l'un de ses principaux protagonistes : *Les Scènes de la vie de bohème* (1880). A partir de cet ouvrage naissent les stéréotypes antagonistes du bourgeois et de l'artiste.

Mais, aussi étrange que cela puisse paraître, c'est un peintre académique, Thomas Couture, qui donna la première vision de la débauche dans les grands établissements parisiens avec *Souper à la Maison d'Or*. Cette œuvre montre Pierrot tout vêtu de blanc assis sur une table avec, à sa gauche, Arlequin sommeillant, la tête et les bras sur la table, et une femme étendue, elle aussi endormie, tout comme, à ses pieds, l'est un jeune homme habillé dans le style Henri III. Cette scène, pour les critiques de l'époque, est une sorte de pendant moderne à ses *Romains de la décadence*. C'est pourquoi on a surnommé ce tableau *Orgie parisienne*.

Gustave Courbet fréquente assidûment la *Brasserie Andler-Keller*, rue de Hautefeuille, située à proximité de son atelier. Il faisait plus que la fréquenter : il y animait une tribune publique pour son combat en faveur du réalisme. Il y rassemble ses amis, le critique d'art Jules-Antoine Castagnary, un fidèle admirateur, Charles Baudelaire, Théophile Sylvestre et Champfleury, un des premiers hommes de lettres à épouser sa cause. Courbet a saisi dans un dessin un moment de ces réunions de « buveurs de bière ». Il se montre au premier plan, coiffé d'un chapeau haut-de-forme et portant un pantalon à carreaux, en train de fumer un cigare, plein d'assurance. Il contraste avec le personnage en face de lui, au chapeau démesuré enfoncé sur le crâne et enveloppé dans une redingote verte, ce qui lui valut d'être surnommé le « Géant vert ». On y voit aussi Jean Wallon, une des figures-clefs du roman de Murger, lui aussi chevelu à l'excès et tirant sur sa pipe. Enfin, il n'oublia pas la propriétaire de l'endroit, madame Andler, lisant une gazette. Il fera d'elle un portrait plus flatteur en 1855, l'année où il fit construire le Palais du Réalisme, et qu'il intitule *Mme Grégoire*.

D'autres cafés furent bientôt élevés au rang de quartier général des peintres, comme la *Taverne du Cochon fidèle*, rue des Cordiers, où l'on publia un périodique éphémère, *La Bohème*, ou comme le *Café Génin*, qui voit le jour en 1857 rue Vavin. C'est un repaire meublé de façon élémentaire, fréquenté par Jules Vallès. Il devint cependant un petit musée car ses murs sont recouverts des œuvres de ses habitués. Le *Café Goujon*, rue Pigalle, est hanté par Courbet et ses amis, le chansonnier Pierre Dupont, le dessinateur Carjat et quelques lettrés. Mais c'est la *Brasserie des Martyrs* qui s'impose comme le camp retranché des rebelles du milieu du XIXe siècle : Baudelaire, Edmond Duranty, le fondateur de la revue *Réalisme*, Armand Gautier et François Bonvin, deux émules de Courbet, Henri Murger, Castagnary, le poète Théodore de Banville, le jeune avocat Léon Gambetta, l'éditeur Poulet-Malassis. Maxime Rude décrète alors que « c'était le laboratoire des choses qui paraîtront ou ne paraîtront peut-être jamais ; en tout cas c'est la fournaise ».

Le *Café Guerbois*, grand-rue des Batignolles, est passé à l'histoire avec *L'œuvre* d'Emile Zola. Ce dernier rebaptisa *Café Baudequin* l'établissement paisible et provincial de Michel

Deux hommes et une blanchisseuse croqués par Steinlein dans un café

Lévy. Là, à partir de 1866, Edouard Manet y attire Guillemet, Tobar, Zacharie Astruc, Whistler et Zola, auxquels se joignirent bientôt Degas, Renoir, Monet, Pissarro, Fantin-Latour, l'auteur de l'*Atelier des Batignolles* (1869), Bazille, le collectionneur Duret, le photographe Nadar. Il s'y crée, au fil des discussions l'Ecole des Batignolles, matrice de l'impressionnisme. Les causeries du jeudi à 17 h ne consistaient pas en des conversations de salon. On y abordait des sujets cruciaux et souvent controversés. En 1870, Manet et Duranty avaient une violente altercation qui finit par un duel où ce dernier fut légèrement blessé. Quoi qu'il en soit, tous ces hommes forment une communauté spirituelle jusqu'en 1869, année de la mort de Manet. Cette même année, le peintre signa un dessin à l'encre bleue et au crayon sur papier brun, l'*Intérieur de café* qui évoquait vraisemblablement le *Café Babois* (qui n'est autre que le *Café Guerbois*) que Duranty dépeint dans *La Double vie de Louis Séguin* en 1866.

Après la guerre franco-prusienne, le *Café Guerbois* est abandonné au profit du café *La Nouvelle Athènes*, un établissement paisible de la place Pigalle. Manet y reconstitua son petit cercle. Mais bien des choses avaient changé : Bazille a tué au cours des combats autour de la capitale et de vieux camarades s'étaient éloignés. Edgar Degas constitua son propre cénacle, en concurrence avec celui de l'auteur de l'*Olympia*, en face au Café du *Rat mort*. Il s'entourait de ses disciples italiens, le Florentin Diego Martelli, Giuseppe de Nittis et le talentueux Vénitien Federico Zandomeneghi.

La rivalité de Degas et de Manet se manifestait de bien des façons et, en particulier, dans la description de scènes de la vie des cafés, hauts lieux de leurs débats, qui acquièrent dorénavant une dimension mythique. Degas présente à la troisième exposition des impressionnistes en 1877 un pastel, les *Femmes devant un café*. La même année, Manet réalise une esquisse qui aboutit à un pastel achevé en 1881: *Un café de la place du Théâtre français*. La similitude du sujet est frappante : il s'agit de jeunes femmes, qui passent leur temps assises au café sans la moindre compagnie masculine. Mais, à la différence de Degas, Manet ne considère qu'une seule figure dans un café presque désert.

Manet était toujours hanté par le désir de rendre hommage à l'un de ces cafés qui étaient le *compendium* de l'esthétique moderne. Il reprit l'idée d'un intérieur de café dans un dessin de 1874 ou dans une autre composition à la mine de plomb, au début des années 1870. Il acheva en 1878 le *Café-Concert*, où ses deux personnages principaux tournent le dos à la chanteuse qu'on aperçoit à l'arrière-plan, tandis qu'une femme debout boit un bock, une main posée sur la hanche. Il étudia un sujet

Un artiste croque sur le vif une jeune femme

assez comparable un an plus tard avec *Coin de café-concert*. Ici, la rivalité avec Degas est évidente quand on observe la danseuse évoluant sur la scène, d'autant plus que la serveuse tenant les bocks à la main s'en détourne ostensiblement. Il en tira une autre toile terminée la même année, *La serveuse de bocks*, qui ne retient plus que l'homme en train de fumer la pipe, fasciné par les pas de la ballerine dont on ne distingue plus que la robe et le bras dénudé. Il est possible que Manet ait découpé sa toile pour en extraire un groupe de figures placées de l'autre côté de la table du fumeur et qui porte le titre *Au café*. En 1879, il est de nouveau sollicité par le microcosme vibrant des cafés quand Stéphane Mallarmé lui suggèra d'accepter de faire le portrait de George Moore, un jeune écrivain irlandais inconditionnel de *La Nouvelle Athènes* dont il fit plus tard l'éloge, la présentant comme une authentique académie de la culture vivante dans ses *Confessions d'un jeune anglais*. C'est d'ailleurs là qu'il rencontra le peintre pour la première fois. Manet travaillait avec acharnement sur cette toile où l'on voit l'auteur d'*Esther Waters* accoudé à une table en train de rêvasser et, en fin de compte, la laisse volontairement à l'état d'ébauche. Insatisfait, il décide de reprendre ce portrait dans une autre optique et achève le tableau rapidement. Antonin Proust rappelle que Moore s'est plaint du résultat. L'artiste fit alors observer que ce n'était pas de sa faute si ce dernier « a l'air d'un jaune d'œuf écrasé ». A la fin de son existence, il revint une dernière fois, entre 1881 et 1882, sur ce thème chéri dans *Un bar aux Folies-Bergères*. Là, le monde foisonnant du célèbre cirque se reflète dans le miroir,

*Helleu (à gauche) et Foujita (à droite)
nous offrent deux portraits
de femme en pleine rêverie*

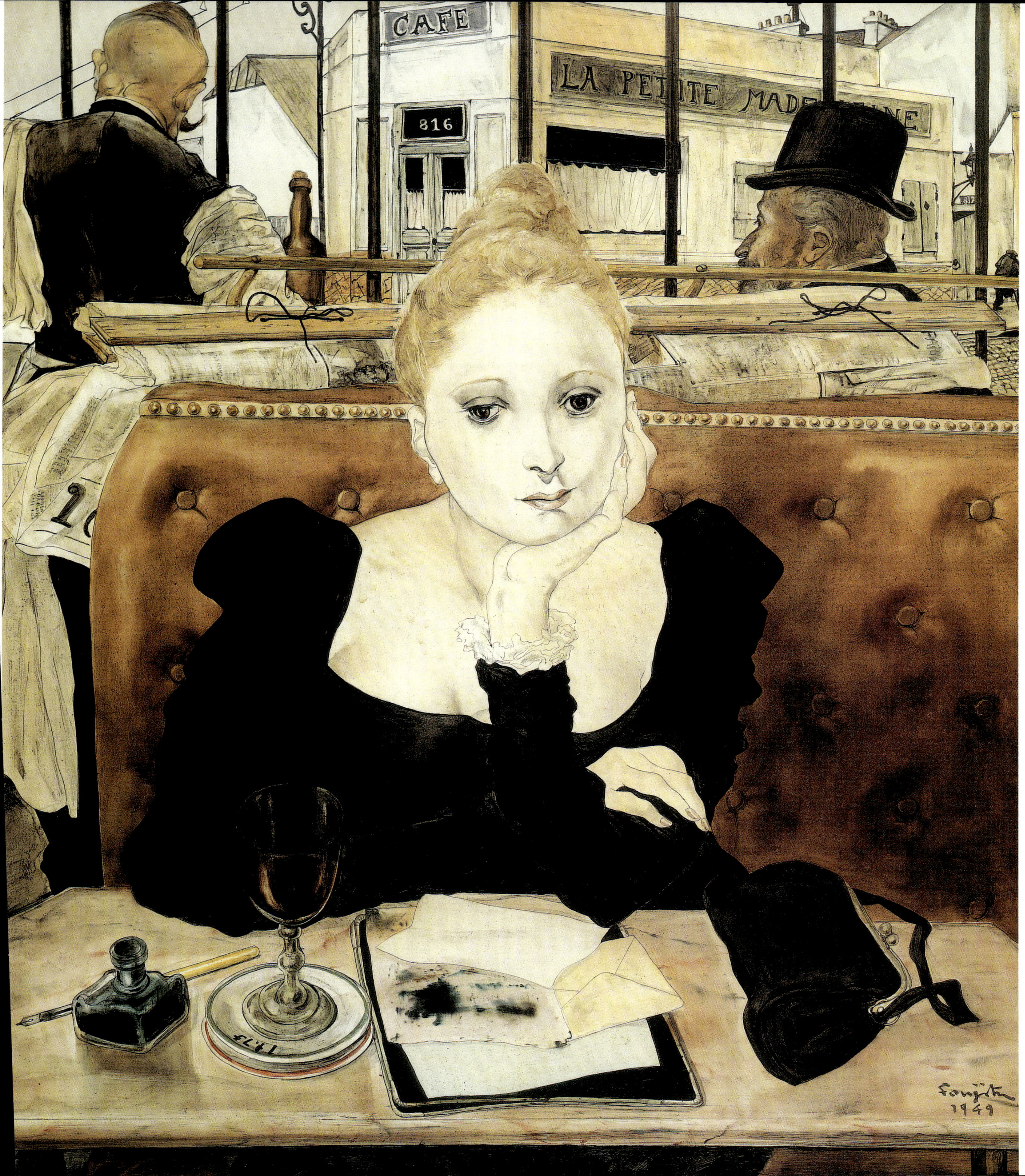
CAFE
816
LA PETITE
Foujita
1949

Comme bien d'autres artistes, Manet emportait avec lui son carnet de croquis.
En quelques traits de crayons et quelques ombres, il campe l'atmosphère d'un café place du Théâtre Français

tandis que la serveuse, les mains appuyées sur le marbre garni de bouteilles, d'un verre faisant office de vase pour deux pivoines et une coupe de fruits, semble attendre la commande du spectateur que nous sommes.

Dans le milieu impressionniste, où les nouveaux vertiges de l'existence urbaine exaltés par Baudelaire sont élevés au rang d'une philosophie du temps présent, plusieurs peintres furent fascinés par l'atmosphère des cafés parisiens.

Jean-Louis Forain réalise en 1878 un beau dessin en couleurs, l'*Intérieur de la Nouvelle Athènes*, où un monsieur ventripotent lit le journal, tandis qu'une dame, elle-même corpulente, passe derrière lui.

Gustave Caillebotte achève en 1880 *Dans un café*, qui est exposé lors de la cinquième exposition impressionniste. Il y montre un homme debout devant une table au plateau de marbre – que J.-K. Huysmans définit comme « un pilier d'estaminet [...], hélant les garçons par leur prénom, hâblant et blaguant sur les coups de jacquet et de billard, fumant et crachant, s'enfournant à crédit des chopes ». Dans le miroir, on distingue deux hommes assis face à face, s'adonnant sans doute à un jeu de société.

Federico Zandomeneghi qui, sitôt arrivé à Paris, rejoignit les rangs des artistes indépendants et subit la double influence de Renoir et de Degas, peignit à son tour plusieurs scènes de café. La première, de 1884 s'intitule *Au café*. Une femme à la voilette est assise devant une table alors que derrière elle un homme vide son verre. En 1884, il signa *Au café*, sans doute le café *La Nouvelle Athènes*. Il exécuta vers 1895 une étude très poussée, la *Place Pigalle*, où un groupe de belles filles (trois grâces de ce début de siècle) sont installées devant un guéridon au milieu d'une foule place du Tertre et bavardent sans se soucier de ce qui les entoure.

Des peintres appartenant à une toute autre sensibilité s'emparèrent de ce thème contemporain, qui avait désormais obtenu ses lettres de noblesse. Henri Gervex, fidèle aux principes du réalisme, n'en était pas moins très attentif à la montée en puissance du petit groupe impressionniste et fréquentait le *Café Guerbois*, celui de *La Nouvelle Athènes*, où il rencontrait Zola, Zacharie Astruc et Duranty, qu'il immortalisa dans une *Scène de café* en 1877. Il mit en situation certains de ses amis : Humbert, camarade de l'atelier de Cabanel, (l'homme au canotier fumant une cigarette), Albert Mérat, un poète parnassien, bohème endurci, (l'homme lisant le journal sur la banquette). Le café est probablement *La Rochefoucault*, un autre rendez-vous important d'artistes dont il est assidu. C'est aussi le cas de Boldini, peintre mondain et virtuose, qui composa en 1878 le *Café rouge*, tirant son nom de la couleur dominante. Cette toile est remarquable par le dynamisme de l'ensemble, accentué par la position de l'homme vêtu de noir au chapeau haut-de-forme assis en équilibre sur sa chaise. Les *Bohèmes au café* sont campés avec une douce ironie par Jean-François Raffaëlli en 1885. Quant à Jean Béraud, il peignit *Femme au café* en 1890, où son héroïne relit une lettre qu'elle vient d'écrire sur la table du café. Et le mythe de la bohème est à ce point gravé dans la mémoire collective qu'en 1904 André Devambez compose en 1904 un curieux tableau dépeignant les *Incompris* !

Mais le plus original des successeurs de Manet et de Degas est sans conteste Henri de Toulouse-Lautrec. Lui qui a aimé avec passion la vie de Montmartre, qui hantait les *caf'conc'* et les cabarets, les maisons de tolérances et les cirques, fut également un des plus fervents amants des soirées dans les cafés parisiens. Malheureusement, cet ami d'Aristide Bruant, pour lequel il réalisa de nombreuses affiches et qui le montrait à bicyclette dans une huile sur carton, n'a guère laissé de « traces dans ces purgatoires de l'esprit ». Par contre, Opisso exécuta en 1898 un dessin montrant Lautrec en compagnie d'Yvette Guilbert et d'Oscar Wilde, précieux document révélant un aspect essentiel des virées nocturnes de l'artiste.

Le triomphe de la mélancolie sous le signe de la fée verte

Edgar Degas peignit un de ses chefs-d'œuvre, *L'Absinthe*, où il montre le modèle Ellen Andrée, les yeux tristes et vides devant son verre auprès du graveur Marcellin Desboutin, indifférent, fumant la pipe en détournant la tête. Est-il conscient alors qu'il avait inventé avec ce tableau un « sujet » neuf qui allait remplacer les représentations classiques de la mélancolie ? Ce qui est sûr, c'est que Manet aborda deux ans plus tard un sujet similaire avec *La Prune*. Le rapprochement est d'autant plus saisissant que le modèle serait le même. Toutefois Manet dédramatise et place la jeune femme accoudée sur le marbre, sa cigarette éteinte entre les doigts, l'air pensif, dans une expectative heureuse. La couleur claire de sa robe rose et du tissu qui orne son chapeau, son charmant minois n'inspire pas le drame, mais une douce nostalgie. En 1887 Vincent Van Gogh releva le défi et peignit *Au Café Le Tambourin*, où Agostina Segatori, dont il fit par ailleurs le portrait la même année (*L'Italienne*), une femme assise devant une table, le regard vague devant une tasse vide, au milieu de son établissement dont le mur est décoré d'une estampe japonaise. Toulouse-Lautrec traite le thème avec plus de dureté que ses prédécesseurs en 1887-1888 avec *Poudre de riz* : la femme assise dans un fauteuil d'osier a le visage défait et fixe le vide alors qu'un nombre considérable de soucoupes s'empile sur la nappe blanche. Et il ne s'arrêta pas là : en 1889, il dessina *Gueule de bois, la buveuse*, qui présente une jeune femme de profil, le visage dur et rempli d'amertume, accoudée sur un petit guéridon en fer sur lequel sont posés un verre et une bouteille à moitié vide, une scène qui semble tout droit sortie de *L'Assommoir* de Zola.

Gueule de bois *ou les effets de l'alcool*

Avec La terrasse du Grand Café *(XXᵉ siècle), Bezombes rend hommage à Degas en s'inspirant de* Femmes à la terrasse d'un café *(1877)*

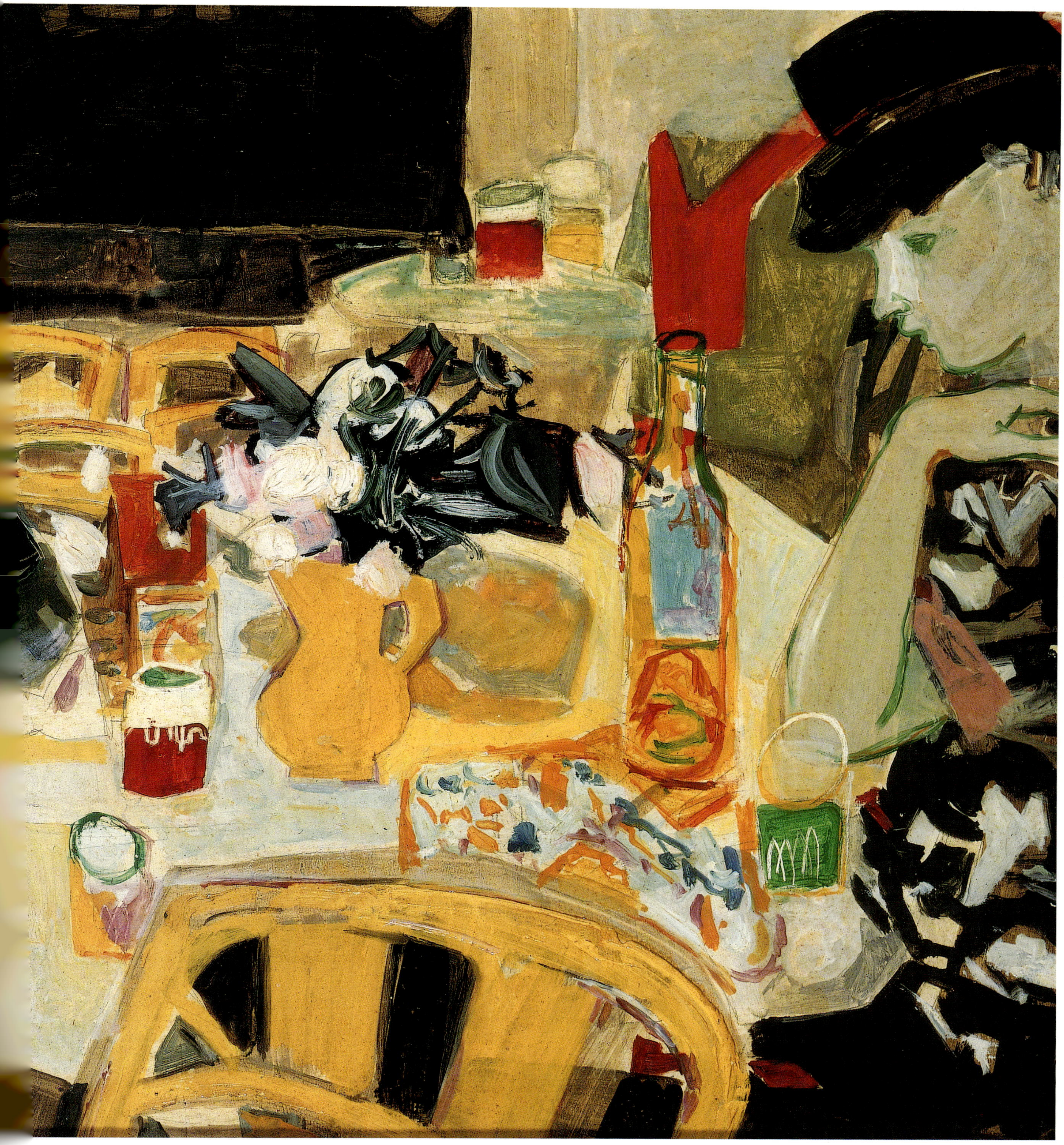

Modigliani et Jeanne Hébuterne

Christian Parisot
Président du « Modigliani Institut Archives Légales »

« La première rencontre est dans un bistrot, chez Azon, rue Ravignan – je vis Amedeo Modigliani, jeune, fort, sa belle tête de romain s'imposant par les traits d'une pureté de race étonnante. Il arrivait de Livourne, ayant découvert les trésors artistiques de Rome, de Venise, de Naples et de Florence… ».
Fernande Olivier

Montparnasse

La plus grande partie de l'œuvre de Modigliani fut réalisée à Montparnasse, où le groupe de Montmartre s'était établi. C'est au carrefour Vavin, entre *Le Dôme* et *La Rotonde* que les artistes confrontent leurs projets et leurs idées, dans ces bistrots enfumés, fuyant leurs ateliers mal chauffés. C'est au Carrefour Vavin qu'allait naître la fameuse Ecole de Paris, dont André Warnod fera plus tard une sorte de classement par nationalité. Une situation matérielle précaire avait conduit Modigliani sur la rive gauche car les logis y étaient alors peu coûteux : il habite tantôt avec Soutine à la Ruche, à la Cité Falguière, ou chez Kisling, rue Joseph Bara, tantôt avec Zborowsky à la même adresse, mais sa vie est alors si fragmentée qu'il nous est difficile de la suivre. Il nous reste les traces de ses séjours au café selon les témoignages de ses modèles telle la femme de Picasso, Fernande Olivier, qui tenait le jeune Italien pour un personnage mineur : il passe ses nuits dans un café quelconque, le carnet de croquis à portée de main, entouré de femmes… Il faut remarquer que si Modigliani admirait l'œuvre de Picasso découverte au début de son séjour, il ne cherchait pas, contrairement à tant d'autres artistes, à entrer dans la familiarité de l'artiste espagnol. Sur ses rapports avec Picasso, une relation d'entente tacite s'est faite. Il avait pu voir les œuvres bleues et roses chez Sagot et chez Vollard, mais malgré tout, Modigliani avait été refroidi par l'attitude réticente de Picasso. Leur première rencontre dans un bistrot de Montmartre s'était mal passée. Tout cela est confirmé par André Salmon, qui affirme que Modigliani n'allait que très rarement chez Picasso, ce qui surprenait les autres artistes du Bateau Lavoir. Plus tard, une sorte de *modus vivendi* s'établit entre les deux hommes qui se fréquentaient plus volontiers. Picasso lui acheta plusieurs de ses portraits (trois peut-être à des périodes différentes). Roland Penrose a révélé que Picasso en 1917 utilisait pour peindre une nature morte, un des portraits de Modigliani. Picasso le confirma à Douglas Duncan ajoutant : « C'est le seul crime que j'ai jamais commis ». La période primitive de Modigliani, entre 1909 et 1914, coïncide avec la fréquentation des bistrots, et une série de conquêtes féminines, véritable libération sexuelle, pour le jeune artiste livournais fraîchement arrivé dans la capitale des arts. Mais il faudra aussi bien faire le tri entre la « légende » et la vérité. Charles Duglas avait fait une enquête minutieuse sur les lieux et les témoignages des femmes de Modigliani, et certaines modèles ont accepté de donner leur « versions » des faits : Gilberte, Lola et la Quique, mais leurs vies restent un labyrinthe de déplacements entre bistrots, cafés et guinguettes… La Quique, surnom qui correspond à la Chica, la « petite » en espagnol, était née à Marseille, fille d'une ancienne prostituée et d'un marin espagnol, dont elle avait emprunté le nom modifié… belle, aux yeux noirs, elle était « montée » à Paris à seize ans pour chercher du travail à Pigalle. Elle s'était fait connaître comme chanteuse dans les cabarets en chantant des airs espagnols accompagnée par sa guitare, danseuse aux castagnettes, elle devait avoir 20 ans à l'époque où Modigliani la rencontra chez Graff. Ce fut un coup de foudre réciproque qui les unira pendant plusieurs jours dans une furieuse histoire d'amour, enfermés dans l'atelier de la place Jean-Baptiste Clément. Un beau portrait et des dessins portant le nom d'Elvira, son prénom véritable témoignent de la réalité de la rencontre avec Chica, qui aura une fin tragique, la guerre. Gaby semble avoir été le dernier modèle et l'ultime aventure de sa vie montmartroise, avant celle plus importante de Béatrice Hastings. Cette Gaby, selon Adolph Basler, était une fille gentille, avide de connaissance, qui trompait son amant, un avoué. Mais, celui-ci étant parti en voyage, elle était disposée à courir l'aventure et être la muse et le modèle du peintre. Elle l'invita chez elle où ils passèrent quelques jours dans le pavillon qu'habitaient Gaby et son homme d'affaire. Mais, l'amant, revenu de voyage sans prévenir, survint à point nommé pour trouver la belle Gaby posant nue devant l'artiste. Les deux hommes jouant une scène pseudo-dramatique, Modigliani s'exhiba au café en démontrant à l'avoué que sa maîtresse ne l'intéressait que comme modèle, ce qui était plausible étant donné les circonstances. Mais l'aventure, cette fois encore, avait tourné court. Béatrice Hastings « poetessa » rentra dans les milieux littéraires de Montmartre et de Montparnasse par la porte des cafés, où elle se présentait habillée en bergère, d'une façon excentrique, décadente, mais séduisante pour les artistes. Elle rencontra Modigliani et un amour fou naquit. Béatrice devient la femme entreprenante, directive et désinvolte qui régenta la carrière de Modigliani. Pendant deux ans, ils vécurent ensemble à Montmartre, Modigliani ne voulant pas se laisser dévorer par la situation. Les premières disputes éclatèrent en public pour

Modigliani avec quelques amis, dans un bistrot pendant la Guerre

des motifs intellectuels que leur amie, la femme de Foujita, Fernande Barrey, confirma : seule Béatrice faisait peur à Modigliani ! C'était une vilaine femme, mais une femme du monde. Elle se promenait en tenant au bras, en guise de sac, un petit panier à double couvercle, comme l'enfant du chocolat Meunier. Quand Modigliani la voyait arriver à *La Rotonde* pour l'emmener, il disait, pris d'une vraie panique : « Cachez-moi, c'est une vache ! ». Un jour, au début de leur liaison, après une terrible dispute, Modigliani tenta de mettre le feu à l'atelier, 53 de la rue du Montparnasse, où habitait la poétesse à son arrivée à Paris. Il était jaloux « à l'italienne »: Il refusa à son ami Kisling de faire son portrait, et de la laisser poser chez lui. Modigliani interrogé par Kisling répondit : « C'est moi qui suis opposé à ce que Béatrice aille chez toi. Quand une femme pose pour un peintre, elle se donne ». Elle avait fini par quitter l'appartement de la rue du Montparnasse pour oublier Amedeo, mais une indiscrétion avait permis à l'artiste de la retrouver à Montmartre où elle attendait un enfant, au 13 de la rue Norvins, dans une petite maison entourée d'un assez grand jardin. Après discussions et réconciliations houleuses, ils avaient repris pour quelque temps leur rapport amoureux. Paul Guillaume avait même pensé louer un atelier au Bateau-Lavoir pour lui rendre moins pénible la distance entre Montmartre et Montparnasse ; mais, elle ne voulait pas de Modigliani chez elle, qui n'y venait que pour de courts séjours. Un soir où Béatrice désirait aller au Bal de Montmartre costumé, et où elle déplorait ne rien avoir à se mettre, Modigliani avait attrapé sa vieille robe noire pour y dessiner de somptueux entrelacs au pastel. Elle fut très remarquée et cette robe resta dans la mémoire de tous qui, comme les ailes des papillons, laissait une poussière colorée sur les doigts de ceux qui la touchaient. Cette idée fut reprise par la suite par de nombreux metteurs en scène. Mais, tout fut terminé le jour où Béatrice choisit de vivre avec un autre artiste italien, le peintre Alfredo Pina.

A *La Rotonde*, rachetée et aménagée en 1911 par Victor Libion, on se sent comme à la maison. L'été, la terrasse prend des allures de villégiature : on l'appelle « Raspail-Plage » qui devient le rendez-vous de tous les possibles. Modigliani est l'un des piliers de *La Rotonde* comme Kiki, jeune modèle, qui raconte comment leur cher Père Libion nourrissait les plus démunis : « A l'heure où on livrait le pain, la grande famille des affamés était au complet. On apportait une vingtaine de pains immenses que la porteuse mettait dans une espèce de panier en osier près du bar. Mais les pains étaient trop longs et un bon tiers dépassait. Oh ! pas pour longtemps. Le temps de se retourner, et Papa Libion avait toujours à s'absenter

Croquis de Modigliani réalisé sur un cahier de musique

*L'animation d'un dancing à la mode dans les années 1920. Pierre Sicard, **Le Pigall's**, 1925*

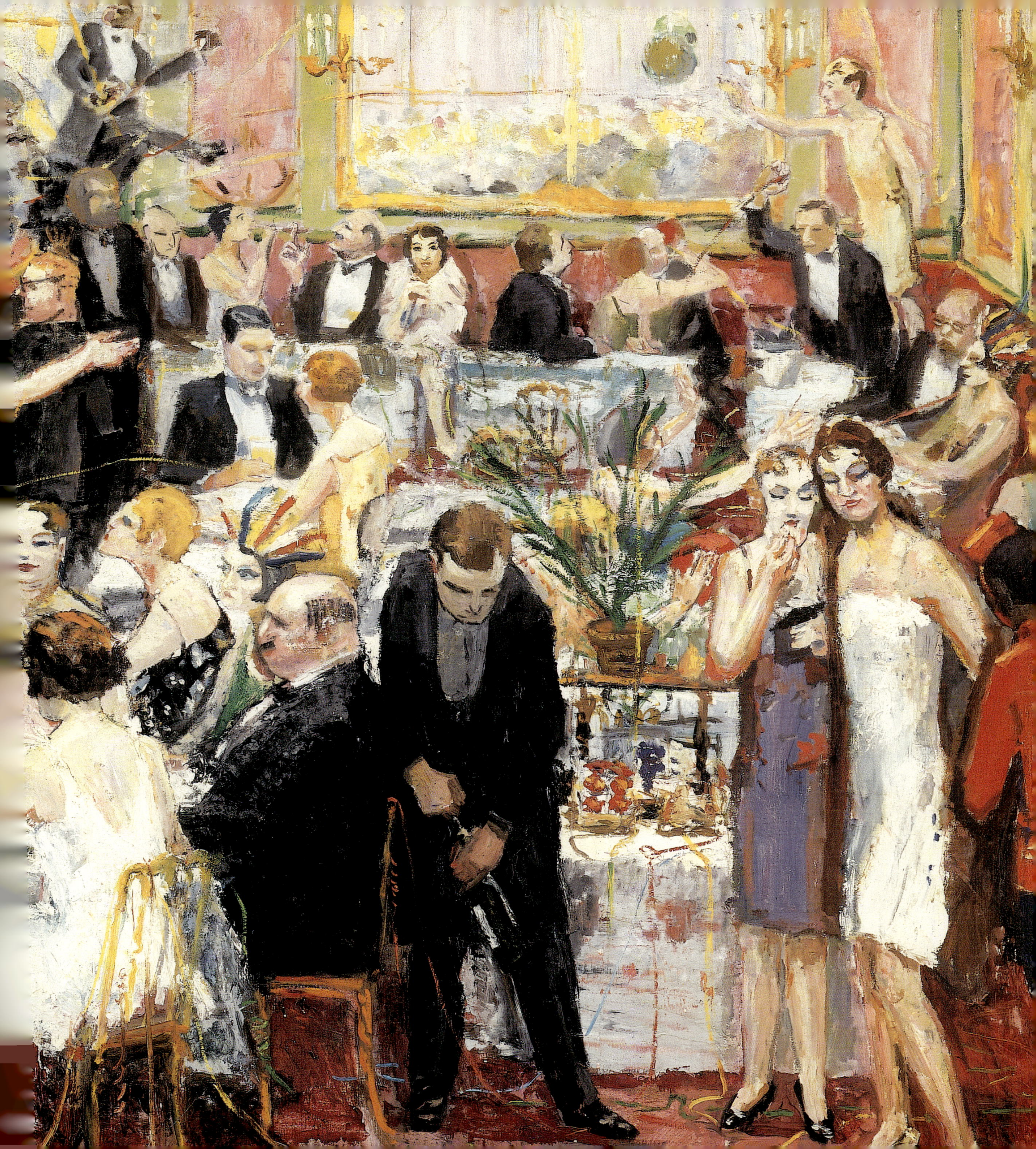

pendant quelques secondes à ce moment-là, le temps de se retourner, donc, et tous les pains étaient décalottés en un clin d'œil ; puis, d'un air détaché, tout le monde sortait avec un bout de pain dans la poche ». Les figures dessinées de Modigliani sont singulièrement attachantes ; leur sensibilité excessive retient et laisse une impression très troublante. Elles sont animées d'une vie intense, raffinée, dont l'essentiel seul demeure dans la main rapide de l'artiste sur la table ronde du café. Un dessin de Modigliani est toujours une œuvre de l'esprit, et jamais, lorsqu'il dessinait, l'artiste n'oubliait les trésors accumulés dans son cerveau. Il fut d'ailleurs parfois poète lui-même. Beaucoup de peintres ont écrit des poèmes comme Vlaminck et Picasso. Un poème de Modigliani est une sorte d'extase où se mêlent des idées suggérées par des images, des sensations sereines, frémissantes et fortes. Une sorte de génie vague se dissout dans un brouillard saturé de musc ou d'alcool. Lorsqu'il se trouvait devant un visage dont il réalisait un portrait, Modigliani ne se préoccupait nullement des traits eux-mêmes, mais de l'expression des sentiments qui s'en dégageait. Chaque signe, chaque symbole, était amplifié par son rêve et la rêverie modifiait constamment les schèmes de son interprétation du modèle. La capacité de Modigliani est celle de créer une grammaire qui engendre le regard par son contenu, par la transformation d'autres modèles porteurs d'un certain « mythe », par un dispositif qui admet le spectateur dans le regard des autres, dans l'ensemble des perceptions possibles. L'intention de l'artiste, qui restera « montparno » dans l'Art comme dans la vie, fut toujours cette volonté aveugle d'aller au-delà du présent, voir même de le détruire. Figure contre figure, tradition contre tradition et même avant-garde contre avant-garde, Modigliani reste fidèle au portrait, et ne quittera jamais ses modèles, ses bistrots et ses amours. L'intérêt que lui inspiraient les êtres humains prédominait en lui et il dessinait leurs portraits avec fougue, emporté, pour ainsi dire, par l'intensité de ses sentiments et de son imagination. C'est en février 1917, pendant le carnaval, que Modigliani rencontre pour la seconde fois Jeanne Hébuterne à l'Académie Colarossi. Elle avait fait la connaissance de l'artiste le 31 décembre 1916, comme en témoigne le dessin qui lui est dédié. Ses camarades d'atelier l'ont surnommée « Noix de Coco » à cause de ses longues tresses couleur châtain contrastant avec sa peau blanche. C'est une jeune fille très douée pour la peinture et le dessin. Chana Orloff se rappelle avec une extrême précision sa rencontre avec Jeanne Hébuterne : « … Mon souvenir est que son comportement était étrange, je ne réussissais pas à la comprendre, elle avait quelque chose de mystérieux, d'im-

pénétrable. Mais elle était particulièrement séduisante, attirait tout le monde. Ce fut moi qui l'amena au bistrot et la présentait aux jeunes artistes, Foujita, Modigliani et je pense de ne pas avoir fait une bonne chose. J'ai fait d'elle une sculpture lorsqu'elle était enceinte pour la première fois ». Au mois de juillet 1917, Jeanne et Amedeo décident de vivre ensemble et louent un atelier à l'avant-dernier étage du 8 rue de la Grande-Chaumière. Elle dessine et travaille l'après-midi à l'atelier, mais rentre le soir chez les parents, rue Amyot. Elle dessine des vêtements, fait des croquis de mode. Sa technique est dictée par une expérience directe sur la matière picturale. Dessins et peintures sont à l'atelier, à l'abri des regards de son frère André, lui aussi peintre. Amedeo n'est pas bien : « la santé de mes poumons ne peut pas être négligée… » disait-il à ses amis. Survage l'accueille, en 1918 à Nice où il séjournera au 18 de l'avenue Montplaisir avec certains habitués de Montparnasse. Modigliani, descendu dans le Midi avec Zborowski, Soutine et Jeanne Hébuterne enceinte, y retrouve aussi le couple Foujita et Fernande Barrey, Blaise Cendrars, dans les studios de cinéma où il figure dans un film d'Abel Gance : *J'accuse,* et Archipenko, qui travaille dans la villa d'un ami à Cimiez… C'est la fête et la misère. Le réveillon de 1918 est agité : « Minuit juste, Mon cher ami, (lettre à Zborowski)… Je fais la bombe avec Survage au *Coq d'Or.* J'ai vendu toutes les toiles. Envoyez vite l'argent. Le champagne coule à flots ». Vive Nice, Bonne année (ajoute Survage). En réalité Modigliani n'avait trouvé aucun acheteur pour ses toiles… Quelques mois plus tard, une déclaration est signée par Modigliani et Léopold Zborowsky, Jeanne Hébuterne, Lunia Czechowska : « Je m'engage aujourd'hui 7 juillet 1919 à épouser Mademoiselle Jeanne Hébuterne aussitôt les papiers arrivés ». Jeanne était enceinte pour la deuxième fois, elle paraissait très jeune avec ses nattes relevées. Les dessins, pour beaucoup réalisés dans les cafés de Paris, sont le seul véritable témoignage de leur rencontre, détaillée par des points noirs de crayon superposés sur la table du bistrot… Les traces de café sont là pour nous souligner les caractères particuliers de leur rencontre sur les banquettes de velours. Elle nous éclaire sur le caractère exceptionnel de leur rapport à la lueur des dessins réalisés par l'un et l'autre, de la lettre l'amour sous forme de déclaration de vie écrite par Modigliani, des dédicaces variées faites de signes, de la qualité des lignes fortes, faibles, lisibles ou illisibles des croquis, et des paroles non dites, retenues par le souffle du trait qui effleure la feuille de papier.

Pierre Sicard au Pigall's

Georgina Letourmy
Doctorante en Histoire de l'Art à l'Université de Paris-I

De nombreux artistes ont trouvé au café les lieux de leur inspiration. Combien d'œuvres ont pour cadre un coin de table, une salle enfumée, une terrasse animée ? Parmi eux, Pierre Sicard (1900-1980), aujourd'hui quelque peu oublié, fut un des grands peintres des Années folles, des soirées interminables et de l'étourdissement de la société parisienne au lendemain de la Grande Guerre[1].

Peintre de la vie nocturne du Paris des années 1920, Pierre Sicard expose dès 1926 à la galerie Durand-Ruel et jouit dès lors d'une belle notoriété dans la haute société. Dans la préface du petit catalogue édité en 1965 à l'occasion d'une exposition dans cette même galerie, Jean Renoir écrit ainsi à propos de ces toiles : « Les cadavres de la première Grande Guerre sont à peine oubliés. Tout Paris, c'est-à-dire tout Londres, tout New-York, tout Oslo, tout le monde s'amuse. Il s'agit d'effacer quatre années d'héroïsme désespéré. Les plus pressés de s'étourdir sont ceux qui veulent oublier l'héroïsme des autres. Des tas de gens sont riches [...]. Pierre Sicard peint. Il peint ce qui lui tombe sous la main [...]. Et il peint la frénésie du moment [...] »[2]. Pierre Sicard trouve ses modèles dans les lieux à la mode. Il peint des scènes de bars, de cabarets, des lieux de fêtes. Au cours de ses sorties, il dessine, croque ses amis qui se prêtent au jeu. Le restaurant du Moulin-Rouge, *Le Pigall's* l'a particulièrement inspiré. Pour le *Pigall's*, aujourd'hui conservé au musée Carnavalet[3], c'est l'image de la fête qui est sujet. L'orchestre joue, quelques personnes sont encore à table mais la plupart des convives dansent. Les silhouettes longilignes des femmes aux vêtements colorés s'unissent aux corps sombres des hommes en smoking. La touche semble vibrer et suivre l'animation du dancing qui jaillit dans les yeux du spectateur. Un autre point de vue est donné avec *Party in the Pigall's*[4]. Le regard est plus intimiste et se porte sur une table pour évoquer les avatars de la soirée du nouvel an en 1926. Le roi Fouad d'Egypte[5] est assis à droite de la composition, tandis qu'en face de lui son secrétaire semble s'affaisser, sa coupe de champagne à la main. Son teint gris signale sans équivoque un état second. Entre eux, deux femmes leur tiennent compagnie.

NOTES

1. Rémusat, C., *Pierre Sicard*, Paris, éd. Librairie Rombaldi, 1955.
2. *Pierre Sicard, Œuvres récentes 1961-1965 ; Œuvres anciennes 1925-1930*, cat. expo. Galerie Durand-Ruel, Paris, 1965. Sont alors exposées trois toiles sur le *Pigall's* : dans la série récente *Le Pigall's la nuit* (n°29) et dans celles des années 20 *Le Pigall's* (n°38) et *Etude pour le Pigall's* (n°42).
3. Il s'agit d'une huile sur toile mesurant 1,260 x 2,290 m (inv. P. 2240).
4. Cette toile mesure 1,50 x 73 m. On peut s'interroger sur ses liens avec celle intitulée *Pigall's* dont un fragment est reproduit dans l'ouvrage de C. Rémusat (planche 1) : *Party in the Pigall's* pourrait être un fragment de la toile *Pigall's*.
5. Fouad Ier (1868-1936) a régné sur l'Egypte de 1922 à 1936.

*Le roi Fouad, à droite, et son secrétaire, à gauche, fêtent en agréable compagnie le nouvel an. (*Party in the Pigall's*, 1926)*

Une scène du Tueur *qui rappelle le cadre de la brasserie* Le Grand Colbert, *extraite du tome 4 « Les liens du sang » de la série « Le Tueur » de Jacamon et Matz, éditions Casterman, avec l'aimable autorisation des auteurs et des Editions Casterman*

Comptoirs et petites bulles

André-Marc Delocque-Fourcaud
Directeur du Centre national de la bande dessinée et de l'image

L'auteur de bandes dessinées aime aller au café et, quand il est parisien, il passera beaucoup de temps dans les cafés de la cpaitale. La plupart des dessinateurs ont commencé pauvres, beaucoup ne quitteront jamais tout à fait cet état. Le café représente un espace de convivialité qu'ils ne possèdent pas toujours chez eux. De plus, raconter des histoires en images, c'est imaginer le monde, et pour cela les réserves d'imaginaire doivent être périodiquement renouvelées. Jean Giraud/Moebius aime à dire qu'arrive toujours un temps où il lui faut sortir, recharger les accus qui alimentent son exceptionnel univers intérieur, et pour cela, il faut rencontrer des anonymes.

Ajoutons que la bande dessinée n'est pas un art établi. Il y a quelques années, *Beaux-Art magazine*, ouvrant pour la première fois ses pages à la bande dessinée, multipliait les précautions dès l'éditorial : « ce n'est pas que nous considérions la bande dessinée comme de l'art… ». Ainsi, le cliché nous fait-il rêver rencontrer telle star de Hollywood dans un grand hôtel des Champs-Elysées, tel artiste contemporain dans le loft minimaliste d'un galeriste à la mode, telle gloire littéraire dans une brasserie institutionnelle de la rive gauche, tandis que Fred ou Marjane Satrapi vous donneront volontiers rendez-vous dans un café. La bande dessinée, protégée (pour combien de temps ?) des coteries et des modes, est une société fleurant encore le sandwich sur le zinc, c'est aussi pour cela qu'elle est si créative.

Il n'y a pas une bande dessinée, mais trois : l'américaine des « comics », la japonaise des « mangas », et la nôtre, la franco-belge, caractérisée par son support roi : l'album et son inclusion dans l'industrie de l'édition, c'est-à-dire une industrie aux pouvoirs de décision concentrés à Paris, et plus particulièrement sur la rive gauche, à proximité de ses quartiers généraux symboliques : *Le Flore*, les *Deux Magots*, le *Café des lettres* et le bar du *Pont Royal*. Nous voici précipités au cœur du sujet. Qui s'étonnera qu'avec de telles prémisses, les héros de bande dessinée, à l'exemple des auteurs, aient beaucoup fréquenté les cafés de Paris ?

On observe le premier estaminet parisien historiquement connu dans *La serpe d'or*, deuxième opus des *Aventures d'Astérix et Obélix* où nos héros visitent Lutèce. Nous voilà *Chez le joyeux Arverne,* un établissement au toit de chaume modeste et typique avec deux tables en terrasse. On y propose des vins d'Aquitaine et de la cervoise. Un panneau précise que l'on peut aussi acheter du vin à emporter, mais que les amphores sont consignées. L'intrigue va conduire le bougnat à prendre la fuite et à vendre son fonds, reconverti au milieu de l'album dans le style provençal à l'enseigne du *Soleil de Massilia.* Début d'un « turn over » qui s'est prolongé jusqu'à nos jours…

« L'auberge » plus ou moins bien famée qui, des siècles durant, assure à Paris, comme dans toute l'Europe, le service de gîte, couvert, vin et bagatelle est immortalisée par une vignette d'André Juillard au tome 3 des *Sept vies de l'Epervier*. Il faut dire que le scénariste Cothias concocte une situation savoureuse : le bon roi Henri IV, accompagné d'un compagnon et d'un garde du corps, vient s'encanailler incognito et lutiner deux ribaudes, tandis qu'un grand homme roux, seul à la longue table voisine, leur tourne le dos, ruminant ses projets : Ravaillac évidemment. La vue panoramique de la salle est prise en plongée, depuis la classique galerie de bois. A gauche, sous la galerie, un foudre en perce, au centre, deux grandes tablées dont celle qui réunit, c'est un clin d'œil, les personnages de l'autre série se déroulant sous le règne du Vert-Galant : *Les chemins de Malefosse* de Bardet et Dermaut. Tout le mur du fond est occupé par le foyer monumental où rôtissent les chapons.

Enjambons deux siècles pour visiter, pendant la Commune de Paris, *L'œil de verre*, un caf'conc' de l'Ourcq dans les premières pages du *Cri du peuple*, tome 2, de Jacques Tardi. La cour est celle d'un bel hôtel Second Empire tout illuminé dans la nuit avec fontaine à l'odalisque. Passées les marches du perron, on se retrouve dans la salle du rez-de-chaussée. Grâce à l'architecture de fer de la révolution industrielle, nous avons une belle galerie double à arcades dont les piliers étroits supportent les torchères au gaz. La foule se presse dans le vaste espace central, les capotes des « moblots » de la Garde nationale se mélangent aux costumes à carreaux, aux casquettes façon « apache » et aux blouses des ouvriers, les filles sont en cheveux, les épaules nues, les serveurs officient en frac et longs tabliers, comme dans nos brasseries chics d'aujourd'hui.

Avec Tardi, nous suivons, à travers les époques, un maître de Paris : 1900 dans *Les Aventures d'Adèle Blanc Sec*, 1916-1920 dans *La der des ders*, jusqu'à la minutieuse reconstitution du Paris des années 1940-1950 dans quatre épisodes des *Aventures de Nestor Burma* d'après Léo Malet. On y

Vignettes d'une planche « Les 7 vies » extraite du tome 3 « L'arbre de mai » de la série « Les 7 vies de l'Epervier » de Cothias et Juillard, éditions Glénat

rencontre beaucoup de comptoirs au hasard des cases, tel le café brasserie de *Brouillard au pont de Tolbiac*, premier opus avec Nestor Burma. Il est situé à l'angle de la rue Bobillot et de la place d'Italie. L'action se déroule en novembre 1956, l'horloge murale indique 6 h du soir. Le grand comptoir en arc de cercle est séparé de la salle par une demi-cloison de bois et verre dépoli. L'éclairage provient des globes qui pendent du plafond. Nestor Burma commande un ballon de rouge, le commissaire Faroux, un Viandox.

C'est à l'époque contemporaine que le style change, comme les mœurs. D'abord, la bande dessinée est devenue sociale, voire bientôt autobiographique. Deux générations d'auteurs racontent des histoires de fesses et d'angoisses existentielles à la manière de leur cousin d'Amérique : Woody Allen. Bientôt, leurs personnages vont constituer une nouvelle classe de la société : les « bobos ». Les lieux de l'action, la plupart du temps, sont à l'image de leur vie : la maison, le boulot, le café, le restaurant. La visite de leurs abondants lieux de détente parisiens est décevante. Le graphisme très épuré, proche du style des caricaturistes, laisse peu de place au décor, évoqué en quelques accessoires. *La Brasserie Fernand*, un « must » de Saint-Germain des Prés au milieu des années 1970, n'est identifiable dans la *Tête dans le sac* de Gérard Lauzier que parce qu'elle est citée. Le resto historique où le héros de l'*Amour propre* de Martin Veyron est initié par sa cavalière au mystère du « point G », clé du plaisir féminin qui échappe, lui aussi, à toute précision. Plus près de nous, la nouvelle génération des « Woodyalleniens » conserve l'approche stylisée en travaillant davantage le décor ; Dupuy et Berberian dans le tome 4 de *Monsieur Jean* troussent ainsi avec beaucoup d'élégance et d'économie la terrasse de *La Rotonde*.

C'est dans des œuvres de facture traditionnelle que l'on découvrira finalement les plus belles reconstitutions du Paris des cafés d'aujourd'hui. André Juillard, encore lui, propose dans *Le cahier bleu* une composition très propre de *La Coupole* aux banquettes jaune vif et aux boiseries claires. Surtout, attardons-nous sur les deux belles brasseries du tome 4 de la série *Le tueur de Jacamon & Matz*. Le « tueur » déjeune dans un établissement inondé de lumière grâce aux hautes fenêtres en double exposition. La grande salle rectangulaire, carrelée, est séparée sur toute sa longueur par une double banquette, organisant une double rangée de tables, dos à dos. La partie supérieure plate de la banquette reçoit les uniques éléments de décor évoquant le style 1900, palmiers en pot et torchères nouilles. Pour dîner, le même personnage choisit un établissement qui pourrait être la *Brasserie Le Grand Colbert*, passage Colbert. L'éclairage de nuit fait ruisseler d'or le comptoir immaculé et les motifs en éclats de carrelage d'époque 1930. On retrouve des palmiers entre les piliers qui supportent les globes lumineux. Le décor est ainsi rehaussé pour paraître somptueux, alors qu'il s'agit d'une brasserie bourgeoise de même catégorie que la précédente. Le dessinateur applique la loi fondamentale de la décoration d'intérieur : soigner la lumière avant toute chose.

En définitive, les cafés graphiques, comme les autres morceaux du décor, sont réussis quand ils sont dessinés par des amoureux de Paris et ne servent pas seulement les nécessités des personnages. Un mot sur un dernier établissement, initialement localisé à Bruxelles. Il s'agit du petit restaurant de cuisine syldave, le *Klow*, fréquenté par Tintin, au début du *Sceptre d'Ottokar*. Le réalisateur Bruno Podalydès, dans le film *Dieu seul me voit* (1997), reconstitue à Paris la façade et l'intérieur du *Klow*, y compris le patron moustachu en gilet jaune. Un des plus célèbres cafés du patrimoine de bande dessinée est ainsi devenu, par la magie du cinéma, un café parisien.

Impression en noir et blanc

Monique Moulène
Bibliothécaire à la Bibliothèque nationale de France

« J'aimerais qu'il existe des lieux stables, immobiles, intangibles, intouchés et presque intouchables, immuables, enracinés ; des lieux qui seraient des références, des points de départ, des sources »…
Georges Perec, *Espèce d'espaces*

Quand André Kertesz réunit ses photographies des années 1920 en un recueil intitulé *J'aime Paris*, il ne manque pas de présenter dans cette évocation romanesque de la ville de nombreux cafés, des angles de terrasse aux quatre vents, la chaleur épaisse d'une banquette de bistrot ; des artistes refaisant le monde au café du *Dôme* la nuit ou la jeunesse bohème faisant la fête à Montparnasse après le premier bal futuriste ; des hommes seuls, l'un perdu dans ses pensées, l'autre rescapé de guerre amputé noyant ses souvenirs dans un verre improbable, un couple scellant ses promesses d'avenir au-dessus d'une tasse…

Un café, un bistrot, un estaminet, un caboulot, un assommoir ou un cabaret… Pour le photographe le sujet est magnifique. Le café est bien ce lieu paradoxal, à la fois public et privé, intime et anonyme. Photographier un café c'est forcément découper un fragment de vie, arrêter un instant le temps. Le cadrage est aisé : soit la longueur graphique d'une terrasse rythmée par son alignement de tables et de chaises, soit un coin de salle composé autour d'un guéridon. Le génie du lieu peut opérer : de ce théâtre où des hommes et des femmes ont vécu des joies, des déceptions, des attentes, la photographie nous restitue certes un état des choses à un moment donné mais aussi cette densité palpable des passages précédents. Michel Frizot dans son chapitre de l'histoire de la photographie intitulé *Etat des choses* ajoute le sous-titre « l'image et son aura ». La photographie d'un café restitue bien cette épaisseur des scènes vécues, du présent et du passé. Au XIXe siècle les photographies de café sont plutôt des photographies d'architecture, des images pittoresques en plans larges. On rencontre soit des représentations accidentelles de cafés au hasard des clichés d'un Paris encore moyenâgeux, soit des images des riches cafés des boulevards du nouveau Paris haussmannien.

Ainsi Charles Marville commence-t-il en 1858 une collaboration de 20 ans avec le Service des travaux historiques de la Ville de Paris pour garder la mémoire visuelle de la capitale avant, pendant et après les grands travaux d'Haussmann. *L'Album du vieux Paris* compte 425 vues d'intérêt documentaire certes, mais aussi artistique. Avec sa chambre à soufflets et ses plaques au collodion, Marville fixe la physionomie du vieux Paris, ténébreux, feuilletonesque. C'est le Paris de Zola, Balzac ou Eugène Sue. A la loupe ces photographies sont riches d'enseignement : on y apprend par exemple que le demi de bière vaut 20 c ! Même si le décor ne semble pas intéresser le photographe, il laisse entrevoir l'intérieur d'un café, les objets d'une vitrine, les inscriptions en devanture : absinthe, cidre, café…

L'absinthe ! C'est la boisson très en vogue à la fin du XIXe siècle. Le photographe Dornac, dans sa série *Nos contemporains chez eux* choisit de représenter Verlaine, non pas tout à fait chez lui mais au café, sans doute le café *Procope*. Deux épreuves montrent le poète peu de temps avant sa mort, buvant un verre d'absinthe, le regard perdu…
Si Marville montre les petites rues et par hasard quelque estaminet, d'autres, peintres, graveurs ou photographes, ont choisi de montrer la vie luxueuse et animée des boulevards, hauts lieux de la vie bourgeoise de l'époque, fréquentés par les lions, noceurs ou gommeux ! Dès le milieu du XIXe siècle, la portion de boulevard comprise entre Richelieu-Drouot et la rue de la Chaussée d'Antin passe pour le lieu de rendez-vous le plus élégant d'Europe. On trouvait là les meilleurs restaurants avec cabinets particuliers, les cafés-glaciers les plus accueillants et bien d'autres distractions. Les cafés portent le nom de *Cardinal, Café Anglais, Café de Paris*, café *Tortoni, Café Riche, Café de la Paix, Café Américain* jusqu'au *Café Durand*, place de la Madeleine. Les photographies de l'époque montrent souvent les clients entourés de jolies coquettes, mais aussi les maîtres d'hôtel et garçons de café, personnages considérables dans ce milieu d'intrigues, de liaisons clandestines et de combinaisons financières.

La terrasse d'un café vers 1900

Au tournant du siècle, Paris devient une ville moderne et la photographie atteint sa maturité. A cette période est attaché le nom d' Eugène Atget. Déçu par le théâtre et la peinture, Atget décide de devenir en 1898 photographe d'art pour fournir aux artistes des documents de travail. Dans une démarche commerciale et socio-esthétique, il entreprend de photographier presque systématiquement Paris et ses environs. Il fournit à Braque et Utrillo des images de scènes de rue, en même temps, nous livre sa vision artistique et pittoresque de Paris. Il choisit le parti de la vérité, avec une prise de vue frontale, franche, sans recadrage, mais toujours poétique. Utilisant du papier citrate viré, ses photos prennent un ton brun chaud. Il traite le même sujet à différentes heures de la journée en artiste moderne jouant avec la lumière. Ainsi tire-t-il efficacement parti de la puissance d'évocation de l'image photographique à la fois document mais aussi œuvre d'art. Atget a aimé semble-t-il photographier des cafés ou cabarets portant des noms haut en couleur : *Au Petit Bacchus, A L'homme armé, Au Tambour*, etc... La composition se répète : l'entrée est prise de manière frontale ; derrière la porte se tient un personnage, client ou serveur, qui regarde à travers la vitre l'extérieur ou peut-être le photographe ou encore le spectateur de la photo ; enfin le photographe lui-même se reflète sur la surface vitrée. Ce jeu de reflets et de plans donnent une profondeur poétique à la composition très structurée ; réalisme et fantastique cohabitent dans ces clichés. On devine l'intérieur chaud, mystérieux contrastant avec l'apparence froide de l'extérieur. Le café vit dans cette atmosphère décrite mais aussi suggérée, intemporelle, irréelle, poétique.

Poésie, humanisme, modernité du regard sont les caractéristiques de la photographie des cafés à partir des années 1930. Les livres photographiques consacrés à Paris se multiplient. Germaine Krull publie en 1929 *100 x Paris*, Brassaï photographie *Paris de nuit* publié en 1933, André Kertesz donne son *Paris vu par André Kertesz* en 1934, René-Jacques s'associe au poète Francis Carco en 1938 pour montrer son *Envoûtement de Paris*. Une nouvelle génération de photographes, composée de nombreux immigrés en particulier hongrois, constitue un mouvement nommé parfois Ecole de Paris. Recherches documentaires et artistiques se conjuguent dans leurs œuvres. Leur inspiration, parfois issue du surréalisme, leur regard nouveau, très préoccupé par le cadrage et par l'équilibre des formes, leur suggère d'arpenter Paris à la recherche de « moments décisifs » selon la théorie de Henri Cartier-Bresson. Le contenu narratif de ces images s'attache à l'aspect humain de la ville. Montparnasse est alors le pôle attractif de tous les artistes, poètes, peintres, sculpteurs ou photographes. Lee Miller, amie de Man Ray et des surréalistes en général, est le centre d'attraction des terrasses des cafés. Le bouillonnement d'idées, les échanges de points de vue se font en particulier dans les cafés du quartier, *Le Dôme, La Rotonde, La Coupole*.

André Kertesz, photographe d'origine hongroise, passe pour le maître qui influença tout ce courant esthétique. L'art de Kertesz est tout en retenue : pas de recherche d'effets, des images instantanées au Leica, une composition stricte par facettes géométriques et grandes lignes droites. Subtilement s'ajoute à cela un langage de signes comme cet empilement de sous-tasses devant ce buveur triste, ou encore ces deux verres abandonnés sur une table désertée à côté de ce client désespérément seul et pensif ; la solitude semble ici deux fois signifiée. Kertesz ouvre la voie d'une création photographique moderne : choix du moment décisif, composition rigoureuse, abondance de signes. Ce langage photographique nouveau sera repris par d'autres, à leur façon.

Brassaï par exemple, autre hongrois expatrié et amoureux de Paris, donne une note plus fantastique à ses images. Peintre à l'origine, Brassaï en vient à la photographie pour fixer le demi-monde parisien, les ruelles cachées, les lieux sombres de la ville lumière. Henry Miller le nommait « l'œil de Paris ». Dans *Paris de nuit* publié en 1933 puis dans *Paris secret*, publié en 1976, figure la môme Bijou, prostituée septuagénaire célèbre dans les boîtes de Montmartre, photographiée au bar de la Lune en 1932 ; les deux images sont cadrées de manière légèrement différente : l'une présente la femme lourdement parée de profil, lointaine ; l'autre plus serrée, de face. Le sujet, déjà puissant, devient encore plus symbolique, chargé de vie. Brassaï déclare lui-même voir dans ces figures des bas-fonds, le folklore le plus authentique du lointain passé de la ville. Les compositions de Brassaï serrent le sujet, l'auréolent d'aplats noirs, de reflets savants, pour mieux cerner le réel, l'humanité, la vie de ces scènes de café.

Comprendre cette humanité, fixer le monde tel qu'il est, restent le propos de tout le courant de la photographie humaniste qui prévaudra autour des années 1950. Cette inspiration a été qualifiée de poético-sociale. Après les bouleversements de la guerre, les photographes témoins de leur temps semblent chercher à réconcilier l'homme avec lui-même et avec son environnement. Les photographes humanistes, Willy Ronis, Marcel Bovis, Edouard Boubat, Sabine Weiss, Izis, René-Jacques, Robert Doisneau et d'autres, nous livrent des images réalistes mais aussi plus sentimentales, plus anecdotiques, plus intimes, plus tendres. Les cafés sont des lieux de prédilection pour eux car ils peuvent y saisir toutes les émotions de la vie, du rire aux larmes.

Doisneau excelle à nous restituer l'histoire sentimentale des gens ordinaires. Lui qui aime tant le contact humain ne peut qu'apprécier la chaleur humaine des cafés ou se côtoient toutes sortes d'individus. Prenons cette photographie des mariés venus célébrer leur union chez le bougnat du coin de la rue. Il y a là autour du comptoir, au hasard de leurs vies, le jeune couple souriant levant le verre qui scelle leur engagement, un ouvrier mal rasé regardant dans le vide, et un homme du peuple cherchant une approbation auprès de la serveuse au premier plan qui nous tourne le dos. Personne ne regarde le photographe qui les aime tous. Dans ce jeu d'obliques des regards, la photographie souligne la diversité des destins. Le cadre est clos par les plans des vitres et du comptoir pour souligner ce concentré d'humanité.

C'est un peu la même démarche intimiste qu'adopte Van der Elsken lorsqu'il photographie les caves et cafés intellectuels de Saint-Germain des Prés en 1953. Là le photographe s'est approché très étroitement de ces jeunes gens qui ont construit le mythe de ce quartier. Il éclaire la scène centrale, des garçons et des filles discutant sur une banquette de moleskine, un baiser ardent, une jeune fille lisant un traité de psychologie, des buveurs, des fumeurs, beaucoup de fumeurs. Le reste de l'image se perd dans un halo flou pour se concentrer sur l'essentiel, les expressions des visages, leurs rêves, leurs inquiétudes existentielles. Le cadrage serré, la densité des images dramatisent ces scènes aujourd'hui empreintes de nostalgie. Le café est bien un lieu de mémoire, donc un lieu hautement photogénique.

Révélateur des recherches plastiques, architecturales ou sociologiques de chaque époque la photographie de cafés peut constituer une approche intéressante de l'histoire de cet art. La théâtralité du lieu se prête bien à la démarche photographique. La charge de vérité, son effet de présence, nous laissent une trace nostalgique de ces atmosphères propres à la vie d'un bistrot avec ses personnalités, ses anonymes, ses familiers. Le café est un cadre ouvert, divers, dense et l'objectif du photographe fixe pour nous ces moments privilégiés où la vie passe.

Ouverture de La Coupole*, Paris, décembre 1927, de droite à gauche, Moïse Kisling, Per Krohg, (au fond à droite), Foujita, Hermine David*

L'encre et la plume

Gérard-Georges Lemaire
Ecrivain, historien et critique d'Art

« Agréable café, quels climats inconnus
Ignorent les beaux feux que ta vapeur inspire ?
Ah, tu comptes dans ton empire
Des lieux rebelles à Bacchus.
Favorable liqueur dont mon âme est ravie,
Par tes enchantements augmentent nos beaux jours.
Nous domptons le sommeil par ton heureux secours,
Tu nous rends les moments qu'il dérobe à la vie.
Café, du jus de la bouteille
Tu combats le fatal poison,
Tu ravis du dieu de la treille
Le buveur que ton charme éveille
Et tu le rends à la raison ».
Anonyme, XVIIIe siècle

Il a fallu un événement extraordinaire pour que le café entre dans les mœurs de l'aristocratie et ensuite dans l'usage de la bourgeoisie à l'époque de Louis XIV. En 1669, la suite d'Aga Mustapha Racca, émissaire représentant le Grand Seigneur Mehmed IV, fait sensation par sa somptuosité. La Cour est reçue dans ses appartements parisiens et découvre le café, qui ne plaît guère, jusqu'au moment où une dame a l'idée d'y adjoindre du sucre. Le café est lancé. Les châteaux et les hôtels particuliers sont dotés d'un salon de café et les riches bourgeois ne tardent pas à imiter la noblesse. Après des débuts balbutiants et parfois tourmentés, en particulier à la foire Saint-Germain, l'usage du café se répand à Paris comme dans tout le royaume.

C'est à cette époque qu'arrive à Paris un jeune Sicilien, Francesco Procopio dei Coltelli, qui se dit « gentilhomme de Palerme ». Il « entre en condition » chez Pascal, propriétaire d'une petite maison de café, et l'aide quand il vend son café dans les allées de la foire Saint-Germain. En 1675, il se proclame tout à la fois marchand, distillateur, limonadier et négociant en liqueurs. Vers 1685, il rachète un établissement de bains rue Neuve-des-Fossés-Saint-Germain, en face du Théâtre Français, qui est inauguré en 1689. Procope ouvre une « loge » dans ce théâtre et son établissement devient le rendez-vous du monde des arts dramatiques. La qualité de son ameublement, des boissons servies et de ceux qui le fréquentent sont célèbres. Le *café Procope* devient ainsi l'ancêtre de tous les cafés littéraires d'Europe, un peu plus d'un siècle après la fondation de la première maison de ce style à Constantinople. Le pamphlétaire et grand auteur dramatique Jean-Baptiste Rousseau, auteur d'une comédie intitulée *Le Café*, et Frédéric Melchior, baron de Grimm, éditeur d'une célèbre *Correspondance littéraire* s'y font volontiers voir alors que Voltaire n'y vient que déguisé pour écouter les échos, souvent détestables, de sa dernière pièce. On s'y presse après le spectacle pour le commenter, mais on y vient aussi pour commenter l'actualité. La célèbre « parlote » qui se déroule dans les jardins du Luxembourg s'installe entre ses murs. En sorte que littérature, théâtre et politique se conjuguent pendant un siècle dans ce café qui joue un rôle considérable dans les premières heures de la Révolution : Danton y retrouve ses amis du Club des Cordeliers et Marat vient y rédiger *L'Ami de peuple*.

Pendant que *Procope* conquiert les auteurs dramatiques et les gazetiers, bien d'autres cafés voient le jour dans la capitale. On en compte quelques 150 à la fin du XVIIe siècle et 380 en 1720. Sous l'ère des Lumières, ce sont les maisons de café du Palais-Royal qui connaissent une vogue considérable. Si Voltaire écrit en 1760 une pièce intitulée *Le Café ou l'Ecossaise*, qui se déroule dans une maison ressemblant comme deux gouttes d'eau au *Procope*, Denis Diderot chante à l'époque où il dirige les travaux des Encyclopédistes, les charmes des jardins, des femmes du Palais-Royal et surtout de son *Café de la Régence*, où il aime passer des heures avec ses amis. Camille Desmoulins s'illustre le 13 juillet 1789 au *Café de Foy*, qui sera fréquenté ensuite par Robespierre, les Jacobins et plus tard par Bonaparte. Le café du *Caveau*, le *Café des Aveugles*, le *Café mécanique*, le *Café de Chartres*, le *Café Corazza*, le *Café de la Convention*, le *Café Février*, le *Café de Valois* attirent autant les écrivains que les militaires, les musiciens que les hommes politiques, et cela jusqu'à l'âge romantique.

Le rapide développement urbain de Paris n'est pas sans conséquences sur l'essor des cafés. Le percement des Grands Boulevards entraîne une véritable métamorphose de leur apparence, mais aussi de la vie sociale qui s'y mène. Ces établissements se transforment en restaurants. C'est au *Café Hardy*, au *Café Anglais* qu'on adopte la mode des « déjeuners à la fourchette ». A partir des années 1830, la *Maison dorée*, le *Café Riche*, le *Café de Paris* deviennent de hauts lieux de la gastronomie, de la galanterie et également des arts et des lettres. Le *café Tortoni*, célèbre pour son perron, est l'avant-scène des « lions » tels qu'Honoré de Balzac, Alexandre Dumas, Théophile Gautier, Victor Hugo élevé au rang de chef de file des romantiques. Alfred de Musset, Emile de Girardin, si puissant dans le monde de la presse, accompagné par sa femme, elle-même écrivain, s'y rendent aussi. Personne ne veut rater ce grand rendez-vous mondain. Le microcosme du théâtre afflue au *Café des Variétés* et celui des lettres, Charles

Le café Procope *au XVIIIᵉ siècle :*
1. Buffon, 2. Gilbert, 3. Diderot, 4. D'Alembert, 5. Marmontel, 6. Le Kain, 7. Jean-Baptiste Rousseau, 8. Voltaire, 9. Piron, 10. D'Holbach

Baudelaire en tête, au *Divan Le Pelletier*. Les Boulevards sont l'artère magique et fébrile où le travail et l'oisiveté, la banque et les arts confluent et s'épousent. Le *Café de la Paix* est le grand centre nerveux de cette vie intense et frénétique.

Si les écrivains ont eu très tôt leurs lieux privilégiés, les peintres, les sculpteurs et les graveurs ne pénètrent qu'à pas comptés dans ces temples réservés à l'art de la conversation, à l'esprit et au libelle. C'est au *Café Momus,* près de l'église Saint-Germain l'Auxerrois, que Henri Murger forge la légende de la bohème de la Restauration que Giacomo Puccini immortalise à son tour dans son célèbre opéra. C'est dans le vieux quartier Buci que Gustave Courbet installe ses quartiers dans la *Brasserie Andler-Keller* à la fin des années 1840. Il y professe le réalisme et est rejoint par le critique Castagnary, Louis Duranty, créateur de la revue *Réalisme* en 1852 et auteur des *Malheurs d'Henriette Gérard*, et Jules Vallès qui décrit les mœurs de la capitale dans le *Tableau de Paris*, les peintres Camille Corot et Honoré Daumier et le fantasque Charles Baudelaire.

Sur la rive droite, c'est d'abord la *Brasserie des Martyrs* qui permet les échanges entre gens de plume et gens de pinceau. Sur le boulevard des Batignolles, un petit café de rentiers, le *Café Guerbois,* joue un rôle essentiel dans l'histoire de l'Art puisque c'est là que Manet, Monet, Pissarro, Sisley, Degas, Renoir, Cézanne et quelques écrivains comme Zola et Astruc inventent ce qui va devenir l'impressionnisme. Ce modeste refuge est supplanté à la fin du Second Empire par le café *La Nouvelle Athènes* et le café du *Rat mort*, de part et d'autre de la place Pigalle.

A cette époque, c'est Montmartre qui triomphe avec ses bals, ses mauvais sujets et sa colonie de rapins. Des cabarets d'un genre nouveau y apparaissent, comme le célèbre *Chat noir*. Tandis que Montmartre étincelle de tous ses feux sous les ailes de ses moulins, le quartier Latin est le centre de la vie intellectuelle sous la Troisième République. Le boulevard Saint-Michel est l'antithèse des Grands Boulevards. Ses cafés sont livrés à la poésie, aux revues littéraires, aux excentricités et parfois au guilledou. Le

Café Vachette est le fief de Jean Moréas, l'auteur adulé et courtisé des *Stances* et d'*Un voyage en Grèce* qui réunit autour de lui une foule d'admirateurs, le *Café d'Harcourt* opère l'étrange symbiose de la galanterie et de la littérature qui attire Pierre Louÿs et le dramaturge allemand Frank Wedekind. Le *Caveau du Soleil d'Or* est le repaire de chansonniers et de poètes, où ont lieu les soirées de la revue *La Plume* et où paraît Verlaine.

Alors que l'art moderne est imaginé sur la Butte, dans les sordides ateliers du Bateau-Lavoir et que le rudimentaire *Café Zut* est décoré par Pablo Picasso, l'heure de Montparnasse va sonner. C'est d'abord à *La Closerie des lilas* que Paul Fort, créateur de la revue *Vers et prose* en 1905, élu prince des poètes en 1912, rassemble une impressionnante cohorte de littérateurs venus des quatre coins du monde et transforme cet ancien bal champêtre en manufacture de la littérature symboliste. Le cubiste va ensuite s'installer à *La Rotonde* et au *Dôme*. La terre entière y campe et Modigliani, Soutine, Pascin, Picasso, Derain, Gris, Matisse, Lipchitz, Kisling y règnent comme les maîtres de cet art qui se dit fauve, cubiste ou rayoniste. On y parle russe, suédois, espagnol, italien ou allemand. Des écrivains ne veulent pas rater ce moment d'une intensité inestimable : Francis Carco, qui a célébré les heures glorieuses de Montmartre dans *La Bohème de mon cœur*, Léon-Paul Fargue qui résumera sa science de la vie poétique avec son *Piéton de Paris*, André Salmon, qui a tant contribué à la fondation du mythe des Montparnos, Ramón Gómez de la Serna, Ilya Ehrenbourg, l'auteur de *la Chute de Paris,* Jean Cocteau, à l'époque où il écrit *Opium*, Vladimir Maïakovski, qui arrive dans sa superbe voiture pour convertir l'intelligentsia française aux joies du communisme, contribuent à la création de ce grand mythe qui fait de Paris la capitale mondiale de l'art. *La Coupole* surgit de terre en 1928 pour s'imposer comme la cathédrale du triomphe de Montparnasse. Elle sert d'abord de sanctuaire gigantesque aux gloires de la peinture et de la littérature : Foujita, Louis Aragon, Robert Desnos, Constantin Brancusi, Vassily Kandinsky, Robert et Sonia Delaunay, et tant d'autres. Mais c'est également le refuge idéal pour des légations fantomatiques provenant de l'Europe entière et même des Amériques – Les Russes avec Eisenstein, Prokofiev, Maïakovski, Elsa Triolet, les Etats-Unis avec Francis Scott Fitzgerald, Ernest Hemingway, George Gerschwin, Alexandre Calder et puis Henri Miller et Anaïs Nin ; l'Allemagne, autour des frères Thomas et Henrich Mann, et aussi James Joyce, Luis Buñuel, Ford Madox Ford, Joseph Roth, quand il abandonne son poste d'observation au *Café de Tournon*. *La Coupole,* lieu de vanités, apparaît comme une gare, où les exilés qui arrivent s'attendent à une guerre imminente. *Le Sélect*, ouvert pendant les Années folles, vient compléter cette géographie de

Pour sa série « Nos contemporains chez eux », Paul Dornac choisit d'immortaliser Verlaine au café, le regard perdu, un verre d'absinthe et un encrier devant lui

232   DES CAFÉS ET DES HOMMES

Georges Perec au Café de la Mairie, *place Saint-Sulpice, travaillant à son manuscrit « Tentative d'épuisement d'un lieu parisien » en octobre 1974*

Montparnasse. Réservé aux gens de lettres anglo-saxons, il reçoit Hart Crane et E. E. Cummings, Ezra Pound et Joyce, Thomas Wolfe et William Carlos Williams, Djuna Barnes, Sherwood Anderson et, *last but not least*, Hemingway.

Le quartier Saint-Germain des Prés sort de sa longue léthargie avec la naissance du XXᵉ siècle. La proximité de grands éditeurs, de libraires et de sociétés savantes concourent à sa résurrection après la destruction de son abbaye. La *Brasserie Lipp* va accomplir un miracle : accueillir ces messieurs de la Chambre et même du gouvernement, sans pour autant refuser les représentants du Tout-Paris du livre et de la scène. Le *Café de Flore*, qui assiste à la création de l'*Action française*, se peuple de lettrés. Guillaume Apollinaire, pseudonyme de Guillaume Albert Wladimir Alexandre Apollinaire de Kostrowitzky, y reçoit à sa table attitrée Philippe Soupault, l'auteur des *Dernières nuits de Paris*, et André Breton à l'époque où il crée le mot « surréalisme » Son voisin, le café des *Deux Magots*, a lui aussi une vocation littéraire. Mais c'est surtout à partir des années 1920 que ces deux maisons concurrentes connaissent leur grande gloire. Les éditeurs y ont leur poste d'observation et les artistes, à commencer par Pablo Picasso, Ossip Zadkine et André Derain, ne dédaignent d'y faire leur entrée. André Malraux, Albert Camus, Georges Bataille, Roger Vitrac font à leur tour partie de cette légion toujours renouvelée d'écrivains qui séjournent au *Café de Flore*. *Les Deux Magots* après avoir vu la naissance de la revue *Les soirées de Paris*, reçoit les surréalistes, qui hantent plus volontiers le *Cyrano* et le *Café de la Place Blanche*, et tous ces intellectuels de renom qui débarquent à Paris pour tenter de sauver l'Europe de son destin, tels que Stefan Zweig, Bertold Brecht, André Gide, Henrich Mann, Max Brod ou Jean Giraudoux.

Avec la guerre et l'Occupation, Saint-Germain des Prés vit au ralenti. Jean-Paul Sartre et Simone de Beauvoir vont se réchauffer et écrire au *Café de Flore* où rien ne peut troubler leur travail si ce n'est le ronflement du poêle. Avec la Libération, leur réputation engendre un nouveau mythe : l'existentialisme. Ils doivent même émigrer aux *Deux Magots* pour échapper à leurs admirateurs et aux journalistes. Saint-Germain est alors le chef-lieu incontesté de la vie nocturne d'une génération qui ne jure que par le jazz, les chansons de Juliette Gréco et la trompette de Boris Vian.

Après trois siècles de bons et loyaux services, les cafés littéraires de Paris ont commencé leur déclin. Ceux qui ont survécu sont devenus des lieux de pélerinage, souvent conservés avec un soin jaloux, d'autres sont modifiés et modernisés avec plus ou moins de bonheur.

BIBLIOGRAPHIE SELECTIVE

Anonyme [Bazot, E.-F.], *Les cafés de Paris ou Revue politique critique et littéraire des mœurs du siècle par un flâneur patenté*, Paris, éd. L'Ecrivain, 1819.

Agulhon, M., « Les cafés comme lieu de sociabilité politique à Paris, 1905-1913 », *Bulletin du centre de recherches d'histoire des mouvements sociaux et du syndicalisme*, n° 15, 1992.

Apaches, voyous et gonzes poilus – Le milieu parisien du début du siècle aux années soixante, Paris, éd. Parigramme, 1996.

Ariste, P. et Arrivetz, M., *Les Champs-Elysées, étude topographique, historique et anecdotique jusqu'à nos jours*, Paris, éd. Emile Paul, 1913.

Bihl-Willette, L., *Des tavernes aux bistrots : histoire des cafés*, Lausanne, éd. L'Age d'homme, 1997.

Boissel, P., *Le café de la Paix, de 1862 à nos jours, 120 ans de vie parisienne*, Paris, éd., 1980.

Bologne, J.-C., *Histoire des cafés et des cafetiers*, Paris, éd. Larousse, 1993.

Bouchard, F.-X., et Dethier, J., *Cafés français*, Paris, éd. du Chêne, 1977.

Boutiques d'hier, cat. expo, Paris, Musée des Arts et Traditions populaires, Paris, 1977.

« Brasseries et cafés-concerts », *La Construction moderne*, 1895, 10e année.

Buisson, S. et Parisot, C., *Paris-Montmartre, les artistes et les lieux 1860-1920*, éd. Terrail, Paris, 1996.

Brismontier, G.-L., *Petit dictionnaire critique et anecdotique des enseignes de Paris par un batteur de pavés*, Paris, éd. Honoré de Balzac, 1826.

Brunon-Guardia, G., « Le café Le Triomphe aux Champs-Elysées. Charles Siclis architecte », *La Construction moderne*, 50e année, 1934-1935.

Bure, G. de, « Les lieux designs de Paris », *Connaissance des arts*, n° 612, janvier 2004, p. 32-41.

« Le Café Riche à Paris », *La construction moderne*, 10e année, 1894-1895, p. 39-40, 53-54, 124.

Le café-concert, 1870-1914 : affiches de la bibliothèque du Musée des arts décoratifs, Paris, éd. Musée des arts décoratifs, 1977.

Cafés, bistrots et compagnie, Paris, éd. Centre Georges-Pompidou-CCI, 1977.

Caradec, F., et Weill, A., *Le café-concert*, Paris, éd. Hachette-Massin, 1980.

Caradec, F., et Doisneau, R., *La compagnie des zincs*, Paris, éd. Seghers, 1991.

Castans, R., *Parlez-moi du Fouquet's*, Paris, éd. J.C. Lattès, 1989.

Cazes, M., *50 ans de Lipp*, Paris, éd. La Jeune Parque, 1966.

Chaudun, L. et N., *Paris céramique, les couleurs de la rue*, Paris, éd. Paris-Musées, 1998.

Condemi, C., *Les cafés-concerts*, Paris, éd. Quai Voltaire, 1992.

Corcellet, E., Rémy, P.-J. et Weill, A., *La Coupole*, Paris, éd. Albin-Michel, 1988.

Courtine, R. de, *La vie parisienne : cafés et restaurants des boulevards, 1814-1914*, Paris, éd. Perrin, 1984.

Debofle, P., « Un Café à Paris sous le second Empire : le Grand Café parisien, 26, rue de Bondy et 3, rue du Château d'Eau », *Bulletin de la Société d'Histoire de Paris et de l'Ile-de-France*, 107e année, 1980, p. 223-228.

Les décors des boutiques parisiennes, G. Gomez y Cacérès et M.-A. de Pierredon (dir.), Paris, éd. DAAVP, 1987.

Delahaye, M.-C., *L'absinthe, histoire de la fée verte*, Paris, éd. Berger-Levrault, 1983.

Delvau, A., *Plaisirs de Paris*, Paris, 1867, re-éd. 1991.

Delvau, A., *Histoire anecdotique des cafés et des cabarets de Paris*, Paris, 1862.

Desloges, H., *Physiologie des cafés*, Paris, 1841.

Dictionnaire historique des arts, métiers et professions exercées dans Paris, Paris, 1906.

Dru, L., et Aslan, C., *Cafés*, Paris, éd. du Moniteur, 1989.

Dubois, C., *La Bastoche – bal-musette, plaisir et crime, 1750-1939*, Paris, éd. Le Félin, 1997.

Durans-Boubal, C., *Le café de Flore*, Paris, 1993.

Fargue, L.-P., *Le piéton de Paris*, Paris, éd. Gallimard, 1932.

Favier, J., « Le café des Princes, boulevard Montmartre à Paris, par Marcel Macary, architecte D.P.L.G. », *La construction moderne*, 25 mars 1934, p. 422-429.

Franklin, A., « Le café, le thé et le chocolat », *La vie privée d'autrefois, Arts et métiers, modes, mœurs, usages des Parisiens, du XIIe au XVIIIe siècles, d'après des documents originaux ou inédits*, Paris, éd. Librairie Plon, 1893.

Gasnault, F., *Lorettes et guinguettes*, éd. Aubier, Paris, 1986.

Gautherie-Kampka, A., *Café du Dôme, Deutsche Maler in Paris, 1903-1914*, cat. expo., Brême, 1996.

Girveau, B., *La Belle Epoque des cafés et des restaurants*, Paris, éd. Hachette/ R.M.N., 1990.

Le Guide des dîneurs ou statistique des principaux restaurants de Paris, Paris, éd. Les Marchands de nouveautés, 1814.

Hackforth-Jones, J., *A table avec les impressionnistes*, Paris, éd. Adam Biro, 1991.

Hazan, E., *L'invention de Paris, il n'y pas de pas perdus*, Paris, éd. du Seuil, 2002.

Hilary, J., *La plume et le zinc, Ecrivains dans les cafés de Paris*, Paris, éd. Hazan, 1998.

Hofmarcher, A., *Les deux Magots, Chronique d'un café littéraire*, Paris, éd. Le Cherche-Midi Editeur, 1994.

L'industrie Thonet. De la création artisanale à la production en série, le mobilier en bois courbé, cat. expo. Musée d'Orsay, Paris, éd. R.M.N., 1986.

Un instant de paix au café de la Paix, cat. expo., Paris, éd. Rouquier, 1985.

Klüver, B. et Martin, J., *Kiki et Montparnasse*, 1900-1930, Paris, éd. Flammarion, 1989.

Lamien, E., « De l'occupation à l'émancipation », *ParisObs*, mai-juin 2003.

Langle, H.-M. de, *Le petit monde des cafés et des débits parisiens au XIXe siècle*, Paris, éd. PUF, 1990.

Leclant, J., « Le café et les cafés à Paris, 1644-93 », *Annales E.S.C*, 1951.

Lefuel, H., *Boutiques parisiennes du Premier Empire*, A. Morencé, 1925.

Lemaire, G.-G., *Théories des cafés, anthologie*, Paris, éd. IMEC/ Eric Koehler/ musée des Beaux-Arts de Caen, 1997.

Lemaire, G.-G., *Les cafés littéraires*, Paris, éd. De La Différence, 1997.

Lemaire, G.-G., *Les cafés d'artistes à Paris…hier et aujourd'hui*, Paris, éd. Plume, 1998.

Lemaire, G.-G., *Les cafés d'autrefois*, Paris, éd. Plume, 2000.

Lemaitre, J., *Cent ans de machines à sous*, Paris, éd. Alternatives, 1997.

Lepage, A., *Les cafés politiques et littéraires de Paris*, Paris, éd. E. Dentu, 1874.

L'Esprit, A., « Véron, café des Panoramas », *Le vieux Papier*, tome 11, 1912, p. 172-184.

Luchet, A., « Les grandes cuisines et les grandes caves », *Paris-Guide par les principaux écrivains et artistes de la France*, Paris, éd. La découverte illustrée, 1983 (1ère éd. 1867), p. 125-141.

Mailly, de, *Les entretiens des cafés de Paris et les différends qui y surviennent*, Trévoux, 1702.

Malki-Thouvenel, B., *Cabarets, cafés et bistrots de Paris, Promenade dans les rues et dans le temps*, Paris, édition Horvath, 1987.

Mauro, F., *Histoire du café*, Paris, éd. Desjonqueres, 1991.

Melchior-Bonnet, S., *Histoire du miroir*, Paris, éd. Hachette Littérature, 1994.

Monteil, E. et Tailliar, P., *Les dernières tavernes de la bohème. Le Cochon fidèle et le Temple de l'humanité*, Paris, éd. Etienne Sausset, s.d.

Mourat, J. et, Louvet, P., *Le Procope*, 1929.

Noël, B., *L'Absinthe perd nos fils*, La Fontaine aux Loups, éd. Montolivet, 2001.

Nucéra, L., *Les contes du Lapin Agile*, Paris, Le Cherche Midi Editeur, 2001.

Nuridsany, M., « Café Fluo », *Beaux-Arts Magazine*, septembre 1984, n° 16, p. 62-65.

Oberthür, M., *Le Chat Noir, 1881-1897*, « Les dossiers du musée d'Orsay », Paris, éd. R.M.N., 1992.

Oberthür, M., *Montmartre en liesse, 1880-1900*, Paris, éd. Paris-Musées, 1994.

Obrist, G. et Fayet, R., *Gesellschaft- Literatur- Politik. Das Pariser café als spiegel sozialen und kulturellen wandels*, cat. expo, Johann Jacobs Museum, Zurich, 1994.

Parisot, C., *Amedeo Modigliani (1884-1920)*, Biographie, Paris, éd. CanaleArte, 2000.

Plagniol, F., *La Coupole*, Paris, éd. Denoël, 1986.

Pradines, A., « La foire Saint-Germain », *La chronique musicale*, 1875, re-éd.Béziers, 1996.

Pozzo Di Borgo R., *Les Champs-Elysées, trois siècles d'histoire*, Paris, éd. de La Martinière, 1997.

Rude, M., *Tout Paris au café*, Paris, éd. Dreyfous, 1877.

Tardieu, M, *Le bougnat*, Monaco, éd. du Rocher, 2000.

Tardieu, M, *Les Auvergnats*, Monaco, éd. du Rocher, 2001.

Tardieu, M, *La grande épopée des Auvergnats de Paris*, Paris, éd. de Borée, 2002.

Vitrines d'architectures – Les boutiques à Paris, Paris, éd. Picard-Pavillon de l'Arsenal, 1997.

Willesme, J.-P., *Enseignes du musée Carnavalet, histoire de Paris, catalogue raisonné*, Paris, éd. Paris-Musées, 1996.

Wissant, G. de, *Le Paris d'autrefois – Cafés et cabarets*, Paris, éd. Taillandier, 1928.

GLOSSAIRE

Tavernes, cabarets, troquets, cafés, bistrots, bars… autant de termes qui recouvrent des réalités différentes et pourtant si proches. On observe aujourd'hui une confusion dans l'utilisation des noms désignant les débits de boissons. Les quelques définitions qui suivent rappellent le sens étymologique de chacune de ces appellations.

Bar : de l'anglais *bar*, barre, ce terme apparaît en 1861. Il tire son nom de la barre qui séparait, à l'origine, les consommateurs du comptoir. Il désigne un débit de boissons où les consommateurs se tiennent debout ou bien assis sur de hauts tabourets devant le comptoir et par extension un lieu où l'on consomme des boissons dans un théâtre, un paquebot, un hôtel.

Bistrot : la première occurrence du mot bistrot remonte à 1884. Son origine est obscure : elle se trouve peut-être dans « bistouille » (remuer deux fois). Pour les Goncourt, « bistrot » proviendrait de « bistingot » ou de « bistro ! bistro ! » (vite ! vite !), entendu lors de l'invasion de Paris par les Cosaques en 1814. Terme familier, il désigne un café, un débit de boissons ou un petit restaurant.

Brasserie : du latin *braces*, orge broyé pour faire de la bière, le mot « brasserie » est utilisé pour la première fois par Etienne Boileau au XIIIe siècle. Il désigne à l'origine le lieu où la bière est brassée, puis, par extension, l'endroit où l'on consomme de la bière.

Cabaret : à la fin du XIIIe siècle, il est synonyme de buvette. Etablissement modeste où l'on achetait des boissons au détail, où l'on buvait, le cabaret est aussi un débit de boissons où les clients peuvent danser, écouter de la musique ou assister à des spectacles de variétés.

Caboulot : un cabaret ouvert en 1852 rue des Cordiers reçut pour nom, d'après Rigaud, « caboulot ». Ce terme, qui vient d'un mot franc-comtois signifiant « réduit », désigne un débit de boisson de taille modeste.

Café : le mot café, apparu au XVIIe siècle, provient de l'italien *caffè*, d'après un emprunt à l'arabe *qahwa*. La forme « caoua » a été reprise par l'argot militaire d'Afrique. La première occurrence du mot « café » apparaît en 1888. Le café désigne le lieu où l'on consomme la boisson éponyme et plus largement des boissons.

Café-concert : les premiers cafés chantants apparaissent vers 1770. Appelés *musicos* sous la Révolution, ils subissent une éclipse sous l'Empire avant de revenir à la mode sous la Monarchie de Juillet. Ils prennent alors le nom de cafés-concerts ou « caf'-conc' ». Il est possible de boire et fumer dans ces établissements populaires.

Estaminet : du wallon *staminé*, salle de réunion, de *stamon*, poteau, ce terme désigne au XVIIe siècle une salle à poteaux.

Gargote : utilisé pour la première fois en 1680, ce terme désigne un restaurant médiocre où l'on mange et boit à bas prix.

Mastroquet : le mastroquet, terme populaire à l'étymologie obscure, désigne au XIXe siècle un marchand de vins. Au XXe siècle, l'abréviation **troquet** lui est préférée. Elle désigne un petit café, un bistrot.

Taverne : du latin *taberna*, la taverne apparaît pour la première fois dans une ordonnance de 1256. Il désigne un lieu où l'on servait à boire.

TABLE DES ILLUSTRATIONS ET CRÉDITS PHOTOGRAPHIQUES

Couverture : Anonyme, *Le café de l'Ecrevisse*, huile sur toile, XIXe siècle, musée Carnavalet, © PMVP/Degrâces.
Page de garde début : Abel Truchet, *Scène de rue (dédicacée à Rousselet)*, huile sur toile, XIXe siècle, musée Carnavalet, © PMVP/Pierrain.
Page de garde fin: L. Foujita, *Un bistrot, 1958*, musée Carnavalet, ©PMVP/ Lifermann.
5 : Anonyme, *Le Café du Caveau*, écran à main, XVIIIe siècle, musée Carnavalet, © PMVP/Lifermann. **8-9** : Wille, *Café du Caveau*, gravure, Galerie Turquin, © Ph. Sebert. **12-13** : *Le Café des Aveugles*, gravure, musée Carnavalet, Cabinet des arts graphiques, ©PMVP/ O. Habouzit. **16** : *Café du Bosquet rue Saint-Honoré : aux amateurs du beau sexe*, estampe, musée Carnavalet, Cabinet des arts graphiques, ©PMVP/ Briant. **17** : « J'ai dîné » *au Café du Caveau*, estampe, musée Carnavalet, Cabinet des arts graphiques, ©PMVP/ L. Svartz. **20-21** : P.-L. Debucourt, *Frascati*, gravure, musée Carnavalet, Cabinet des arts graphiques, ©PMVP. **24** : E. Degas, *Dans un café*, dit aussi *L'absinthe (Ellen Andrée et Marcellin Desboutin)*, vers 1875-1876, huile sur toile, musée d'Orsay, ©RMN/ H. Lewandowski. **25** : G. Caillebotte, *Au café*, 1880, huile sur toile, musée des Beaux-Arts de Rouen, ©RMN/ G. Blot. **28** : J.-F. Raffaelli, *Bohèmes au café*, huile sur toile, musée des Beaux-Arts de Bordeaux, ©RMN/ A. Danvers. **29** : J.-L. Forain, *Intérieur de la Nouvelle Athènes*, XIXe-XXe siècles, huile sur toile, musée du Louvre, D.A.G. (fonds Orsay), ©RMN/ C. Jean. **30** : *Au caffé du Parnasse*, 1730, gravure, Johann Jacobs Museum à Zürich, © Johann Jacobs Museum. **32** : *Dégustation de thé, de café ou de chocolat*, vers 1710, plaque en faïence polychrome, Delft (Pays-Bas), musée national de la céramique à Sèvres, ©RMN/ M. Beck/ Coppola. **33 d** : *Habit de cabaretier*, gravure, musée Carnavalet, Cabinet des arts graphiques, ©PMVP/ L. Degrâces. **33g** : *Habit de caffetier*, gravure, musée Carnavalet, Cabinet des arts graphiques, ©PMVP/ Pierrain. **35h** : *Au caffé du Parnasse*, 1730, estampe, Johann Jacobs Museum à Zürich, © Johann Jacobs Museum. **36** : *Eglise Saint-Sulpice, Foire Saint-Germain (extrait du plan Turgot)*, gravure, musée Carnavalet, Cabinet des arts graphiques, ©PMVP/ Berthier. **37** : A.-A. Guillaumot (Père), *La foire Saint-Germain vers 1670*, gravure, musée Carnavalet, Cabinet des arts graphiques, ©PMVP/ J.-Y. Trocaz. **38** : *Arrêt du Conseil du Roi qui ordonne que les propriétaires et les locataires […] leurs titres*, 1712, BHVP, ©J.-C. Doërr. **39** : *Etablissement de la nouvelle philosophie : notre berceau fut un café ! (le café Procope)*, gravure, musée Carnavalet, Cabinet des Arts graphiques, ©PMVP/ Degrâces. **40** : C. Nanteuil, *Gelehrte im Café* Procope, 1850, estampe, Johann Jacobs Museum à Zürich, ©Johann Jacobs Museum. **41** : *Les Motionnaires au Café du Caveau*, gravure, musée Carnavalet, Cabinet des arts graphiques, ©PMVP/ Chevallier. **42** : L.-L. Boilly, *Intérieur d'un café au Palais-Royal entre 1815 et 1820*, dessin, musée Carnavalet, Cabinet des arts graphiques, ©PMVP/ Giet. **43** : H. Senillon, E. Renard, *Le café de la Rotonde au Palais-Royal*, gravure, musée Carnavalet, Cabinet des arts graphiques, ©PMVP. **44** : Anonyme, *Le Palais-Royal*, éventail, vers 1786, coll. part. ©B. Volet. **45g** : Anonyme, *Le théâtre des Beaujolais au Palais-Royal*, détail gauche, éventail, vers 1786, coll. part. ©B.Volet. **45d** : Anonyme, *Les jardins du Palais-Royal*, détail centre, éventail, vers 1786, coll. part. ©B. Volet. **45b** : Anonyme, *Le café mécanique au Palais-Royal*, détail droit, éventail, vers 1786, coll. part. ©B. Volet. **46** : C.-N. Ledoux, *Boiseries du café Militaire, détail (trophée)*, musée Carnavalet ©J.-C. Doërr. **47** : C.-N. Ledoux, *Boiseries du café Militaire, détail (casque gaulois)*, musée Carnavalet, ©J.-C. Doërr.

49 : C.-N. Ledoux, *Boiseries du café militaire*, musée Carnavalet, ©PMVP/ Briant. **50** : *Deuxième vue des boulevards prise du premier café près du réservoir de la ville*, estampe, musée Carnavalet, Cabinet des arts graphiques, ©PMVP/ Lifermann. **51** : F. D. Née, *Vue du caffé turc sur le boulevard*, estampe, musée Carnavalet, Cabinet des arts graphiques, ©PMVP/ Andréani. **52-53** : *Café Alexandre*, estampe, musée Carnavalet, Cabinet des arts graphiques, ©PMVP/ Toumazet. **54** : Anonyme, *Les boulevards*, aquarelle, coll. T. Cazaux, ©J.-C. Doërr. **56** : J. Béraud, *Le boulevard Montmartre devant le théâtre des Variétés, la nuit*, détail, peinture, musée Carnavalet, Cabinet des Arts graphiques, ©PMVP/ Ladet. **59 h** : Alex, *Divan des Algériennes : café des Mauresques, boulevard et près la porte Saint-Denis*, estampe, musée Carnavalet, Cabinet des Arts graphiques, ©PMVP/Briant. **59b** : *Une vue sur les boulevards, place de l'Opéra*, gravure, coll. Grand Hôtel Intercontinental/Café de la Paix, ©D.R. **59b** : J. Pelcoq, *Paris le soir : les cafés du boulevard Montmartre*, estampe, musée Carnavalet, Cabinet des Arts graphiques, ©PMVP/ Habouzit. **60** : F. Lunel, *Chez Tortoni :- Il est là !*, vers 1889, dessin paru dans le *Courrier Français* en février 1889, coll. J. Hournon, ©B. Noël. **61** : F. de Madrazo, *Le Café Tortoni, 1889*, dessin paru dans *The Harper's New Monthly Magazine* en avril 1889, coll. David-Nathan-Meister, ©B. Noël. **63** : *Chasseur et limonadier du Café de la Paix*, 1907, photographie, coll. Grand Hôtel Intercontinental/Café de la Paix, ©D.R. **64h** : *Intérieur du Café de la Paix*, vers 1950, photographie, coll. Grand Hôtel Intercontinental/Café de la Paix, ©D.R. **64b** : *Terrasse du café de la Paix*, 1950, photographie, coll. Grand Hôtel Intercontinental/Café de la Paix, ©D.R. **65** : *Le cabaret du Chat noir*, gravure, extrait de *Paris Pittoresque*, musée Carnavalet, Cabinet des Arts graphiques, ©J.-C. Doërr. **66** : *Enseigne du Lapin Agile*, XIXe siècle, huile sur bois, musée de Montmartre, ©D.R. **67h** : P. Prins, *Le cabaret du Lapin Agile à Montmartre*, huile sur toile, musée Carnavalet, Cabinet des Arts graphiques, ©PMVP/ Joffre. **67b** : V. Van Gogh, *Guinguette à Montmartre: Le Billard en bois devenu La bonne franquette*, huile sur toile, XIXe siècle, siècle, musée d'Orsay, ©RMN/ G. Blot. **68** : *Intérieur des Quat'zArts*, photographie, musée de Montmartre, ©J.-C. Doërr. **69** : *Intérieur des Quat'zArts*, photographie, musée de Montmartre, ©J.-C. Doërr. **70** : V. Van Gogh, *L'Italienne (Agostina Segatori, patronne du cabaret parisien « Le Tambourin »)*, 1887, huile sur toile, musée d'Orsay, ©RMN/ H. Lewandowski. **71** : Michel-Lévy Henri (dit Henri Lévy), *Auguste Guerbois (1824-1891) propriétaire du Café Guerbois*, 1885, huile sur toile, musée d'Orsay, ©RMN/ H. Lewandowski. **72** : *Le Rat mort et l'Abbaye de Thélème, place Pigalle*, carte postale, coll. T. Cazaux, ©J.-C. Doërr. **73** : *Le Vendredi au Rat mort. Raoul Ponchon lisant ses vers*, illustration du *Courrier français* le 11 mars 1888, BHVP © J.-C. Doërr. **74** : *Auberge du clou*, carte postale, coll. T. Cazaux, ©J.-C. Doërr. **75** : Grass-Mick, *Aristide Bruant dans son cabaret*, 1894, dessin, coll. T. Cazaux, ©J.-C. Doërr. **76** : *Intérieur de la Taverne du Bagne*, photographie, musée de Montmartre, ©J.-C. Doërr. **77** : L.-J. A. Daudenarde, *Intérieur de la Taverne du Bagne*, 1885, gravure, musée Carnavalet, Cabinet des Arts graphiques, ©PMVP/ Briant. **78** : *Mobilier de l'Abbaye de Thélème*, carte postale, coll. T. Cazaux, ©J.-C. Doërr. **79** : *Le Cabaret du Lapin Agile*, photographie, musée de Montmartre, ©J.-C. Doërr. **80** : *Le Père Frédé au Lapin Agile avec ses amis*, photographie, coll. part. ©D.R. **81** : *Montmartre : la rue Pigalle-La Nouvelle Athènes*, carte postale, BHVP, © J.C. Doërr. **82** : F. T. Lix, *L'Académie de la rue Saint-Jacques*, 1890, estampe, coll. B. Noël,© B. Noël. **83** : Louis-Ernest Lesage (dit Sahib), *Absinthe drinker's. A Sketch in Paris*, dessin paru dans *The Graphic* en novembre 1872, coll. Peter. Schaf, ©B. Noël. **84** : Audino, *Suppression de l'Absinthe*, 1915, affiche, coll. David Nathan Meister, © B. Noël. **85** : *Vue du Zimmer*, vers 1911, éventail, coll. M. Bouchard, ©J.-C. Doërr. **86** : J.-J. Henner, *L'Alsacienne*, XIXe siècle, huile sur toile, musée Jean-Jacques Henner, ©RMN/ Gérard Blot. **87** : *Intérieur du Zimmer*, 2003, photographie, ©J.-C. Doërr. **89** : *Le Dôme, vue extérieure*, 2004, © J.-C. Doërr. **90** : *Le boulevard du Montparnasse au début du XXe siècle*, carte postale, coll. part., ©DR. **91** : *Groupe d'artistes polonais à la terrasse de La Rotonde*, vers 1925, photographie, coll. part., © DR. **92** : E. Delesalle, *Pilier de La Coupole*, peinture, coll. Restauration FLO © P. de Lapierre. **93** : E. Drivier, *Piliers de La Coupole*, peinture, coll. Restauration FLO © P.de Lapierre. **94** : *La Closerie des Lilas*, carte postale, coll. part., © DR. **95** : Jean Cocteau, *Modigliani, Picasso et André Salmon*, photographie, août 1916, coll. part, © Jean Cocteau. **96d** : M. Vassilieff, *La Coupole, pilier*, photographie, coll. E. Corcellet-Prévost, © D.R. **96g** : E. Drivier, *La Coupole, pilier*, photographie, coll. E. Corcellet-Prévost, © D.R. **98** : *Les Champs-Elysées ; les promeneurs, le café chantant*, XIXe siècle, estampe, musée Carnavalet, Cabinet des Arts graphiques, ©PMVP/ Habouzit. **99** : *Champs-Elysées, 1860*, estampe, musée Carnavalet, Cabinet des Arts graphiques, ©PMVP/ Habouzit. **101g** : *Le Colisée, façade sur l'avenue des Champs-Elysées*, extrait de la revue *La construction Moderne* de 1932, bibliothèque Forney, ©J.-C. Doërr. **101g** : *Le Triomphe*, 1935-1938, extrait du *Bâtiment illustré*, photographie, bibliothèque Forney, ©J.-C. Doërr. **102** : *Vue de la terrasse du Café de Flore*, photographie, © P. Jeausserand. **103** : *Ancienne enseigne de boutique, aujourd'hui Café des deux Magots*, photographie, ©J.-C. Doërr. **105** : *Façade de la Brasserie Lipp*, photographie, coll. Brasserie Lipp, ©J.-C. Doërr. **105** : *Saint Exupéry à la Brasserie Lipp*, photographie, coll. Brasserie Lipp, ©J.-C. Doërr. **107** : *Vue extérieure des Deux Magots*, 2004, photographie, ©J.-C. Doërr. **108** : *Terrasse du Café de Flore, vue de la terrasse*, 2004, photographie, ©J.-C. Doërr. **109** : *Le café Flore, vue intérieure*, 2004, photographie, ©J.-C. Doërr. **110** : *Intérieur de l'An Vert du Décor*, 2004, photographie, ©J.-C. Doërr. **111** : *Intérieur du café Charbon*, 2003, photographie, ©J.-C. Doërr. **113** : *Intérieur de la Guinguette Pirate*, photographie, coll. La Jonque, ©P. Holvoët. **114** : Thérèse Bonney, *Le Rody-bar*, photographie, extraite de *L'invention du chic, Thérèse Bonney et le Paris moderne*, par Lisa Schlansker Kolosek, Paris, éd. Norma, 2002, ©J.-C. Doërr. **117** : *A la Coquille d'or, (1, rue Gomboust)*, photographie, extrait des *Décors des boutiques parisiennes*, p. 66, ©J.-C. Doërr. **118** : E. Atget, *Au Réveil Matin, 135 rue Amelot (XIe arrondissement)*, photographie, musée Carnavalet, Cabinet des arts graphiques, ©PMVP/ Pierrain. **119** : *Devanture du Royal bar*, 2004, photographie, ©J.-C. Doërr. **120h** : *Enseigne du café Au Planteur*, 2004, photographie, ©J.-C. Doërr. **120b** : *Détail des mosaïques de la Boissonnerie, ancienne poissonnerie aujourd'hui hôtel-restaurant Fish*, 2004, photographie, ©C. Delplancq. **121** : *Café Procope et son balcon en ferronnerie*, 2004, photographie, ©J.-C. Doërr. **122** : *Deux dames, deux seigneurs et un abbé*, eau forte, Bibliothèque des arts décoratifs de Paris (UCAD), © L. Sully Jaulmes tous droits réservés. **123** : B. Picart, *Intérieur d'un café*, vers 1700, eau-forte, Bibliothèque des arts décoratifs de Paris (UCAD), ©Photo L. Sully Jaulmes tous droits réservés. **124** : J.-T. de Vaujuas, *Vue intérieure du caffé de Manouri*, vers 1770, sanguine, musée Carnavalet, Cabinet des Arts graphiques, ©PMVP/ Habouzit. **126** : Bénard d'après Goussier, *Intérieur d'un café limonadier*, extrait de *L'art du distillateur liquoriste* de J.F. Demachy, 1775, troisième partie, planche 8, Johann Jacobs Museum, © Johann Jacobs Museum. **127** : B.A. Dunker, *Frontispice du chapitre 71 du Tableau de Paris*, eau forte, 1787, Bibliothèque des arts décoratifs de Paris (UCAD), ©Photo L. Sully Jaulmes tous droits réservés. **129** : J. Béraud, *Au café dit l'absinthe*, 1909, huile sur toile, musée Carnavalet, ©PMVP/ Ladet. **131** : *Grands restaurants de Paris : les nouvelles cuisines du Café Riche, fondé en 1785, agrandi en 1865 (octobre 1866)*, estampe, musée Carnavalet, Cabinet des Arts graphiques, ©PMVP/ Joffre. **132-133** : J. Béraud, *Trois personnages dans un café*, huile sur toile, musée Carnavalet, ©PMVP/Ladet. **134** : *La chaise Thonet n° 14*, photographie, coll. Thonet, ©Thonet. **135** : *Miroir des Deux Magots*, 2004, photographie, ©J.-C. Doërr. **136-137** : *Café Reflet* (par l'architecte Jean-Luc Vilmouth, commande de « Cerise » réalisée dans le cadre du programme « nouveaux commanditaires » de la Fondation de France en partenariat avec le Conseil Régional de l'Ile-de-France, la Caisse des Dépôt et Consignations, la Caisse d'Epargne Mécénat, la Préfecture de Paris et le Forum Saint Eustache. Médiation/production Mari Linnman 3C A. Maître d'œuvre. B & H Architectes), *vue intérieure*, 2003, photographie, ©J.-C. Doërr. **138** : *Portraits fidèles des maisons à la Mode numéro 4 : la belle limonadière ou le Café des Mille Colonnes*, XIXe siècle, estampe, musée Carnavalet, Cabinet des Arts graphiques, ©PMVP/ Briant. **139** : *Le Café de Vaudeville*, photographie, BHVP,

©J.-C. Doërr. **140-141** : A. Willette, *Te Deum Laudamus*, vitrail, musée Carnavalet, ©J.-C. Doërr. **143** : Fau, *Brasserie de la Palette d'or, vitrail*, dans J. Grand-Carteret, *Raphaël et Gambrinus*, Paris, 1886, p. 179, Bibliothèque des Arts décoratifs (UCAD), ©J.-C. Doërr. **144** : Passet Lichtenheltd Trezel (d'après un carton de J.-L. Forain), *Elégantes aux courses : Jane Avril et les frères Isola*, 1894, vitrail, coll. du musée Hermès (provenance Café Riche), ©Del/ Lang. **145** : Fau, *Un coin du Chat noir, La vierge au chat*, dans John Grand-Carteret, *Raphaël et Gambrinus*, Paris, 1886, p. 85, Bibliothèque des Arts décoratifs (UCAD), ©J.-C. Doërr. **147g** : Fau, Taverne Montmartre, *La montée de Montmartre*, dessin pour un vitrail, dans J. Grand-Carteret, *Raphaël et Gambrinus*, Paris, 1886, p. 44, Bibliothèque des Arts décoratifs (UCAD) ©J.-C. Doërr. **147d** : Fau, *Taverne Montmartre, La descente de Montmartre*, dessin pour un vitrail, dans J. Grand-Carteret, *Raphaël et Gambrinus*, Paris, 1886, p. 45, Bibliothèque des Arts décoratifs (UCAD), ©J.-C. Doërr. **149g** : D'après le carton de J-L. Forain, Facchina, *Le Trottin*, 1894, mosaïque, musée Carnavalet, ©J.-C. Doërr. **149d** : D'après le carton de J-L. Forain, Facchina, *Le Boulevardier*, 1894, mosaïque, musée Carnavalet, ©J.-C. Doërr. **151h** : *La Palette et ses panneaux de céramique*, 2004, photographie, ©J.-C. Doërr. **151b** : *Le Bistrot du Peintre, intérieur*, 2004, photographie, ©J.-C. Doërr. **153** : *Le Cochon à l'oreille, intérieur*, 2004, photographie, ©J.-C. Doërr. **154** : *Le Café des Chasseurs*, mosaïque, © DR. **155** : *Le Lux bar, intérieur*, photographie, Karin Maucotel photographe, ©Paris-Musées. **156** : *Le Royal Bar, céramique représentant l'allégorie de la Lombardie*, photographie, cliché Karin Maucotel, ©Paris-Musées. **157** : *La Potée des Halles, céramique représentant l'allégorie de la Bière*, photographie, cliché Karin Maucotel, ©Paris-Musées. **158** : *La coupole de la brasserie La Source*, photographie, extraite de *FDAR Strasbourg*, BHVP, ©J.-C. Doërr. **159g** : *La Maison du café*, photographie, extraite de la revue *Le Bâtiment illustré*, 1935-1938, Bibliothèque Forney, ©J.-C. Doërr. **159d** : *Maison du café*, photographie, extraite de la revue *Le Bâtiment illustré*, 1935-1938, Bibliothèque Forney, ©J.-C. Doërr. **160** : *Le bar du restaurant Prunier*, photographie, © Nicolas Matheus. **162** : *Fresques du Pigalle*, photographie, © Robert Laugier. **163** : *Le Ruc, intérieur*, 2004, photographie, ©J.-C. Doërr. **164** : *Le Water Bar de Colette, intérieur*, 2004, photographie, ©J.-C. Doërr. **165** : *Le Fumoir, intérieur*, 2004, photographie, ©J.-C. Doërr. **167** : *L'Avenue, intérieur*, photographie ©Agence J. Garcia. **168** : *Le Café Marly*, 2003, photographie, © J.-C. Doërr. **169h** : B. Stevens, *Café La Comète*, 1980, n° 93, cibachrome, ©B. Stevens. **169b** : B. Stevens, *Café Le Havane*, 1980, n° 30, cibachrome, ©B. Stevens. **170** : H. de Toulouse-Lautrec, *Deux femmes assises au café*, 1893, aquarelle, crayon noir, papier calque, carton, musée du Louvre, D.A.G. (fonds Orsay), ©RMN/ M. Bellot. **171** : Union Photographique Française, *109 rue Cardinet à Paris (mai 1898)*, photographie, musée Carnavalet, Cabinet des Arts graphiques, ©PMVP/ Briant. **172-173** : E. Degas, *Femmes à la terrasse d'un café, le soir*, 1877, dessin pastel, musée du Louvre D.A.G. (fonds Orsay), ©RMN/ Arnaudet. **175h** : *Famille d'Auvergnats*, 1910, photographie, coll. P. Grandroques, © DR. **175b** : *La Brasserie des bords du Rhin*, photographie, coll. Brasserie Lipp, ©J.-C. Doërr. **176** : E. Manet, *La serveuse de bocks*, 1878-1879, huile sur toile, musée d'Orsay, ©RMN/ H. Lewandowski. **177** : Ch. Lansiaux, *19, rue de Lappe, grille et enseigne*, 1920, photographie, musée Carnavalet, Cabinet des arts graphiques, ©PMVP/ Joffre. **178** : *La boîte à Fursy, rue Pigalle*, carte postale, coll. T. Cazaux, ©J.-C. Doërr. **179** : P. Boyer, *Portrait de Fursy, cabaretier*, carte postale, coll. T. Cazaux, ©J.-C. Doërr. **180** : Grün, *Boîte à Fursy, revue de Fursy et Léon Hunès, Vive la Grève*, BnF département des estampes et de la photographie ©Bnf service de reproduction. **181** : *Les amusements du lundi*, XVIIIe siècle, estampe, musée Carnavalet, Cabinet des arts graphiques, ©PMVP/ J.-Y. Trocaz. **182** : Crepon, *Un samedi soir au quartier Mouffetard (scène de la vie réaliste)*, XIXe siècle, estampe, musée Carnavalet, Cabinet des Arts graphiques, ©PMVP/ Degrâces. **184** : Ch. Vernier, *Scènes commerciales : « Bon !… ma femme plaît à tout le monde… mon affaire sera faite !… »*, XIXe siècle, estampe, musée Carnavalet, Cabinet des arts graphiques, ©PMVP/ Briant. **185** : F. Rops, *Le gandin ivre*, estampe, coll. Province de Namur, musée Félicien Rops, ©Schrobiltgen. **187** : Ch. Lansiaux, *Rue de Lappe, vue pittoresque, 30 septembre 1920*, photographie, musée Carnavalet, Cabinet des arts graphiques, ©PMVP/ Ladet. **189** : *L'entrée de Capoulade, boulevard Saint-Michel*, photographie, tirée de *Travaux d'architecture FDAR Strasbourg*, BHVP, © J.-C. Doërr. **191** : *Le Vestiaire, intérieur*, 2004, photographie, ©J.-C. Doërr. **193** : *Auto Passion, le bar, intérieur*, 2004, photographie, ©J.-C. Doërr. **194** : *Auto Passion, le bar, intérieur*, 2004, photographie, ©J.-C. Doërr. **195** : *Intérieur du café des Deux Stades*, 2004, photographie, ©C. Delplancq. **196** : Benjamin, *Une soirée d'étudiants*, estampe, musée Carnavalet, Cabinet des Arts graphiques, ©PMVP. **197** : *Intérieur du Zéro de conduite*, 2004, photographie, ©C. Delplancq. **198** : *Intérieur du café Oz*, 2004, photographie, ©C. Delplancq. **199** : *L'entrée du Banana Café*, 2004, photographie, ©J.-C. Doërr. **200** : *Intérieur du Flag*, 2004, photographie, ©C. Delplancq. **201** : *Intérieur de l'Amnésia Café*, 2004, photographie, ©C. Delplancq. **202g** : *Rainbow Flag, intérieur*, 2004, photographie, ©C. Delplancq. **202d** : *L'Amnésia, intérieur*, 2004, photographie, ©C. Delplancq. **203** : *Villa Kéops, façade*, 2004, photographie, ©J.-C. Doërr. **204** : *Vitrine du Village Web*, 2004, photographie, ©C. Delplancq. **205** : *Village Web, intérieur*, 2004, photographie, ©C. Delplancq. **206** : Ch. Vernier, *Revue caricaturale : grande bataille des échecs livrée au café de la Régence (décembre 1843). Durée 1 mois… La Mode du 5 janvier 1844*, estampe, musée Carnavalet, Cabinet des Arts graphiques, ©PMVP/ Briant. **207** : *Un café du XIe arrondissement et les machines à sous*, photographie, coll. J.Lemaître, ©D.R. **209** : *Phénix à musique*, machine à sous, coll. J. Lemaître, ©Photo L. Truchy. **210** : T. A. Steinlen, *Au café, blanchisseuses et deux hommes*, mine de plomb sur papier, musée du Louvre D.A.G (fonds Orsay), ©RMN. **211** : C. Cléty, *Rencontre dans un café*, 1931, huile sur toile, musée des Beaux-Arts de Lille, ©RMN/ H. Lewandowski. **212** : P. C. Helleu, *Femme accoudée à une table*, 1889, pastel sur papier chamois, musée du Louvre, ©RMN. **213** : L. Foujita, *Au café*, 1949, huile sur toile, musée du centre Pompidou-MNAM-CCI, Photo CNAC/MNAM dist. RMN/ J. Hyde, ©ADAGP. **214** : E. Manet, *Un café, place du Théâtre Français*, 1877-1881, mine de plomb, lavis d'encre de chine, papier quadrillé, musée du Louvre, D.A.G. (fonds d'Orsay), ©RMN/ M. Bellot. **215** : H. de Toulouse-Lautrec, *La buveuse ou gueule de bois*, 1889, dessin, Albi musée Toulouse-Lautrec, ©musée Toulouse-Lautrec. **216-217** : R. Bezombes, *La terrasse du Grand Café*, XXe siècle, peinture, musée d'Art moderne de la Ville de Paris, Photo RMN/ Bulloz, ©ADAGP. **219h** : *Modigliani dans un café*, début XXe siècle, Archives légales Modigliani, © D. R. **219b** : *Carnet de croquis de Modigliani*, 1916, coll. part., © D. R. **220-221** : P. Sicard, *Le Pigall's, 1925*, peinture, musée Carnavalet, Cabinet des Arts graphiques, ©PMVP/ Habouzit. **223** : P. Sicard, *Party in the Pigall's*, 1926, huile sur toile, Galerie Hassan, © D.R. **224** : Jacamon et Matz, *Le tueur*, extrait de la série *Le Tueur*, tome 4 : *Les liens du sang*, ©Editions Casterman. **226** : Cothias et Juillard, *L'Epervier*, extrait de la série *Les Sept vies*, tome 3 : *L'Arbre de mai*, ©Editions Glénat. **227** : P. Geniaux, *A la terrasse d'un café vers 1900*, photographie, musée Carnavalet, Cabinet des Arts graphiques, ©PMVP/ Pierrain. **229** : *Ouverture de La Coupole à Paris*, 1927, photographie, coll. part., © D.R. **231** : *Le café Procope au XVIIIe siècle avec un médaillon Buffon, Gilbert, Diderot, d'Alembert, Marmontel, Le Kain, Rousseau, Voltaire, Piron, d'Holbach*, estampe, musée Carnavalet, Cabinet des Arts graphiques, ©PMVP/ J.-Y. Trocaz. **232** : P. Dornac, *Verlaine au café Procope (?)*, vers 1890, photographie, musée Carnavalet, Cabinet des Arts graphiques, ©PMVP/ Ladet. **233** : P. Getzler, *Georges Perec au café de la Mairie, place Saint Sulpice*, photographie, coll. P. Getzler ©P. Getzler.

INDEX
Sont indexés les cafés cités dans les articles du catalogue (existants ou disparus) ainsi que les lieux de divertissements (bals, cabarets par exemple).

A l'homme armé, 25, rue des Blancs-Manteaux, 4e : 117.
A la bonne franquette, angle des rues Saint-Rustique et des Saules, 18e : 67 (ill.)
A la Croix d'Or, 54, rue Saint-André-des-Arts, 5e : 117.
A la Martinique, angle des rues Saint-Martin et des Lombards, 4e : 119.
Abbaye de Thélème (L'), 1, place Pigalle, 9e : 72 (ill.), 76, 77, 78(ill.).
Académie de Pontarlier, voir Académie Pellorier.
Académie Pellorier, 175, rue Saint-Jacques, 5e : 82-84, 82-83 (ill.).
Accessoir Café, 41, rue des Blancs-Manteaux, 4e : 202.
Akhénaton (L'), 12, rue du Plâtre, 4e : 202.
Alcazar, 62, rue Mazarine, 6e : 164, 165.
*Alcazar d'été (L'),v*oir *Morel (café)* : 101.
Alexandre (Café), bd du temple : 52-53 (ill.)
Ambassadeurs (Café des), 3, avenue Gabriel, 8e : 100, 101.
Américain (Café), bd des Italiens, 9e : 62, 227.
Amnésia (L'), 42, rue Vieille-du-Temple, 4e : 201 (ill.), 202, 202 (ill.).
An Vert du Décor (L'), 32, rue de la Roquette, 11e : 110 (ill.), 111.
Andler-Keller (Brasserie), 23, rue Hautefeuille, 6e : 83, 210, 231.
Ane Rouge (Cabaret de l'), voir *Grande Pinte (Cabaret de la).*
Anges (Café des), 66, rue de la Roquette, 11e : 110.
Anglais (Café), 3, boulevard des Italiens, 2e : 58, 62, 118, 128, 227, 230.
Annapurna (L'), 19, rue Etoile, 17e : 194.
Appart'thé (L'), 7, rue Charlot, 3e : 202.
Arambar, 7, rue de la Folie-Méricourt, 11e : 202
Arcadie (L'), rue du Château-d'Eau, 10e : 200.
Aristide Bruant (Cabaret), 84, boulevard Rochechouart, 9e : 75.
Assassins (Cabaret des), voir *Lapin Agile (le)* : 67 (ill.), 79, 80.
Au Papillon, 74, rue Doudeauville, 18e : 120.
Au rendez-vous des camionneurs, 12, rue du Perche, 3e : 124.
Auberge du Clou (l'), 30, avenue Trudaine, 9e : 74, 74 (ill.).
Aurore (L'), avenue des Champs-Elysées, 8e : 100.
Auto (Brasserie de l'), 59, avenue de la Grande Armée, 16e : 190.
Auto Passion Café, 197, boulevard Brune, 14e : 193 (ill.).
Aux billards de bois. Voir *A la bonne franquette*.
Avenue (L'), 41, avenue Montaigne, 8e : 167 (ill.).
Aveugles (Café des), 89-92, galerie des Beaujolais, sous-sol, Palais-Royal, 1er : 12-13 (ill.), 41, 230.

Aviateurs (Café des), 37, boulevard Victor, 15e : 194.
Aviatic Bar, 345, bis rue de Vaugirard, 15e :152.
Aviation (Bar de l') , 5, boulevard Victor, 15e : 194.
Bagdad Café, 44, rue de la Montagne-Sainte-Geneviève, 5e : 198.
Bagne (Taverne du), 2, boulevard de Clichy, 9e : 76, 76 (ill.), 77(ill.), 78.
Bal Tabarin, à l'angle du 58, rue Pigalle et de la rue Victor-Massé, 9e : 179, 180.
Balajo (Le), 9, rue de Lappe, 11e : 181, 187, 188.
Banana Café, 13, rue de la Ferronnerie, 1er : 199 (ill.), 203.
Bar Américain, 40, rue Notre-Dame-des-Victoires, 2e : 119.
Bar Bac, 13, rue du Bac, 5e : 191.
Bar Parisien (Le), 36, boulevard Ornano, 18e : 155.
Barbara Bui Café, 27, rue Etienne-Marcel, 2e : 165.
Barreaux Verts (Les), 19, rue de Lappe, 11e : 186, 187.
Barrio Latino (Le), 46, faubourg Saint Antoine, 12e : 111.
Ba-Ta-Clan, aujourd'hui *Bataclan*, 50, bd Voltaire, 11e : 152, 178.
Bateau ivre (le), 40, rue Descartes, 5e : 197.
Batofar (Le), port de la gare, quai François Mauriac, 13e : 111, 112.
Bear's Den (Le), 6, rue des Lombards, 4e : 202.
Beaubourg (Café), 43-45, rue Saint-Merri, 4e : 164, 165.
Bedford (Le), 17, rue Princesse, 6e : 191.
Belle Epoque (La), 68, avenue Félix Faure, 15e : 155.
Belle Poule (Cabaret de la), bas de la rue des Martyrs, 18e : 69, 73.
Berceau lyrique (Café du), voir *mécanique (Café).*
Berger Galant (Au), rue de Rochechouart, 9e : 65.
Berry (Le), rue Boissy d'Anglas, 8e jusqu'en 1925 puis rue de Penthièvre, 8e : 159.
Bistrot du Peintre (Le), 116, avenue Ledru-Rollin, 11e : 151, 151 (ill.), 152.
Black Bear (Le), 161, rue Montmartre, 2e : 193.
Bleu (Le café), 15, rue du Faubourg-Saint-Honoré, 8e : 164.
Bliss Kfé (Le), 30, rue Roi de Sicile, 4e : 202.
Blues Café (Le), Port de la Gare, 13e : 112.
Bœuf sur le toit (Le), rue Boissy d'Anglas, 8e puis, à partir de 1925, rue de Penthièvre, 8e, aujourd'hui 34, rue du Colisée : 58, 161, 199.
Bohême du Tertre, 2, place du Tertre,18e : 80.
Boissonnerie (la), 69, rue de Seine, 6e : 120 (ill.).
Boîte à Fursy, 12, rue Victor-Massé, puis 58, rue Pigalle, 9e : 178, 178 (ill.), 180, 180 (ill.).
Bon Marché (café du), 24, rue de Sévres, 7e : 158.
Bonaparte (le), 42, rue Bonaparte, 6e : 175.
Boobsbourg (le), 26, rue de Montmorency, 3e : 202.
Bords du Rhin (Brasserie des), voir *Brasserie Lipp (brasserie).*
Borel (chez), Palais-Royal : 41.
Bosphore (Le), 18, rue Thérèse, 1er : 199.
Bosquet (Café du) ou *Concert à la Corde*, rue Saint-Honoré, 1er : 100.
Boule Blanche (La) (café des années 30) : 161.
Boule Rouge (La), 8, rue de Lappe, 11e : 187.
Boulistes (Les), 169, rue Vercingétorix, 14e : 194.
Bouquet de l'Opéra (Au), 7, rue Danielle Casanova, 1er : 118.
Bourg-Tibourg (le), 19, rue Bourg-Tibourg, 4e : 167.
Bousca (Chez), 13, rue de Lappe, 11e : 87, 87 (ill.).
Bouscarat (café), voir *Bohême du Tertre.*
Bowler (The), 13, rue d'Artois, 8e : 192.
Brésil (Bar du), avenue de Wagram : 161.
Brésil (Café du), avenue de Wagram : 161.
But (café le), 2, rue de Londres, 9e : 192, 194.
Cabaret (Le), 2 place du Palais-Royal, 1er : 165, 167.
Camille (Chez), 90, rue de Rochechouart, 9e : 155.
Capoulade, 26, rue Soufflot, 5e : 189 (ill.), 195.
Caprice des Dames (Au), rue de Rochechouart, 9e : 65.
Cardinal (Le), 1, bd des Italiens, 2e : 227.
Carillon (Cabaret du), 43, rue de la Tour-d'Auvergne, 9e : 78, 178,179.
Caron (Café), angle des rues de l'Université et des Saints-Pères, 6e : 104, 108.
Carrefour (Au), 8, rue des Archives, 4e : 202.
Carribean Coffee, 31, rue Roule, 1er : 202.
Carrié (Chez), 95, rue de Charonne, 11e : 186.
Caveau (Café du), 89-92, galerie des Beaujolais au Palais-Royal, 1er : 5 (ill.), 8-9 (ill.), 17 (ill.), 41, 41 (ill.), 43, 123, 125, 126.
Caveau des Aveugles (Au), voir *Aveugles (Café des).*
Caveau du Soleil d'Or (Le), 15, boulevard du Palais, 4e : 84, 232.
Central (Le), 33, rue Vieille-du-Temple, 4e : 202.
Chalet (le), voir *Bousca (chez).*
Championne (La), 21, boulevard Bonne-Nouvelle, 2e : 194.
Champsmelé (La), 4, rue Chabanais, 2e : 202.
Chào-Bà. Voir *Pigalle (Café-bar le).*
Charbon (Café), 109, rue Oberkampf, 11e : 110, 111, 111 (ill.).
Charpini (Chez), voir *Bosphore (Le).*
Chartres (Café de), 79-82, galerie des Beaujolais, Palais-Royal, 1er : 41, 42, 138, 230.

Chasseurs (Café des), 176, rue du Faubourg Saint-Denis, 10ᵉ : 154 (ill.), 155.
Chat noir (Le), 84, bd Rochechouart puis 12, rue Laval actuelle rue Victor-Massé, 9ᵉ : 65, 65 (ill.), 73, 74, 75, 76, 78, 79, 82, 83, 116, 145.
Cheval Rouge (Le), aux Porcherons, 9ᵉ : 65.
Chien qui fume (Au), 33, rue du Pont-Neuf, 1ᵉʳ : 150.
Chope des Sports (La), 49, boulevard Victor, 15ᵉ : 192.
Cigogne (Brasserie de la), rue Montmartre, 1ᵉʳ : 145.
Cigogne (La), rue Bréa, 6ᵉ : 91.
Citoyen Foyer (Café du), entre le Rond-Point des Champs Elysées et la place de la Révolution, 8ᵉ : 100.
Clairon des Chasseurs (Le), voir *Bohème du Tertre*.
Classic Bar, 12, rue des Haudriettes, 3ᵉ : 202.
Closerie des Lilas (La), 171 bd du Montparnasse, 6ᵉ : 88, 90, 94-95, 94 (ill.), 232.
Clown Bar (Le), 114, rue Amelot, 11ᵉ : 146, 152.
Cochon à l'oreille (Le), 15, rue Montmartre, 1ᵉʳ : 150, 153 (ill.).
Cochon fidèle (Taverne du), rue des Cordiers, 5ᵉ : 210.
Colbert (Brasserie ou Grand Colbert), 4, rue Vivienne, 2ᵉ : 224 (ill.), 226.
Colisée (Le), 44, avenue des Champs-Elysées, 8ᵉ : 101, 101 (ill.), 159.
Columbus Café, 21, rue Soufflot, 5ᵉ : 198.
Commerce (Café du), 1, rue des Petits-Carreaux, 1ᵉʳ : 155.
Comptoir des canettes (Le), voir *Georges (chez)*.
Concierges (cabaret ou casino des), 73, rue Pigalle, 9ᵉ : 77, 178.
Connolly's Corner, 12, rue de Mirbel, 5ᵉ : 198.
Contributions Directes (Taverne des), 37, rue de la Rochefoucauld, 9ᵉ : 178.
Convention (Café de la), Palais-Royal, 1ᵉʳ : 230.
Corrazza (café), 12, galerie Montpensier, Palais-Royal, 1ᵉʳ : 41.
Costes (Café), 4-6 rue Berger, place des Innocents, 1ᵉʳ : 163, 164, 165.
Hôtel Costes, 239, rue Saint-Honoré, 2ᵉ : 167.
Coupole (La), 102, bd Montparnasse, 14ᵉ : 91, 92-93 (ill.), 96 (ill.), 97, 158, 161, 229 (ill.).
Courrier de Lyon (Au), 17, rue du Bac, 7ᵉ : 191.
Cricketer (The), 41, rue Mathurin, 8ᵉ : 192.
Criterion Fouquet's bar (the). Voir *Fouquet's*.
Crocodile (Le), 6, rue Royer-Collard, 5ᵉ : 197.
Cuve renversée (Cabaret de la), 43, rue Labat, 18ᵉ : 68.
Cyclos (Les), 45, rue Rocher, 8ᵉ : 194.
Cyrano (Le), 82, bd de Clichy, 9ᵉ : 233.
Dantzig (le), passage Dantzig, 15ᵉ : 91.
Daytona (le), rue Notre Dame-de-Lorette, 9ᵉ : 200.
Décadents (Café des ou Concert des), voir *Incohérents (Café des)*.
Declic Web, 28, rue Henri-Barbusse, 5ᵉ : 204.
Derby (Le), 17, rue Perignon, 15ᵉ : 194.
Deux Magots (Les), 6, place Saint-Germain-des-Prés, 6ᵉ : 103 (ill.), 105, 107, 107 (ill.), 116, 135 (ill.), 166, 225, 233.
Deux Saules (Café des), voir *Renault bar*.
Deux Stades (Les), 41, avenue du Général Sarrail, 16ᵉ : 192-195.
Divan (Café), 60, rue de la Roquette, 11ᵉ : 110.
Divan Japonais, 75, rue des Martyrs, 18ᵉ : 77, 116.
Divan Le Pelletier (cafés littéraires) : 231.
Dix (Le), 10, rue de l'Odéon, 6ᵉ : 197.
Dôme (Le), 108, bd du Montparnasse, 14ᵉ : 88, 89 (ill.), 90, 91, 97, 161, 218, 227, 228, 232.
Doyen (Le), 2, avenue Gabriel, 8ᵉ : 100.
Dream Team, rue Joseph de Maistre, 18ᵉ : 194.
Drop (Le), 36, rue Bellechasse, 7ᵉ : 193.
Duplex (Le), 25, rue Michel le Comte, 3ᵉ : 203.
Dupont-Barbès (Le), 1, bd Barbès, 18ᵉ : 159.
Dupont-Latin (Le), bd Saint-Michel, 5ᵉ : 159.
Durand (Café), place de la Madeleine, 8ᵉ : 227.
Ecrevisse (Le café de) : non localisé. Deux établissements à ce nom ont été localisés au 12, rue Custine, 18ᵉ, et au 22, rue Richer, 9ᵉ.
Ecritoire (L'), 3, place Sorbonne, 5ᵉ : 197.
Enfants terribles (Les) : 161.
Escholier (L'), 3, place de la Sorbonne, 5ᵉ : 197.
Espérance (Brasserie de l'), Porte Maillot, 17ᵉ : 190.
Estaminet (café), place Beauvau, 8ᵉ : 128.
Etages (Les), 35, rue Vieille-du-Temple, 4ᵉ : 166.
Etienne Marcel (L'), 34, rue Etienne-Marcel, 2ᵉ : 165, 166, 168.
Etoile Manquante (L'), 34, rue Vieille-du-Temple, 4ᵉ : 202.
Etrier d'Or (L'), 13, rue Longchamp, 16ᵉ : 194.
Fabrique (La), 53, rue du Faubourg Saint-Antoine, 11ᵉ : 111.
Feria (Le), 4, rue Bourg-Tibourg, 4ᵉ : 202.
Fernand (Brasserie), 127, bd Montparnasse, 6ᵉ : 226.
Feuille de Vigne, 6, place Pigalle, 1ᵉʳ étage, 9ᵉ : 73.
Fiacre (Au), rue Notre-Dame-de-Lorette, 9ᵉ : 199.
Flo (Brasserie), 7, cour des Petites-Ecuries, 10ᵉ : 58.
Flore (Café de), 172, bd Saint-Germain, 6ᵉ : 42, 102 (ill.)103, 105, 107, 108-109, 108 (ill.), 109 (ill.), 166, 174, 175, 225, 233.
Flore (Café), avenue des Champs-Elysées, 8ᵉ : 117.
Folies Pigalle, 11, place Pigalle, 9ᵉ : 202.
Fontaine (la brasserie), voir *Jean Goujon (café)*.
Fontaine d'amour (La), rue de Rochechouart, 9ᵉ : 65.
Fouquet's, 99, avenue des Champs-Elysées, 8ᵉ : 23, 101.
Foy (Café), 57-60, galerie Montpensier, Palais-Royal, 1ᵉʳ : 41, 42, 43, 123, 127, 130.
François Iᵉʳ (Le), 27, rue François 1ᵉʳ, 8ᵉ : 104.
Frascati, angle de la rue de Richelieu et du bd Montmartre : 20-21 (ill.), 55, 125, 138.
Frites révolutionnaires (Les), 54, bd de Clichy, 18ᵉ : 77.
Fumoir (Le), 6, rue de l'Amiral Coligny, 1er : 165, 165 (ill.), 166.
Garchy (Chez), rue de la Loi, 20ᵉ : 138.
Génin (Café), rue Vavin, 6ᵉ : 210.
Georges (Chez), 11, rue des Canettes, 6ᵉ : 197.
Georges (Le), Centre Georges Pompidou, 6ᵉ étage, 4ᵉ : 168.
Georges Carpentier, rue Arsène Houssay, 8ᵉ : 190.
Grand Café Parisien (Le), 26, rue de Bondy et 3-5 rue du Château d'eau, 10ᵉ : 142.
Grand Ecart (Le) : 161.
Grande Pinte (Cabaret de la), 28, avenue Trudaine, 9e : 65, 73, 74, 77.
Grenouille en goguette (La), rue Pigalle, 9ᵉ : 145.
Gros (Café-bar), à l'angle de la rue Sainte-Anne et des Petits-Champs, 1ᵉʳ : 159.
Guerbois (Café), 11, Grande rue des Batignolles (actuellement 9, avenue de Clichy), 18ᵉ : 69, 72, 81, 210, 211, 215, 231.
Guinguette Pirate (La), face au 11, quai François Mauriac, 13ᵉ : 112.
Harcourt (Café d'), à l'angle de la place de la Sorbonne et du bd Saint-Michel (du côté opposé à l'actuelle librairie des PUF), 5ᵉ : 232.
Hardy (Café), 20, bd des Italiens, 9ᵉ : 131, 230.
Harry's New York bar, 5, rue Daunou, 2ᵉ : 191.
Helder (Café du), 27, bd des Italiens, 2ᵉ : 62.
Hideout (The), 11, rue du Pot de Fer, 5ᵉ : 198.
Horloge (L'), avenue des Champs-Elysées, 8ᵉ : 100.
L'Hôtel, 13, rue des Beaux-Arts, 6ᵉ : 166.
L'Hôtel Costes, 239, rue Saint Honoré, 1ᵉʳ : 167.
Hurling Pub, 8, rue Descartes, 5ᵉ : 198.
Ile d'Amour (L'), rue Saint-Lazare, 9ᵉ : 65.
Image Saint-Louis (L'), Chaussée des Martyrs, 18ᵉ : 65.
Image Saint-Martin (L'), place des Abbesses, 18ᵉ : 65.
Image Sainte-Anne, à la Nouvelle France, 18ᵉ : 65.
Imprévu Café (L'), 7, rue Quincampoix, 4ᵉ : 202.
Incohérents (Café des), 16, bis rue Fontaine, 9ᵉ : 74.
Industrie (Le café de l'), 16, rue Saint Sabin, 11ᵉ : 210.
Interface (L'), 34, rue Keller, 11ᵉ : 202.

Jean Bouin (Le), 55, rue Molitor, 16ᵉ : 192.
Jean Goujon (Café), rue Pigalle, : 72, 210.
Jockey (Le), 72, rue Léon Frot, 11ᵉ : 194.
Jockey (Le), bd Montparnasse, 14ᵉ : 161.
Julien, 16, rue du Fg-Saint-Denis, 10ᵉ : 58.
Jumping (Le), 15, rue Saussier Leroy, 17ᵉ : 194.
Keller's Club (Le), 14 rue Keller, 11ᵉ : 200.
Kitch (Le), 10, rue Oberkampf, 11ᵉ : 110.
Kong (Le), 1, rue du Pont-Neuf, 5ᵉ et 6ᵉ étages du siège Kenzo, 1ᵉʳ : 165.
La Rochefoucault (Brasserie de), 49, rue de La Rochefoucauld, 9ᵉ : 215.
Lapin Agile, 22, rue de Saules, 18ᵉ : 66, 67, 78, 79, 80, 95, 117.
Lapin blanc (Cabaret du), rue aux Fèves : 82.
Lapin poseur (Taverne du), rue des Dames, 17ᵉ : 145.
Lemblin (Café), 103, galerie des Beaujolais, Palais Royal, 1ᵉʳ : 41, 138.
Liberty's Bar, voir *Palmyre (le)*.
Lion Rouge (Au), rue de Rivoli, 1ᵉʳ : 145.
Lipp (Brasserie), 151, bd Saint-Germain, 6ᵉ : 102, 105, 105 (ill.), 106, 107, 116, 174, 175 (ill.), 233.
Loir dans la Théière (Le), 3, rue des Rosiers, 4ᵉ : 202.
Lune (Bar de la), quartier de Montmartre : 228.
Lux Bar (Le), 12, rue Lepic, 18ᵉ : 155, 155 (ill.).
Ma Campagne, voir *Lapin Agile*.
Machines (Les), 10, rue Saint Sabin, 11ᵉ : 110.
Madrid (Café de), 8, bd Montmartre, 9ᵉ : 83, 158, 194, 195.
Magny (Cabaret), angle des rues Saint-Lazare et du Coq (aujourd'hui rue de Clichy), 9ᵉ : 65.
Mairie (Café de la), 8, place Saint Sulpice, 6ᵉ : 106, 233 (ill.).
Maison Dorée, 20, bd des Italiens, 9ᵉ : 230.
Maison du Café (la), place de l'Opéra-rue du Quatre-Septembre, 2ᵉ : 158, 159, 159 (ill.).
Marcel (Chez), Voir *Petit Rétro (le)*.
Manhattan (le), rue des Anglais, 5ᵉ : 200.
Manouri (Café), quai de l'Ecole, au débouché de la rue de l'Arbre-sec, 1ᵉʳ : 124, 124 (ill.).
Marengo (le), 6, rue Marengno, 1er : 189.
Mariage Frères, 30, rue du Bourg-Tibourg, 4ᵉ : 202.
Marly (Café), Palais du Louvre, Cour Napoléon, 93, rue de Rivoli, 1ᵉʳ : 168, 168 (ill.).
Marronniers (Les), 18, rue des Archives, 4ᵉ : 202.
Martyrs (Brasserie des), 7, rue des Martyrs, 18ᵉ : 69, 73, 81, 210, 231.
Match (Le), 108, rue Réaumur, 2ᵉ : 194.
Maure (Café), mosquée de Paris, 39, rue Geoffroy Saint-Hilaire, 5ᵉ : 198.
Mayflower (le), 49, rue Descartes, 5ᵉ : 198.
Mayol (Le), 37, rue du Faubourg Saint-Denis, 10ᵉ : 192.

Mécanique (Café), 99, Arcades du Palais-Royal, 1ᵉʳ : 41, 44-45, 44-45 (ill.), 230.
Mécano Bar (Le), 9, rue Oberkampf, 11ᵉ : 110.
Mère Catherine (La) , 6, place du Tertre, 18ᵉ : 79.
Mickey-Sport (le), 22, rue le Marois, 16ᵉ : 192.
Midi (Café du), avenue des Champs-Elysées, 8ᵉ : 100.
Militaire (Café), 201, rue Saint-Honoré, 1ᵉʳ : 46-48, 46 (ill.), 47 (ill.) 49 (ill.),115, 123, 138.
Mille colonnes (Café des), 36, galerie Montpensier, Palais-Royal, 1ᵉʳ : 41, 115, 138.
Mirliton (Cabaret du), voir *Aristide Bruant (Cabaret)*.
Mollard (Brasserie) , 115, rue Saint Lazare, 8ᵉ : 142.
Momus (Café), rue des Prêtres-Saint-Germain-l'Auxerrois, 1ᵉʳ : 83, 210, 231.
Montmartre (Taverne), voir *Pousset, (Taverne)*
Morel (Café), 9, avenue Gabriel, 8ᵉ : 100.
Moulin-Rouge, 82 bd de Clichy, 18ᵉ : 155.
Moustache (Café), 138, rue du Faubourg Saint Martin, 10ᵉ :202.
Musette (Le), 23, rue de Lappe, 11ᵉ : 187.
Musique (Café de la), 213, avenue Jean Jaurès, 19ᵉ : 168.
Napolitain, 1, bd des Capucines, 9ᵉ : 62.
Noce (La), place Pigalle, 9ᵉ : 190.
Nouvelle Athènes (La), 9, place Pigalle, 9ᵉ : 29 (ill.), 72, 73, 76, 81, 81 (ill.) 82, 211, 214, 215, 231.
O.P.A (offre publique d'ambiance), 9 rue Biscornet, 12ᵉ : 111.
Oiseau Bariolé (L'), 16, rue Sainte-Croix-de-la-Bretonnerie, 4ᵉ : 203.
Okawa Bar, 40, rue Vieille-du-Temple, 3ᵉ : 202.
Olympe (L'), 62, rue Botzaris, 19ᵉ : 193.
Olympiades, 22, rue Disque, 13ᵉ : 192, 193.
Olympic (L'), 11, rue Faubourg Montmartre, 9ᵉ : 193.
One Way (Le), 28, rue Charlot, 3ᵉ : 202.
Orbital (Café), rue de Médicis,14ᵉ : 204.
Oz (café), 184, rue Saint-Jacques, 5ᵉ : 198.
Paix (Café de la), Place de l'Opéra, 12 bd des Capucines, 9ᵉ : 63, 63 (ill.), 64, 64 (ill.), 152, 227, 231.
Palace Bar, 146, rue de Rivoli, 1ᵉʳ : 150.
Palette (La), 43, rue de Seine, 6ᵉ : 151, 151 (ill.).
Palette Bastille (La), voir *Bistrot du peintre (Le)*.
Palette d'Or (La), rue de Rivoli, 1ᵉʳ : 143, 143 (ill.), 145.
Palmyre (Chez), 5, place Blanche, 9ᵉ : 199.
Panorama (Le), 21, passage des Panoramas, 2ᵉ : 119.
Pantagruel (Cabaret de), quartier Latin : 146.
Paris (Café de), 1, rue Taitbout, 9ᵉ : 58, 115, 227, 230.
Paris Texas, 40, rue Godefroy Cavaignac, 11ᵉ : 202.

Paris-Foot, 123, bd Davout, 20ᵉ : 194.
Parnasse (Café du), 138 bd Montparnasse, 14ᵉ : 91.
Péchés capitaux (Cabaret des), Place Pigalle, 9ᵉ : 177.
Penalty (Le), 10, rue Penthièvre, 8ᵉ :194.
Penalty (Le), 132, rue Tombe-Issoire, 14ᵉ : 194.
Pétanque (La), 40, rue Etienne Dolet, 20ᵉ : 194.
Petit Bacchus (Au), 61, rue Saint-Louis en l'Ile, 4ᵉ : 228.
Petit balcon, 15, passage Thiéré, 11ᵉ : 187.
Petit Bofinger (Le), 6, rue de la Bastille, 4ᵉ : 58.
Petit fer à cheval (Au), 32, rue Vieille-du-Temple, 5ᵉ : 118.
Petit jardin, 26, avenue de Clichy, 17ᵉ : 188.
Petit Marsouin (Le), 11, rue Etienne Marcel, 1ᵉʳ : 119.
Petit Montmorency (Au), 105, rue du Temple, 3ᵉ : 151.
Petit Ramponneau (Le), Au coin de la rue Clignancourt et de la rue d'Orsel, 18ᵉ : 69.
Petit Rétro, , 5, rue Mesnil, 16ᵉ : 152.
Petite Chaumière (La), 5, rue Berthe, 18ᵉ : 199.
Petite Vertu (La), rue des Vertus, 3ᵉ : 202, 203.
Piano vache, 8, rue Laplace, 5ᵉ : 196.
Pie (La), rue des Martyrs, Montmartre, 9ᵉ ou 18ᵉ : 65.
Piétons (Les), 8, rue des Lombards, 4ᵉ : 202.
Pigall's, 77, rue Pigalle, 9ᵉ : 220-221 (ill.), 223, 223 (ill.).
Pigalle (Café-bar le), 22, bd de Clichy, (avant sur la place Pigalle) 18ᵉ : 155, 162, 162 (ill.)
Pinzaronne bar, Voir *Royal Bar*
Piscine (Bar de la), 1 rue David d'Angers, 19ᵉ : 193.
Piscine (La), 5, place Hébert, 18ᵉ : 193.
Plaideurs (Taverne des), 34, bd de Clichy, 18ᵉ : 77.
Planteur (Au), 10-12, rue des Petits Carreaux, 2ᵉ : 120 (ill.), 151
Polystar, 94, rue Saint Martin, 14ᵉ : 202.
Pont Royal (Hôtel), 5, rue Montalembert, 7ᵉ : 225.
Poste (Café de la ou Brasserie de la), 1, rue de la grande Truanderie, 1ᵉʳ : 150.
Potée des Halles (la), 3, rue Etienne Marcel, 1ᵉʳ : 150, 157 (ill.).
Pousset (Taverne), bd des Italiens, 9ᵉ : 142, 143, 147, 147 (ill.).
Presto (Le) : 161.
Princes (Café des), 10, bd Montmartre, 1ᵉʳ : 120.
Princes (Les), 6 place Docteur Paul Michaux, 16ᵉ : 192.
Procope (Le), 13, rue de l'Ancienne-Comédie, 6ᵉ : 38, 39 (ill.), 40, 40 (ill.), 104, 115, 120, 121 (ill.), 126, 135, 151, 171, 184, 189, 225, 227,230, 231 (ill.).

Prunier, 16, avenue Victor Hugo, 16ᵉ : 158, 160 (ill.)
Pub'Ippon,) 43 bis, rue Danrémont, 18ᵉ :194.
Pulp (Le) , 25, bd Poissonnière, 2ᵉ : 203.
Purée (Cabaret de la), 77, bd de Clichy, 9ᵉ : 51.
QG (Le), 12, rue Simon-Le-Franc, 4ᵉ : 203.
Quat'z'arts (Les), 62, bd de Clichy, 18ᵉ : 68 (ill.), 78 (ill.), 78.
Quatre saisons (Les,), 3, bd de Gurenelle, 15ᵉ : 152.
Rainbow Café (Le), 16, rue de la Verrerie, 4ᵉ : 203.
Rainbow Flag (Le), aujourd'hui *Flag café,* 5, bd Beaumarchais, 4ᵉ : 200, 200 (ill.), 202 (ill.).
Rat Mort (Le), 7, place Pigalle, 9ᵉ : 72, 72 (ill.), 73, 73 (ill.), 76, 116, 211, 231.
Rats (Les), rue Coquenard (aujourd'hui rue Lamartine), 9ᵉ : 65.
Reflet (le), 6, rue Champollion, 5ᵉ : 196.
Reflet (café), Centre Cerise, 46, rue Montorgueil, 2ᵉ : 136-137 (ill.), 139.
Régence (Café de la), 161-163, rue Saint Honoré, 1ᵉʳ : 206 (ill.), 230.
Relais du métro (Le), 3, bd de Grenelle, 15ᵉ : 152.
Renaissance(Café de la), bd Saint-Michel, face à la fontaine Saint-Michel, 5ᵉ : 83.
Renault Bar, 89-91, rue Saint-Denis, 1ᵉʳ : 150.
Rendez-vous des Toucheurs (le), 42, bd de Clichy, 18ᵉ : 68.
Rendez-vous des voleurs, voir *Lapin Agile*
Requin Chagrin, 10, rue Mouffetard, 5ᵉ : 197.
Réservoir (Le), 16, rue de la Forge-Royale, 11ᵉ : 111.
Réunion (Café de la), avenue des Champs-Elysées, 8ᵉ : 100.
Réveil matin (au), 135 rue Amelot, 11ᵉ : 118 (ill.).
Rhumerie Martiniquaise, 166, bd Saint Germain, 6ᵉ : 191.
Riche (café), 16-18, bd des Italiens, 2ᵉ : 58, 62, 120, 130, 131, 131 (ill.) 142, 144 (ill.)145, 148, 149, 149 (ill.), 227, 230.
Richelieu (Café), sous la Pyramide du Louvre, 1ᵉʳ : 168.
River Bar, 40, rue Descartes, 5ᵉ : 197.
Robinet Mélangeur (Au), 123, bd Ménilmontant, 11ᵉ : 110.
Rody-Bar (Le), 76, rue Lafayette, 9ᵉ : 114 (ill.), 161.
Rond-Point (Café du) 4-6 avenue des Champs-Elysées, 8ᵉ : 100.
Rotonde (La), 105, bd Montparnasse, 6ᵉ : 88, 89, 90, 91, 91 (ill.), 95, 95 (ill.), 218, 219, 226, 228, 232.
Rotonde (Café de la), 89-92, galerie des Beaujolais, Palais-Royal, 1ᵉʳ : 43, 43 (ill.).
Rotonde (La), 17, rue de la Roquette, 11ᵉ : 182**.**

Routis (Chez), angle du bd de Grenelle et de la rue Nélaton, 15ᵉ :190.
Royal Bar, 143, rue Saint-Denis, 2ᵉ : 119, 119 (ill.), 151, 156 (ill.).
Ruc (Le), 159, rue saint Honoré, 1ᵉʳ : 163, 163 (ill.), 167, 168.
Rugby (Le), 2, rue Roquépine, 8ᵉ : 194.
Rugby Bar (Le), 51, avenue Docteur Arnold Netter, 12ᵉ : 194.
Satellit Café (le), 44, rue de la Folie Méricourt, 11ᵉ : 111.
Scandaleuses (Les), 8, rue des Ecouffes, 4ᵉ : 202, 203.
Scorp (Le), aujourd'hui l*e Vogue,* 25, bd Poissonnière, 2ᵉ : 203.
Select (Le), : 99, bd Montparnasse, 6ᵉ : 89.
Sentier (Le), 97, rue Réaumur, 2ᵉ : 155.
Soleil d'or (Café du), à l'angle du bd Saint-Michel et du quai:
Source (Brasserie la) , 35, bd Saint-Michel, 5ᵉ : 158 (ill.).
Sphinx (Le), 19, rue Gérando, 9ᵉ : 81.
Sportifs (Café des), 62 rue de la Folie-Regnault, 11ᵉ : 192.
Sports (Aux), 2, rue Morilllons, 15ᵉ : 192.
Sports (Bar des), 4, rue Jean Jacques Rousseau, 1ᵉʳ : 192.
Sports (Les), probablement au 73, avenue Ledru Rollin, 12ᵉ : 192.
Stade (Café du), soit 6, rue Polonceau, 18ᵉ Paris ou 63 rue Turbigo, 3ᵉ : 192.
Starbucks Café, 26, avenue de l'Opéra, 1ᵉʳ : 112, 198.
Sulky (Le), 14, rue Alleray, 15ᵉ : 194.
Sunset Café, voir *TGI Friday's.*
T.G.I Friday's, 8, bd Montmartre, 9ᵉ : 195.
Tambourin (Le), 62, bd de Clichy, 18ᵉ : 70, 76, 143, 215.
Tessé (Café), 1, Quai Voltaire, 7ᵉ : 117.
Tonneau de Diogène, voir *Plaideurs (la taverne des)*
Tonnelles (Cabaret des), 14 place de Clichy, 9ᵉ : 69.
Tortoni (Café), 22, bd des Italiens, 2ᵉ : 58, 60-62, 60 (ill.), 61 (ill.), 138, 227, 230.
Touring (Café le), 61, avenue de la Grande Armée, 16ᵉ : 190.
Tourneur (Café), Grands Boulevards, 8ᵉ : 62.
Tournon (Café), 18, rue de Tournon, 6ᵉ : 232.
Trap (Le), 10, rue Jacob, 6ᵉ : 200.
Tréteau de Tabarin (Le), voir *Bal Tabarin.*
Triomphe (Le), avenue des Champs-Elysées - rue de Bercy, 8ᵉ : 101, 101 (ill.).
Trois colonnes (Aux), 47 rue de Lappe, 11ᵉ **:** 187.
Trois Obus (Les), 120, rue Michel Ange, 16ᵉ : 192.
Tropic (Le), 66, rue des Lombards, 1ᵉʳ : 203.
Truie qui File (La), 58,rue Notre-Dame de Lorette, 9ᵉ : 77.
Turc (Café), 29, bd du Temple, 2ᵉ : 51, 51 (ill.), 55, 117, 138.
Twickenham (Le), 68, bd Saint Germain, 5ᵉ : 193.
Unity Bar, 176-178, rue Saint Martin, 3ᵉ : 202.
Universelle (Brasserie), 31, avenue de l'Opéra, 1ᵉʳ : 120.
Utopia, 15, rue Michel Lecompte, 3ᵉ : 202.
Vachette (café), 29, rue du bd Saint-Germain, 5ᵉ ou 6ᵉ : 105, 232.
Valois (Café de), 140-142, galerie de Valois, Palais-Royal, 1ᵉʳ : 230.
Variétés (Café des), passage des Panoramas, 2ᵉ : 230.
Vaudeville (Le), 29, rue Vivienne, 2ᵉ : 58.
Vavin (Café), voir *Parnasse (Café du).*
Véfour, voir *Chartres (Café de).*
Vel d'Hiv (Au), 14, bd Vincent Auriol, 13ᵉ : 190.
Vélocipède, 79, bd Sébastopol, 2ᵉ: 194.
Vélodrome (Le), 215, avenue de Versailles, 16ᵉ : 194.
Vercingétorix (Café), rue de Rennes, 6ᵉ : 189.
Vernet (Chez), voir *Balajo.*
Versailles (Le), 171, rue de Rennes, 6ᵉ : 88, 94.
Vestiaire (Le), 64, rue J.-P. Timbaud, 11ᵉ : 191, 191 (ill.).
Vie Parisienne (La), rue Sainte-Anne, 1ᵉʳ ou 2ᵉ : 199.
Vieux Crampon (Le), 18, rue Abbeville, 9ᵉ : 194.
Villa Kéops (La), 58, bd de Sébastopol, 3ᵉ : 203, 203 (ill.).
Village Web, 6, rue Ravignan, 18ᵉ : 204-205, 204 (ill.), 205 (ill.).
Ville (Café de la), 211, avenue Jean Jaurès, 19ᵉ : 120.
Violon dingue, 46, rue de la Montagne Sainte Geneviève, 5ᵉ : 198.
Voltaire (Café), place de l'Odéon, 6ᵉ : 84, 104.
Vrai de vrai (Au), voir *Balajo (le)*
Vrai Saumur (Au), Voir *Bistrot du Peintre (le)*
Water Bar, 213, rue Saint Honoré, 1ᵉʳ :164, 164 (ill.), 165
Watt (Le), 3, rue Cluny, 5ᵉ : 165, 166.
Wax (Le), 15, rue Daval, 11ᵉ : 111.
Web 46, 46, rue Roi de Sicile, 4ᵉ : 204.
Web Bar, 32, rue de Picardie, 3ᵉ : 205.
Wepler (Brasserie), 14, place Clichy, 18ᵉ : 69, 190.
Zéro de conduite, 14, rue Jacob, 6ᵉ : 197 (ill.), 198
Zimmer (le), 1, place du Châtelet, 1ᵉʳ : 85-87, 85 (ill.), 87 (ill.),195
Zoppi (Café) : 104.
Zut (Le), actuelle place Jean-Baptiste Clément, ancᵗ au 30, rue de Ravignan, 18ᵉ : 232.

REMERCIEMENTS

Bertrand Delanoë, Maire de Paris
Christophe Girard, Adjoint au Maire, Chargé de la Culture
Sandrine Mazetier, Adjointe au Maire, Chargée du Patrimoine,
Jacques Bravo, Maire du 9e arrondissement,
Jean-Pierre Lecoq, Maire du 6e arrondissement
Jean-Pierre Babelon de l'Institut, Président de l'Action artistique de la Ville de Paris
Hélène Font, Directrice des Affaires Culturelles de la Ville de Paris
Jean-François Danon, Directeur du Patrimoine et de l'Architecture de la Ville de Paris

L'ouvrage est publié à l'occasion des expositions organisées par l'Action artistique de la Ville de Paris
à la Mairie du 9e arrondissement, du 20 avril au 22 mai 2004 et à la Mairie du 6e arrondissement, du 10 juin au 11 juillet 2004

Le commissariat est assuré par Delphine Christophe et Georgina Letourmy

L'ouvrage et l'exposition ont été réalisés par l'Action artistique de la Ville de Paris: Philippe Auroir, Administrateur, Colonel Christian Meric, Annick Chantrel et Evelyn Cheuvreux, Chargées de la diffusion, Florence Claval, Chargée des relations publiques, Marie-Christine d'Allemagne, Cécile Delplancq, Jean-Christophe Doërr, Photographes, Nathalie Grosbois, chargée d'exposition, Martine Kudla, Comptable, Georgina Letourmy, Iconographe, Ambroise Passegué, Conférencier, Stéphane Rouelle, Chargé de l'édition, François Le Dall, Ricardo Vargas et les stagiaires Rachel Clovis, Myriam El Kenz, Marie Moignard, Lucile Morin, Anne Pihin.

Notre gratitude se tourne vers :
Alain Erlande-Brandenburg, directeur du musée national de la Renaissance à Ecouen, à l'initiative de cette réalisation.

Nous remercions pour leur accueil et leur collaboration :
La Mairie du 9e arrondissement :
Mme Nadia Prète, Conseiller d'arrondissement, déléguée à la Culture, Mme Sylviane Lair, Directrice générale adjointe, M. Cyril Bélier, Chargé de mission au cabinet du Maire pour la Culture
La Mairie du 6e arrondissement :
Olivier Passelecq, Chargé de la Culture
La Foire Saint-Germain :
Mme Jacqueline Ouy, Présidente, M. Alain Ouy, Commissaire général

Les prêts des œuvres présentées ont été aimablement consentis par :

La Bibliothèque nationale de France
M. Jean-Noël Jeanneney, Président, Mme Laure Beaumont-Maillet, Directrice du département des estampes et de la photographie, Mmes Catherine Goeres et Brigitte Robin-Loiseau, service des expositions extérieures, M. Thierry Grillet, Délégué à la diffusion culturelle

Le Musée de l'Armée
Général Bresse, Directeur, Mme Mireille Klein, Conservatrice du département Classique

Le Musée Carnavalet
M. Jean-Marc Léri, Conservateur général et directeur, M. Jean-Marie Bruson, Conservateur chargé des peintures, M. Laurent Creuzet, Conservateur chargé des prêts, Mme Catherine Decaure, service communication et presse.

La Bibliothèque historique de la Ville de Paris
M. Jean Dérens, Directeur, Mme Maria Deurbergue, Conservateur chargé des prêts

La Bibliothèque des Littératures policières
Mme Catherine Chauchard

Le Centre national de la bande dessinée et de l'image, Angoulême
M. André-Marc Delocque-Fourcaud, Directeur, Mme Gaby Scaon, Conservatrice du musée de la bande dessinée, Mme Annick Richard, Mme Marie-Annick Beauvery

Le Musée des années 30, Boulogne-Billancourt
M. Emmanuel Bréon, Conservateur en Chef du Patrimoine, Mme Michèle Lefrançois, Conservateur du Patrimoine

Le Musée Bouilhet-Christofle
M. Albert Bouilhet, Président, Mme Anne Gros, Responsable du musée, Mlle Magalie Lacroix, Documentaliste

Le Musée de Montmartre
M. Raphaël Gérard, Conservateur

L'Association Georges Perec
Mme Danièle Constantin

La Maison Drucker
M. Jean-Luc Giraudet, Directeur général

La Maison Hermès
M. Jean-Louis Dumas-Hermès, Président directeur général, M. Jérôme Guérrand-Hermès, Mme Sophie Pichon, Chargée du mécénat, Mme Ménéhould du Chatelle, Responsable du patrimoine culturel, Mlle Malvina Girard, assistante.

La Maison Pillivuyt
M. Nicolas Delaby, Directeur commercial, Mme Corinne Demolières, Assistante commerciale

La Maison Thonet
M. Claus Thonet, Président directeur général, M. Antoine Lugger, Responsable de l'agence commerciale en France

La Société Juke Box Classic - Malakoff
M. Lionel Bontemps

L'Atelier Nectoux, Puteaux
M. Thierry Nectoux

La Société Bistrots d'autrefois – Paris Montparnasse

La Brasserie Lipp
M. Olivier Bertrand, M. Claude Guittard, Directeur

Les Cafés Malongo
M. Hugo Rombouts, Président directeur général, M. Jean-Pierre Blanc, Directeur

général, M. Pierre-Henri MASSIA, Directeur du département formation, M. Stéphane STERNE, Direction des exploitations

Le Café de la Paix - Grand Hôtel Intercontinental
Mme Marie-Béatrice LALLEMAND, Directrice régionale pour la France, M. Pascal BOISSEL, Directeur des relations publiques

La Galerie Berko, Le Louvre des Antiquaires
M. Patrick BERKO

Galerie Roger Hassan, Le Louvre des Antiquaires
M. Roger HASSAN, M. Eric HASSAN

Le Café de Flore

Le Café « Les deux Magots »

Seltzoclub
M. W. TAILLAND, Président, M. Thierry BOISSEL, Vice-Président

La Société Edifice
Mme Sarah NATHAN, Directrice de la galerie

Le Zimmer
M. Jean-Luc GINTRAND

Zinc Editions
Mlle Julia DECK, et M. Fred MORET

Nous remercions plus particulièrement pour les prêts consentis :
M. et Mme Maurice BOUCHARD, M. Michel BOURBON, Mme Sylvie BUISSON, M. Claude CAYSAC, M. Thierry CAZAUX, M. Denis CHAPOTIN, M. Rémi CHAPOTIN, M. et Mme Claude CHRISTOPHE, Mme Emmanuelle CORCELLET-PRÉVOST, M. Roberto GIGLI, M. Pierre GETZLER, photographe, M. Philippe HOLVOET, photographe, Mme Florence LANGER-MARTEL, M. Raphaël LEBLANC, M. Jean LEMAÎTRE, M. et Mme Pierre LETOURMY, M. Philippe MACHET, Mme Henriette MASSIEUX, M. Hugues MÉNÈS, M. Denis MIÈRE, M. Bruno STEVENS, photographe, M. et Mme Blaise VOLET.

Enfin nous ne saurions oublier ceux qui, en nous communiquant de précieux documents, renseignements ou en nous soutenant dans la réalisation de cet ouvrage ou des expositions, ont favorisé nos recherches :
La Coupole - Groupe Flo, M. Jean-Paul BUCHER, Président directeur général, Mme Sophie MOREL, Directrice de la communication et du marketing, M. Georges VIAUD, Chargé du patrimoine historique ; *La Galerie Turquin* : M. Eric TURQUIN ; *L'Agence Jacques Garcia* : M. Jacques GARCIA ; *La Guinguette Pirate* : M. Philippe HOLVOËT et Mme Sophie FLORI ; *La Maison Bragard* : M. Gilles BRAGARD ; *La Maison Prunier ; Le Café Orbital* : M. Nicolas JARDRY ; *Le Fouquet's Barrière* : Mme Anne-Sophie SALABERT, responsable commerciale et marketing, chargée de communication ; *Le Modigliani Institut Archives légales :* M. Christian PARISOT ; *Les Cafés Richard et Cafés Ladoux* : M. Pierre RICHARD, Président directeur général, Mme Anne BELLANGER, Directrice générale ; *Les Editions Casterman*, ainsi que M. François BAUDEQUIN, M. Jean-Christophe BAUDEQUIN, Mme Ella BIENENFELD, Mme Chantal BOUCHON, Conservateur au musée des Arts décoratifs (UCAD), Mme Anne CARLIER, M. Yves CARLIER, M. Nicolas CHAUDUN, Mme Mélina CRISOSTOMO, M. Pierre-François DAYOT, M. Peter FUHRING, M. et Mme Pierre GRANDROQUES, Mme Monika IMBODEN, Conservateur au musée Johann Jacobs de Zurich (Suisse), Mme Luce LAFEUILLE, graphiste, M. Christophe LERIBAULT, M. Georges MONNIER (antiquaire) « La Tortue électrique », M. Paul SMITH, M. Philippe STARCK, M. Jean-Marc TARRIT, Président de la Société d'Histoire et d'archéologie « Le Vieux Montmartre », Mme VALDÉS-FORAIN.

Le montage de l'exposition est l'œuvre du Génie civil de la Ville de Paris : Gilles PIERRE, Chargé des Services techniques, Daniel WILLAUME, Chef de Service, Michel BERNÉ, Chef de la Section évènement, Christian MOTTAY, Responsable du bureau d'étude.

Béatrice de Andia
Déléguée générale de l'Action artistique de la Ville de Paris

Achevé d'imprimer en Garamond en avril 2004 sur les presses de IG Castuera, Pamplona. Photogravure : Payton, Bilbao

2308

2,50
(20) 51

Foujita,
Un bistrot, *1958*